古代日语一本通

刘雨珍
[日]吉川真司 监修

[日]井上亘 编著

南开大学出版社

天　津

图书在版编目(CIP)数据

古代日语一本通 / 刘雨珍,(日)吉川真司监修;
(日)井上亘编著. —天津:南开大学出版社,2023.6
(2023.8 重印)
ISBN 978-7-310-06331-4

Ⅰ.①古… Ⅱ.①刘… ②吉… ③井… Ⅲ.①日语—
古代语法—高等学校—教材 Ⅳ.①H364

中国版本图书馆 CIP 数据核字(2022)第 211145 号

古代日语一本通
GUDAI RIYU YIBENTONG

————————————————————

南开大学出版社出版发行
出版人:陈　敬
地址:天津市南开区卫津路 94 号　　邮政编码:300071
营销部电话:(022)23508339　营销部传真:(022)23508542
https://nkup.nankai.edu.cn

————————————————————

天津创先河普业印刷有限公司印刷　全国各地新华书店经销
2023 年 6 月第 1 版　　2023 年 8 月第 2 次印刷
260×185 毫米　16 开本　16.25 印张　406 千字
定价:79.00 元

————————————————————

如遇图书印装质量问题,请与本社营销部联系调换,电话:(022)23508339

序：千里忽携手，十年同苦心

刘雨珍[①]

据日本国际交流基金（JAPAN FOUNDATION）《海外日语教育现状——2021年度海外日语教育调查报告》统计，中国现有日语教育机构 2965 所，日语教师 21361人，日语学习者共计 1057318 人，约占全球日语学习者 3794714 人的三分之一，稳居世界首位，其中处于初等教育阶段的日语学习者 3442 人，中等教育阶段 335876人，高等教育阶段 557153 人，学校教育以外的学习者 160847 人[②]。另据中国日语教学研究会统计，全国开设日语专业的普通高校共计 500 余所，高职高专 200 余所。普通高校 50 余万日语学习者中，既包括日语专业的本硕博学生，又包括一外、二外等公外日语学习者，数量之多，蔚为大观。即便如此，在超过百万之众的中国日语学习者中，高校日语学习者也只能占据半壁江山，此外还有 33 万余中学阶段的日语学习者，以及 16 万余学校教育以外的日语学习者。受新冠疫情影响，全球 18272所日语教育机构中，有 11525 所机构采用线上教学方式，占比 63.1%[③]。这既给日语教育带来了新的挑战，又孕育出新的生机。

原天津外国语大学校长、教育部高等学校外国语言文学类专业教学指导委员会副主任委员、日语专业教学指导分委会主任委员、中国日语教学研究会名誉会长修刚教授反复强调，新时期高校的日语专业学习必须从低年级的"日本語を学ぶ"过渡到高年级的"日本語で学ぶ"，即要从学好基础日语转变为用日语学好专业知识。近年来，新文科新国标的推出，给新时期的中国日语教育、日语教材及日语学科建设提出了更高的标准和要求。提高人文综合素养，用外语讲好中国故事，向世界传播中国文化，推动文明互通互鉴，互融创新，已成为新时期中国外语教学的新目标与新要求。《古代日语一本通》和《现代日语一本通》即在此大的时代背景下应运而生。

本书编著者井上亘教授本硕博皆毕业于日本皇室和贵族接受教育的著名高校——学习院大学，师从日本古代史权威黛弘道（1930—2010）教授学习日本史，

---

① 东亚文化交涉学会（SCIEA）会长，中国日语教学研究会副会长，南开大学外国语学院教授、博士生导师。
② 日本国際交流基金『海外の日本語教育の現状——2021 年度海外日本語教育期間調査より』，第 24 頁。
③ 日本国際交流基金『海外の日本語教育の現状——2021 年度海外日本語教育期間調査より』，第 9 頁。

2000 年获历史学博士学位，著有《日本古代朝政研究》（吉川弘文馆 1998 年）、《日本古代的天皇与祭祀礼仪》（吉川弘文馆 1998 年）、《虚伪的"日本"——日本古代史论丛》（中文版，社会科学文献出版社 2012 年）、《伪造的日本史》（同成社 2014年）、《古代官僚制与遣唐使时代》（同成社 2016 年）等多部厚重的日本史学术著作，是一位蜚声中日学界的日本古代史专家。

同时，井上教授在日语教育方面也颇有建树，在中日两国发表相关论文多篇。早在就读东京都立广尾高中时期，其就曾师从立平几三郎先生系统学习古典日语语法，《古代日语一本通》主要参照了立平几三郎先生编著的《要约整理 国文法（古典解释文法）》（立平几三郎、小山义昭合著，研数书院 1976 年）中的语法体系。考入学习院大学后，井上教授又师从日语学权威大野晋（1919—2008）教授，打下了扎实的专业基础，曾在日本著名的培训机构讲授古典日语多年。

基于此，2006 年 5 月底，笔者赴日担任国学院大学客座教授期间，与南开大学日本研究院的刘岳兵教授一道，在参加东京大学名誉教授、时任大东文化大学教授的池田知久先生所主持的木简读书会后，曾力邀井上亘博士来中国任教。在池田教授的支持和鼓励下，当年 9 月，井上博士作为南开大学日本研究院与外国语学院的双聘外教来到南开，为日本研究院的硕博研究生讲授日本古代史，为外国语学院日语系学生讲授古典日语及日语写作等课程。2008 年 8 月聘期结束后，井上博士辗转北京，最终获聘北京大学历史系教授，活跃于中日学术界，本书即酝酿于其任教北京大学期间。

关于本书缘起，日方监修者、京都大学吉川真司教授在跋文中记述颇详。吉川教授是著名的日本古代史权威，现任京都大学文学研究科日本史主任教授，南开大学外国语学院客座教授，著有《律令官僚制研究》（塙书房 1998 年）、《圣武天皇与佛都平城京》（讲谈社 2011 年）、《飞鸟之都》（岩波书店 2011 年）、《律令体制史研究》（岩波书店 2022 年）等著作多部。

如吉川教授跋文中所述，本书构思于 2012 年秋，当时京都大学文学研究科的落合惠美子教授和吉川真司教授访问北京大学，为井上亘教授的诚意所打动，一致认定为了推动中国的日语教育及日本文化研究，有必要编撰新的日语教材，并将其纳入"京都大学亚洲教育研究项目"（KUASU）之中，由"构建世界最高峰的现代亚洲·日本研究教育研究基地"提供特别经费支持。

2013 年元旦，井上教授在给笔者的贺年邮件中，正式提出合作编著古代及现代日语教材的意愿，邀请笔者担任中方监修者，并传来了企划书草案。经过多次邮件沟通，1 月 8 日下午，井上教授携北京大学历史系研究生许美琪、王晨燕同学，踏雪来到南开园，与笔者和博士生宋丹，以及刚从日本学成归国的日本研究院讲师王玉玲博士在日语系办公室进行了初步规划。《古代日语一本通》及《现代日语一

本通》便是当时笔者定下来的书名，意为只要两册"一本通"在手，便能将古代日语和现代日语的大多知识囊括其中！吞吐古今的豪迈之情可见一斑。因宋丹时任南开大学出版社的日文编辑，我们便决定将该书交由南开大学出版社出版发行，并于2017年正式签订出版合同。

其间，笔者和宋丹、王玉玲、许美琪、王晨燕四位博士也曾协助搜集过相关资料，最终井上教授根据在南开大学、北京大学、常叶大学等中日高校讲授日本史及古代日语的数十年经验，经过坚持不懈的努力，克服跨国调动工作及新冠疫情所带来的重重困难，完成了丰富而厚重的《古代日语一本通》及《现代日语一本通》的编著及修订工作。这两本书既是中日学者联袂合作的学术成果，又是井上教授有关日本史及日语教育教学科研的集大成者，凝聚着其数十年心血，自然具有与众不同的鲜明特色。

笔者认为，《古代日语一本通》及《现代日语一本通》的主要特色，可以归纳为以下六点：

第一，作为首部由中日两国学者携手合作、旨在打通古今日语的入门级基础教材，《古代日语一本通》与《现代日语一本通》是不可分割的姊妹篇，构成从古代日语到现代日语学习的有机组成部分。如果将日语发展史比作一条历史长河，那么古代日语便是它的上游，现代日语便是其中下游，大河上下，生生不息，奔涌向前。魏徵（580—643）曾在《谏太宗十思疏》中指出："求木之长者，必固其根本；欲流之远者，必浚其泉源。……源不深而岂望流之远？根不固而何求木之长？"现代日语原本是由古代日语演化而来，至今仍保留着大量的古代日语用法，要想学好现代日语，必须打好扎实的古代日语基础。

第二，《古代日语一本通》与《现代日语一本通》既可用作学习古代日语和现代日语的基础教材，又可用作全面了解日本历史和文化的入门书籍。《古代日语一本通》不仅有丰富的单词语法用例，还通过解读《魏志·倭人传》，讲授魏晋时期倭国的地理及风俗；通过解读《每月抄》《庭训往来》，讲授古代日本人的书信格式；通过解读伊藤博文《宪法起草大意》《教育敕语》《终战诏书》，讲授近代日本文书解读法。《现代日语一本通》则介绍了日本概况，包括日本通史、战后日本经济史、现代日本社会，为广大读者理解日本提供了较为完整的背景知识，附录部分还有海量的媒体信息及图书馆、动漫网址链接，方便读者自行搜索查阅。

第三，《古代日语一本通》从基本的古典日语语法，到复杂的候文解读和汉文训读，几乎涵盖了古代日语学习和解读过程中可能遇到的各类问题。特别是对候文解读法、汉文训读法及日本近代文书解读法进行了系统而又详细的介绍，旨在帮助广大日语爱好者，通过本书的学习，可从古代日语"小白"晋级为熟练解读古典文献的高手。在我国日语教育和日本学研究中，古代日语的读解，特别是候文解读和

汉文训读，一直是最为薄弱的环节。笔者为南开大学日语专业翻译硕士开设的"中日典籍翻译"课程，每年都吸引不少来自校内日本研究院、文学院、历史学院的硕博研究生前来旁听，以解决阅读日文文献所面临的各类问题，为此后留学日本、接受专业训练打下坚实基础。相信本书的出版，不仅能够帮助广大日语爱好者系统学习古代日语，掌握古代日语相关的基础知识、读解技巧和进阶研读技能，还可帮助我国日语教育和日本学研究者系统性地强化对古代日语的理解，甚至可以将其用作古代日语及古文书解读的基础教材。由此而言，本书具有重要的学术价值和应用价值。

第四，《现代日语一本通》系统讲授了日语各类品词用法和语法，包括文字和发音、音调和音节、动词与形容词、助词与助动词、拟声拟态词、外来语、四字成语，以及文末表现、敬语、授受动词、"こそあど"等疑难语法。此外，本书第一章附有根据汉语拼音排序的"常用汉字音训表"；第五章附有讲授词组搭配的"コロケーション類語小辞典"；第八章还特设"日语作文法"，用来指导中国日语学习者的日文写作，可用于大学三年级日语写作课的教学，其中不仅介绍了贺年片、事务联络、邀请函等日常作文的体例，还特别推出了留学日本时如何联系导师、如何构思论文题目、如何搜集资料、如何撰写学术论文等栏目，资料翔实而权威实用，堪称留学日本的最佳指南。

第五，《古代日语一本通》与《现代日语一本通》皆配有详尽的词汇表，便于学习者随时查阅，极具实用性。《古代日语一本通》附有"古语要览"，收录了解读古典日语时必须掌握的相关单词，可作为日语古语"小词典"使用，按照 1. 名词；2. 动词（包括复合动词、接尾词、敬语动词等）；3. 形容词；4. 形容动词；5. 连语·惯用句；6. 指示词·代词；7. 接头词·接尾词；8. 副词；9. 连体词；10. 接续词；11. 感叹词的顺序进行排列，一方面对古典日语进行了简单解释，以明确古今词义的不同，另一方面又对其词组搭配予以补充，方便读者理解其用法。《现代日语一本通》第一章的"常用汉字音训表"，为方便广大中国日语学习者，用汉语拼音排序，汇聚了日语常用汉字的音训读法；第五章根据日本语能力测试（JLPT）需要，配备了讲授日语词组搭配的"コロケーション類語小辞典"，仿照中国古代类书进行分门别类，并标明每个单词的声调高低，可以省去师生们查阅词典的时间，也可将其作为背诵常用单词及词组搭配的日语小词典。由于它几乎囊括了日本语能力测试的所有词汇，堪称日语考级的"通关宝典"。

第六，《古代日语一本通》与《现代日语一本通》具有鲜明的跨学科特色。日方监修者吉川真司教授与编著者井上亘教授皆为著名的日本古代史研究专家，中方监修者为日语语言文学专业教授，不同背景的跨学科合作，必然给《古代日语一本通》与《现代日语一本通》带来不同于现有教材的全新面貌，其中所涉及的内容，

涵盖日本语言、文字、文学、文化、历史、经济、社会、教育等多个方面，可以看作日语教育及日本国情的综合指南。

一言以蔽之，《古代日语一本通》与《现代日语一本通》是由中日两国学者鼎力合作，为广大日语学习者及日本学研究者精心打造的、旨在贯通古今日语教育的特制宝典，"一本通"在手，古今日语便可融会贯通。它不仅适用于高校日语专业的本硕博学生，也适用于自学日语的广大业余爱好者，甚至对于从事日语语言文学及日本学研究的专业人士，也具有极高的参考价值。

盛唐诗人高适（704—765）在与友人刘子英分别时赠诗曰："千里忽携手，十年同苦心。"（《淇上别刘少府子英》，《全唐诗》卷211），本书从开始策划到最终出版，笔者和吉川真司教授、井上亘教授携手经历了十年的风雨历程。山川虽异域，风月本同天，为了能给广大的中国日语学习者及日本学研究者提供一套打通古今日语、深入理解日本文化的精品教材，我们曾辗转北京、天津、东京、京都，甚至井上教授任教的常叶大学所在地——静冈县静冈市，切磋原稿，促膝长谈，经过十年坚持不懈的努力，如今终于修成正果，迎来了《古代日语一本通》与《现代日语一本通》的正式刊行，不由得感慨系之！

本书从酝酿到出版的十年间，得到了以下诸多方面的热情支持和无私帮助，特此致谢！

感谢京都大学文学研究科落合惠美子教授、平田昌司教授、吉川真司教授为本书的编撰及出版提供的经费支持和诸多便利！特别是吉川真司教授作为本书的监修者和协调者，为本书的刊行倾注了大量心血！

感谢井上亘教授不计人力物力成本，用十年磨一剑的坚韧毅力，完成《古代日语一本通》与《现代日语一本通》的编著和校订工作，为中国的日语教育界及日本学研究界贡献出一份沉甸甸的贯通古今的日语精品教材！

感谢宋丹、王玉玲、许美琪、王晨燕四位博士在初期搜集资料期间提供的诸多帮助！

感谢笔者的博士生钟薇芳、陈茜、崔雪婷及硕士生蒋静瑶、王晓晗等同学在书稿的格式调整及校对过程中付出的艰辛努力！

感谢南开大学出版社国际问题与外国研究出版中心张彤主任及本书责任编辑龚辰坚持不懈的支持和帮助！

去年是中日邦交正常化50周年，今年又迎来了《中日和平友好条约》签订45周年，中日两国政府都致力于推动和扩大民间交流。中国的年轻一代通过动漫学习日语，走近日本；中国的科幻小说《三体》深受日本读者欢迎，日本已成为中国网游《原神》最大的海外市场。新冠疫情前的2019年，中国访日游客已接近1000万人次，人员交流空前高涨，疫情后的中日民间交流必将焕发勃勃生机。

　　我们坚信，《古代日语一本通》与《现代日语一本通》的出版将为中日文化交流架起一座相互理解的桥梁，为中国的日语教育及日本学研究增光添彩。衷心希望广大日语爱好者及日本学研究者，在充分汲取本书养分的同时，也不吝提出宝贵意见，以便我们今后对此书做进一步的修订和完善。

　　是为序。

癸卯孟夏于南开园

目　次

古文解読法：古典文法を中心に

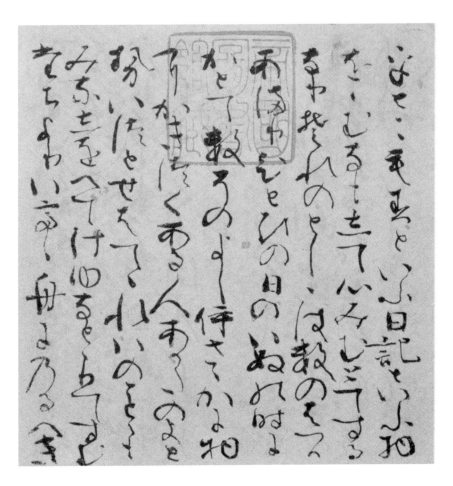

定家本『土佐日記』（国立国会図書館デジタルコレクションより）

序章　古文解読の初歩

（1）古文とは

　ここにいう**古文**とは平安時代の文法（古典文法）を基準とした近代以前の和文をさす。

　もちろん、中世（鎌倉時代〜室町時代）・近世（戦国時代・江戸時代）と日本語の文法は変化した。にもかかわらず、平安時代に基準をおくのは、中世や近世の文人がみな王朝時代（平安時代）を古典古代として、その文体をまねて書いたからである。これを**擬古文**という。したがって、平安時代の文法に習熟することは、そのまま中世・近世の標準的な表記法を学ぶことにもつながるのである。

（2）品詞の構成

　日本語の文法構造は非常に単純である。まず、単語の性質をあらわす品詞は「自立語」と「付属語」に分かれる。

- **自立語**：動詞・形容詞・形容動詞・名詞・副詞・連体詞・接続詞・感動詞
- **付属語**：助動詞・補助動詞・助詞

　自立語とは一つの単語で意味をあらわすことができるという意味であり、助詞や助動詞などは必ず自立語にくっついて意味をなすので付属語という。この「自立語＋付属語」の単位を**文節**という。つまり、日本語の「文」（ここでは一応、句点「。」により区切られる単位とする）は「文節」によって構成される。

　自立語の中心は名詞と動詞・形容詞・形容動詞であり、前者を**体言**、後者を**用言**という。また、副詞は用言を前（上）から修飾し（「どのように」という意味を添える）、連体詞はその名のとおり体言を前（上）から修飾する（「どのような」という意味を添える）。このように体言や用言を修飾する単語（文節）を**修飾語**（修飾節）という。

- **例**：すぐ（副詞）行く（動詞＝用言）／そんな（連体詞）こと（名詞＝体言）

　そして、接続詞は文と文をつなぎ、感動詞は文の構成には関わらない。

- **例**：これは今やる。そして（接続詞）、他のことは、まあ（感動詞）、あとにしよう。

　以上の品詞の位置関係をまとめると、下の図のようになる。

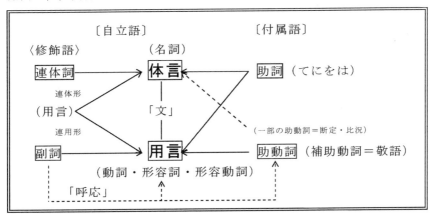

図 0-1　「文」を構成する品詞一覧

　この図は一つの「文」のなかの品詞の位置関係をまとめたので、文と文をつなぐ接続詞と、文の構成に関わらない感動詞は、このなかに入れていない。また用言を修飾する副詞には、助動詞や形容詞（「なし」など）と呼応して一定の意味をあらわす用法がある。

（3）文の構造

　日本語の文は「**体言＋用言＝文**」が基本である。
　・例：花（名詞）咲く（動詞）／花うつくし（形容詞）・花きよげなり（形容動詞）
　以上は**主語**（体言）＋**述語**（用言）の例であり、古語では主語と述語のあいだに助詞を挟まないことが多い。また、動詞は主語のほかに**目的語**（～を）や**補語**（～に）の体言をとるが、形容詞や形容動詞は上記のように主語しかとらない。
　・例：花（主語）咲く／花（目的語）摘む／花に（補語）向かう

解説　いま「主語」「目的語」「補語」と書いたが、これは英語文法の概念（Subject・Object・Complement）を借りて述べたにすぎない。**日本語には本来「修飾ー被修飾」の関係しか存在しない。**主語（～が）・目的語（～を）・補語（～に）は、正確には述語（どうする・どうだ）を修飾しているのであり、日本語では常に前に立つ単語が修飾語、その後ろにあって修飾を受ける単語が被修飾語なのである（倒置法のみ例外）。上の例でいえば、「花咲く」「花摘む」はともに「体言＋用言」の形であるが、「咲く」が自動詞なので、その前の「花」は主語であり、「摘む」は他動詞なので、その前の「花」は目的語となる。このように、古文では助詞を省くことが多いので、**前後の関係をよく見て解釈する**必要がある。

　日本語は「**膠着語**」といわれる。これは日本語が助詞（テニヲハ）などをつかって言葉（体言や用言）をくっつけてゆくからである。しかしどんなに長く言葉をつなげても、文の核になるのは述語（どうする〔動詞〕・どうだ〔形容詞／形容動詞〕・何だ〔名詞＋断定の助動詞〕）である。

　ゆえに日本語は「**述語性**」がつよいといわれる。これは述語だけ言って、主語・目的語・補語を省略することが多いためであり、くっつけることが容易な日本語では省略も容易なのである。この日本語の特徴が「**文脈への依存**」という現象をひきおこす。誰が・何を・どこにといった部分を省略するのは、話し手と聞き手が状況の認識を共有しているからであり、日本語の表現はそういう言外の共通認識を前提に成立していることが多いのだが、このことが逆に共通認識をもたない人を疎外する傾向を助長している。つまり日本人のコミュニケーション能力の低さは、日本語の構造にも原因があるといえよう。

凡例　本書は「**古文解読法**」と「**漢文訓読法**」を中心に「古文」の付録として「**候文解読法**」を載せ、「漢文」の付録に「**近代文書解読法**」をつけて、巻末に「品詞類別 古語**要覧**」を置く。これらを本文中で参照する場合、例えば「古文解読法」第一章（1）「古文の読み方」を参照する場合は「**古文 1-1**」と略記する（この序章は「**古文 0**」）。このほか「漢文」「候文」「近代文書」「要覧」（品詞・部類を指示）の略号を用いる。

第一章　名詞（体言）と古典常識

(1) 古文の読み方：歴史的仮名遣い

　仮名とは真名（まな）の対義語である。**真名**とは漢字のこと、名とは文字の意味である。日本語を書くために、漢字の草体（くずし字）から作られた仮の文字、それが仮名である。

　奈良時代の仮名は『万葉集』にみえるので「**万葉仮名**」という。これは当時の字音や訓によって書かれていたので、十世紀中葉の村上天皇の時代にはすでに読めなくなっており、「梨壷の五人」とよばれる学者に『万葉集』の解読を命じたほどであった（第二勅撰和歌集『後撰和歌集』はこの作業の副産物として産まれた）。

　平安時代になると、仮名に使われる漢字（これを**字母**という）が限定され、現在の仮名に近い用法が定着した。例えば、「あ」には「安」「阿」を用い、「い」には「以」「伊」を用いた。これがさらに限定されて、現代の仮名ができた。

　当時の人びとが仮名を覚えるために習った「いろは歌」に、

　　　いろはにほへと　ちりぬるを　わかよたれそ　つねならむ
　　　うゐのおくやま　けふこえて　あさきゆめみし　ゑひもせす

とあるが、これを字母でしめすと、

　　　以呂波仁保部止　知利奴留遠　和加与太礼曽　津祢奈良武
　　　宇為乃於久也末　計布己衣天　安左幾由女美之　恵比毛世寸

となり、これらの漢字の草体をわれわれは平仮名として用いているのである。

　また、「いろは歌」は47字の仮名が重複しないように仏教の思想を詠み込んだもので、空海に仮託されて普及したが、これによみやすく漢字を当てると、

　　　色は匂へど、散りぬるを、我が世誰そ、常ならむ。
　　　有為の奥山、今日越えて、浅き夢見じ、酔ひもせず。

となるが、現代語で「匂う」「酔う」というところを古文では「にほふ」「ゑふ」と書く。これを**歴史的仮名遣い**といい、ワ行のイを平仮名では「ゐ」、カタカナで「ヰ」と書き、またエを平仮名で「ゑ」、カタカナで「ヱ」と書く。これは古代ではア行のイ・エとワ行のヰ・ヱの発音がちがっていたからであり（十世紀まではヤ行のエも区別されていた）、このような古代と現代の発音の違いから、表記法もちがうわけである。

解説　平仮名の「平」とは普通・一般の意で、片仮名の「片」は部分の意。平仮名は漢字の草体から出来た仮名をさし、片仮名は漢字の一部分（偏旁）を用いた仮名をいう（例：伊→イ）。片仮名は古代の僧侶たちが仏典の読み方を本文の横に小さくメモするために案出されたものといわれる。

　歴史的仮名遣いのとおりに読めば、古代の発音になるわけだが、現代のわれわれの耳には意味が通じないので、古文をよむ時には現代の発音に直して読む（唐詩を現代中国語の発音で読むのとおなじ）。さしあたり、つぎの二点を覚えておけばよい。

　　①**語中のハ行はワ行でよむ**（語頭はハ行のまま）
　　・例：「いふ」（いう＝ゆー）、「にほひ」（におい）、「けはひ」（けわい；「けはい」も可）
　　※「はふ」（はう）…語頭・語中；候文・付表「**仮名遣い対照表**」参照
　　②**「アウ・イウ・エウ」は「おう・ゆう・よう」とよむ**
　　・例：「やうやう」（ようよう）、「いうなり」（ゆうなり…優なり）、「てふてふ」（ちょうちょう…蝶々）／例外：「耐ふ」（たう）※「とう」とは読まない。

　なお、古語では「月」を「ぐわつ」などと書くが、読む時は全て現代語の音読み「ガツ」でよい（但し、戦前の辞書を利用する時は歴史的仮名遣いを知らないと使えない）。
　　・例：現代語読み「コウ（コー）」…行（かう）、甲（かふ）、広（くわう）、公（こう）

（2）**古典常識**：「古語要覧」の使い方

　名詞とは人や物事の名前であるから、これを学ぶことはすなわち古典古代の常識（**古典常識**）を知ることであり、それはまた古典の世界を開くことにほかならない。そこで古文解読法を学ぶにあたり、まずはこの古典常識を身につけておこう。

　本書に収める「**品詞類別 古語要覧**」は、日本で普及している 4 部の古語辞典（『岩波古語辞典』『三省堂全訳読解古語辞典』『旺文社全訳古語辞典』『ベネッセ全訳古語辞典』）と、大野晋『古典基礎語辞典』（角川学芸出版）をもとに、現代日本語にない単語（古文特有語）や現代語とおなじ語でも意味がちがう単語（古今異義語）を選定し、これを品詞ごとに分けたあと、中国古来の「類書」の分類基準により単語を排列したものである。また、重要単語は**太字**、最重要単語は**網掛け**にしてあるので重要な単語から覚えてゆくとよい（覚えた単語は五十音順に並べてページ数を書き込むと「古語要覧」の**索引**になる）。

　たとえば、名詞の冒頭「**そら**」をみると、【 】に漢字表記、つぎに単語の意味を示す。「*」は派生語・慣用句で、活用語尾「なり」をつけて「空なり」という形容動詞になることなどを解説する。また「※」は注釈で、ここでは注意すべき用法として接頭語の用例を列挙している。現代語でも「空恐ろしい」などというが、この接頭語「空」が「なんとなく（理由もなく）」の意味であることがわかるだろう。**古語を知ることは言葉の感覚を磨くことにつながる**。それは日本語でも中国語でも変わらない。

　さて、名詞の単語は見出し語で 451 語、天・歳時・地・位置・宮廷・学芸・人・身体・衣食住・物・数・人生・仕事・恋愛・世間・認識・思考・信仰に分類してある。

　天・歳時部　空・日・雨のあと、季節と一日の時間をあらわす単語を排列した。この内、「**かげ**」が要注意。「花」は奈良時代では「梅」、平安時代以降は「桜」をさす。「朝」に関する言葉が豊富な点は、平安時代の「通い婚」で朝は男女が別れる時間であったことと関係がある。なお、この「要覧」には「月」に関する言葉が省略されている。

表 1-1　月の異名

	春	夏	秋	冬
孟	1 むつき（睦月）	4 うづき（卯月）	7 ふみづき（文月）	10 かんなづき（神無月）
仲	2 きさらぎ（如月）	5 さつき（皐月）	8 はづき（葉月）	11 しもつき（霜月）
季	3 やよひ（弥生）	6 みなづき（水無月）	9 ながつき（長月）	12 しはす（師走）

　月の異名は一般に農事暦に由来するという。なお六月・十月は「水無月」「神無月」と書くが、この「な」は「みなと（港＝水＋な＋門）」とおなじく「の」の意味で、水＝雨の月・神の月という意味である（ちなみに十月は全国の神々が出雲に出かけていなくなるので神無月という説明は、後世の付会にすぎない）。

　陰暦（旧暦）は月の満ち欠け（＝29.5 日）を一月として作られた暦で、大の月を三十日（みそか）とし、小の月を二十九日としたが、これでは 12 ヶ月＝1 年で 354 日にしかならない。それで、二〜三年に一度「閏月（うるうづき）」が入り、おなじ月が二回になった。漢詩や和歌などで「閏三月」がよく歌われるのは、春が長くなるのを喜んだからである。

　月は和歌や物語でよく描写され、特定の日時をあらわすので、知っておいた方がよい。

表 1-2　月の満ち欠け（月の右側から満ち欠けする）

朔日（月立ち＝ついたち）	新月
三日月（みかづき）	月の右側に光があたりはじめる
上弦の月（七日）	半月（右半分）
望月（もちづき＝十五日）	満月
下弦の月（二十二日）	半月（左半分）
晦日（三十日＝みそか）	闇夜（月籠り＝つごもり）

　・「月の出」と「月の入り」　毎日小一時間（約 50 分）ずつずれてゆき、一ヶ月でまたもとに戻る。季節により多少のズレは生じるが、一般に朔日は月の出と日の出、月の入りと日の入り（日没）がほぼ同時となり、二日以降、夕方から沈んでゆく月が西の空に見えはじめ、月は日に日に満ちてゆく。そして、十五日の望月は月の出と日の入り、月の入りと日の出がほぼ同時になり、十六日以降は日没後、月の出が少しずつ遅くなる。

　それで十六日の月を「いざよひの月」といい、以下、十七日を「立ち待ち月（づき）」、十八日を「居待ち月」、十九日を「寝待ち月」という。「いさよふ」はためらう意、日没後、ためらっている短い時間（50 分）で月が出るという意味で、つぎの十七日の月の出は日没の 100 分後で立って待っていられるが（立ち待ち＝忽ち）、十八日は立っていると疲れるので座って待ち（「居」は座る意）、十九日は 200 分もかかるので寝て待つというわけである。

　また、月の出が遅くなると月の入りも遅くなり、月の後半、特に二十日以降には日の出の時間に月が見える。これを「有明（ありあけ）の月」といい、「通い婚」で朝に別れる男女の別れ難い思いを象徴する。

地・位置部　地部には国土・方角・境界・山・川・海・道路に関する単語を、位置部には空間の概念をあらわす単語を集めた。「から」が朝鮮半島南部（加羅・伽耶）から拡大して外国（特に中国）を指す言葉となった点は、古代日本人の対外意識を考えるうえで興味深い。

また、方角については「あづま」しか挙げていないが、古代では東西南北のほかに干支を使って方位を示した。北を「子」、南を「午」、東を「卯」、西を「酉」にあてて、東北を「丑寅（うしとら）」、西南を「未申（ひつじさる）」などと呼んだ。

表1-3　十干十二支の読み方

水 スイ/みづ		金 ゴン/か		土 ド/つち		火 クワ/ひ		木 モク/き		五行
弟 (癸) みづのと キ	兄 (壬) みづのえ ジン	弟 (辛) かのと シン	兄 (庚) かのえ カウ	弟 (己) つちのと キ	兄 (戊) つちのえ ボ	弟 (丁) ひのと テイ	兄 (丙) ひのえ ヘイ	弟 (乙) きのと オツ・イツ	兄 (甲) きのえ カフ・カツ	十干

亥 ガイ ゐ	戌 ジュツ いぬ	酉 イウ とり	申 シン さる	未 ヒ・ミ ひつじ	午 ゴ うま	巳 シ み	辰 シン たつ	卯 バウ う	寅 イン とら	丑 チウ うし	子 シ ね	十二支
(猪) ゐのしし	(犬)	(鶏)	(猿)	(羊)	(馬)	(蛇) へび	(竜)	(兎) うさぎ	(虎)	(牛)	(鼠) ねずみ	動物名

※『全訳古語辞典』旺文社 2003 より

干支はまた時刻（定時法）をもあらわした。24 時間を 12 等分して、一刻ずつ十二支を配分し、23 時〜1 時を「子刻（ねのこく）」というふうに呼んだ。

もともと干支（えと）は十干十二支の略称で、「えと」は兄弟の意味。五行思想にもとづき、「甲」を「木」の兄（きのえ）、「乙」を「木」の弟（きのと）と呼び、この十干に十二支を掛け合わせて、「甲子（きのえね）」から「癸亥（みづのとゐ）」まで五巡 60 通りの組み合わせを使い、年や日を数えた。

位置に関しては「ほど」が重要。時間・空間・身分の「程度」をあらわす語で、中世の候文では接続助詞（〜ので）としても使われた。

宮廷・学芸部　平安時代の都は**平安京**、東西約 4.6km、南北約 5.3km の碁盤の形をした都城で、東西に走る道は北から一条・二条と数えて八条・九条までであり、中央の南北に走る道を「朱雀大路（すざくおおじ）」と言い、幅約 84m。その南端にあるのが「**羅城門**」（芥川龍之介の『羅生門』は、この門の下で雨宿りする男の心理を描いた作品）。この門を入って、朱雀大路を北上すると、突き当たりに「朱雀門」があり、その内側が「**大内裏**」皇居である。大内裏のなかに「**内裏**」があり、天皇が起居する「清涼殿」や后妃の住む「後宮」がある。

大内裏は隋唐長安城の「皇城」をまねた宮城で、なかに**二官八省**などの官庁が配置される。二官は神祇官と太政官をいい、太政官は**大臣－納言－参議**からなる（これを公卿・上達部という）。大臣に太政大臣・左大臣・右大臣・内大臣の四つがあり、納言に大納言・中納言の

二つがある。参議は八省の長官などが特に太政官会議への参加を認められたもので、**宰相と**もいう（現代は内閣総理大臣を宰相という）。これら公卿の下に**弁官**と**少納言**があり、いまの内閣官房に当たる事務局である。弁官に左右二局があり、大弁・中弁・少弁の等級があって、その下に史という事務官を置く（この史にも左右・大少の別がある）。一方、少納言は天皇に文書を伝え、その勅令を伝える官で、大少**外記**がこれを補佐する。

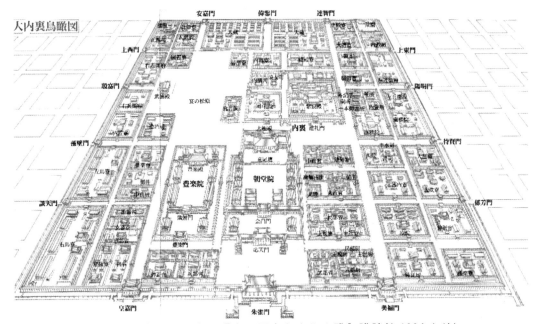

図 1-1　平安宮大内裏（『京の歴史と文化 1 雅』講談社 1994 より）

　天皇と太政官の連絡はもともと大・少納言と**内侍**という女官が担当したが、九世紀に蔵人所ができると、その長官である**蔵人頭**（くろうどのとう）が少納言に取って代わった。蔵人頭はまた天皇御所（清涼殿）に昇殿することを許された貴族の子弟たち「**殿上人**」をも管轄した。反対に昇殿できない者を「**地下**」といい、十世紀以降の宮廷社会では参議以上の**公卿**―**殿上人**―**地下**（受領・文人・武士等）からなる階層が固定した。

　なお、十世紀以降は**摂政・関白**が常置され、天皇の職務を代行し、あるいはこれを補佐したので、摂関が蔵人頭を通じて天皇や公卿と連絡する場面も多い。

　そして弁官の下に**八省**を置き、八省の下には**寮・司**という実務官司を置いた。以上が中央官庁で、地方には平安京を管理する左右**京職**のほか、全国 67 国に中央から**国司**を派遣した。国司の下には国―郡―郷制にしたがって**郡司・郷長**を置いた。

　神祇官および八省以下の官吏には長官（かみ）―次官（すけ）―判官（じょう）―主典（さかん）からなる**四等官**があり、八省は卿―輔―丞―録、国司は守―介―掾―目というように、官庁によって文字がちがうので注意を要する。

　以上が文官であるが、武官については**六衛府**を知っていればよい（但し四等官に注意）。特に**近衛府**の次官「**中将**（ちうじゃう）」は人気が高く、これに蔵人頭を兼ねた「**頭中将**」と大弁を兼ねた「**頭弁**」は公卿への登竜門とされていた。

　　学芸については「あそび」と「才」に要注意。「遊ぶ」は現代語とちがって、古語ではほぼ音楽と旅行に限定して用いる。「才」は平安時代には中国古典の知識を指す。当時の正統な学問は中国学であり、和歌や物語は私生活の娯楽に過ぎなかった。つぎにその和歌（わか）と物語（ものがたり）を中心として、**文学史の基礎知識**を簡単に解説する。

　　日本の文学史では『**万葉集**』が作られた奈良時代を「上古」、平安時代、特に十世紀の国風文化を代表する『古今和歌集』以後の時代を「中古」といい、そのあいだの九世紀の空白期間を「**国風暗黒時代**」という。この時期は**漢文学**が栄え、三大漢詩集（『凌雲集』『文華秀麗集』『経国集』など）が作られた。この漢文学に対して、和文で書かれた作品を**仮名文学**といい、その主流は和歌と物語であった。

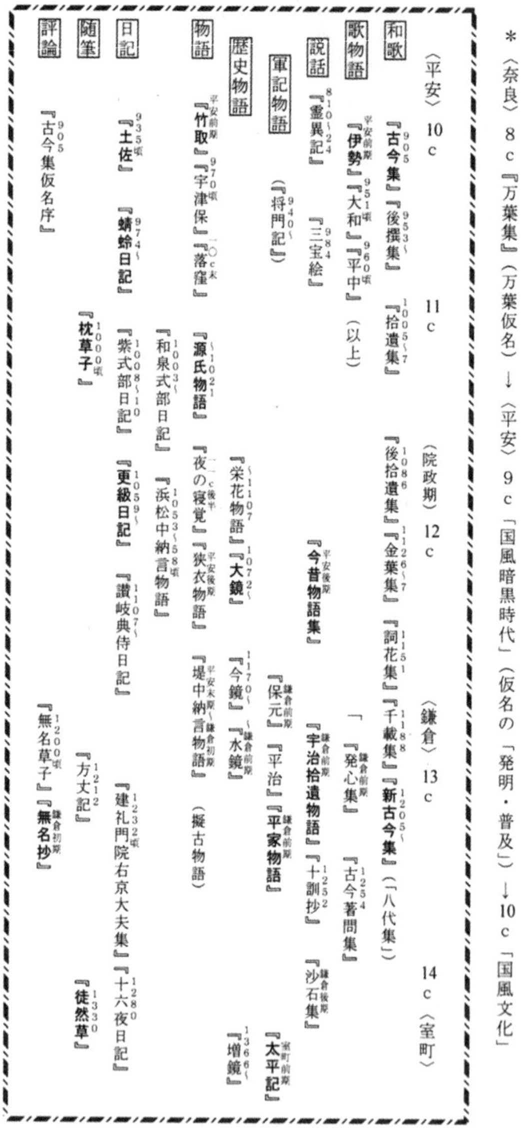

　　『**古今集**（こきんしゅう）』は勅撰和歌集であり、これにより和歌を漢詩とならぶ公的な地位に押し上げたあと、『**後撰**（ごせん）集』『**拾遺**（しゅうい）集』とつづいて、芸術としての和歌の基礎が固まった。以上を特に**三代集**というが、その後しだいに行き詰まり、歌人たちは新しい表現を模索した。勅撰八代集の最後を飾る『**新古今集**』は古歌の表現（歌ことば）を組み合わせて作る「本歌取り」が特色で、この時期の歌人たちは和歌を深く研究し、その芸術論「歌論」を完成させた（→候文3解説）。

　　一方、物語は僧侶が説経の補助に用いた「**説話**（せつわ）」と、唐代伝奇の影響を受けた『**竹取**（たけとり）物語』『**宇津保**（うつほ）物語』や『**落窪**（おちくぼ）物語』など初期の物語作品を基礎としつつ、歌人の伝記や歌壇の記録である「**歌物語**」と個人の経験や心理を描く「**日記**」の流れを汲んで、紫式部の『**源氏**（げんじ）物語』が誕生する。

　　平安文学史は『源氏』以前と『源氏』以後に分かれるといってもよく、それ以後の物語は『源氏物語』の圧倒的な影響下に作られたが、これに対して日記文学は、その後も特色ある作品を数多く生み出した。同時に、清少納言が『**枕草子**（まくらのそうし）』で**随筆**というジャンルを創立し、以後中世・近世と膨大な随筆作品を輩出するに至った。

図1-2　文学史の基礎知識

人・身体部　「ひと」は基本的に他者を指す（例：人の国）。「をとこ－をとめ・をんな」（男－女）と「あるじ－をのこ」（主－従）の関係に注意。「名」「こと」「心」「情け」「手」などは解説をよく読むこと。また「心ばへ」「心ばせ」の違いなども重要。

衣食住部　奈良時代は『唐衣服令』に基づいていたが、十世紀以降は日本風に変化した。男性貴族は「**束帯**」（文官は縫腋、武官は闕腋）という礼服のほか、「**直衣**」という普段着、「**狩衣**」という外出着を着用した。女性はいわゆる**十二単**（じゅうにひとえ）を着用したが、普段は「袿（うちき＝内着）」に「袴（はかま）」の姿であった。人と会う時は男性は必ず「**冠**」を着用し、女性は腰に「**裳（も）**」をつけた。それで少年が初めて冠をかぶる「**初冠**」と少女が初めて裳をつける「**裳着**」はともに成人式とされた。また、女性はみな歯を（死を連想させる）骨とみて忌み嫌い、鉄漿で黒く塗った。これを「**お歯黒（はぐろ）**」といい、近代に禁止されるまで、お歯黒は成人女性のシンボルであった。一方、庶民は男性が「**水干**」、女性が「**小袖（こそで）**」とよばれる簡易な服装で、この「水干」から武士の正装「**直垂（ひたたれ）**」が生まれ、小袖はほぼそのまま現代の「**和服**」になった。なお、軍記物語などでは武士の**甲冑**が大変詳しく描写されるが、ここでは省略する。

図1-3　袿袴姿（『春日権現験記』より）　図1-4　十二単姿（『三十六歌仙絵巻』より）

飲食に関連する単語はほとんど採用しなかったので、ここで簡単に紹介する。古代の食材や料理については『延喜式』などに詳しく、また木簡などによって各地の特産などが知られるが、文学作品には酒を飲む場面以外の食事の描写は少ない。

平安時代、**食事**は一日二回、巳刻（または午刻）と申刻を標準とし、**主食**は米を蒸した「強飯（こはいひ）」と普通に煮た「ひめ飯」がある。「こは」は固い意（「怖い」の語源）、今の「おこわ」に当たる。粥は普通の「白粥」と小豆を入れた「赤粥」がある。菜（おかず）は奈良時代以降、一般に牛馬の肉は食べず、猪や鹿もほとんど食べない。主に雉や鴨などの**鳥肉や魚**を用いて、膾（なます＝刺身）・羹（あつもの＝煮物）・干物（ひもの）・醢（カイ＝塩辛）・鮨（すし）・漬物にして食べた。

住居については、まず平安時代の「**寝殿造**」から室町時代の「**書院造（しょいんづくり）**」をへて現代の日本式住宅に至るという大きな流れがある。寝殿造は、その後の日本家屋とは違って、「塗籠」という物置以外に**壁や天井がない**。人がいる場所に「**畳**」を敷き、周りを「**几帳（きちゃう）**」や「**屏風（びゃうぶ）**」で仕切って（だから隣にいる人の物音がよく

聞こえた）、夜は外に面した柱と柱の間に「格子」や「蔀」（今の雨戸に相当する）を嵌め込んで寝た。壁がないという点では、平安京そのものにも城壁がない。日本史上、外敵の侵入を防ぐ施設をもったのは弥生時代の環濠集落と戦国大名の城だけだといわれている。

　　最後に**乗り物**について。天皇や高僧らは人力の「**輿**」を用い、一般の貴族は「**牛車（ぎっしゃ）**」を用いた。馬車は使わない。女性が車に乗る時、「十二単」の裾を外に出して華美を競う「出車（いだしぐるま）」ということも行われた。

　　物・数部　　「事」は「物」よりも「言」に近い概念なので、身体部に入れてある。
　　数え方で注意すべきは訓読みで、一の位は現代語とほぼおなじ（ひとつ・ふたつ・みつ・よつ・いつつ・むつ・ななつ・やつ・ここのつ・とを）だが、十の位になると「とを・はたち（二十）・みそ（三十）・よそ（四十）・いそ（五十）・むそ（六十）・ななそ（七十）・やそ（八十）・ここのそ（九十）・もも（百）」といい、「三十一文字」は「**みそ（あまり）ひともじ**」とよむ（十と一のあいだに「余り」を入れる）。ちなみに百の位は「ほ」というが（例：五百＝いほ、八百＝やほ）、「一百」だけ「もも」と訓み（例：百年＝ももとせ）、千の位は「ち」（例：千年＝ちとせ）と訓む。「億」以上は訓読みがない。

　　人生・仕事・恋愛部　　「要覧」には挙げていないが、女流文学には出産や育児に関する記述が散見する。古代では一般に子供は母の家で養育された。また貴族は死に臨んで**出家**する場合が多く、死ぬと火葬された。

　　世間部　　平安時代の「憂き世」から江戸時代の「浮き世」へと**世俗の観念**が変化した点に注意。以下、人間関係と交際に関する単語を集めた。

　　認識部　　「形」と「姿」、「気色」と「様」、「故」と「由」などの意味の相違に注意。

　　思考部　　論理・議論に関する名詞を集めた。「**理**」の訓読みから古代日本人が理論を分別・分類という意味に捉えていたことがわかる。

　　信仰部　　ほとんどが仏教語で、最後の「**物の怪**」「**物忌み**」「禊ぎ」だけが神道および陰陽道の用語である。なお、日本人が嫌う「**穢れ**」とは「け（日常）・かれ（離れ）」、つまり非日常・異常の意味で、出産・月経・死などの状態を指し、そうした場所に座ると「触穢（ショクヱ）」となって「物忌み」しなければならなかった。

※なお、この「古語要覧」では固有名詞を収録していないが、最後に**人名の読み方**についてふれておく。古代の姓には「**氏（うじ）**」と「**苗字（みょうじ）**」があり、前者は朝廷から下賜されたもので、後者は住所などにより名づけたものである（「姓（かばね）」は氏とともに賜る称号、朝臣など）。例えば、徳川家康の「徳川」は苗字で、氏は「源」であるが、苗字で呼ぶ時は「とくがわ・いえやす」と読み、氏で呼ぶ時は通常、氏と名の間に「の」を入れて「みなもと・の・いえやす」と読む。但し「藤原定家（ふじわら・ていか）」のような例外もあるが、これは恐らく「定家」を音読みするためで、「さだいえ」と訓読すれば、やはり「ふじわら・の」と読む。

　また古代の**女性**は紫式部のように名前がわからない人が多いが（身体「名」）、「定子」「彰子」の
ように名前がわかる人でも読み方がわからないので、普通「ていし」「しょうし」と**音読み**する。

　以上、「古語要覧」に沿って古典常識を解説してきたが、詳しくは『古事類苑』（『古今
図書集成』に相当する類書）ほか、以下の参考書を参照されたい（○印は図版の出典）。
　池田亀鑑『平安朝の生活と文学』（角川文庫、1964 年）
　小野教孝『新国語図録』（共文社、定本 1989 年）
○津本信博編『平安朝文学史入門便覧』（武蔵野書院、1980 年）
○秋山虔ほか編『源氏物語図典』（小学館、1997 年）
　笹間良彦監修『すぐわかる日本の甲冑・武具』（東京美術、改訂版 2012 年）
　澁澤敬三編『絵巻物による日本常民生活絵引』（平凡社、新版 1984 年）

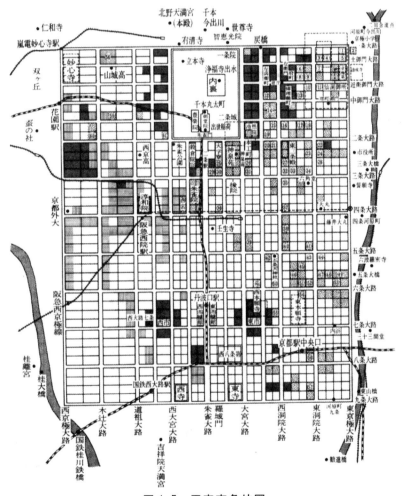

図 1-5　平安京条坊図

第二章　用言Ⅰ：活用と動詞

（1）活用語と活用形

　活用語とは語尾が変化する単語で、用言の動詞・形容詞・形容動詞と付属語の助動詞・補助動詞がこれに相当する。活用する形には以下の6つがある。

　　(1)未然形（未だ然らず）　(2)連用形（用言に連なる）　(3)終止形（言い切り）

　　(5)已然形（已に然り）　　(4)連体形（体言に連なる）　(6)命令形（言い切り…相手に）

　活用形の名前はその作用によって名づけられている。まず、「終止形（しゅうしけい）」はそこで文が終わる、言い切る形をいい、「命令形」は相手に命令する時の言い切りの形をいう。「連用（れんよう）形」は文字どおり下に用言を置く時の形、「連体（れんたい）形」は下に体言を置く時の形である。また「未然（みぜん）形」と「已然（いぜん）形」は動詞の動作や形容詞・形容動詞の状態がすでに実現しているか（已然）、まだ実現していないか（未然）という意味である。

　　・例：「東風吹かば　匂ひおこせよ」（『拾遺和歌集』；順接仮定条件）

　　　　　「風吹けば、え出で立たず」（『土佐日記』；順接確定条件）

　例えば動詞「吹く」に接続助詞「ば」をつけた場合、未然形「吹か」に「ば」をつけると「吹くならば（吹いたら）」という**仮定**の条件句となり、已然形「吹け」に「ば」がつくと「吹くので」という**確定**の条件句となる。「吹いたら」はまだ風が吹いていないが、「吹くので（出発できない）」は風が吹いている。これが「未然形」と「已然形」の相違である。

　このように、**活用は接続によって起こる**のであり、反対に、下に単語が接続しなければ、原則的に活用は起こらない。したがって**活用形は下の単語の接続によって決まる**。

　次頁の表は付属語（助詞・助動詞）が接続する活用形を一覧にしたものである（補助動詞とは連用形の欄にある敬語「給ふ」「候ふ」などを指す）。<u>この表を暗記すれば、その上にある活用語の活用形はすぐにわかる</u>。

　　<u>ゆく</u>　河　の　流れ　は　<u>絶え</u>　ず　して、しかも、もと　の　水　に　<u>あら</u>　ず。よどみ　に　<u>浮かぶ</u>　うたかた　は、かつ　<u>消え</u>、かつ　<u>結び</u>　て、<u>久しく</u>　<u>とどまり</u>　<u>たる</u>　例　（ためし）　<u>なし</u>。世の中　に　<u>ある</u>　人　と　すみか　と、又　かく　の　<u>ごとし</u>。

　有名な鴨長明の『方丈記』の書き出しである。わかりやすく単語ごとに区切り、活用語には下線を引いてある。上記のように、活用形は下の単語（下接語）を見ればわかる。

　まず、「ゆく」の下は「河」で名詞（体言）だから、「ゆく」は連体形。以下、「絶え」は下にある「ず」が未然形の助動詞の欄に見えるから未然形。「あら」もおなじ。つぎの「浮かぶ」は下の「うたかた」が『古語要覧』の地部にある名詞（泡の意味）だから連体形。「消え」は下が読点「、」だから連用形（これを**連用中止法**という）、「結び」は下の「て」が連用形の助詞の欄にあるから連用形。つぎの「久しく・とどまり・たる・例」が厄介だが、まず「とどまる」は動詞だから上の「久しく」は連用形。「とどまり」の下の「たる」（たり）は助動詞の連用形と連体形の欄に二つあるが、連体形欄の

「たり」は注に「漢語の名詞に接続する」とあるから、この「たる」は連用形接続の助動詞であり、したがって「とどまり」は連用形と判明する。そして「例」は「要覧」世間部にある名詞であるから「たる」は連体形。つぎの「ある」も下が「人」だから連体形、最後の「ごとし」は下に句点「。」があるから終止形である。

表 2-1　活用形と付属語（助詞・助動詞・補助動詞）の接続

活用形	下接語		その他
	助詞（変化しない）	助動詞・補助動詞（変化する）	
未然形	ば・で／ばや・なむ	る・らる、す・さす・しむ、ず、 む・むず、じ・まし・まほし	
連用形	て・して・つつ・ながら、て しかな・にしかな・そ	き・けり・つ・ぬ、たり・けむ・たし 給ふ・おはす、奉る・きこゆ、侍り・候ふ	用言 読点（、）
終止形	と・とて、とも、な	べし・まじ、なり・めり、らむ・らし*1	句点（。）
連体形	が・を・に・にて・して・より・ から、ものから・ものゆゑ・ ものの・ものを、かな・ぞ	なり（・たり）*2、ごとし・ごとくなり	体言
已然形	ば・ども	り（サ未・四已）	
命令形	かし		句点（。）

＊1：終止形接続の助動詞はラ変型活用語には連体形に接続する。

＊2：助動詞「たり」は基本的に漢語の名詞に接続する。

　以上、「活用形は下の語の接続によって決まる」という原則を述べてきたが、この原則には例外がある。それが **「係り結び」の法則** で、文中に語句を強調したり、疑問文や反語文をつくる特定の助詞「係助詞」があると、文末の活用語が変化する（「結び」）。

```
ぞ・なむ（強調）、や・か（疑問・反語）→連体形
こそ（強調）　　　　　　　　　　　　　→已然形
```

　つまり、文中に「ぞ・なむ」「や・か」という係助詞があると、文末の活用語は連体形となり、文中に「こそ」があると文末の活用語は已然形になる。なお係助詞はこのほかに提題の「は」や例示の「も」があるが、これらは文末の変化を起こさない。また結びとなる文末に助詞などが付いて文が続く場合、これを「（係り）結びが流れる」という。

　つれづれなる まま に、日暮らし 硯 に 向かひ て、心 に うつりゆく よしなしごとを、**そこはかとなく** 書きつくれ ば、**あやしう** こそ ものぐるほしけれ。

　吉田兼好『徒然草』の冒頭である。ここでは最後の「ものぐるほしけれ」に注目すると、下に句点があるから普通は終止形「物狂ほし。」になるはずだが、文中に「こそ」があるので已然形「物狂ほしけれ」に変化しているのである。このように、文末の語の活用形を見る時は、文中の係助詞に注意しなけ

ればならない（なお「係り結びの法則」については古文 8-6 を参照のこと）。

（2）用言の働き：述語＞修飾語＞準体言

　日本語の膠着構造のなかで用言は自在に変化（活用）し、さまざまな働きをする。

①述語	花　うつくし	＊〈主語－述語〉
②連体修飾語	うつくしき　花	＊〈修飾語→体言〉
③連用修飾語	花　うつくしく　咲く	＊〈修飾語→用言〉
④準体言	花　うつくしく　咲く　いと　をかし	＊〈主語節－述語〉

　用言はまず①**述語**になる（名詞「花」―形容詞「うつくし」）。
　つぎに名詞の前に立って、②**連体修飾語**となる（形容詞連体形「うつくしき」→名詞「花」）。
　さらに他の用言の前に立って、③**連用修飾語**になる（形容詞連用形「うつくしく」→動詞「咲く」）。
　そして最後に、連体形をとって④**準体言**（体言に準ずる語・句）を作る（動詞連体形「咲く（**コト**は）」―副詞「いと」・用言「をかし」＝述語）。

　ここで序章 (2)「品詞の構成」図 0-1 をふりかえってほしい。日本語は「体言＋用言＝文」が基本である。上の①は「花が・美しい」という主述文、この①の体言と用言をひっくり返すと②「美しい・花」という文節となり、「うつくし」は連体詞とおなじ働きをする修飾語となる。また「花＋咲く」という主述文のあいだに「うつくし」を入れると「花が・美しく・咲く」というように副詞とおなじ働きをする。これを**連用修飾語**という。さらに③の「花うつくしく咲く」の下に「いとをかし〔とてもすばらしい〕」と続けると、③「花うつくしく咲く」は、文末の述語「をかし」の「何が？」の部分、つまり主語（主語節）となって、「花が美しく咲く**ことは**、とても素晴らしい」という、より長い文となる。この場合、「花うつくしく咲く（こと）」を大主語、その主語節のなかの主語「花」を小主語といい、このように日本語は「体言＋用言」をくり返すことで、より長い複雑な文を構成してゆくのである。
　そして、このような変化のなかで用言は、「述語」から「修飾語」をへて「主語」となり、あるいは「用言」から「体言」（準体言）へと変化するのである。
　なお、用言の連体形が名詞（準体言）になることは上記のとおりであるが、**動詞の連用形はそのまま名詞になる。**
　・例：「行く」→連用形「行き」（例：東京行き）、「騒ぐ」→連用形「騒ぎ」（例：騒ぎになる）

　※『岩波古語辞典』は動詞のこのような性質をふまえて、全ての動詞を連用形で掲出し、名詞の用法を動詞の項目のなかに収めている（同書序）。また連用形は複合動詞を作る用法があり（例：行き・着く）、しかも出現率が高い。連用形の出現率は、終止形の 1 割に対して、6 割にも達するという。

（3）動詞

　動詞とは述語となる自立語で活用し、**言い切り（終止形）の語尾がウ段で終わる語**をいう（但し、ラ行変格活用のみ「り」で終わる）。なお、動詞からは声に出して練習する必要があるので、文中に小さい丸数字で発音型を注記する（注記ナシは 0 型）。

古語の動詞の活用は**9種類**。これを、暗記すべき活用6とその他3に分けて解説する。まず、以下の4つの変格活用と2つの一段活用は必ず暗記しなければならない。

表2-2　4つの変格活用：カ行変格活用・サ行変格活用・ナ行変格活用・ラ行変格活用

活用	所属語	語幹	未然形	連用形	終止形	連体形	已然形	命令形	意味
カ変	来	○	こ	き	く	くる	くれ	こ（よ）	来る
サ変	す	○	せ	し	す	する	すれ	せよ	する
	おはす②	おは	せ	し	す	する	すれ	せよ	いらっしゃる
ナ変	いぬ①	い	な	に	ぬ	ぬる	ぬれ	ね	去る
	死ぬ	し	な	に	ぬ	ぬる	ぬれ	ね	死ぬ
ラ変	あり①	あ	ら	り	り	る	れ	れ	ある・いる
	をり①	を	ら	り	り	る	れ	れ	いる・座っている
	侍り②	はべ	ら	り	り	る	れ	れ	あります・おります
	いまそがり	いまそが	ら	り	り	る	れ	れ	いらっしゃる

なお、サ変動詞は〈**名詞＋す**〉（例：愛す・恋す）、〈**形容詞＋す**〉（例：重んず・軽んず）の形をとって無限にふえる。また濁音の「ザ変」は古語ではサ変として扱う。

表2-3　2つの一段活用：下一段活用・上一段活用

活用	所属語	未然形	連用形	終止形	連体形	已然形	命令形	意味
カ下一	蹴る①	け	け	ける	ける	けれ	けよ	蹴る
ハ上一	干る・嚔る①	ひ	ひ	ひる	ひる	ひれ	ひよ	乾く・くしゃみする
ヤ上一	射る・鋳る・沃る①	い	い	いる	いる	いれ	いよ	射る・鋳る・注ぐ
カ上一	着る	き	き	きる	きる	きれ	きよ	着る
ナ上一	似る・煮る	に	に	にる	にる	にれ	によ	似る・煮る
マ上一	見る①・試みる④	み	み	みる	みる	みれ	みよ	見る・試みる
ワ上一	居る・率る①	ゐ	ゐ	ゐる	ゐる	ゐれ	ゐよ	座る・引き連れる

なお、「見る」の複合語（顧みる・鑑みる）や「率る」の複合語（用ゐる③・引き率る③）も上一段活用である。

以上の全ての動詞の活用を暗記したうえで、その他3つの活用を見分ける。

表2-4　四段・上二段・下二段動詞活用表（所属語多数）

活用	未然ず	連用たり	終止。	連体・時	已然ども	命令。
四段	a	i	u	u	e	e
上二段	i	i	u	uる	uれ	iよ
下二段	e	e	u	uる	uれ	eよ

→「ず」の上が→ **a**段音→ / **i**段音→ / **e**段音→

見分ける時には動詞の下に「ず」（ない）をつけてみる。

・例：「行く」→行かず（行かない）**a**＝カ行**四段**活用

　　　「過ぐ①（過ぎる②）」→過ぎず②（過ぎない②）**i**＝ガ行**上二段**活用

　　　「逃ぐ①（逃げる②）」→逃げず②（逃げない②）**e**＝ガ行**下二段**活用

　但しこのように見分ける際には、ア行・ヤ行・ワ行で活用する動詞に注意しなければならない。というのもア行とヤ行の「い」「え」、ア行とワ行の「う」は仮名がおなじで、これらの文字が活用語尾に出た場合、その動詞がどの行に属するのか見分けがつかない。

表 2-5　活用の「段」

あ	い	う	え	お
や	い	ゆ	え	よ
わ	ゐ	う	ゑ	を

上一段（中）　下一段

上二段　下二段

四段

※ウ段を中心としてイ段を「上」、エ段を「下」といい、イ段とウ段を使う活用を**上二段**、エ段とウ段を使う活用を**下二段**という。

　これを見分けるポイントは、**ア行で活用するのは「得」（心得・所得）だけ**とおぼえておくことである。「得」はア行下二段動詞で、これ以外の動詞の活用語尾に「い」「え」が出てきたら、それはヤ行の動詞であり、「う」が出てきたらワ行の動詞である。

・例：「見ゆ①」→見えず②（見えない②）＝ヤ行下二段活用

　なお、ヤ行上二段動詞「老ゆ①」「悔ゆ①」「報ゆ」と、ワ行下二段動詞「植う」「据う」「飢う①」は暗記しておくとよい。また、古語のハ行（上二段・下二段）の動詞とヤ行・ワ行の動詞は、現代語ではア行の動詞になっているので注意すること。

・例：耐ふ（たう①）＞耐える②、見ゆ①＞見える②、植う＞植える

　※古語のハ行四段は現代語のワ行五段：いふ（古語）＞言う（現代語）

ちなみに、古語と現代語の動詞の活用を対照すると、以下のようになる。

現代語
- 五段　　←四段・**ラ変・ナ変・下一段**
- 上一段←**上一段**・上二段
- 下一段←下二段
- カ変　←**カ変**
- サ変　←**サ変**

※古語の四段・ラ変・ナ変・下一段の動詞が現代語の五段活用に、古語の上一・二段が現代の上一段に合流して、古語の下二段が現代の下一段に変化。カ変とサ変はそのまま継承された。

　この関係をみると、上二段と下二段だけ現代語にない活用である（ゆえにおぼえにくい）ことがわかる。そして、太字の古語の動詞は暗記必須の活用で、これらを除くと、

・古語の四段＝現代の五段、古語の上二段＝現代の上一段、古語の下二段＝現代の下一段

という対応関係が見えてくる。つまり、**現代語の五段動詞はすべて古語の四段動詞であり、現代語の上一段動詞（〜 i る）はみな古語の上二段動詞であり、現代の下一段動詞（〜 e る）はみな古語の下二段動詞である**。この法則を覚えておけば、現代にない二段動詞を見分けることも容易である。但し注意点がある。現代語には「書ける」「行ける」など「〜できる」

という意味をあらわす動詞（**可能動詞**）があるが、これは大体江戸時代以降に使われるようになったもので、平安時代の古語には存在しないと考えてよい。

　・例：（現）食える→（古）ア行下二段…×（正しくは「食ふ」ハ行四段）

　また、以下のような動詞には注意を要する。

　・現代語の活用と異なる動詞

　　例：「うらむ②」（マ行上二段）、「飽く①」「足る」「借る」（四段）

　・一文字で活用する動詞（一文字動詞）

　　例：「う（得）」「ぬ（寝）」「ふ（経）」（下二段）、「来」（カ変）、「す」（サ変）

　・複合動詞…二つの動詞が結合して一語となった動詞→活用は下の動詞による

　　例：「思い・知る③」「立ち・入る③」（ラ行四段）

　以上の解説をふまえて、つぎの『竹取物語』の冒頭から**動詞の活用**を調べてみよう。

　　今 は 昔、竹取の翁 と <u>いふ</u> 者 <u>あり</u> けり。野山 に <u>まじり</u> て 竹 を <u>取り</u> つつ、よろづ の 事 に <u>つかひ</u> けり。名 をば さかきの造 と なむ <u>いひ</u> ける。その 竹 の 中 に、本 <u>光る</u> 竹 なむ一筋 <u>あり</u> ける。**あやしがり** て <u>寄り</u> て <u>見る</u> に、筒 の 中 <u>光り</u> たり。それ を <u>見れ</u> ば、三寸 ばかり なる 人 いと **うつくしう** て <u>居</u> たり。翁 <u>いふ</u> やう、「われ あさごと ゆふごと に <u>見る</u> 竹 の 中 に **おはする** にて <u>知り</u> ぬ。子 に <u>なり</u> 給 ふ べき 人 な（ん）めり」とて、手 に <u>うち入れ</u> て 家 へ <u>持ち</u> て <u>来</u> ぬ。

　下線部が動詞である。まず「いふ」は「ず（ない）」をつけると「いはず（言わない）」だからハ行四段、下が名詞「者」だから連体形。これを実際に活用させると「いは**ず**・いひ**たり**③・いふ。・いふ**時**③・いへ**ども**②・いへ。」となる（以下略）。つぎの「あり①」は暗記必須のラ変、下の「けり①」は連用形接続（**表 2-1** 参照）。「まじり②」は「まじ**らず**③」だからラ行四段活用、「て」は連用形接続の助詞（**表 2-1** 参照；以下略）。「取り①」も「取**らず**②」でラ行四段、「つつ①」も連用形接続の助詞。つぎの「つかひ」は「つかはず（使わない）」だからハ行四段、下が「けり」だから連用形。

　「いひ」はハ行四段連用形、「光る②」は「光**らず**③」だからラ行四段、下が「竹」で連体形。「あり」はラ変連用形、「あやしがり④」は「あやしが**らず**⑤」でラ行四段（「〜がる」はみな同じ）、下が「て」で連用形。「寄り」も「寄**らず**」でラ行四段連用形、「見る①」は暗記必須のマ行上一段、下に助詞の「が・を・に」がついたら連体形である。「光り」はラ行四段、下が「たり①」で連用形。

　「見れ①」はマ行上一段、「ば」は未然形と已然形につくが（本章（1）活用語と活用形）、上一段の活用「見**ず**①・見**たり**②・見る①・見る**時**①・見れ**ども**①・見**よ**①」からみて已然形。「居」は暗記必須のワ行上一段、下が「たり」なので連用形。「いふ」はハ行四段、下が名詞「やう①」なので連体形。なお「いふやう③」「思ふやう②」の用法については「古語要覧」名詞・認識部「やう」を参照。

　「見る①・竹」はマ行上一段連体形、「おはする③」も暗記必須のサ変、「にて①」は「に」と同じ連体形接続の助詞。「知り」は「知**らず**」でラ行四段、「ぬ」は連用形接続の完了の助動詞（但し「ぬ」が否定の助動詞の場合もあるが、その場合は未然形に接続して「知**らぬ**」となるので簡単に判別できる）。「なり①」は「な**らず**②」でラ行四段、敬語の補助動詞「給（たま）ふ②」は連用形接続。「うち入れ」は複合動詞だから下の動詞「入れ」が「入**らず**」なのでラ行四段、下が「て」で連用形。

　最後の「持ち①」は「持**たず**②」でタ行四段、下が「て」で連用形。「来」は暗記必須のカ変、下の

「ぬ」は完了の助動詞なので連用形。

参考　なお現代語「**入る**（はいる①）」は複合動詞「這ひ・入る」がつづまった形で、古語は「いる①」とよむ。また、現代語「**出る**（でる①）」も古語では「いづ①」（ダ行下二段：いでず②・いでたり③・いづ①・いづる時②・いづれども②・いでよ②）とよむので、古語の「出入」の動詞には注意を要する。

　動詞は活用語の基本なので、以上のような分析を常時できるようにすること。さもないと、他の用言（形容詞・形容動詞）の活用も、さらには用言に付属する助動詞や助詞などの解釈もできなくなってしまう。

（4）動詞の単語（「古語要覧」）

　ここでは「古語要覧」の動詞について解説する。「要覧」の見方は第一章（2）に説明したが、動詞では活用と意味が「自動詞／他動詞」に分けて書いてある場合がある。動詞は用言の中心で「文」の意味をあらわし、また付属語を下に続けることが多いので、単語の意味を覚えると同時に、「未然形＋ず・連用形＋たり・終止形。・連体形＋時・已然形＋ども・命令形。」（例：いふ〔ハ行四段〕：いは**ず**・いひ**たり**③・いふ。・いふ**時**③・いへ**ども**②・いへ。）と声に出して活用させること（第一章（1）①「語中のハ行はワ行でよむ」に注意！）。

　なお、動詞のアクセントは、これまでにも見てきたように活用形によって変化し、またおなじ活用形でも下接語によって変化する。

　・例：居る（0型）→連体形：居る人（0型）・居るに（2型）

　よって、「ず・たり」を付けて活用の練習をする時には、あまりアクセントを気にせず、反覆して活用に慣れることに専念してほしい。

　動詞は見出し語で331語だが、派生語を数多く収める。単語は頭・顔・目・耳・鼻・口・心・肩・背中・腰・手・足といった**身体**の部位から往来・離着・出入・上下・動作・支度・応対・関係・論決・競争・騒動・賞美・認知・学習・支障・労苦・余裕・睡眠などの具体的な**動作**および、さらに生成・消滅・時・光・水・火・天といった抽象的な**動態**をあらわす動詞を列挙する。そして、「思ひなす」「思ひなる」のような複合動詞をつくる特定の下接動詞や「色づく」「色めく」などの接尾語、さらに敬語動詞と補助動詞を列挙してある。

　古文の動詞は、現代語の動詞と違って、作文や会話に使うことはなく、意味を取ることができればよい。ただ、動詞の活用を知らないと、動詞の下に付いている助動詞や助詞を見分けることができず、結局、文意を把握できない。

第三章　用言Ⅱ：形容詞と形容動詞

序章の末尾に、私はつぎのように書いた。

　　どんなに長く言葉をつなげても、文の核になるのは述語（どうする〔動詞〕・どうだ〔形容詞／形容動詞〕・何だ〔名詞＋断定の助動詞〕）である。

本章ではこの内の「どうだ」「何だ」の部分を解説する。すなわち前章と本章で日本語の核となる述語の構成要素をすべて説き終えることになる。

（1）形容詞

形容詞とは、述語となる用言で活用し、言い切り（終止形）の語尾が「し」または「じ」で終わる語をいう。活用は**ク活用**と**シク活用**の二種類があり、一般に「なる」（ラ行四段動詞）をつけて「～く・なる」となるものがク活用、「～しく・なる」となるのがシク活用である。

・例：「良し（よ<u>く</u>なる）」「無し（な<u>く</u>なる）」「憎し（にく<u>く</u>なる）」…ク活用
　　　「あやし（あや<u>しく</u>なる）」「すさまじ（すさま<u>じく</u>なる）」…シク活用

表 3-1　形容詞活用表

活用	語例	語幹	未然形 （ず）	連用形 （て／けり）	終止形 （。）	連体形 （時／べし）	已然形 （ども）	命令形 （。）
ク活用	良し	よ	（く）	く	し	き	けれ	○
			から	かり	○	かる	○	かれ
シク活用	悪し	あ	（しく）	しく	し	しき	しけれ	○
			しから	しかり	○	しかる	○	しかれ

※補助活用の終止形は「多かり」以外には使わない。未然形「く・しく」については後述。

形容詞の活用はク活用だけ暗記すればよい。 なぜなら、シク活用はク活用の上に「し」を足しただけだからである（但し終止形には「し」を足さないこと）。また、暗記する際には「（く）・く・し・き・けれ・○」という**本活用**と「から・かり・○・かる・○・かれ」という**補助活用**（**カリ活用**ともいう）を別個におぼえる（「○」は活用のない場所）。というのも、本活用には体言・用言（補助動詞）・助詞が接続し、補助活用には助動詞が接続するというように、それぞれ機能がちがうからである。なおカリ活用は本活用連用形「く」に形式動詞「あり」をつけて下に助動詞を接続できるように作られた活用なので、その活用は「あり」とおなじ「ラ変」であるから、実はおぼえる必要もない。

形容詞は辞書に終止形で記載されている。しかし文中に出てくる形容詞は、文末を除くと、終止形以外の形をしている。だから形容詞を辞書で調べるときは終止形に戻す必要がある。そのばあい、まず活用語尾を取り除き、活用しない部分「**語幹**」を出す。そしてク活用ならば語幹に「し」を付け、シク活用ならば「し」がついた形のままにする。

・例：「無けれども」－活用語尾「けれ」→「な」＋「し」＝「無し」（ク活用終止形）
　　　「あやしかりけり」－活用語尾「かり」→「あやし」（シク活用終止形）

解説　現代語の形容詞終止形は、古語の連体形「き」が「い」に転じたものである（この変化は室町時代から江戸時代にかけて、活用語の連体形が終止形に移行する現象によって生じた）。

・例：古語「無き」＞現代語「無い」、「あやしき」＞「あやしい」

・形容詞の 語幹用法 （シク活用は終止形を用いる）

　（a）詠嘆をあらわす〈感動詞＋語幹〉

　・例：「あな、たふと」（ああ、尊い！）、「あな、うたて」（ああ、ひどい！）

　（b）原因・理由をあらわす〈…を＋語幹＋み〉

　・例：「潟を無み」（干潟がないので）、「瀬をはやみ」（川の流れが速いので）

　（c）名詞・動詞・形容動詞をつくる〈語幹＋接尾語〉

　・例：「長＋さ」「甘＋み」（名詞）、「うつくし＋む」「いた＋がる」（動詞）

　　　　「をかし＋げ・なり」（形容動詞）

　（d）連体修飾語をつくる〈語幹＋の〉

　・例：「あな、おもしろの笛の音や」（ああ、風流な笛の音だなあ！）

　（a）の詠嘆用法は現代語の「あ、痛っ！」「寒っ！」とおなじ。（d）は（a）の詠嘆用法に「の」をつけて修飾語にしたもの。（b）の原因・理由の用法は和歌にしか使われない。（c）は現代語にもそのまま受け継がれている用法である。

　・例：かわい（語幹）＋らしい＝形容詞　※「かわいい（終止形）＋らしい（助動詞）」（かわいいようだ（推定）・かわいいそうだ（伝聞））との違いに注意。

解説　形容詞の活用について（初心者は読まなくてよい）

　まず、本活用の未然形は仮定条件「くは・しくは」（…ならば）の用法しかない。この「くは・しくは」（「は」は文中なので「わ」と読む→古文1-1）については、つぎの二説が行われている。

　A）未然形「く・しく」＋接続助詞「ば」の清音化

　B）連用形「く・しく」＋係助詞「は」

　現代語の「命が惜しくば」のように、「くば・しくば」という形は江戸時代まで下り、それ以前は「命惜しくは」という形で仮定条件をあらわしていた。これを素直にとれば、B説とみるべきだが、たとえば『竹取物語』「火鼠の皮衣」の段のかぐや姫の台詞に、

　　　　「この皮衣は、火に焼かむに、焼けずはこそまことならめ」（この皮衣は、火に焼いたとして、焼けなかったならば、本物でしょう）

とある。この「ずは」も仮定条件だが、下に「こそ」がある。この「は」が係助詞ならば、「こそは」となるのが原則で（→古文7-1「助詞の接続順」）、「はこそ」にはならない。接続助詞の「ば」なら「…ばこそ」というので、A説が適当ということになる。つまり、文法的にはA説が正しい。

　また、前述のように本活用には助動詞が接続できない。そこで本活用の連用形「く ku」に形式動詞「あり ari」をつけて助動詞が接続できるようにした。これがつづまって出来たのが「カリ k-ari」活用であり、したがってカリ活用はラ変型活用である。ところが、このカリ活用に助詞を挿入したり、敬語をつかうときには、先祖がえりして「く・あり」にもどるので注意を要する。

　・例：「かなしかり・けり」（悲しかった）→「かなしく・なむ／あり・ける」（強調；悲しくはあった）→「かなしく・なむ／侍り・ける」（丁寧；悲しくはありました）

　このように現代語にも同様のことがいえるが、この「あり」や「侍り（「あり」の敬語）」はカリ活用の中から出てきたので、普通の動詞としてではなく、「**形式動詞**」として扱う。

　※助詞を挿入する際にカリ活用が「く・あり」に先祖がえりするのは、文節を二つに割って（「／」の部分）、助詞を前の文節に附属させる必要があるためである（このあとの「に・あり」なども同じ）。

　さて、これまでに見てきた名詞や動詞は客観的な事物や動作をしめすのに対し、形容詞は情況や心理について作者の主観がつよく投影されるので、慎重に解釈しなくてはならない。形容詞や形容動詞をいい加減に訳せば、それだけ作者の真意から遠ざかるし、かといって、名詞や動詞をきちんと訳さないと、作者が形容している情景や動作もわからない。

練習　清少納言『枕草子』にみる「うつくしきもの」（丸数字はアクセント；0型は省略）

　うつくしき③もの。瓜に①描きたる③ちごの①顔。雀の子の、ねず鳴きするに⑥、躍り来る④。二つ三つばかりなる④ちごの①、急ぎて②這ひ来る③道に、いと①小さき③塵の②ありけるを③目ざとに見つけて、いと①をかしげなる⑤指に②とらへて②、大人などに④見せたる③、いと①うつくし③。…をかしげなる⑤ちごの①、あからさまに抱きて⑨遊ばしうつくしむ⑧ほどに②、かいつきて③寝たる②、いと①らうたし③。

　ここで清少納言は「うつくしきもの」を列挙しているのだが、この「うつくし」は現代語の「美しい」とは意味がちがう。まず、瓜に描いてある子どもの顔。雀の子が人のネズミの鳴き真似を聞いて跳ねて来るさま。二三歳の子どもが一生懸命這ってくる途中で、小さなホコリを目ざとく見つけて、とても「をかしげなる」指につまんで、大人に「ハイ！」と見せている様子はとても「うつくし」という。この「うつくし」は「かわいい」の意味であることがわかるだろう。現代語の「かわいい」にはいろいろな意味があるが、ここに列挙されているのは、雀をふくめてみな子ども、それも小さい子であり、そういう子どもに抱く感情を「うつくし」と言っている。子どもは目線が低い。だから床のホコリが陽の光に反射してキラキラ光るのを、まるで宝物を見つけたように大人に見せて、褒めてもらおうとする。そういう子どものしぐさを見つめる作者の温かい視線が、ここから読み取れる。

　さらに「をかしげなる」子どもが、しばらく抱っこして遊ばせて「うつくしむ」あいだに、すがりついて寝てしまう様子は、とても「らうたし」という。まず「**をかしげなり**」は形容詞「をかし」に接尾語「げ」をつけて形容動詞にした言葉だが（上述「語幹用法」c）、「をかし」は多義語で、訳すのがむずかしい。ただ上文で赤子の指を「をかしげ」というのであるから、これも「かわいい」という意味であることがわかる。また「**うつくしむ**」は現代語の「いつくしむ（慈しむ）」に当たるが、これはもともと「うつくし」に接尾語「む」をつけて動詞にした言葉で（同上「語幹用法」c）、「うつくし」という感情を動作に現したものにほかならない。つまり「かわい・がる」ことであるが、具体的には子どもを抱いて何かするのであるから、おそらく作者はこの子供を撫でていたのだろう。それで、寝てしまった子供を「らうたし」という。これは漢語の「労」に形容詞「いたし」（甚だしい）をつけた語で、「労」は「いたわる」とよむ。ここで筆者が「うつくし」と言わず、「らうたし」と書く意味を考えるならば、「うつくし」と形容した前の三つの情景（瓜・雀・塵）が「見た目」のかわいらしさであるのに対し、「らうたし」は作者が子どもを抱っこして撫でるという接触をともなった情感である。つまり

この「らうたし」は「撫でてあげたい（ほど、かわいい）」という作者の感情をあらわしている。

　このように、「うつくし」「をかしげなり」「らうたし」はみな「かわいい」という意味だが、それぞれにちがった内容をもっている。この相違を理解できなければ、この文章を読んだことにはならない。**形容詞の解釈は作者が見たものを再現し、その心理に近づく作業なのである。**

（2）形容詞の単語（「古語要覧」）

　「要覧」には不快・不都合・不条理・煩雑・喧騒・異様・好奇・失望・不意・焦燥・漠然・不安・苦痛・不満・荒涼・驚嘆・賞賛・愛惜・美・調和・平静・安楽・善悪・賢愚・性格・長幼・貴賤・価値・荘厳・畏怖・萎縮・程度・強烈・優劣・明暗・深浅というように、意味の近い形容詞を配列した。類義語が隣り合っているので、個々のニュアンスの違いに注意して学習を進めてほしい。**形容詞は重要単語が多い。**それは、文章に描かれる風景や情況、登場人物の心理などが形容詞によって表現されているからである。

　活用の練習は本活用とカリ活用に分けて行うとよい。

・例：「にくし①」→<u>本活用</u>「にくくは②（未然形）・にくくて②（連用形）・にくし。①（終止形）・にくき①**時**（連体形；にくき「**人**」でもよい）・にくけれども②（已然形）」／<u>カリ活用</u>「にくからず③（未然形）・にくかり**けり**⑤（連用形）・にくかる**べし**③（連体形）・にくかれ。③（命令形）」

　形容詞一般の性質について述べると、形容詞は〈語幹（状態をあらわす名詞など）＋し・なし〉のパターンで構成されたものが多い（「し」は活用語尾、「なし」は「無し」または「し」と同様の活用語尾）。このほかにも「～いたし」「～がたし」「～がまし」「～にくし」「～は・し」「～めかし」などの接尾語をつけて形容詞を作る。

　また活用と意味の関係についていうと、ク活用の形容詞は**客観的**な状態、シク活用は**情感**をあらわすものが多い。さらに気分や感情をあらわす形容詞は「自分がそう感じるほど相手が～だ」というように**相手の性質を形容する**ことがある。これは、自他の境界をあまり意識しない日本語の特徴による。

・例：ねたし・つらし・はしたなし・かしこし・はづかし・まばゆし・かたはらいたし

　なお、連用修飾語（副詞の用法）になったときに意味が変わる語については、「要覧」に「（連用）」として意味を記した。

> **参考**　現代語で「重い」と「重たい」の違いは何かとよく質問される。こういう場合、日本語教育では「重い」と「重たい」の用例を集めて両者のちがいを説明しようとするが、それは全く必要のない作業である。「重たい」の「たい」は上の「らうたし」の「たし」と同じで、もとは形容詞「いたし」を「重い」につけて「いかにも重い感じ」を強調した言い方なのである。
>
> 　「いたし」は現代語の「痛い」であるが、程度がはなはだしいという原義は「いたく感動した」というような連用修飾語（副詞）の用法に残っている。

（3）形容動詞

　形容動詞とは述語となる用言で活用し、言い切り（終止形）の語尾が「なり・たり」で終わる単語である。活用は**ナリ活用**と**タリ活用**の二種類あり、タリ活用の語幹は音読みの**漢語**、ナリ活用の**語幹**は和語が原則である。

表 3-2　形容動詞・断定の助動詞活用一覧

活用	語	語幹	未然形 （ず）	連用形 （けり・て）	終止形 （。）	連体形 （時）	已然形 （ども）	命令形 （。）
ナリ 活用	あはれ なり	あはれ	なら	なり に	なり	なる	なれ	なれ
タリ 活用	堂々たり	堂々	たら	たり と	たり	たる	たれ	たれ

※**形容動詞＝形容語**（名詞・漢語など）＋**断定の助動詞「なり」「たり」**

　このように形容動詞は語幹の形容語に断定の助動詞「なり」「たり」をつけた形になっている。谷崎潤一郎の『文章読本』など多くの作家が指摘するように、もともと**日本語は形容詞の数が非常に少ない**。この欠点を補うために、日本の文学では**比喩表現が発達**し、それが和歌の修辞や散文の情景描写などに独特の味わいを添えてきたわけだが、やはり日常生活では形容詞が少ないと不便である。そこで**形容詞の不足を補う**ため主に平安時代になってから作られたのが、この形容動詞である。

　はじめは、形容詞にない和語の名詞や漢語（形容語）に状態をあらわす格助詞「に」「と」をつけた形（連用形）が行われ、これに形式動詞「あり」が熟合して活用するようになった。したがって形容詞カリ活用と同じく、**形容動詞もラ変型活用**である。そして上記のように、形容動詞の活用語尾は断定の助動詞「なり」「たり」そのものである（つまり断定の助動詞もまた「に・あり」「と・あり」から出来た）から、**形容動詞と断定の助動詞の活用はみな〈ラ変型＋連用形に・と〉**と暗記すればよい。

解説　日本語の語彙の柔軟性：形容動詞に限らず、日本語は中国語や英語などに比べると、全体に語彙が乏しく、現在純然たる和語（大和言葉）だけで会話することはほぼ不可能である。日本人は古代に中国文化を学び、近代に西洋文化を吸収して文化を発達させたが、それは外国語の学習によってではなく、むしろ漢語や欧米語をそのまま日本語のなかに取り込む形で行われた。その語学的な入口となったのが「サ変動詞」と「形容動詞」であった。日本語の構造上、外国語は全て名詞として扱われる。名詞として受け入れた外来語に「す」「する」「る」をつけて動詞を作り（例：愛す・サインする・サボる）、また「たり」や「だ・な」をつけて形容詞を作った（例：堂々たる・リアルな）。こうして漢字とカタカナの外来語が大量に作られ、これを日本語のなかで自由に操ることができたのである。

練習　形容動詞の解釈（吉田兼好『徒然草』より）※丸数字はアクセント（0型は省略）

　大路のさま、松①立てわたして④、**はなやかに②うれしげなるこそ③**、また、**あはれなれ①**。

　これは元日の京都の街路を描写した一文だが、ここには三つの形容動詞が使われている。「**はなやかに**」がナリ活用の連用形、「**うれしげなる**」がナリ活用連体形、「**あはれなれ**」がナリ活用已然形で、文中の「こそ」と「**係り結び**」を成している（第二章（1）参照）。文中の「松」は現在も正月に家の門に飾る「門松（かどまつ）」のことで、これが道路に沿って並んでいる。「立て渡す」は他動詞「立

つ」に「一面に〜する・ずっと〜する」という意味を添える「わたす」をつけたもので（「要覧」複合動詞）、道路の果てまでズラリと門松を立ててあるさまをいう。その様子が「華やかで嬉しそうで、しみじみと感じられる」という意味である。ちなみに「はな（花）・やか」「うれし・げ」「あはれ」（感動詞）というように、これらの形容動詞の核は名詞・形容詞・感動詞であり、それに「げ」「やか」をつけて語幹を作り、さらに「なり」「に」をつけて活用させたもので、特に「あはれ」は「ああ」という感嘆から、しみじみとした感動をあらわす一方、「あっぱれ」という手放しの賞賛をあらわす形容動詞としても多用された。江戸時代の国学を大成した本居宣長が日本の「古意（いにしへのこころ＝古代日本人の精神）」として推奨した「もののあはれ」とは、すなわちこれである。

（4）形容動詞の単語（「古語要覧」）

　「要覧」には不都合・粗略・漠然・不意・一途・誠実・確固・平凡・安静・故意・奇異・賞賛・美・情趣・貴賤・優劣・幸福・柔弱・微細・露呈・明暗に分類して単語を配列した。**全てナリ活用**なので、見出し語は語幹のみ掲げた。

　活用の練習をする時は、語尾「なり」をつけて「不便なら**ず**（未然形）・不便なり**けり**・不便**にて**（連用形）・不便なり。（終止形）・不便なる**時**（連体形）・不便なれ**ども**（已然形）・不便なれ。（命令形）」（全て①型）と活用させる。

　形容動詞は一般に漢語や名詞・副詞・形容詞に、接尾語「げ」「やか」「らか」をつけたものが多いが、語彙全体からみると、形容詞の意味内容と重複するものは少なく、形容詞の不足を補う役割を担っていたことがわかる。形容動詞は名詞などの語幹に断定の「なり」をつけて造る簡単な構造であるから、形容詞よりも拡充が容易であった。

（5）音便について

・動　詞…**イ音便**（書き ki て→書い i て）・**ウ音便**（歌ひ fi て→歌う u て〈うとーて〉）
　　　　　促音便（勝ちて tite→勝って tte）・**撥音便**（死にて nite→死んで nde）
・形容詞…**ウ音便**（美しく ku て→美しう u て〈うつくしゅーて〉）＝連用形
　　　　　イ音便（若き ki 人→若い i 人）＝連体形
・〈ラ変型活用語＋めり・なり・べし（助動詞）〉→**撥音便**（連体形「る」→「ん」）
　　・例：な（ん）めり　な（ん）なり　あ（ん）べし　多か（ん）なり　静かな（ん）なり

　音便（おんびん）とは活用語尾の子音が落ちたり（イ音便）、発音に変化が生じたもの（ウ音便・促音便・撥音便）であるが、こういう変化は多く**使用頻度の高さに比例**しておこる。動詞の活用形の使用頻度をみると、終止形が1割前後にすぎないのに対し、連用形のそれは6割にも達する。いわば活用語尾が金属疲労をおこして、発音しやすいように変化したわけで、**動詞・形容詞の音便はほとんどが連用形でおこる。**そのほかに音便がおこる活用形は**連体形**で、形容詞本活用のイ音便、カリ活用およびラ変型活用語の撥音便があるのみである。

（6）断定の助動詞

　つぎに**断定の助動詞**について説明する。断定の助動詞とは現代語の「だ・である」に相当する助動詞であり、現代語では「名詞＋だ」または「用言＋の・だ」という形をとる。

解説　「名詞＋だ」は述語（何だ）であるが、「用言＋の・だ」は用言が述語を構成し、「のだ（んだ）」は強調（確定）の意味を添える付属語となる（例：これでいいんだ〔良い・のだ〕）。

　古語も同様であるが、上述のように助動詞の「なり」は「に・あり」から出来た語で、古語の格助詞「に」は活用語の連体形に接続することができるので、「なり」は「の」を挟まずに直接、連体形に接続する（主に漢語につく「たり」は活用語に接続しない）。

　また、「に・あり」はもともと「〜にある・〜にいる」という意味であるから、「なり」が場所をあらわす語に付いたときは「〜にある・〜にいる」という**存在**の意味をあらわす。

　以上をまとめると、
　・**活用**…形容動詞型〈ラ変型＋連用形に・と〉
　・**接続**…体言（名詞）および**連体形**（「たり」は体言にのみ接続）
　・**意味**…断定（だ・である）、存在〈場所＋なり〉（〜にある・〜にいる）
となる。**助動詞はこの活用・接続・意味の3つを必ず覚えなければならない。**

　駿河なる①宇津の①山辺の⑩うつつにも④夢にも②人に⑩あはぬなりけり②（『伊勢物語』）

　下線部は助動詞「なり」で、「駿河」は古代の国名で今の静岡県中部、〈場所＋なり〉で「駿河にある宇津山の辺り」という**存在**の用法。これは和歌で、「うつのやまべのうつつ」という表現は「**序詞**（じょことば）」という。このばあい、「うつつ（現実）」という言葉を引き出すために駿河国の宇津山を前に置いた。こういう地名を「**歌枕**（うたまくら）」という。そして現実にも夢にも「人に会はぬ」という「ぬ」は否定の助動詞「ず」（ない）の連体形、したがって「なり」は**断定**、「けり」は過去（詠嘆）の助動詞で「会わないのであった」という意味になる（「ず」「けり」は次章参照）。

　※「歌枕」「枕詞（まくらことば）」：片桐洋一『歌枕歌ことば辞典』（角川書店）が簡便。

解説　〈に・あり〉のパターン
　・「にや（あらむ）」「にか（あらむ）」→「〜であろうか」
　・「にぞ（あらむ）」「にこそ（あらめ）」→「〜であろう」
　・「になむ（ありける）」→「〜（なの）であった」（典型的な「語り」のパターン）

　この3つは頻出のパターンなので暗記した方がよい。詳しく説明すると、これらは断定の助動詞「なり」に係助詞「ぞ・なむ・や・か・こそ」がついた形で、これらの係助詞がつくと、「なり」はもとの「に・あり」にもどって、助詞がその間に入りこむ。この先祖返りは形容詞カリ活用にみたものと同じで（→古文3-1）、現代語の「である」が「ではある」「でもある」などと変化するのと同様である。

　なお、「にや、」「にか、」と読点がある形は大抵「挿入句」（作者が原因の推測や感想・説明などを挿入した語句→古文9-4）であり、その部分は括弧にくくって前後の文とは区別して読むこと。

　世に①語り伝ふること⑥、（まことは⑩あいなきにや③、）多くは①みな⑩そらごとなり⑤。

　この『徒然草』の一文は「世に語り伝ふること、多くはみなそらごとなり（世の中に語り伝える話は大体みな嘘である）」という主述文で、そのあいだに「まことはあいなきにや（真実はつまらないから

であろうか）」という、世人が嘘を語り伝える理由についての作者の推測を挿入している。

参考　中世以降「にやあらむ」は「やらん」（連体形・体言などに接続）に転訛して疑問・推量（～だろうか）や婉曲（～とかいう）の意を表し、現代語でも「どうしているやら」などと使われている。

（7）比況の助動詞

　　以上で述語を構成する「どうする（動詞）・どうだ（形容詞・形容動詞）・何だ（断定の助動詞）」を全て説明したことになるが、述語にはもう一つ、「名詞＋の・ようだ」という形がある。これを「比況」といい、古語では「ごとし」「ごとくなり」「やうなり」を使う。

表 3-3　比況の助動詞活用一覧

比況の助動詞	未然形	連用形	終止形	連体形	已然形	命令形	活用型	接続
ごとし	○	ごとく	ごとし	ごとき	○	○	ク活用型	名詞・助詞・連体形
ごとくなり	なら	なり・に	なり	なる	なれ	なれ	ラ変型	同上
やうなり	なら	なり・に	なり	なる	なれ	なれ	同上	同上

　　意味は(1)「～と同じ（似ている）」「～のとおりだ」という**一致**と、(2)「～のようだ」という**比況**の用法がある（「やう」＝「よう」→古文 1-1②）。

　　①奢れる人も⑥久しからず⑤、ただ①春の①夜の①夢のごとし④。（『平家物語』）
　　②あはれなるやうにて①、強からず③。（『古今和歌集』仮名序）

　　①は平氏一族の末路を述べた文で、平家の栄華が「春の夜の夢と同じだ（似ている）」という。これを「春の夜の夢のようだ」と訳してもよく、このように一致と比況は厳密に区別できない場合が多い。
　　②は小野小町の和歌を批評した文で、「あはれなり」とは思わず「ああ」という声が出てしまう感覚（→古文 3-3 練習）、「しみじみとした情感にあふれているようで、勢いがない」という意味である。

解説　「ごとし」の語源は、同一を意味する名詞「こと」に、形容詞の活用語尾「し」が付いたものとされる。したがって接続は連体形接続、活用は形容詞型となる。おもに漢文訓読体の文章に使用され、女流文学ではかわりに「**やうなり**」（現代の助動詞「ようだ」の祖先）が多用された。
　　通常、「～のごとし」「～がごとし」のように、助詞「が・の」を上に置くが、連体形や体言に直接付くこともある。また、語幹「ごと」を連用修飾語とする用法（～のように）や、連用形「ごとく」に断定の助動詞「なり」を付けた「**ごとくなり**」（形容動詞型）という形が行われた。

第四章　基本助動詞

これまでに述べてきたように、日本語の文は〈体言＋用言〉から成る。たとえば、

祇園精舎の④鐘の声④、諸行①無常の①の⓪響あり④。沙羅双樹の③花の色、盛者①必衰の③理を⑨あらはす⓪。奢れる人も⑥久しからず④、ただ①春の夜の①夢のごとし④。たけき者も①遂には①ほろびぬ③、偏に②風の前の④塵に②同じ。

この有名な『平家物語』の書き出しは、ほとんどが体言・用言と基本的な助詞（下線部）で書かれており、助動詞は4つしか使われていない（下線部）。ゆえに、この名文を理解するために必要な知識は、体言と用言とで十分であるといえる。

しかし、たとえば「わが世尽きぬ」と「わが世**ぞ**尽きぬ」との違いは、「世」と「尽く」という単語の知識だけでは説明できない。この違いを決定づけているのは助動詞、そして助詞の用法なのである。ここではまず基本的な助動詞を解説する。

※「わが世」は人生または時代（→「要覧」名詞・世間）、「尽く」は現代語「尽きる」で「終わる」の意。「ぬ」は完了の助動詞。つまり「我が世尽きぬ」は「人生（私の時代）が終わった」という意味だが、ここに強調の係助詞「ぞ」が入ると「係り結び」になって、文末が連体形となる。「ぬ」という連体形をもつ助動詞は否定の助動詞「ず」なので、「我が世ぞ尽きぬ」とは「人生（私の時代）は終わらない」という反対の意味になる。

（1）助動詞概説

助動詞とは活用する付属語で、動作の様態や話し手の判断などを文に添えるものである。また、**助動詞は必ず用言の下に接続する**（例外：断定なり・たり、比況ごとし、など）。したがって、まずは用言を把握することが重要である。

そして、助動詞の用法を理解するポイントは**活用・接続・意味**の3点である。古語の助動詞の数は約30あり、それぞれの活用・接続・意味をおぼえなければならないが、本書は適宜、整理を加えて簡潔に理解できるように工夫してある。

※ちなみに現代語の助動詞は約17語で、古語の方が多彩で微妙な表現が可能だったことがわかる：
・受身…れる・られる　・使役…せる・させる　・断定…だ　・丁寧…です・ます　・過去…た
・打消…ない（ぬ）・まい　・推量…う（よう）・らしい・そうだ・ようだ　・希望…たい

助動詞と敬語の補助動詞は用言に接続する。そのばあい、一つの用言に複数の助動詞・補助動詞がつづくことがある。たとえば、
・例：御心づかひせ・させ（Ⅰ）・給ひ（Ⅱ）・つ（Ⅲ）・べから（Ⅳ）・む（Ⅳ）・夜…
という『源氏物語』の文は、「（御）心遣ひす」というサ変動詞に「さす」「たまふ」「つ」「べし」「む」という5つの助動詞や補助動詞が接続して名詞「夜」を修飾している。意味は「お気遣いなさるだろう夜」だが、古代日本人はこれだけで、どんな情況か想像できた。

　このように助動詞・補助動詞が複数つづく場合、接続する順序（接続順）があり、その接続順はまた 意味 と密接な関係がある（『岩波古語辞典』基本助動詞解説参照）。

表 4-1　用言＋助動詞・補助動詞の接続順

	I	II	III	IV	別
用言 →	る・らる す・さす・しむ	たまふ・おはす きこゆ・たてまつる はべり・さぶらふ	ぬ・つ り・たり ＊ざり・べかり まじかり（めり）	き・けり ず・じ・まじ む・むず・らむ・ けむ・まし／べし らし・めり・なり	なり・たり ごとし ごとくなり まほし・たし
	活用形完備	活用形完備	活用形やや不備	活用形不備	
	使役／自発・可能 ・受身・尊敬	尊敬・謙譲・丁寧 （補助動詞）	完了・存続 ＊カリ・ザリ活用	過去・回想／否定 ／推量・推定	断定／比況／願望

　用言の下につづく助動詞・補助動詞は、必ず I － II － III → IV の順に接続する。そして I は **受身と使役** の助動詞、II は **敬語** の補助動詞、III は **完了** の助動詞、IV は **その他**（過去・推量・否定）の助動詞というように、助動詞の意味のまとまりと接続順は対応関係にある。

　解説　これは日本人が句末・文末に意味を添える際、何を優先するかという原理を表す。すなわち I 類は用言の動作が自然によるものか（自発）、人為によるものか（使役）の情況判断を示し、II 類は敬意（人間関係）、III 類は動作の様態（完了しているか、存続しているか）を提示する。そして最後に IV 類の自己判断や個人的観測（否定・推量など）をあらわす。これは英語で助動詞を重ねる場合、

　I see（現在）＞I have seen（完了）＞I should have seen（当然）＞I really should have seen（気分）

というように自己の判断や気分を前に置いてゆく点が日本語と対照的である。つまり **客観的なもの** から **主観的なもの** へと接続するのが日本語の基本的な叙述様式なのであり、こうした日本語の特性が日本人のものの見方・考え方を根底から規定しているのである（助詞の接続順も基本的に同じ→第八章）。

　なお、「**別類**」とは体言に接続する断定・比況の助動詞や「まほしがる」「たがる」のように動詞の用法をもつ願望の助動詞をさす。また「めり」（視覚推定）は本来、III 類に属するが、学習の便宜上「らし」（推定）、「なり」（聴覚推定）と同じ IV 類に置いた。さらに「ざり・べかり・まじかり」は「ず・べし・まじ」の補助活用で、形式動詞「あり」つまり用言がついて、そこだけ III 類に繰り上がるが、これも無視して構わない。

　また、助動詞の 接続 も意味と関係がある（→古文 2-1 表 2-1）：

・未然形… I す・さす・しむ・る・らる、III ず・じ、む・むず・まし、別まほし
・連用形… III つ・ぬ・たり、IV き・けり・けむ、別たし
・終止形… IV まじ、らむ・めり・なり・べし・らし
・連体形…別なり・たり（体言）・ごとし・ごとくなり・やうなり
・サ未四已（さみしい）… III り

まず、簡単なところから始めると、**終止形接続**の助動詞はみな**推量**（べし―まじ・らむ）・**推定**（めり・なり・らし）の助動詞であり、**連用形接続**の助動詞は**完了**（つ・ぬ・たり）・**過去**（き・けり・けむ）の助動詞（＋願望の「たし」）である。また、**別類**の助動詞はみな**連体形接続**だが、断定の「たり」だけ漢語につく。一方、完了・存続の「り」はサ変の未然形「せ」と四段活用の已然形「e」に接続する特殊な助動詞だが、これは**「エ段音＋り」**と覚えておけばよい。**未然形接続**の助動詞はやや複雑だが、Ｉ類全部（る・らる・す・さす・しむ）と否定（ず・じ）・未来（む・むず）・仮想（まし）・願望（まほし）の助動詞が所属する。そして否定・未来・仮想・願望とはその動作が「まだ行われていないこと（未だ然らず）」をあらわす。だから、これらはみな未然形接続なのである。

　以上をまとめると、**Ｉ類と非実現（否定・未来・仮想・願望）の助動詞は未然形、過去・完了類は連用形、推量・推定類は終止形、別類（断定・比況）は連体形に接続する。**
　※なぜ特定の活用形に接続するかについては古文 6-4 参照。

　最後に 活用 について。上の表 4-1 をみると、ＩからⅣへと活用形がしだいに不備になってゆくことがわかる。なぜなら、Ｉ・Ⅱは下に他の単語（Ⅲ・Ⅳ）が接続する可能性が高いが、反対にⅢ・Ⅳは文末になる可能性が高い。「活用は接続によって起こる」から（→古文 2-1）、下に他の単語がほとんど接続しないⅣの**（文末型）助動詞は終止形と「係り結び」に必要な連体形・已然形しかないものが多い**のである。
　この点をふまえたうえで、助動詞の活用をまとめてみよう。
・下二段型…Ｉす・さす・しむ・る・らる、Ⅲつ（完備）
・ナ変型…Ⅲぬ（完備）
・ラ変型…Ⅲり・たり（完備）、Ⅳめり（未・命欠）、なり・けり（未・用・命欠）
　・形容動詞型（ラ変型）…別なり・たり（完備）
・形容詞型…Ⅳべし・まじ、別まほし・たし（命欠）、ごとし（未・已・命欠）
・〈○○むむめ○〉（四段）型…Ⅳむ・らむ・けむ（不備）
・サ変型…Ⅳむず（不備）
・特殊型…Ⅳず（完備）、じ・らし（不変化型…未・用・命欠）、まし・き（用・命欠）

　まず、**Ｉ類の助動詞全部と完了の「つ」は下二段に活用する。**完了の「ぬ」はナ変型だが、「つ」とセットなので一緒におぼえておく。また、**語尾に「り」がつく助動詞はみなラ変型**で、断定の「なり」「たり」だけ連用形に「に」「と」がある（ラ変型＋に・と）。
　一方、**語尾に「し」がつく助動詞はみな形容詞型**だが、「じ」「らし」だけは活用しない**特殊型**なので注意すること。さらに**語尾に「む」がつく助動詞はみな〈○○むむめ○〉型**で、「むず」のみ「○・○・むず・むずる・むずれ・○」とサ変型に活用する。
　最後に、**否定の「ず」と過去の「き」・仮想の「まし」は特殊型**なので個別に暗記する。
　以下、個別の助動詞の解説に入るが、常に上記の概略をふり返りながら学習を進めること。助動詞はバラバラに覚えると、いつまでたっても習得できない。

※本書の古典文法に関する記述は、上記の大野晋編『岩波古語辞典』解説および立平幾三郎・小山義昭『国文法』（研数書院 1976 年；絶版）に多くを負っている。立平先生と大野先生は編者の高校・大学

の恩師であり（ともに故人）、ここに記して学恩に謝することを許されたい。

（2）過去（回想）の助動詞「き」「けり」

　現代語の「た」に相当する助動詞で2種類ある。「き」は自分が直接体験した過去の出来事に用い（**直接過去**）、「けり」は他から間接的に伝聞した過去の出来事に用いる（**間接過去**）。また「けり」には「今はじめて気づいた」という詠嘆の意味を添える用法がある（**気づきのけり**）。活用は「き」が特殊型、「けり」がラ変型で、ともに連用形接続。

表 4-2　過去の助動詞活用表「き」「けり」

	未然形	連用形	終止形	連体形	已然形	命令形	活用型	接続
き	（せ）	○	き	し	しか	○	特殊型	連用形接続
けり	（けら）	○	けり	ける	けれ	○	ラ変型	連用形接続

　例：わが園の①咲き<u>し</u>②桜を⓪見渡せば④…（『為忠集』）
　「咲き」はカ行四段連用形で、これに直接過去「き」を接続し、下に名詞「桜」があるので連体形になっている。「わが園」（わが家の庭）だから、直接過去「き」を使っている。

　例：昔人は③、かく①いちはやき③みやびをなむ⑤<u>しける</u>②（『伊勢物語』）
　「昔の人はこのように情熱的な風流をした」という有名な『伊勢』初段の結びである。「し」はサ変動詞連用形、これに「けり」をつけた形だが、文中に「なむ」があるので「係り結び」によって連体形「ける」となっている。

　例：こよひは⓪十五夜なり<u>けり</u>③。（『源氏物語』）
　「今夜は十五夜だったなあ」という意味で、「なり」は断定の助動詞連用形、「けり」は詠嘆用法（気づきのけり）である。なぜなら、まず「今夜」だから過去ではない。そして、今夜が十五夜であることは暦の既定事項で、その事実に「今はじめて気づいた」のである。

解説　未然形の用法と「き」の接続について。
　（1）「き」の未然形「せ」は反実仮想の〈…せば～まし〉の形でしか使わない。
　　・例：世の中にたえて桜のなかり<u>せば</u>　春の心はのどけから<u>まし</u>（『古今集』紀貫之）
　「世の中に全く桜がなかったならば、春を過ごす人びとの心は穏やかであったろうに」という意味。「なかり」は形容詞「なし」のカリ活用連用形、「のどけから」は形容詞「のどけし」の未然形。
　（2）「けり」の未然形「けら」は上代（奈良時代）の用法。「けらし」（…タラシイ）も使われた。
　（3）「き」の**連体・已然形「し・しか」**はカ変・サ変の未然形につく（「こし・こしか／せし・せしか」）。但しカ変の連用形につく場合もあるが（「きし・きしか」）、サ変にはつかない（×「しし」）。また終止形「き」は原則どおりサ変の連用形につくが（「しき」）、カ変にはつかない（×「きき」）。

参考　「けりをつける」
　現代語で物事を終わらせる時によく「けりをつける」というが、この「けり」は「蹴り」ではなく、助動詞「けり」である。古い書物には句読点がなかった。それで文末に多く使われる「けり」を目安に

断句して読んだため、「けり」が終わりを意味するようになったという。この「けり」のように文末にくる可能性が高い助動詞は、終止形と「係り結び」に使う連体形・已然形しかないものが多い。

（3）完了の助動詞「ぬ」「つ」「たり」「り」

　現代語のアスペクト「た」「てしまう」に相当する助動詞で、「ぬ」「つ」と「たり」「り」の２つのグループに分かれる。

　「ぬ」「つ」は主に動作の**完了**をあらわし（解説参照）、下に推量の助動詞（「む」「べし」など）が接続した時は、その推量を**強調**する用法（可能性の高い推量）となる。

　「たり」「り」はもともと動作の**存続**（進行中であること）をあらわし、またその動作がすでに始まっていることから**完了**の意味をもあらわした。現代語の過去・完了の助動詞「た」は、この「たり」の語尾「り」が落ちて出来たものである。

　活用は「ぬ」がナ変型、「つ」が下二段型、「たり」「り」がラ変型で、**連用形接続**だが、**「り」**だけはサ変の未然形「せ」、四段の已然形「e」につく。これを「サ未四已（さみしい）接続」というが、「せ」も「e」もエ段音なので「**エ段音接続**」とおぼえるとよい。

表4-3　完了の助動詞活用表「ぬ」「つ」「たり」「り」

	未然形	連用形	終止形	連体形	已然形	命令形	活用型	接続
つ	て	て	つ	つる	つれ	てよ	下二段型	連用形接続
ぬ	な	に	ぬ	ぬる	ぬれ	ね	ナ変型	連用形接続
たり	たら	たり	たり	たる	たれ	たれ	ラ変型	連用形接続
り	ら	り	り	る	れ	れ	ラ変型	サ未・四已接続

　例：衣①着つる②人は②、心異に⑤なるなりといふ①。（『竹取物語』）
　ヒロインかぐや姫が天の羽衣（あまのはごろも）を着て、月の都に帰るシーンである。「着」はカ行上一段の連用形、下に「人」がいるので連体形「つる」となる。「なるなり」の「なる」はラ行四段連体形、「なり」は断定の助動詞終止形で、「この羽衣を着た人は、別人の心になるのだという」の意。地球での記憶を失って月の世界の人間に戻ってしまう場面である。

　例：かきつばた③、いと①面白く③咲きたり③。（『伊勢物語』）
　主人公（在原業平）が都を離れて東国を旅する「東下り（あずまくだり）」のシーンで、「かきつばた」は花の名前、「咲き」はカ行四段連用形、これに存続の「たり」がついて、「かきつばたが咲いている」となる。「面白く」は「咲く」を修飾する副詞（連用修飾語）で、目の前がパッと明るく感じて快いさまをいう。旅に疲れた心が晴れた印象を与える。

　例：「黒き①雲①出で来ぬ③。風吹きぬべし④。御船⑩返してむ④。」（『土佐日記』）
　紀貫之が国司として赴任した土佐（高知県）から京都に帰る船上での出来事で、「いでき」はカ変連用形、これに完了の「ぬ」の終止形がついて、「黒い雲が出てきた」という意味。「ぬ・べし」は下に推量の助動詞をつけた**強調**の用法で、「きっと風が吹いて（航行できなくなって）しまうでしょう」というように「きっと」とか「必ず」の意味をあらわす。「返してむ」の「て」もおなじで、「引き返しましょう」という意味だが、意志・勧誘（～しよう）の用法の場合は無理に強調しなくてもよい。

　このように、前節表 4-1 の接続順表Ⅲ類の助動詞は下に「む」「べし」や「き」「けり」
が接続することが多いので、一覧表にまとめておこう。

表 4-4　助動詞「完了＋過去・推量」一覧表

	単独	＋き・し・しか〈過去〉	＋けり・ける・けれ	＋む・め〈推量〉	＋べし・べき・べけれ
つ	完了	てき・てし・てしか	てけり・てける	てむ・てめ	つべし・つべき
ぬ	完了	にき・にし・にしか	にけり・にける	なむ・なめ	ぬべし・ぬべき
たり	存続・完了	たりき・たりし・たりしか	たりけり・たりける	たらむ・たらめ	たるべし・たるべき
り	存続・完了	りき・りし・りしか	りけり・りける	らむ・らめ	（るべし）

　※〈完了＋過去〉…タ（テシマッタ）
　※〈存続＋過去〉…テイタ・テアッタ
　※〈強調＋推量・意志〉キット…ダロウ・ショウ（推量）、…シソウダ（つべし・ぬべし）

　現代語でも「（彼は私を置いて）行ってしまうだろう」「やってしまおう」というように
完了（てしまう・ちゃう）＋推量・意志の用法があり、「ぬ」「つ」の強調も基本的に同じ
だが、推量「む」「べし」を強調する度合いを敢えて「雨降る」降水確率に例えると：
　　「雨降らむ」50％＞「雨降りなむ」70％＞「雨降るべし」80％＞「雨降りぬべし」100％
　これらはみな「雨が降るだろう」と降雨を予見する表現だが、「雨降らむ」といえば降水
確率 50％程度を見込み、「雨降りぬべし」ではほぼ 100％雨が降ると考えているということ
である（あくまで参考であるが）。なお「む」「べし」については後述する。

参考　「ぬ」「つ」「たり」には終止形を用いた並列の用法がある。
　例：「浮きぬ沈みぬ」（浮いたり沈んだり）、「行きつ戻りつ」（行ったり来たり）

解説　完了の助動詞「ぬ」はナ変動詞「去ぬ」の頭母音が脱落したものとされている。「去ぬ」は自然
と過ぎ去る意であるから、無作為的な動作をしめす（自動詞的な）動詞に付いて、その動作が（意志と
は無関係に）「完了」した意を添えた（原形が動詞であるから当然、**連用形接続**）。ゆえに自発の助動
詞「る・らる」の下には付くが、使役の助動詞「す・さす・しむ」には付かない。また「ぬ」や「つ」
は動作の完了をしめすので、否定の助動詞「ず」が下にくることもない。
　一方、「つ」は下二段動詞「棄つ」の頭母音が脱落したものと考えられている。「棄つ」は捨てる、
意識的に断ち切る意で、それゆえに動詞の連用形に付いて、その動作が「完了」した意味を添える助動
詞となった。したがって「つ」は意識的な動作を示す（他動詞的な）動詞や使役の助動詞に接続するが、
自発の助動詞の下につくことはない。
　現代語のアスペクト表現で完了に用いる「てしまう」は動詞「終う」終わらせる・片づける（仕舞う）
からできた語だが、そこに「もとに戻らない」感慨や動作を「投げつける」（例：言っちゃう？）よう
なニュアンスがあるのは、古語の完了「ぬ」（去る）、「つ」（打ち捨てる）の名残かもしれない。
　また、存続の助動詞「り」の原形は「あり」、**「たり」**は「て（助詞）・あり」の熟合といわれ、と
もに動詞に付いて、その動作が存続している（「ある」）という意味を添える。

　ちなみに、過去の「けり」はカ変の「き」に「あり」がついて「過去から現在まで来ている」の意味
を表したものという。前述の断定「なり」「たり」、推定の「めり」「なり」といったラ変型助動詞は
みな「あり」がついて出来た語である。

（4）否定の助動詞「ず」

　現代語の「ない」に相当する助動詞で、形容詞と同様、**本活用と補助活用（ザリ活用）**が
ある。動作が行われていない意味をあらわすので、**未然形接続**である。

表 4-5　否定の助動詞活用表「ず」

	未然形	連用形	終止形	連体形	已然形	命令形	活用型	接続
ず	（ず） ざら	ず ざり	ず	ぬ ざる	ね ざれ	 ざれ	特殊型	未然形接続

　飛鳥川の③淵瀬、常ならぬ①世にしあれば①、時⑩移り②事去り③、楽しび悲しび⑩ゆきかひ
て③、花やかなりし⑤あたりも①人すまぬ④野らとなり①、変はらぬすみかは⑤人改まりぬ⑦。

　これは『徒然草』の著者、吉田兼好（よしだ・けんこう）の「**無常観**」を述べた文で、引用文は、
　　世の中は②何か①常なる①**飛鳥川**（あすかがわ③）昨日の淵（ふち）ぞ⑥今日は①瀬（せ）になる①
「この世界で何が永遠であろうか（いや、全てがはかない）。昨日の淀みが今日は浅瀬となる飛鳥川
のように」という『古今和歌集』の古歌をふまえて言う。「**常なら**」は形容動詞「常なり」未然形、
これにつく「ぬ」は否定の助動詞「ず」の連体形で「無常の世の中」の意。「にしあれば」は断定の「**に・
あり**」のパターンで（→古文 3-3）、断定「なり」に強調の助詞「し」が割り込んだ形、「あれば」は
「已然形＋ば」の確定条件で（→古文 2-1）、「であるから」という意味になる。
　「時移り、事去り」は「時・事、移り去り」を互い違いにした文（**互文**）で、「楽しび」の「び」は
「み」とおなじ名詞を作る接尾語（→古文 3-1（c））。「時代も物事も移り変わり、楽しみも悲しみも
交錯して」。「はなやかなりし」の「し」は形容動詞ナリ活用連用形につく過去の助動詞「き」の連体
形、「華やかだった辺りも」。「住まぬ」の「ぬ」はマ行四段「住む」の未然形につく否定「ず」の連
体形、「人が住まない野良となり」。「変わらぬすみか」の「ぬ」も同じ、「前と変わらない家は」。
「あらたまりぬ」の「ぬ」はラ行四段連用形についた完了「ぬ」の終止形、「人が入れ替わってしまっ
た」。

　解説　「ず」の**本活用**にはザ行（ず）とナ行の字が混在するが、これは「な・に・ぬ・ね」と活用した
古い否定の助動詞に形式動詞「す」がついて「にす＞んず＞ず」になったといい、その連用形「ず」に
形式動詞「あり」がついて助動詞を下接するための**補助活用**（ザリ活用）を形成した。

（5）推量の助動詞「む」「むず」「じ」

　「む」は現代語の助動詞「う」の原形で、活用は〈○○むむめ○〉型（四段型）。動詞の
未然形に接続して、動作の実現を予見・予想する意を添えるのが原義。したがって、一人称
（自分）の動作につけば**意志**（〜よう）を表し、二人称（相手）の動作について**勧誘・適当**

（～したらよい）を、三人称（他者・物事）の動作について**推量**（～だろう）を表す。

　但し古文では主語が省略されることが多く、初心者は主語の人称を見分けるのが難しい。そこで一つの目安として、文末と文中に分けて解釈するとよい。
　文末の「**む**」は大体、意志か推量で、「む」の上にある動作を相手に勧める**勧誘・適当**（～したらよい）の他、疑問・反語文では適当推量（タラヨイダロウカ）・可能推量（デキヨウカ）も用いる。
　文中の「**む**」は大体、「む＋体言」で婉曲（～という・ような）、「む＋助詞」で仮定（～としたら）の意味をあらわす（婉曲は訳さなくてもよい場合が多い）。
　「むず」は「むとす」がつづまった形で、中世に多用され、後に「うず」と変化した。意味と接続は「む」と同じで「〇・〇・むず・むずる・むずれ・〇」と活用する（サ変型）。
　「じ」は「む」の否定形で、主に意志・推量の否定をあらわす。まれに勧誘の否定で禁止をあらわすこともある。**未然形接続**で、**活用しない特殊型**である。

表 4-6　推量の助動詞活用表 I　「む」「むず」「じ」

	未然形	連用形	終止形	連体形	已然形	命令形	活用型	接続
む（ん）	○	○	む（ん）	む（ん）	め	○	四段型	未然形
むず（んず）	○	○	むず（んず）	むずる（んずる）	むずれ（んずれ）	○	サ変型	未然形
じ	○	○	じ	じ	じ	○	不変化型	未然形

　能を①つか**む**と②する人、よく①せざら**む**ほどは③、「なまじひに⓪人に知られ**じ**⑥。うちうち⓪よく①習ひえて④さし出でたら**む**こそ⑥いと①心にくからめ」と⑦常に①いふめれど③、かく①いふ人、一芸も⓪ならひうること④なし①。（『徒然草』）

　この短文に「む」の主な用法が揃っている。「能」は芸能の意味。「つかむ」はカ行四段未然形「つか」に助動詞「む」がついている。一見、文中の「む」にみえるが、下の「と」は**引用の格助詞**だから、上の「能をつかむ」は引用文とみなして文末の**意志**「む」となる。「よくせざらむほど」の「む」は文中の「む＋体言」で**婉曲**の用法。「能くす」は「できる」という意味のサ変動詞で、その未然形に否定の「ず」の未然形がつづき、これに「む」が接続する。「ほど」は時間・空間・身分をあらわす名詞で、ここは一定の時間「あいだ」をあらわす。つまり「できないというあいだは」となるが、この「という」は現代語としては無用なので省略してよい。
　形容動詞「**なまじひに**」は現代語「なまじっか」の原形で、中途半端の意味。「知られじ」はラ行四段「知る」の未然形に受身の助動詞「る」の未然形、これに「む」の否定「じ」がついた形で、「知られまい（知られたくない）」という**意志の否定**の用法。副詞「内々」はこっそりと・秘密裏に、形容詞「よく」は上手に、「習ひ得」は**ア行下二段**連用形に助詞「て」がつづき、「さし出でたらむこそ」は文中の「む＋助詞」で**仮定**の用法、「差し出で」は現代語「差し出がましい」のように人前に出ることをいい、これに完了の「たり」の未然形がつく。つまり「こっそりと上手に習得して人前に出たとしたら」という意味である。形容詞「心にくし」は奥ゆかしい、その未然形に「む」の已然形がついて推量（だろう）をあらわす。已然形「め」は上に「こそ」があるからである（係り結び）。
　（**文意**）芸能を身につけようとする人は、上手にできない間は、「中途半端に人に知られたくない。こっそり上手に習得して人前に出たとしたら、とても奥ゆかしいだろう」と常に言うようだが、こうい

う人は、一芸も習得することはない。

参考　清少納言『枕草子』に「何事を言ひても、『その事させ<u>んとす</u>』『言は<u>んとす</u>』『なにせ<u>んとす</u>』といふ『と』文字を失ひて、ただ『言は<u>んずる</u>』『里へ出で<u>むずる</u>』などいへば、やがていとわろし。まいて、文に書いてはいふべきにもあらず」とあり、「**むず**」が「むとす」の略語であり、口語としてもあまり行儀のよくない表現であったことがわかる。

（6）推量の助動詞「べし」「まじ」

「べし」「まじ」ともに活用は**形容詞型**で、**終止形接続**だが、ラ変型活用語に接続するときは連体形「る」につく（u 段音接続）。

表 4-7　推量の助動詞活用表Ⅱ「べし」「まじ」

	未然形	連用形	終止形	連体形	已然形	命令形	活用型	接続
べし	（べく） べから	べく べかり	べし	べき べかる	べけれ	○	形容詞 ク活用型	終止形接続 ラ変型は連体形
まじ	（まじく） まじから	まじく まじかり	まじ	まじき まじかる	まじけれ	○	形容詞シ ク活用型	終止形接続 ラ変型は連体形

「べし」は現代も「べき」「べく」などの形で使われている助動詞で、当然・義務・適当・予定・可能・意志・命令・勧誘と多様な意味を動詞に添える。日本の高校では、よく使う用法を「す（推量）・い（意志）・か（可能）、と（当然）・め（命令）・て（適当）・よ（予定）」（**西瓜、止めてよ！**）と暗記させている：

- ・推量（…ニ違イナイ・キット…ダロウ）：事態の実現を確信していう（〜の見込みだ）
- ・意志（…ツモリダ）：一人称主語で終止形の用法（事態の確実な実現を自分に課す）
- ・可能（推量）…デキル（ダロウ・デキソウダ）：事態の可能性を見込む
- ・当然（…ハズダ・ベキダ）：事態のあるべき状態をいう（〜するのが当然だ）
  - ・義務（…ネバナラナイ）：必然的な動作についていう（必然的に〜せざるをえない）
- ・命令（…ナサイ・シロ）：二人称主語の用法（事態の実現を上から下に課す）
  - ・勧誘（…スルトヨイ）：同上（事態の実現を下から上に課す）、婉曲な命令（〜て下さい）
- ・適当（…レバヨイ・テヨイ）：本来そうするのがよい（多く疑問・反語や非難・後悔を伴う）
- ・予定（…コトニナッテイル）：既定の事態をいう（そうする予定だ）
  - ・予想（…シソウダ）：事態の見込みをいう。

また、**「まじ」は「べし」の否定形**で、現代語「まい」の原形である。
- ・す）推量の否定（…ナイダロウ）：「ありえない」の意
- ・い・よ）意志・予定の否定（…ナイツモリダ）：一人称主語の用法
- ・か）不可能（…デキナイ・デキソウニナイ）：実現を断念する意
- ・と）当然の否定（…ハズガナイ・ベキデナイ）：「あってはならない」の意味
- ・め）禁止（…テハナラナイ）：二人称主語の用法
- ・て）不適当（…ナイ方ガヨイ・ベキデナイ）：二人称主語の用法（婉曲な禁止）

　　勝たむと②打つ<u>べからず</u>①。負けじと②打つ<u>べきなり</u>①。「いづれの手か⑤とく①負けぬ<u>べき</u>」と④案じて、その手を③つかはずして、一めなりとも②、おそく負く<u>べき</u>⑥手に①つく<u>べし</u>①。

　　双六（すごろく）という中国のボードゲームで勝つ方法を述べた文である（『徒然草』）。「勝たむと」は文末の意志「む」、「勝とうと思って」の意。タ行四段「打つ」の終止形に「べからず」がつく。この場合、**当然**＋否定の「ず」で「打つべきではない」、**適当**で「打つのはよくない」、**命令**で「打ってはならない」のいずれでも意味は通じるが、下文に「打つべきなり」（打つべきだ）と当然の用法を使っているので、上文も「打つべきではない」と訳す。「負けじ」は現代も使うが、カ行下二段「負く」の未然形に意志「む」の否定「じ」をつけた形で、「負けまい」「負けないつもりで」の意味。「いづれの」は「どの」、「手」は双六の一手（攻撃）、疑問・反語文を作る係助詞「か」をはさみ、「とく」は早く（現代語「とっくに」）、「負け」の下に**強調・推量**の「ぬ・べし」が接続する（→古文 4-3）。つまり「どの手が早く負けてしまうだろうか」と「案じ」（考え）て、その手を使わずに、一手でも「遅く負くべき手につくべし」という。「負くべき」は当然「負けるはずの」、あるいは推量「負けるに違いない」のいずれでも通じるが、ここは上文「いづれの手かとく負けぬべき」を受けているから推量をとるべきである。カ行四段終止形「つく」（選択する）に下接する「べし」も当然・適当・命令の３つの用法が可能だが、これも冒頭の「打つべきなり」に準じて当然「選ぶべきだ」と訳しておく。

　　最後に、慣用句的に一定の意味をあらわす用法を紹介しておく。
- 「べく（べう）もあらず」（可能推量…できそうにない）※「べう」は「びょう」と読む。
- 「べか（ん）なり」「べか（ん）めり」（推量・予定・当然…しそうだ・はずのようだ）
- 「べからず」（命令・可能・当然・適当…してはならない・できない（だろう）・はずがない）
- 「べかりけり」（適当・推量…すればよかった・に決まっているのだ）※「けり」は詠嘆
- 「べきなり」（当然・適当…べきである・のがよいのだ）※「なり」は断定
- 「…べきの由」（命令…しろということ）※漢文訓読の慣用表現。

解説　「べし」の語源は形容詞「うべ（宜べ）し」といわれる。「うべ（むべ）なるかな」（ナルホド道理ダ）というように、そうなるのが**当然**だという意味の名詞（形容動詞の語幹）「うべ」に形容詞の活用語尾「し」がついて出来たという。これが動詞について、「そうするのが当然だ・必然だ」という判断を加えるのが原義。ここから派生して必然性の高い**推量**や、その実現の**可能**性を示し、話し相手に対して「こうするのが当然だ」と**命令**し、自分の動作について「当然そうするつもりだ」という**意志**を表した。但し形容詞としての性格を根強く残しており、解釈は形容詞の多義語と同様の対応を要する。

第五章　敬語と自発・使役の助動詞

（1）敬語とは
　敬語とは相手や話題の人物に対して敬意をあらわす言葉で、以下の3種類に分かれる。
　①尊敬語：動作の主体（する人）に対する、話し手の敬意をあらわす
　②謙譲語：動作の客体（される人）に対する、話し手の敬意をあらわす
　③丁寧語：聞き手・読み手に対する、話し手・書き手の敬意をあらわす
　簡単にいうと、丁寧語は現代語の「です・ます」に相当し、尊敬語は相手を持ち上げる、謙譲語は自分を卑下することで、相手に対する敬意をあらわす。
　敬語の**品詞**には動詞・補助動詞・名詞・接頭語（「御」）・接尾語（「殿」など）がある。

（2）接頭語「御」
　敬語の名詞の多くは接頭語「御」がついたものが多い。ところが「御」には「おほん」「おん」「お」「み」「ぎょ」「ご」という読み方があり、どう読めばよいか迷うことが多いので、ここではその原則を紹介しておく。

　・天皇関連の言葉は、漢語には「**ぎょ**」、和語には「**み**」を用いる。
　　例：「御物（ぎょぶつ）」「帝（みかど＝御・門）」など。
　・漢語で天皇関連でない「御…」は「**ご**」とよむのが基本である。
　　例：「御本性（ごほんじゃう）」「御講（ごかう）」など。
　　　例外：「御修法（みしほ）」「御随身（みずいじん）」
　・和語で天皇関連でない「御…」は、「**おん**」とよむのが基本である。
　　例：「御事（おんこと）」「御身（おんみ）」「御衣（おんぞ）」など。
　・マ行・バ行の名詞には「**お**」がつく。
　　例：「御前（おまへ）」「御許（おもと）」など。
　・「**み**」は下接語と一体のものが多い。
　　例：「御髪（みぐし）」「御子（みこ＝皇子）」など。

　解説　「御」は呉音で「ぎょ」、漢音で「ご」と読み、和語では「み」とよむ。「御体（おほみま＝天皇の体）」のように、「おほみ（大・御）」という最大級の敬意をあらわす接頭語が「おほん」となり、さらに「おん」「お」と変化した。平安時代に主人に用いた「御前」が現代では「おまえ」という相手を卑しむ言い方になっているように、**敬語は時代の推移とともに敬意が減少する**ので、注意を要する。

（3）敬語動詞（「古語要覧」）
　くりかえし述べているように、日本語は動作の主体（主語）と客体（目的語・補語）を省略することが多い。それは、一定の情況下で動作（動詞）や情況（形容詞）を指定すれば、誰が誰に何をしているのか、言わなくてもわかるからである。特に敬語動詞は敬意の対象となる貴人（地位の高い人）が動作に関与するので、主語などを省略することが非常に多い。例えば、学校で「いらっしゃる」といえば主語は先生だとわかるし、「おります」といえば、

主語は学生か事務員である。おなじ「いる」という意味でも、尊敬語（いらっしゃる）と謙譲語（おります）では動作の主体が異なる。敬語動詞にはこのような**識別作用**があるので、その動作が行われている情況（人間関係や場所など）を把握すると同時に、尊敬語・謙譲語・丁寧語の区別をきちんと見分けなくてはならない。

　敬意をあらわす動詞には以下のようなものがある。

表 5-1　敬語動詞一覧

通常語	尊敬語	（敬意が高い）	謙譲語	（敬意が高い）	丁寧語
あり・をり	おはす	おはします	はべり・候ふ		侍り・候ふ
行く・来	います・いまそがり	まします	まゐる・まかる・まうづ・まかづ		
退く・いづ					
やる	つかはす				
よぶ	めす				
いふ	のたまふ・おほす	のたまはす	きこゆ・まうす	きこえさす・申さす 奏す（帝）・啓す（后）	
みる		ごらんず			
きく	（きこす）	きこしめす	うけたまはる		
おもふ	おもほす・おぼす	思ほしめす・思し召す	存ず		
知る		知ろしめす			
あたふ	たまふ・たうぶ・たぶ	たまはす	まゐる・たてまつる	まゐらす	
うく			たまはる・承る		
飲・食	まゐる	きこしめす（飲食）			
着・乗	めす	たてまつる			
いぬ・ぬ		おほとのごもる			
す	あそばす		つか（う）まつる		

　敬語動詞は「あり・をり」の尊敬語は「おはす・おはします」「います・いまそがり」、謙譲語は「はべり・さぶらふ」というように覚える。また、現代語の「いらっしゃる」に「行く・来る」の意味があるように、「おはす・います」にも「行く・来」の意味があり、その謙譲語は「はべり・さぶらふ」ではなく、「参る・罷る・詣づ・罷づ」になる。この「参る」は貴人のもとに参上して奉仕することから、「与ふ」の謙譲語（差し上げる）や「飲む・食ふ・着る・乗る」の尊敬語にも用いる。これと同様に、人を呼んで仕事をさせることから「呼ぶ」の尊敬語「召す」を「飲む・食ふ・着る・乗る」の尊敬語に用い、貴人に「聞こえる」ように話す意味で「いふ」の謙譲語（申し上げる）に「きこゆ」を使う。丁寧語は「はべり・さぶらふ」（あります・ございます）しかない。

　なお、個々の敬語動詞の訳語については「古語要覧」動詞・敬語動詞を参照のこと。

（4）敬語の補助動詞

　このように、敬語動詞は日常生活によく使う動詞を揃えているが、「あり・をり」から「す」まで9つのパターンの動作しか表現できない。そこであらゆる動作に敬意を添えることができるように、敬語動詞を転用して助動詞を作った。これが敬語の補助動詞である。

解説　敬語動詞と補助動詞は前者を転用して後者を作ったという関係上、文字の上では区別がつかない。そこで前者を「**本動詞**」と呼び、補助動詞と区別するとともに、補助動詞は助動詞であるから**必ず用言の下にある**ので、単語の識別はそれほど困難ではない。

　敬語の補助動詞は、もともと動詞を転用したものであるから、用言の**連用形に接続**して尊敬・謙譲・丁寧の敬意を添える。以下のようなものがある。

- ・尊敬の補助動詞（〜ていらっしゃる／〜なさる・お〜になる）
  - ・おはす・おはします：「あり」の尊敬語から転用
  - ・たまふ・たうぶ・たぶ：「与ふ」の尊敬語から転用
- ・謙譲の補助動詞（〜し申し上げる／〜て差し上げる・お〜する・〜いたす）
  - ・きこゆ・きこえさす・まうす：「いふ」の謙譲語から転用
  - ・たてまつる・まゐらす：「与ふ」の謙譲語から転用
- ・丁寧の補助動詞（〜です・〜ます／〜でございます）
  - ・はべり・さぶらふ：「あり」の丁寧語から転用

　例：人目も⓪今は①つつみ給はず⑥泣き給ふ④。（『竹取物語』）
　補助動詞「たまふ」の例で、マ行四段「つつむ」（隠す・はばかる）とカ行四段「泣く」の連用形に接続する。敬語の補助動詞は前章の表4-1の「接続順」でⅡ類であるから、否定の助動詞「ず」（Ⅳ類）の前に立つ。「人目も今は憚り<u>なさらず</u>に<u>お泣きになる</u>」。

　例：竹の中より④見つけ<u>きこえ</u>たりしかど⑨、（『竹取物語』）
　カ行下二段動詞「見つく」（見つける）の連用形に謙譲の補助動詞「きこゆ」が付き、その下に完了＋過去「たり・き」が接続する（前章の表4-4）。「見つけ<u>申し上げた</u>が」。

　例：「かの①白く①咲けるをなむ②夕顔と⓪申し<u>侍る</u>⑤」。（『源氏物語』）
　「かの」は連体詞（あの）、カ行四段「咲く」の已然形につく「る」はサ未四已（エ段音）接続の存続「り」。その連体形が「あの白く咲いているもの＝花」という準体言節を作り、これを目的格「を」が受けている。「申す」は「いふ」の謙譲語（本動詞）、その連用形に丁寧の補助動詞「はべり」がつく。文中に「なむ」があるので「はべり」は連体形になる（→古文2-1「係り結び」）。「あの白く咲いている花を夕顔と申します」。

（5）敬意の方向

　これは敬語の「**人間関係**」を表示するという重要な機能である。

　例：大納言殿③まゐりたまひて⑤、ふみの①ことなど②奏し給ふに⑤、（『枕草子』）
　まず「大納言」は公卿で（→古文 1-2「宮廷」）、「**殿**」は尊敬の接尾語（現代では手紙などに同輩や目下の人名に添えるが、平安時代では最高級の尊敬語）。「**参る**」は「来」の謙譲語で、これに尊敬の補助動詞「**たまふ**」がつく。大納言が謙譲語を使って「来る」場所といえば大臣以上の家か、天皇が住む宮廷しかない。そして大納言は偉い人であるから、当然かれには尊敬語をつける。つぎの「ふみ」は手紙だが、下に「天皇に申し上げる」という意味のサ変動詞「**奏す**」があるので（ちなみに皇后・皇太子には「啓す」という）、この「ふみ」はただの手紙ではなく、大納言が職務で扱う政府の文書（古い文書は「もんじょ」とよむ）とわかる。つまりこの文は「大納言が宮廷に来て天皇に文書を伝えた」という情況を示しているのだが、そこに「参り給ふ」「奏し給ふ」という敬語が使われている。

　敬語は作者や話し手の敬意を表すが、動作の主体と客体（大納言と天皇）が両方とも尊敬すべき場合は、「謙譲の本動詞＋尊敬の補助動詞」の形で**同時に両者への敬意**をあらわした。
　①謙譲＋尊敬：作者・話し手の、動作の<u>主体</u>・<u>客体</u>双方に対する敬意
　②謙譲＋丁寧：書き手・話し手の、動作の<u>客体</u>と<u>読者・聞き手</u>に対する敬意
　③尊敬＋丁寧：書き手・話し手の、動作の<u>主体</u>と<u>読者・聞き手</u>に対する敬意
　これを「二方向への敬意」と言い、よく使われるパターンで、②は平安時代に多く、③は鎌倉時代以降に用い、ともに会話文や手紙文に使われる。これは丁寧語が会話や手紙に使われるためだが、中世以降の文章では地の文にも丁寧語を使うので、注意を要する。

（6）注意すべき用法

・断定の助動詞（形動）「なり」＋補助動詞：〈に（て）・あり〉の「あり」を敬語化。
　　例：「よき人<u>なり</u>①」→「よき人<u>に</u>①・おはす②」〔尊敬〕
　　　　　　　　　　「よき人<u>に</u>①・はべり②」「よき人<u>に</u>①・さぶらふ③」〔丁寧〕
　但し「に」が格助詞の場合もある。
　　例：竹の中<u>に</u>④おはするにて③知りぬ②。（『竹取物語』）：「おはす」は本動詞（いらっしゃる）
・形容詞＋補助動詞…カリ活用〈く（う）・あり〉の「あり」の部分で敬意をあらわす
　　例：「かしこかりけり⑥」→「かしこく③おはしけり④」〔尊敬〕
　　例：「多からず④」→「多く①はべらず③（さぶらはず④）」〔丁寧〕
・謙譲の補助動詞「**たまふ**」（ハ行下二段）：主に会話文や手紙文に用い、「見る・聞く」「思ふ・知る」などの知覚に関する動詞にしかつかない。
・〈複合動詞＋「たまふ」〉…謙譲は複合動詞の間に、尊敬はその下につく。
　　例：「見<u>たまへ</u>知る」（謙譲）、「見知り<u>たまふ</u>」（尊敬）／例外：「見<u>たまひ</u>過ぐす」（尊敬）
・複合動詞の敬語…上の動詞を尊敬語・謙譲語に変える
　　例：「思ひなげく」→「<u>思し</u>なげく」（尊敬）
　　　　「言ひかはす」→「<u>きこえ</u>かはす」（謙譲）、「出でありく」→「<u>まかで</u>ありく」（謙譲）

（7）自発の助動詞「る」「らる」

　現代の「れる」「られる」に相当する助動詞で、自発・受身・可能・尊敬の4つの用法も現代とおなじ。**未然形接続**で、**「る」は未然形がア段の動詞**（四段・ナ変・ラ変）に付き、**「らる」はそれ以外の動詞**につく点も、現代語とおなじ。但し**下二段型**に活用する。

表 5-2　自発の助動詞活用表

	未然形	連用形	終止形	連体形	已然形	命令形	活用型	接続
る	れ	れ	る	るる	るれ	れよ	下二段型	未然形接続
らる	られ	られ	らる	らるる	らるれ	られよ	下二段型	未然形接続

①**自発**：（自然ト）…レル。※〈知覚・感情語（見る・思ふ・泣くナド）＋る・らる〉
　・**なほ梅**のにほひにぞ、いにしへのことも立ち返り恋しく**思ひ出でらるる**。（『徒然草』）
　　訳：やはり梅の香りによって、昔のこともくり返し恋しく思い出さ<u>れる</u>。
②**受身**：（**〜に**）…レル。※（〜に）は省略されている場合もある。
　・勢ひある者は貪欲深く、独り身なる者は<u>人に軽め**らる**</u>。（『方丈記』）
　　訳：権勢ある者は欲深く、独身の男は人に軽んじ<u>られる</u>。
③**可能**：…デキル・レル。※平安時代では**否定を伴う**（不可能）。中世以降は肯定文でも使う。
　・君は**とけても寝<u>られ</u>給はず**。（『源氏物語』）
　　訳：源氏の君は打ち解けてお休みになれない。
④**尊敬**：…レル・ナサル。※多く〈敬語動詞＋る・らる〉の形をとる。
　・書（ふみ）の道の、**おぼつかなく思し召<u>さるる</u>事**どもなど…（『源氏物語』）
　　訳：学問でわからないとお思いになら<u>れる</u>問題など…
　※尊敬の用法は平安時代以降に発達したもので、補助動詞「たまふ」に比べると尊敬の度合いが低い。一般に〈敬語動詞＋る・らる〉は尊敬の用法（二重敬語）で、平安末期になると〈謙譲動詞＋尊敬る・らる〉の用法が見え始め、鎌倉時代以降に「る・らる」単独で尊敬をあらわすようになったとされる。

解説　例えば友達に「明日来<u>られる</u>？」というばあいの意味と、先生が「来られる」の意味を間違える人は、まずいない。これは、主語（友達か先生か）で意味の違い（**可能**か**尊敬**か）を聞き分けている。「他では見<u>られ</u>ない」といえば、否定を伴う**可能**の用法。「してや<u>られる</u>」といえば、「誰に」といわれなくても**受身**とわかる。

　また、小論文で「…と私は思う・考える」を連発されると、勝手な思い込みを読まされている気分になるが、「思わ<u>れる</u>」「考え<u>られる</u>」と書かれるとそうは感じない。これは、「る・らる」が<u>自分の意志（作為・主観）</u>とは関わりなく、事態が自然に推移してゆくという**自発**（自然発生）の意味を固有するためで、これを「思う」「考える」に使い過ぎると、今度はかえって、その知覚・思考を非主観的＝客観的なものにみせかけた、論理的根拠のない詭弁にみえてくる。しかも「考えられる」には**可能**の意味（考えることができる）も含まれるから、理論の演繹（敷衍）なのか、それとも可能性の積み上げにすぎないのか、迂闊な目には見分けがつかない。

　このあたりをきっちり見きわめてゆくことは、「る」「らる」の理解よりも、もっと大事なことのように思わ<u>れる</u>。

（8）使役の助動詞「す」「さす」「しむ」

　現代語の「せる」「させる」に相当する使役の助動詞だが、古語には〈せ・させ・しめ＋尊敬の補助動詞〉の形で二重敬語（最高敬語）を表す用法がある（使役・尊敬〔させ・なさる〕の場合もある）。「る」「らる」と同様に未然形接続で、下二段型の活用、「す」は未然形がア段の動詞（四段・ナ変・ラ変）につき、「さす」はそれ以外の動詞につく点も「る・らる」と同じ。「しむ」は漢文訓読で多用される。

表 5-3　使役の助動詞活用表

	未然形	連用形	終止形	連体形	已然形	命令形	活用型	接続
す	せ	せ	す	する	すれ	せよ	下二段型	未然形接続
さす	させ	させ	さす	さする	さすれ	させよ	下二段型	未然形接続
しむ	しめ	しめ	しむ	しむる	しむれ	しめよ	下二段型	未然形接続

　例：さりとて①、夜を①明かし給ふべきに⑤あらねば②、帰ら⑤せ給ひぬ⑥。　（『竹取物語』）
　「さりとて」は接続詞（そうかといって）、「明かし給ふ」は「お明かしになる」、「べし」は当然の助動詞の連体形、これに断定の「に・あり」がつづいて、否定の「ず」の已然形＋「ば」で確定条件（〜ので）をあらわす。つまり、「夜をお明かしになるべきではないので」。以下、カ行四段「帰る」に二重敬語「せ・給ふ」がつづき、完了の「ぬ」がつく。「お帰りになられた」。
　なお、「たてまつら・す」「きこえ・さす」「申さ・しむ」など〈謙譲の動詞＋使役の助動詞〉の形でより強い謙譲を表すことがある。これは「す」の人為性（→解説）が上接の謙譲語を強調したものであり、したがって〈敬語動詞＋使役〉もありうるが（「たまは・す」「のたまは・す」など）、この場合の「す・さす」は尊敬（謙譲）の用法（二重敬語）ではなく、強調ともいうべき特殊な用例である。

解説　「自動詞・他動詞」と「自発・使役」について
　「あま す・あま る」「うつ す・うつ る」「おと す・おと る」「かへ す・かへ る」というように、日本語の動詞は古くから語尾の「す」と「る」で、その動作が作為的（他動詞）か、自発的（自動詞）かを区別した。助動詞の「す」は、この作為を表す語尾から出たものと考えられ、古くは四段活用、平安時代になって下二段活用になった。ある動作を誰かにさせるという使役の用法は、貴人の行為が多く配下に命じてなされ、「〜をさせていらっしゃる」というところから、尊敬の用法を派生した。
　一方、「る」は上記の接尾語の「る」（「事態が自然と発生する」意味の下二段動詞「生る」が語源とされる）が動詞について、その動作が自然発生的なものである意を添えた（自発）。また、その動作が他者のもので、自分の意志とはかかわりなく生じたのに、自分がその動作の客体となった場合、受身の意味となる（ゆえに受身の場合には被害・迷惑の意をふくむことが多い）。さらに、「る」に否定の「ず」などを付けて、その動作が自然の成り行きからいって「ありえない」こと（不可能）を示したことから可能の用法が生じ、また相手の動作を直接「〜する」と言わず、自然の成り行きとして「（お）…になる」と言う方が丁重であることから、尊敬の用法が生じた。
　このように、自発・使役の助動詞は自動詞・他動詞と根源的なつながりをもち、いわば動詞としての性格を決定づけている。これらの助動詞が動作の未然を意味しないにもかかわらず、未然形に接続するのは、このような動詞の性格づけをするためであろう。つまり、ある動作をいうばあい、「る」や「す」をつけないと、その動詞は不完全であるという意味において未然形に接続しえたのだといえる。

(9)　『源氏物語』試読：基礎編のまとめ

　いづれの御時（おほんとき）にか⑥、女御（にょうご①）・更衣（かうい①）あまたさぶらひたまひける⑪なかに①、いと①やむごとなき⑤際（きは）には②あらぬが②、すぐれて②時めきたまふ⑥、ありけり③。はじめより④、我はと①思ひ上がりたまへる⑨御（おん）①かたがた②、めざましきものに③おとしめそねみたまふ⑨。同じほど、それより③下﨟（げらふ）の更衣たちは⑥、まして①やすからず④。朝夕の①宮仕へに③つけても①、人の心をのみ⑥動かし③、恨みを②負ふ積もりにや⑥ありけむ③、いと①篤しく②なりゆき③、もの心細げに⑧里がちなるを⑤、いよいよ②あかず②あはれなるものに①思ほして③、人のそしりをも⑥、え①憚らせたまはず⑧、世の①ためしにも③なりぬべき④御（おん）①もてなしなり⑤。上達部（かんだちめ④）・上人（うへひと）なども⑤、あいなく③目を①そばめつつ④、いと①まばゆき③人の⑩御（おん）①おぼえなり③。　　（『源氏物語』桐壺）

　『源氏物語』五十四帖の冒頭である。まず「御時」は天皇の治世、「にか（あらむ）」は「〜であろうか」（→古文 3-6）。どの天皇の時代であったろうか、と時代設定から起筆する。「女御」「更衣」は天皇の后妃（→「要覧」名詞・宮廷）。「あまた」は多数、**候ひ給ひける**は本動詞「さぶらふ」に尊敬の補助動詞「たまふ」と過去の助動詞「けり」がついた形。動詞「さぶらふ」には謙譲・丁寧の両様があるが、ここは女御・更衣が天皇に仕えるという謙譲の意味で、丁寧語「あります・ございます」ではない。ゆえに本章（5）にみた①謙譲＋尊敬のパターンで、作者＝紫式部の、動作（仕える）の主体＝女御・更衣と客体（仕える対象）＝天皇への「二方向への敬意」となる。紫式部は「女房」（侍女）であるから、天皇や后妃などには常に敬意を表さなければならない。

　女御・更衣のなかに「いとやむごとなき際にはあらぬが」、「やむごとなき」は高貴な（→「要覧」形容詞・貴賤）、「際」は身分（→「要覧」名詞・位置）、「にはあらぬ」は〜ではない（→古文 3-5）。副詞「いと」は下の否定表現と呼応して「それほど・大して〜でない」の意となる（→「要覧」副詞 A）。「すぐれて時めきたまふ」は、副詞「すぐれて」・動詞「時めく」連用形・尊敬の補助動詞「たまふ」だが、「**時めく**」は名詞「時」に接尾語「めく」をつけた動詞で（→「要覧」名詞・歳時／動詞・接尾語）、ここは天皇に寵愛される意。その下の「あり（ラ変連用形）・けり（過去の助動詞）」は「いた」。その主語は誰かというと、「いとやむごとなき際にはあらぬ」人で「すぐれて時めきたまふ」人となる。したがって、この両句の間にある「**が**」は同格の格助詞となる（「それほど高貴な身分ではない<u>が</u>」と訳せるが、接続助詞の「が」は平安中期には未だ成立していなかったとされる→古文 7-2）。この人こそ「桐壺（きりつぼ）」巻のヒロイン、桐壺更衣（光源氏の母）にほかならない。

　「はじめより、我はと思ひ上がりたまへる御かたがた」、四段動詞「思ひ上がる」の連用形に尊敬の補助動詞「たまふ」の已然形・完了存続の助動詞「り」（e 段音＋り）の連体形、「我こそは（天皇にふさわしい）と気位が高くていらっしゃった」お妃がたは、「めざましきものにおとしめそねみたまふ」、「めざまし」は目障りな（→「要覧」形容詞・驚嘆）、「もの」は代名詞、ここは女＝桐壺更衣を指す。「目障りな女と貶め嫉妬なさる」。同じ身分、それより「下﨟（下級）の更衣たち」は「増して（副詞）・やすから（形容詞ク活用未然形）・ず（否定）」、いよいよ穏やかでない、とは面白い。天皇の寵愛をめぐる嫉妬は、高い身分の女御よりも、同級ないし下級の更衣の方が深く激しいというのである。

　「朝夕の宮仕へにつけても、人の心をのみ動かし、恨みを負ふ積もり<u>にやありけむ</u>」までは挿入句で（→古文 3-6）、その下の「（桐壺更衣は）いと（副詞）篤しく（形容詞連用形）なりゆき（カ行四段・

連用中止法）、もの心細げに（形容動詞連用形）里がちなる（同連体形）」の理由を作者が推測した内容である。「宮仕へ」はこの場合、天皇の身の回りの世話（更衣はもともと天皇の着替えに奉仕した）、桐壺更衣が朝夕天皇に呼ばれて御所に参上するたびに「人の心をのみ動かし」（「のみ」は強調の副助詞→古文 8-4）、周囲の心を苛立たせ、恨みを一身に受けた「積もり」蓄積であったのだろうか（以上が作者の推測）、彼女はどんどん病気が悪化してゆき、心細い様子で実家に引きこもりがちになった（以上が実際の出来事）。「篤し」は病気が重い（→「要覧」形容詞・苦痛）、「里」は「宮」（宮廷）の対義語で実家を指す（→「要覧」名詞・地）。

　以上はヒロイン桐壺更衣をめぐる記述であるが、作者は「里がちなるを」の「を」（格助詞）一字でカメラを天皇に切り替える（私はこれを「**紫式部パン pan**」と呼んでいる）。実家に引きこもりがちな桐壺更衣「を」、天皇は「いよいよ（副詞）あか（カ行四段動詞未然形）ず（否定）あはれなる（形容動詞連体形）もの（代名詞＝女）に（格助詞）思ほし（尊敬のサ行四段動詞）て（接続助詞）」、「飽く」は満足する（→「要覧」動詞・心）、「ず」は連用修飾語の並立用法で（→古文 9-3）、「飽かず」と「あはれなるものに」はともに「思ほす」にかかる。正確には「飽かず思ほし、あはれなるものに思ほして」と言うべきところを、動詞が重複するので、一方を省略した（先の「おとしめそねみたまふ」も「貶め給ひ、嫉み給ふ」と言うべきところを省略した言い方）。「**あはれなり**」は既出（→古文 3-3）、「ああ」と声を漏らすほど心が動かされるさま、ここは愛しさを言う。いよいよ飽き足らず（会わずにはいられず）、愛しい女とお思いになって。「人・の・そしり・を・も、え・憚ら・せ・たまは・ず」、「誹り」は非難、「え〜ず」は副詞の呼応（→「要覧」副詞 A）、不可能（できない）を表す。「せ・給ふ」は二重敬語で、人の非難を憚ることがお出来にならない。つまり天皇は桐壺更衣への愛情が勝って周囲の非難が耳に入らない。それほど愛していたのである。それは「世・の・ためし・に・も・なり・ぬ・べき・御もてなし・なり」、「ためし」は前例（→「要覧」名詞・世間）、「ぬ・べし」は強調＋推量で（→古文 4-3）、世の（悪い）前例にもなってしまいそうな「御もてなし」ご寵愛ぶりである。

　「上達部・上人・など・も、あいなく・目・を・そばめ・つつ」、「上達部・上人」は公卿・殿上人、宮廷社会の上層部である（→古文 1-2）。「あいなし」は不都合の形容詞（→「要覧」）、マ行下二段動詞「そばめ」は「側目」（→「要覧」名詞・位置）、公卿や殿上人なども困惑して目を背ける一方で。「いと・まばゆき・人・の・御おぼえ・なり」、「まばゆし」は見ていられない（→「要覧」形容詞・萎縮）、「おぼえ」は動詞「おぼゆ」連用形の名詞法（→「要覧」動詞・心）、「御おぼえ」は寵愛の意。ゆえに「人」は寵愛の対象である桐壺更衣を指すが（→古文 7-2）、訳さなくてもよい（→古文 9-3）。とても見ていられないような（桐壺更衣に対する）寵愛ぶりである。

　原文はこのあと「唐土（もろこし）にもかかる事の起こりにこそ世も乱れ」（中国でもこういう女性問題がもとで世が乱れ）とか、「楊貴妃の例（ためし）も引き出でつべくなりゆく」（楊貴妃の故事も参照されそうな情況になってゆく）と続き、白居易『長恨歌』の世界を喚起する。

　以上、一部このあとの内容をも参照したが、日本古典文学の最高峰と言われる『源氏物語』もここまで学んできた**基礎知識で解読できる**ことが理解できたのではなかろうか。それにしても、ここに掲げたたった 10 行の叙述で、天皇と桐壺更衣をめぐる宮廷の雰囲気を活写する作者の構成力には驚嘆する。

参考文献：石田穣二ほか校注『源氏物語』（新潮社・日本古典集成 1976 年）
　　　　　阿部秋生『源氏物語評釈』（清水書院、新訂版 1989 年）
　　　　　島津久基『源氏物語講話』（名著普及会、復刻版 1983 年）

第六章　その他の助動詞

（1）推量の助動詞「らむ」「けむ」

表 6-1　推量の助動詞活用表Ⅲ「らむ」「けむ」

	未然形	連用形	終止形	連体形	已然形	命令形	活用型	接続
らむ	○	○	らむ	らむ	らめ	○	四段型	終止・ラ体接続
けむ	○	○	けむ	けむ	けめ	○	四段型	連用形接続

　第四章（5）で学んだ「む」が未来推量（予見）であるとすれば、「らむ」は現在推量で「けむ」は過去推量である。**活用**は「む」と同じ〈○○むむめ○〉型、**接続**は「らむ」が終止形（ラ変型は連体形＝u段音接続）、「けむ」は連用形接続である。

　意味も「む」と同様、文末と文中で見分ける。**文末用法**は推量の対象が目の前にない場合、「らむ」は**現在推量**（〜テイルダロウ）、「けむ」は**過去推量**（〜タダロウ）となる。推量の対象が目の前にある場合、「らむ」も「けむ」も**原因推量**（ドウシテ〜ナノダロウ・タノダロウ）となる。つまり「らむ」「けむ」は目に見えない物事を推量するのである。

　例：吉野川岸の山吹咲きにけり　峰の桜は散り果てぬ<u>らむ</u>　（『新古今和歌集』）
　「咲き・に・けり」は「咲いた」（→古文 4-3）。吉野川の岸の山吹が咲いた。吉野山の峰の桜は「散り果て・ぬ」、すっかり散ってしまった、という情景を推量するのが文末の「らむ」である。作者は川岸にいて、山の峰は遠くて見えない。だから「散ってしまっ<u>ているだろう</u>」と言うのである。

　例：ひさかたの光のどけき春の日に静心なく花の散る<u>らむ</u>　（『古今和歌集』）
　「久方の」は天に関する言葉を導く枕詞。陽光のどかな春の日に、休みなく桜の花が散る。その様子を目の前にして「どうしてそんなに急いで散る<u>のだろう</u>」と原因を推量する。春ののどかさとは対照的に、雨が降るように散りゆく桜の花を惜しんだ、紀貫之の代表作である。

　文中の用法は「む」の仮定・婉曲に対して、「らむ」「けむ」のそれは伝聞・婉曲となる。
・生きてあら<u>む</u>限りは、かくありて、蓬莱といふ<u>らむ</u>山に逢ふやと　（『竹取物語』）
　訳：生きている限りは、このまま進んで、蓬莱とかいう山にたどり着くかと…
・「あはれ、昨日翁丸をいみじうも打ちしかな。死に<u>けむ</u>こそあはれなれ」　（『枕草子』）
　訳：「ああ、昨日は翁丸（犬の名前）をひどくぶったなあ。死んだとはかわいそうに。」
　「む」が「生きているとしたら、その限りにおいては」と事態を仮定して直接的な表現（「生きてある限り」＝死ぬまで）を避けるのに対して（仮定・婉曲）、「らむ」や「けむ」は、人から聞いたり（翁丸の死）、本で読んだりした知識（蓬莱という山）であることを明示し、それが控えめな表現となったものである（伝聞・婉曲）。

※「むず」と結びついた「**むずらむ（んずらん）**」（…〔の状況になる〕だろう）：中世に盛行。
・「この児、定めておどろかさ<u>んずらん</u>と待ちゐたるに」　（『宇治拾遺物語』）
　訳：この児は、「（誰かが）きっと起こすことになるだろう」とじっと待っていると…

コラム　「らむ」と『枕草子』

　「らむ」は、「…は」という（ものはづくしの）段にはさかんに出てくる助動詞である。…作者の世界観の構造に深い関係をもっていることばで、『枕草子』を読む人は、誰でも必ずこの助動詞に注意しなければならないという重要なことばなのである。その考察が深まれば、必ず『枕草子』的な世界の秘密にふれることができるという確信のもてることばなのである。

　いうまでもなく、この「らむ」は、作者の直接の経験をあらわしたものではない。作者は何かによって、自分の意見を述べている。そのよっているものは何であろうか。つまり、おうむが人真似をする、山鳥は鏡を見てなぐさむ①、鳳凰は桐の木にばかりとまる②、檜は五月に雨のふるような音をたてる③、鷺は独寝はいやだという、おしは雌雄互いに羽の上の霜をはらいあう、ぬかづき虫は道心をおこしておじぎをする④、あやう草は崖のふちに生える⑤、萩は鹿が特にえらんで近よる⑥などの事実は、いうまでもなく、作者が直接見たのでないことは明白である。間接に経験したのであるが、主として書物によって得た知識が根拠をなしているところに、この作者の人間構造があるわけである。作者は、そういう知識の体系を、そのまま『枕草子』に表現したのである。

　この「らむ」は、従って、人間の世界把握の一方式たる知性に緊密に結合する。『枕草子』のこの「らむ」は「…そうだ」と訳すれば、訳自身としては正しい。しかし、そこから一歩つき進む洞察が、文法的解釈の上に要請されているのである。

　「をかし」という世界は、そういう点を追求することによって、体得される世界である。
　　　　　　　　　（池田亀鑑『古典学入門』岩波文庫より。下線など一部手を加えた）

　※『源氏物語』が「もののあはれ」の文学といわれるように、『枕草子』は一般に「をかし」の文学といわれる。これは『万葉集』を「ますらをぶり」（男性風）といい、『古今集』を「たをやめぶり」（女性風）というのと同様、大して意味のないことではあるが、上記のように作者＝清少納言の世界認識の傾向・くせを捉えて「をかし」の概念を再評価しているのは面白い。その認識のくせが助動詞から読み取れるというのは、解読方法としてさらに興味深い。

---

　① 鳥は…ことどころのものなれど、鸚鵡（あうむ）いとあはれなり。人のいふらむことをまねぶらむよ。山鳥、友を恋ひて鳴くに、鏡を見すればなぐさむらむ、いと心わかう、いとあはれなり。
　② 木の花は…桐の木の花…もろこしにことごとしき名つきたる鳥（鳳凰）のえりてこれにのみゐるらむ、いみじう心ことなり。
　③ 花の木ならぬは…檜の木…五月に雨の声をまなぶらむも、あはれなり。
　④ 鳥は…鷺は…ゆるぎの森にひとりは寝じと争ふらむ、をかし。…鴛鴦（をし）、いとあはれなり。かたみにゐかはりて、はねの上の霜払ふらむなど。…ぬかづき虫、またあはれなり。さる心地に道心おこして、つきありくらむよ。
　⑤ 草は…あやふ草は、岸の額に生ふらむも、げにたのもしからず。
　⑥ 草の花は…萩いと色ふかう、枝たをやかに咲きたるが、朝霧にぬれて、なよなよとひろごりふしたる、さを鹿のわきてたちならすらむも心ことなり。

（2）反実仮想の助動詞「まし」

表 6-2　反実仮想の助動詞活用表

	未然形	連用形	終止形	連体形	已然形	命令形	活用型	接続
まし	（ませ）	○	まし	まし	ましか	○	特殊型	未然形接続

　※未然形「**ませ**」は接続助詞「ば」に付く用法のみ。已然形「**ましか**」も「ば」につくか、「こそ」の結びとなる用法のみ。

　「**反実仮想**」とは現実ではない仮想という意味で、
　　・〈～ませば…まし〉〈～ましかば…まし〉〈～せば…まし〉〈未然形＋ば…まし〉
という文型をとって、「～ダッタラ…タダロウニ」という意味を作る。また、疑問文の形で仮想の**適当**（…タラヨイダロウ）、**ためらいの意志**（…ヨウカ）という意味もある。

　例：思ひつつ寝ればや人の見えつ<u>らむ</u>　夢と知り<u>せば</u>さめざ<u>らまし</u>を（『古今和歌集』）
　六歌仙の一人、小野小町の代表作である。「思いながら寝たので、あの人が現れたのだろうか（「つ」は完了、「らむ」は原因推量）」。以下、ラ行四段動詞「知る」連用形・過去の助動詞「き」未然形・接続助詞「ば」、マ行下二段動詞「覚む」未然形・否定の助動詞「ず」未然形・「まし」連体形・終助詞「を」で、「夢と知っていた<u>なら</u>、目を覚まさなかった<u>ただろうに</u>（ずっと会っていたいから）」。

　例：「<u>し</u>やせ<u>まし</u>、せずやあ<u>らまし</u>」と思ふことは、大様はせぬはよきなり。（『徒然草』）
　これは仮想の適当の用例。サ変動詞「す」連用形・疑問の係助詞「や」・サ変「す」未然形・「まし」連体形（結び）で、「したらよいだろうか」。サ変「す」未然形・否定「ず」連用形・係助詞「や」・形式動詞「あり」未然形（「**ず・あり**」のパターン）・「まし」連体形で、「せずにいたらよいだろうか」。そのように思うことは、大体しない方がよいのである。

　例：さすがに　さうざうしくこそあれ。物やいひや<u>らまし</u>。（『枕草子』）
　「さすがに」は「そうはいってもやはり」（→「要覧」副詞 C）、「さうざう（索索）し」は寂しい（→「要覧」形容詞・不満）。この寂しさを「こそ」で強調している（「**く・あり**」のパターン→古文3-1）。「物」は代名詞「なにか」、ラ行四段動詞「言ひ遣る」は手紙を送る・伝言する。「何か書いて送ろうかしら」という「ためらいの意志」の用法である。

参考　「まし」の語幹「ま」は推量の助動詞「む」と関係があり、活用語尾「し」は活用（せ・○・き・し・しか・○）がよく似るところからも回想の助動詞「き」と関係がある。いわば「**む**」と「**き**」が結合して「**まし**」が出来たと考えてよいが、こういう複雑な助動詞は現代語にはない。反実仮想とは要するに、くよくよ後悔して思い悩む古代日本人の心情が助動詞として結晶したものといえようか。
　ここまで紹介してきた「らむ」「けむ」「まし」、またこのあと紹介する「まほし」はみな「む」から派生した助動詞であり、このことからも「む」が**日本語の推量を表す基本語**であることがわかる。「む」の語源は不明だが、予見する意味から「見」「目」と関連があると思われる。ちなみに<u>日本語には時制 tense の概念がない</u>。過去の助動詞「き」は正確には「回想」の助動詞であり、未来推量の「む」も未然の事態を予想するにすぎない。日本語にあるのは完了・存続といった「相 aspect」のみである。

（3）推定の助動詞「めり」「なり」

表 6-3　推定の助動詞活用表 I「めり」「なり」

	未然形	連用形	終止形	連体形	已然形	命令形	活用型	接続
めり	○	（めり）	めり	める	めれ	○	ラ変型	終止・ラ体接続
なり	○	（なり）	なり	なる	なれ	○	ラ変型	終止・ラ体接続

※ともに連用形はほとんど用例がない→文末型の助動詞（→古文 4-1）とみてよい。

　推定と推量の違いは根拠の有無にある。「む」が実現していない事態を予見し、「べし」がいわば道理に基づいて事態の実現を確信するのに対して、「めり」は**視覚推定**といい、「なり」は**聴覚推定**というように、目や耳の認知を根拠に推定する。
　※「めり」の語源は「見」＋「あり」といわれる。視覚に基づく推定（〜ラシイ・ヨウダ）が原義で、そこから断定すべきところをぼかしていう「婉曲」の用法が現れた。平安女流文学で多用されたが、中世以降は衰え、やがて滅びた。
　一方、「なり」の語源は「音」または「鳴く」「鳴る」の語幹「な」に「あり」がついたものという。断定の助動詞「なり」（に＋あり）とは別語で、「実体は見えないが、物音によって判断すると、〜であるようだ」という推定の意味が原義であり、ここから「人から聞いたところによると、〜だそうだ」という伝聞の意味が生じた。

　例：男もす<u>なる</u>日記といふものを、女もしてみむとてする<u>なり</u>。
　紀貫之『土佐日記』の冒頭である。「すなる」、サ変「す」終止形に付くので、これは伝聞・推定の「なり」、「男もするとかいう日記というものを」（この「古文解読法」扉に掲げた定家本 1 行目には「す<u>といふ</u>日記」と読める）。「し・て・見・む（意志）・とて」、「女も書いてみようと思って」。「する・なり」、サ変「す」連体形に付くので、これは断定の「なり」、「書く<u>のである</u>」。
　このように紀貫之が女性に仮託して書き始めた「日記」という形式は、やがて女性の「生」を綴る文学ジャンルとして平安女流文学の主流となり、世界的にも非常に早い段階において女性が表現主体としての自我を確立する端緒となった。

　例：（火鼠の）皮衣を見ていはく、「うるはしき皮<u>なめり</u>。」　　（『竹取物語』）
　「言はく（曰く）」はハ行四段動詞「言ふ」の**ク語法**（〜言うことには）、「な（ん）めり」は「なる（断定の助動詞連体形）・めり」の撥音便（→古文 3-5）、「きれいな皮のようですね」。注意すべきは「皮衣を見て」こう言っている点で、「めり」が視覚的根拠をもとに推定することがわかる。

[コラム]　「なり」と『源氏物語』

　「なり」は、主体の世界認識の機能に根ざす重要な語である。『源氏物語』の世界は、そういう認識の陰翳をもってみたされている。たとえば、帚木の巻で空蝉姉弟の会話を述べているところに、
　「中将の君はいづくにぞ。人気遠き心地して、ものおそろし」といふ<u>なれ</u>ば、長押の下に人々臥して、いらへす<u>なり</u>。（「中将の君（女房の名）はどこですか。周りに人の気配がない気

がして、何だか恐ろしいわ」と言うらしい、すると（母屋と庇を隔てる）長押の下に女房たちが横に
　なったまま返事をしているらしい。）

とあり、その他にも非常に多い語である。この「なり」は、<u>ものをへだてて、聴覚のみを通</u>
<u>して、しかも可視的な対象をとらえている</u>、そういう主体のあり方に関係がある。はっきり
とはしないが、たしかに実在するものを体験した心情に根ざしている。ここに分明でない、
朧々とした世界がひらけてくる。いわゆる**余情の世界**である。この「なり」が、『源氏物語』
に多いということは、単に文法上の問題ではなく、作品の本質、作者の人間構造に関係する
ものとして注意されねばならない。『源氏物語』の文体、作者の世界像の本質に、この「な
り」の性格が直接的に結びつくからである。陰翳、象徴、余韻、幽玄というような世界が、
この「なり」を通して展望されるからである。

（池田亀鑑『古典学入門』岩波文庫より。一部手を加えた）

　※『源氏物語』の作者＝紫式部は聴覚を通して見ている、そのことが「なり」という助動詞の多用に
よってわかるという指摘は面白い。これは当時の貴族の女性一般に当てはまる指摘であろう。

（4）推定の助動詞「らし」

　現代語の「らしい」の古語であるが、古代では「**根拠のある推定**」を表した。
　※「めり」が見た目に基づいて推定し、「まし」が目の前の現実に反する想定をするのに対して、こ
の「らし」は目の前の事実に基づいて目に見えない事実を確信して述べるものである。ゆえに「らむ」
よりも確実な推定を表したが、平安時代になって「らむ」や「めり」に取って代わられ、古めかしい歌
語とされつつ衰退した。現代語の「らしい」は主に江戸時代国学者流の『万葉集』研究などを契機に、
盛んに行われるようになったものとみられ、結局「らむ」や「めり」を駆逐した。

表 6-4　推定の助動詞活用表Ⅱ「らし」

	未然形	連用形	終止形	連体形	已然形	命令形	活用型	接続
らし	○	○	らし	らし	らし	○	不変化型	終止・ラ体接続

※連体形・已然形は係り結びの用法しかない。なお古い連体形に「らしき」がある。

　例：夕されば衣手寒し　み吉野の吉野の山に深雪降る<u>らし</u>　　（『古今和歌集』）
　「夕されば」は「夕方になると」（→「要覧」名詞・天）、「衣手」は袖（「衣」はコロモともソと
もよむ）、「み吉野の」は「吉野」にかかる枕詞。夕方になると袖もとが寒い、その感覚を根拠に、遠
い吉野山はきっと雪がたくさん降っているだろうと推定する。

　参考　なぜ推量・推定の助動詞には**終止形接続が多いのか？**
　「明日来る？」といわれて、「うん、行く」といってから「と思う」とつけ足すことは、よくある、
だろう。推量の助動詞が終止形（言い切りの形）につくのも実はこれと同じ原理である。この「**つけ足**
し推量」はある意味で、文法規格外のものともいえる、だろう。ちなみに、連用形接続の助動詞はみな
用言出身、未然形接続の助動詞は動作の未然を意味するためであり、別類の連体形接続はもともと体言
（名詞）を受ける語（断定「何だ」・比況「〜のようだ」）だからである。

（5）願望の助動詞「まほし」「たし」

　現代語の「たい」に当たる助動詞で、**活用**はともに形容詞型、**接続**は「まほし」が未然形接続、「たし」は「たい」と同じ連用形接続である。**意味**は願望（〜タイ）とあつらえ（他者への願望：〜テホシイ）の二つのみ。

表 6-5　願望の助動詞活用表

	未然形	連用形	終止形	連体形	已然形	命令形	活用型	接続
まほし		まほしく	まほし	まほしき	まほしけれ	○	形容詞	未然形接続
	まほしから	まほしかり		まほしかる			シク活用型	
たし		たく	たし	たき	たけれ	○	形容詞	連用形接続
	たから	たかり		たかる			ク活用型	

　例：言はまほしきこともえ言はず、せまほしきこともえせず…　（『更級日記』）
　ハ行四段動詞「いふ」未然形に「まほし」連体形・名詞「こと」・係助詞「も」で「言いたいことも」、「え…ず」は不可能（→「要覧」副詞 A）で「言えない」。サ変動詞「す」の未然形に「まほし」連体形・「こと・も」で「したいことも」、「え・せ・ず」は「できない」。

　例：家にありたき木は、松・桜。　（『徒然草』）
　ラ変動詞「あり」連用形・「たし」連体形、「家にあってほしい木は」。

　以下、「まほし」「たし」の注意すべき用法をあげておく。
・「まほし」の古形に「**まくほし**」がある（→解説）。
　例：相見ては面隠さるるものからに継ぎて見まくのほしき君かも（『万葉集』）
　　面と向かって会うと、つい顔を隠してしまうだけれど、いつも会いたいあなたなのです。
・「**あらまほし**」は好ましい・理想的だという意味の**形容詞**に転じた。
　例：少しのことにも先達はあらまほしき事なり。（『徒然草』：あつらえの例）
　　ちょっとした事でも案内人（→「要覧」名詞・学芸）はいてほしいことである。
　例：物語などせさせ給ふけはひなどの、いとあらまほしくのどやかに心深きを（『源氏物語』）
　　お話などをなさるご様子（→「要覧」名詞・認識）などが、とても素敵で落ち着いていて思慮深く
・「たし」は「水が飲みたい」のように目的語が主語の形をとることがある（→解説）。
　例：琵琶には手と申して、めでたきことの候ふぞかし。それが承りたく候ひて、（『平家物語』）
　　琵琶には手弾きという素晴らしい奏法がございますね。それが伺いたいのでして、
・「たし」の語幹に接尾語「がる」が付いた「**たがる**」はカリ活用「たかり」とは別語。
　例：近う参って見参に入りたかりつれども、（『平家物語』：カリ活用連用形）
　　近くにお仕えしてお目にかかりたかったけれども（見参→「要覧」名詞・宮廷）。
　例：御見参に入りたがり候。（『宇治拾遺物語』：「たがる」）
　　お目にかかりたがっております。

※「**がる**」（→「要覧」動詞・接尾語）は形容詞・形容動詞の語幹や名詞について「〜のように思う」「〜らしくする」の意味を作る。

例：あやにくがる（意地を張る）、うつくしがる（かわいがる）、興がる（面白がる）、口惜し
がる（残念がる）、暗がる（暗くなる）、さかしがる（小賢しくふるまう）、さかしらがる（利
口ぶる）、ねたがる（くやしがる）、ゆかしがる（見たがる）、らうたがる（かわいがる）、
をこがる（ばかばかしく思う）

解説　「まほし」から「たい」へ

　「**まほし**」**の語源**は、助動詞「む」のク語法「まく」に、形容詞「欲し」が付いた「まくほし」で、
〈動詞＋む〉が表す事態を望む（欲しい）という意味が原義。接続は「む」と同じ未然形接続、活用型
は「欲し」と同じ形容詞シク活用である。「まほし」とつづまって平安時代に盛んに使われ、「ま＋欲
し」と反対の「ま＋憂し」（**まうし**）という語も派生した。鎌倉時代にも使われたが、やがて『平家物
語』のあたりを境に、新出の「たし」にとってかわられた。

　「**たし**」**の語源**は「程度が甚だしい」という意味の形容詞「いたし」とされる。「飽きたし」（飽き
＋いたし→飽き飽きだ）、「ねぶたし」（ねぶり＋いたし→眠たい）、「うしろめたし」（後目＋いた
し→気がかりだ）、「こちたし」（言＋いたし→うるさい）、「らうたし」（労＋いたし→いたわりた
い・かわいい）、「めでたし」（愛で＋いたし→賞賛したい・すばらしい）というように〈体言・動詞
<u>連用形</u>＋**いたし**〉の形で形容詞を作る語法から、活用語の連用形に接続し、形容詞ク活用型に活用する
助動詞「たし」が成立した。平安後期より見え始め、鎌倉時代に広く行われ、現代語の「たい」に至る。

　以上、古語の助動詞 30 語を解説してきた。ここで第四章（1）助動詞概説に立ち返り、助
動詞全体の活用・接続・意味を整理し、身につけてほしい。
　序章に述べたように、日本語の文の核は述語（動詞「どうする」・形容（動）詞「どうだ」・
断定（比況）「何（のよう）だ」）であり、助動詞はこの述語に過去・完了・否定・推量・
自発・使役・推定・願望などの意味を添える働きをする品詞である。つまり助動詞の学習は
述語の意味を詳しく分析できるようになっただけで、いまだ「文」全体の理解には及んでい
ない。それはこのあとに学ぶ助詞や修飾語（副詞・連体詞）などを経て、完成に至る。

第七章　格助詞と接続助詞

（1）助詞概説

　　日本語は「膠着語」である。膠着語とは単語や文節を助詞（いわゆるテニヲハ）などで膠着する（くっつける）言語をいい、英語などの屈折語、中国語などの孤立語と区別される。膠着語にはウラル＝アルタイ語とよばれる韓国語やトルコ語、フィンランド語などがある。

　　このように助詞は日本語の特徴を最もよくあらわす品詞であるが、その働きによりつぎの2種類に分けられる。

　　・単語や文をつなぐもの…①格助詞・②接続助詞

　　・話し手の判断や気分などを添える…③副助詞・④係助詞・⑤終助詞・⑥間投助詞

　　格助詞は体言と体言（連体格）、体言と用言（連用格）というように単語を関係づける助詞であり、**接続助詞**は文と文を関係づける助詞で、これら2つの助詞は文法的な役割を果たすものといえる。これに対して、**副助詞・係助詞・終助詞・間投助詞**は強調・疑問・願望といった意味を文に添える助詞で、話し手の判断や心情を表現する。

　　このように格助詞・接続助詞は文の客観的な構造に関わるのに対して、副助詞以下は主観的な表現に関わる。よって、これらの助詞を重ねて使うときは、**①格助詞・③副助詞・④係助詞**の順序になる。これは**客観的なものから主観的なものへ**とつないでゆく日本語の基本的な叙述様式に基づいている（→古文 4-1）。

（2）格助詞とは

　　体言（準体言）の下について、語と語の関係（格）を決定する助詞である。格助詞の下に来る単語（文節）の性質によって以下の2種類に分かれる。

　　・体言と体言を関係づける＝**連体格**（が・の・と）

　　・体言と用言を関係づける＝**連用格**（すべての格助詞）

　連体格には以下の用法がある。

　　・所有格（AのB）　　〈A体言＋が・の＋B体言〉

　　・同格（AでB）　　　〈A体言＋が・の＋B準体言・句（連体形）〉

　　・並立（AとB）　　　〈A体言＋と＋B体言〉

　　連用格は〈体言＋を・に・へ・と・より・から・にて・して＋用言〉という形をとり、その主な意味・用法は以下のとおりである。

　　・動作の**起点**（〜から）・経過する場所（〜を通って）…を・より・から

　　・動作の**目的**（〜のために）…に

　　・動作の**共同**（〜とともに）…と・して

　　・引用・知覚の内容（〜と）…と／を・に）

　　・**状態**（〜で）…に・にて

　　・**資格**（〜として）…に・にて

　　・**原因・理由**（〜で・によって）…に・にて・より

　　・**手段・方法**（〜で・によって）…に・にて・より・から・して

　　・**比喩**（〜のように）…に・と

・**強調**（どんどん〜）…に・と
・**尊敬**（〜におかれては）…に

（3）格助詞「の」「が」

　連体格と連用格の用法がある。
　①**連体格**（所有格）：最も基本的な用法でのように「AのB」という意味を作る。
　例：「梅が香」（梅の香り）、「誰が①袖」（誰の袖）、「峰の①白雪②」
　※ここから派生して「おもしろの笛の音」「散りての②後」のように使われた。「おもしろ」は形容詞語幹用法で（→古文 3-1）、これを体言として「笛の音」を修飾する。「おもしろき（連体形）笛の音」といっても意味は同じだが、語幹用法の詠嘆の意味を添えるため「おもしろの」という。
　また「散りて」は動詞の連用形に接続助詞「て」を加えた形だが、「て」は動作の継起（前の動作が終わって次の動作に移行する意味）を表すので、「散る」という動作（事態）が完了した形で下の「後」につながる。つまり「散ったあと」という意味になるが、この場合「散りて」は体言として扱われる。

　②**準体法**：①の下の体言を省略した用法で、「Aのもの（こと）」という意味を作る。
　例：いかなれば②四条①大納言のは③めでたく③、兼久がは②わろかるべきぞ⑤。
　『宇治拾遺物語』より。「いかなれば」は「なぜ」。話題は和歌の評価についてで、「の」「が」の下に「歌」という名詞が省略されている。「（同じ表現なのに）どうして四条大納言（藤原公任）の歌はよくて、兼久（私）の歌はよくないはずがあるのか（いや、そんなはずはない）」という反語文。
　※「それは君のだ」「これは僕のだ」というように、「の」の中に「もの」の意味が含まれているので、この「の・が」を体言の働きをするという意味で**準体助詞**ともいう。

　③**主格**：下に述語が来る。〈主語＋が・の＋述語〉という形をとり、「Aが〜する・〜だ」という文を作る。
　例：雀の子を⓪犬君が①逃がしつる④。（『源氏物語』）
　「雀の子を犬君（いぬき；侍女の名）が逃がしてしまった」という意味だが、「の・が」はもともと連体格なので、末尾の完了の助動詞「つ」が連体形をとって準体言（句）になっている（→古文 2-2）。この主格の用法が定着して**文末が終止形をとる**ようになった。なお「が」と「は」の違い→古文 8-10。

　④**同格**：「Aのa」のように「の」の前後が同じ物事を述べていて、〈体言・連体形＋の＋…連体形（準体句）〉という形をとり、「Aでa（の人・もの）」という意味になる。
　例：いと①きよげなる④僧の①黄なる地の②袈裟②着たるが②来て①…（『更級日記』）
　ここは「とても美しい僧侶が黄色の地の袈裟を着ている」のだが、この文が準体言となって、つぎの「が来て」につづく。このような場合、ここの「の」は主格ではなく、同格とみて「とても美しい僧侶で黄色の地の袈裟を着ている人が来て」と解釈し、「が」の前に適当な名詞を補う。

　⑤**比喩**：連体格と連用格の用法がある。
　連体格の場合は「玉の⓪男御子④」のように「玉のような」という意味となり、連用格の場合は「紫の②にほへる③妹①」のように「紫草のように（美しい彼女）」となる。

参考　「が」「の」は本来、「をとめらが③裳の裾」のように体言どうしをつなげる①**連体格**の用法を基本としたが、やがて活用語の連体形を用いた準体言（句）を従えるようになって、「娘の⓪弁と①いふを②呼び出でて③」のような④**同格**の用法が派生し、さらに「野守は⓪見ずや①、君が袖振る」のような③**主格**の用法が派生した。また「いかなれば四条大納言のはめでたく」という②準体法は、〈体言＋が・の＋体言〉の下の体言を省略したものであり、⑤「玉の男子」とか「紫のにほへる妹」のような比喩の用法は、上の体言に比喩的な修飾語を用いたものに他ならない。

　なお、こうした修飾語の用法から、「人の⓪うらめしさ④」（人に対する恨めしさ）とか、「御①袴も③昨日の同じ⓪紅なり②」（昨日と同じ）や「うち笑まれぬべき⑤様のし給へれば⑥」（自然と頬が緩んでしまいそうなご様子をしていらっしゃる）といった表現も行われた。

　要するに、「の」や「が」は所有格や主格など上下の語の関係によらず、ただ単語と単語（文節）をくっつけてしまうわけで、解釈する際には**上下の関係をよく見て意味をとる**必要がある。なお「我が国」「人の国」（外国）のように、「が」は身近なもの、「の」は疎遠なものを受けるとの指摘もある。

（4）格助詞「を」

　連用格の助詞で、連用格は修飾する**用言の性質や意味**によって意味が変わる。「を」は、①他動詞の対象（目的格）や自動詞の②起点・③通過する場所などを表し、また形容詞の主格や知覚動詞の内容を表す。

　①父母を②見れば①尊し③妻子①みれば①めぐし②うつくし③　（『万葉集』）
　マ行上一段「見る」は他動詞、但し「妻子みれば」ではこの**目的格**「を」が省略されている。

　②君を⓪離れて②恋に①死ぬべし③（『万葉集』）
　ラ行四段「はなる」は他動詞「はなす」と対の自動詞だから目的格ではない。「離れる」起点を表すので、「君から離れて」と解釈する。

　③住吉の②わたりを①漕ぎゆく③。（『土佐日記』）
　ガ行四段「漕ぐ」は他動詞だが、カ行四段「ゆく」は自動詞なので、「漕ぎゆく」は自他両用となる。「住吉のあたりを通って（船を）漕いでゆく」となるが、この「**経由**」の用法は現代語でも「木曽路を行く」などと使うので、現代語訳は「を」のままでよい。

参考　なお「世を①憂し①」「妹を①憎く①あらば①」のように〈…を＋形容詞〉の形は「世の中（を生きてゆくの）が辛い」「あなた（「妹」は女性への呼びかけ）が憎いならば」というように**主格**となる。
　また「怪しき事を思ひさわぐ」のように、〈…を＋知覚動詞（思ふ・見るなど）〉の形は①目的格の変形で、「怪しい事だと（不安に）思う」というように**知覚の内容**を表す。

（5）格助詞「に」「にて」

　連用格で〈体言・連体形＋に＋用言〉の形をとり、以下の用法がある。
　①動作の**時間や場所**（帰着点・対象）を示す（〜ニ・デ・ニオイテ）。
　例：あしたに③死に、ゆふべに③生まるる⓪ならひ②…（『方丈記』）
　「あした（朝）」「夕べ」はそれぞれ「死ぬ」「生まる」という動作・状態の時間を示している。

例：十二<u>にて</u>元服せさせたまふ。（『源氏物語』）

十二歳で元服なさった。サ変動詞「元服す」未然形・二重敬語「させ・給ふ」（→古文 5-8）。

②動作の**状態・内容**を表す（〜デ）。

例：翁びたる⑤声に①ぬかづく…（『源氏物語』）

「ぬか」は額、頭を地面につけて謝罪しているわけだが、その状態が「老人のような声で」という。

③**資格**（〜トシテ）を示す。

例：紀の①有常②、御供<u>に</u>②つかうまつれり⑥。（『伊勢物語』）

「お供<u>として</u>」。「つかうまつる」は「す」の謙譲語（→古文 5-3）、「お仕えする」。「り」は e 段音接続の完了の助動詞（→古文 4-3）、「お仕えし<u>た</u>」。紀有常は在原業平の舅。

④**原因・理由**（〜デ・ニヨッテ）を示す。

例：なほ梅のにほひ<u>にぞ</u>、いにしへのことも立ち返り恋しう思ひ出でらるる。（『徒然草』）

「やはり梅の香り<u>によって</u>、昔のこともくり返し恋しく思い出される」（→古文 5-7）。

例：竹の中におはする<u>にて</u>知りぬ。（『竹取物語』）

「竹の中にいらっしゃる<u>ことで</u>わかった」（→古文 2-3）。「おはする」は準体法（→古文 2-2）。

⑤**手段・方法**（〜デ・ヲモッテ）を示す。

例：真心に②うしろ見きこえむ⑦。（『源氏物語』）

「真心<u>をもって</u>」。マ行上一段「後ろ見る」の連用形・謙譲の補助動詞「きこゆ」の未然形・意志の助動詞「む」の終止形で「後見いたしましょう」。

例：舟<u>にて</u>漕ぎめぐる。（『更級日記』）

「船で漕ぎまわる」。

⑥動作の**目的**（〜ニ、〜タメニ）を示す。〈動詞連用形（名詞法）＋に〉

例：東（ひんがし）の方に⑦住むべき①国求め<u>にとて</u>⑤行きけり③。（『伊勢物語』）

「東国に（自分が）住むべき国を求める<u>ためにと</u>言って去った」。格助詞は体言を受けるので、この「求め」（マ行下二段連用形）は名詞法と見なす（→古文 2-2）。

⑦動作・事態を**強調**する。〈動詞連用形（名詞法）＋に＋動詞〉※同じ動詞をくり返す。

例：ただ①冷え<u>に</u>②冷え入りて③、息は①とく①絶えはてにけり④。（『源氏物語』）

ヒロインの夕顔が急死するシーン。副助詞「ただ」は強調、「冷えに冷え入りて」は「体がどんどん（みるみる）冷たくなって」の意。「とく」は形容詞「疾し」ク活用連用形で早く、もう。タ行下二段「絶え果つ」連用形に完了＋過去の「に・けり」が付く。「息はもうなくなってしまった」。

⑧知覚動詞の**内容**を示す（〜ト）。〈に＋思ふ・見るなど〉※引用の「と」と同じ（→古文 7-7）。

例：いよいよ②あかず②あはれなる①ものに②思して②、（『源氏物語』）

「いよいよ飽き足らず、愛しい女だ」<u>と</u>お思いになって。（→古文 5-9）

⑨**比喩**を表す（〜ノヨウニ）。

例：今はとて①わが身①時雨にふりぬれば⑦…（『古今和歌集』）

小野小町の恋歌。「いまは」は「今となっては」（→「要覧」慣用句）、「時雨」は秋の長雨（→「要覧」名詞・天）、「時雨のように降る」と「古る」（老いる）を掛ける（これを掛詞という）。

⑩**尊敬**を表す（〜ニオカレテ）。※①の派生用法。

例：御前にも③いみじう③おち笑はせたまふ⑧。（『枕草子』）

「御前」は中宮定子。夕行四段動詞「落ち」は納得する、事情を理解する。「せ・給ふ」は二重敬語（→古文5-8）。「中宮におかれても事情を知って大層お笑いになる」。

解説　「に」は①時間や場所を示す用法（補格）が基本で、主格の「が」や目的格「を」は省略しても、「に」を省くことはほとんどない。動作の場所・帰着点を示す用法から変化の結果を表す他、「に」はまた連用修飾語を作ることから②状態・③資格・④原因・⑤手段などの用法が派生した（⑩尊敬の用法は貴人を指すのにその場所を示したため）。ゆえに解釈にあたっては、これらを暗記するのではなく、「に」が修飾する**用言の意味にあわせて解釈**する必要がある。

また「にて」は「に」に接続助詞「て」が付いたもので、「に」の①〜⑤の用法の他に、〈〜を…にて〉の形で「〜を…にして（として）」という意味をも表す。

例：念仏の僧どもを頼もしきものにて、（『源氏物語』）（念仏の僧たちを頼りにして）

この「にて」がつづまって中古に「で」が成立し、中世以降盛んに使われて、現代に至る。

参考　「に」と「を」「と」は、意味や用法において共通する点がある。たとえば、一般に上代（奈良時代）では「君に恋ふ」といい、中古（平安時代）では「君を恋ふ」という。これは恋愛が「異性に惹かれる」ものから「異性を求める」ものに変化したためといわれている。

また「人に会ふ」とも「人と会ふ」ともいう。この場合、「に」は動作の対象（帰着点）、「と」は動作の相手を表す（したがって「と」の方が親近感が強い）。このように「に」は**客観的な物事に付く**。

（6）格助詞「へ」

連用格で、動作の方向（〜へ）を示すのが基本。

例：新羅へか①家にか②帰る①…（『万葉集』）

※「へ」は名詞「辺」から出た語といい、上の「新羅へ帰るか、家に帰るか」のように、「に」が動作の帰着点を示すのに対し、「へ」は話者とは関係の薄い、**遠い場所**へ向かって動く場合に使われた。

中古以降、この使い分けが崩れて「に」の領域を侵すようになり、「池のほとりへ行き着きたる」とか「院へ申して」などのように、動作の帰着点・対象を示すようになった。

（7）格助詞「と」「とて」

まず、「と」は**連体格**として並立関係を表す。〈体言＋と＋体言〉

例：世の中に②ある①人と⑩すみかと①…（『方丈記』）

「君と僕」の「と」であるが、古文では上記のように「AとBと」と「と」をくり返すことが多い。これは漢文訓読で「A与レB」とレ点を打ち、「AとBと」とよむ作法に由来する（→漢文1-5⑰）。

また、**連用格**として以下のような用法がある。

①a 動作の協同・b 変化の結果・c 比較の基準を示す（〜ト）。

例：a 妹と①来し①（あなたと来た）、b 人と成る④（成人する）、c 我と①等しき②人。

②**状態・比喩**を表す（〜ト・ノヨウニ）。

例：ふるさとは②雪とのみこそ②花は②散るらめ③　（『古今集』）

故郷は今ごろ、ただもう雪のように桜の花が散っているだろう（「のみ」は強調の副助詞、「らむ」は現在推量）。

③**動作・事態を強調**する。〈動詞連用形（名詞法）＋と＋動詞〉※同じ動詞をくり返す。

例：生きとし①生ける②もの（生き物すべて）　ありと①ある①（ある物すべて）

④**引用を示す**（〜ト）。

例：春①来ぬと①人は言へども⑤…（『古今和歌集』）

「春が来た」と人は言うけれども。「と」の前に「　」が入り、「　」の中の末尾は言い切り（終止・命令形または係り結び）となる（上の「来ぬ」はカ変「く」連用形・完了「ぬ」終止形）。

※この引用の文末を示す助詞「と」と同じ用法は、貴族が書く漢文（変体漢文）の「者」（てえりくと言へり）にも認められる。

　一方、「**とて**」は引用の「と」に接続助詞「て」が付いたもので、「として・と言ひて・と思ひて」の略語と考えてよい。

例：女もしてみむとてするなり（→古文 6-3）。

なお、「と」にも「とて」と同様（〜トシテ・ト言ッテ・ト思ッテ）の用法がある。

例：熟田津に⓪舟乗りせむと⑤月待てば③…（『万葉集』）

熟田津に船を漕ぎ出そうとして月（が出るの）を待っていると。「舟乗りせむとて」と同じ。

（8）格助詞「より」「から」

連用格で、以下のような用法がある。

①**動作・事態の起点**を示す（〜カラ）。

例：あかつきより⑤雨①降れば①、（『土佐日記』）（未明から雨が降っているので、）

②**経由地**を示す（〜ヲ通ッテ）。

例：前より①行く水を⓪初瀬川と③いふ（『源氏物語』）（前を通って流れる川を初瀬川と言う）

③**比較の基準**を示す（〜ヨリ）。※「から」にこの用法はない。

例：いかで②人より③先に聞かん⑤。（『枕草子』）

なんとかして人より先に聞きたい。「いかで…む（意志）」（→「要覧」副詞 B）。

④**原因・理由**を示す（〜ニヨッテ）。※「より」にこの用法はない。

例：何心なき空の気色も、ただ見る人から艶にもすごくもみゆるなりけり。（『源氏物語』）

何の風情もない空の様子も、ただそれを見る人<u>によって</u>色あでやかにも殺風景にも見えるのだった。

⑤**手段・方法**を示す（〜デ・ニヨッテ）。

例：徒歩<u>より</u>①まうでけり④。（『徒然草』）（徒歩<u>で</u>参った。）

参考　「動作の起点」の用法から派生して、〈連体形＋より〉の形で「…スルヤ否ヤ」、〈連体形＋から・に〉の形で「…スルトタチマチ」の意を表す。また「比較の基準」の用法から、〈**程よりは**〉の形で「…割ニハ」の意を表す。

　なお、「**から**」は「族（うがら・やから）」「兄弟（はらから）」といった血筋の意味から「人柄」「国柄」「折柄」といった固有（生まれつき）の性質・品格を表す一方、その意味から動作を表す場面で「血から（力）」（血は生命力の源）、「己づから（自分から・自然と）」、「身づから（自分で）」のように活用され、動作の起点や原因・理由を表す助詞「から」となったという。上代に盛んに用いられたが、平安時代に「より」に取って代われた。「より」は「ゆり（後）」の転といい、やはり動作の起点などを表したが、室町以降「から」が再び「より」の用法を奪って現代に至る（『古典基礎語辞典』）。

（9）格助詞「して」

　連用格で、以下の用法がある。

①**使役の対象**を示す（〜ニ（命ジテ））。

例：御随身②・舎人<u>して</u>①取りに①つかはす。（『伊勢物語』）

　御随身（→「要覧」名詞・宮廷）や舎人に（命じて）取りにおやりになる（遣はす→古文 5-3）。

②**動作の協同**を表す（〜トトモニ・デ）。

例：一人二人<u>して</u>行きけり。（『伊勢物語』）（一人二人<u>で</u>行った。）

③**手段・方法**を示す（〜デ（モッテ））。

例：指の血<u>して</u>書きつけける。（『伊勢物語』）（指の血<u>で</u>書きつけた。）

解説　接続助詞にも同じ「して」があるが、格助詞は体言を受け、接続助詞は用言（節）を受けるので、識別は難しくない。なお、漢文訓読の使役表現では、この「して」に格助詞「を」を冠して、「（人）をして…しむ」の形を取る（→漢文 2-3）。

（10）接続助詞とは

　文（文節）と文（文節）をつなぐ助詞で、**接続詞**が文頭に立つのに対して、接続助詞は文末（文節の末尾）に付属する。前後の文の関係によって、以下のような用法がある。

- ・前文が前提となって後文が展開する…順接
- ・後文で前文とは反対の内容を展開する…逆接
  - ・前文でまだ実現していない事態を想定する…**仮定条件**
  - ・前文ですでに実現した事態を前提とする…**確定条件**
- ・前文が特に条件となっていない…単純接続・継起・並行

※単純接続は「〜ト・トコロ」「〜ガ」と訳せるもので、偶然条件とか恒常条件ともいう。

接続助詞をその接続と意味によって整理すると、以下のようになる。

- 「ば」〈未然形＋ば〉　意味…順接・仮定条件ナラバ
  〈已然形＋ば〉　意味…順接・確定条件ノデ・カラ、単純接続ト・トコロ
- 「とも」〈終止形＋とも・と〉意味…逆接・仮定条件タトエ…トシテモ
  「ども」〈已然形＋ども・と〉意味…逆接・確定条件ノニ・ドモ
- 格助詞系〈連体形＋を・に・が〉意味…単純接続ト・トコロ・ガ、確定条件
  順接ノデ・カラ・逆接ノニ・ドモ
- 「て」系〈連用形＋て・して〉意味…単純接続テ（順接ノデ・カラ・逆接ノニ・ドモ）
  〈未然形＋で〉　意味…打消ナイデ
- 並行系〈連用形＋つつ〉意味…継続・反復ズット・繰リ返シ〜シテ、並行ナガラ
  〈連用形＋ながら〉意味…並行ナガラ・ママデ、逆接ノニ・モノノ・ナガラモ
- 「もの」系〈連体形＋ものから・ものゆゑ・ものの・ものを〉
  意味…確定条件／逆接ノニ・ドモ・順接ノデ・カラ（「ものの・ものを」に順接なし）

参考　接続助詞のおぼえ方：〈ば〉からはじめて、〈とも・ども〉〈が・を・に〉〈もの（から・ゆゑ・の・を）〉〈て・して・つつ・ながら〉を、それぞれセットにして暗記するとよい。

（11）接続助詞「ば」

　順接の接続助詞で、〈未然形＋ば〉の形で①仮定条件（〜ナラバ）を表し、〈已然形＋ば〉の形で②確定条件（〜ノデ・カラ）や③単純接続（…ト・トコロ／ダガ）を表す。

　①東風①吹かば①匂ひ②おこせよ②梅の花⓪あるじ①なしとて①春を⓪忘るな③（→古文 2-1）

　菅原道真が大宰府左遷の時に詠んだという歌（『拾遺和歌集』）。カ行四段「吹く」未然形＋「ば」で仮定条件、「匂ひ」は香り（→「要覧」名詞・認識）、サ行下二段「おこす」命令形で「送ってこいよ」（→「要覧」動詞・往来）。A「春風が吹いたら」を前提として B「香りを送ってこいよ」と展開する順接の用法。道真が京の邸宅で愛した「梅の花」に「主人がいないからといって春を忘れるな（毎年美しく咲け）」と万感の思いで呼びかける。なお形容詞型活用語の未然形「く・は」については古文 3-1 解説参照。

　②風吹けば、え出で立たず。（『土佐日記』）

　「吹く」已然形＋「ば」で確定条件、「え…ず」で不可能（→「要覧」副詞 A）。A「風が吹くので」、B「出発できない」という順接の関係。

　③瓜①はめば①子ども思ほゆ⑥ 栗はめば③まして①しのはゆ③…（『万葉集』）

　マ行四段「はむ」は食べる（→「要覧」動詞・ロ）、その已然形＋「ば」で確定条件、「思ほゆ」は「おぼゆ」の古形（→「要覧」動詞・心）。A「瓜を食べる」と B「子どもを思い出す」は順接の関係と言えない（瓜を食べると必ず子どもを思い出すわけではない）。作者が瓜の形を見て子どもの顔を想起するのは偶然なので、単純接続「瓜を食べると、子どもを思い出す」となる。「しのはゆ」は「偲ぶ」（→「要覧」動詞・心、古くは「しのふ」）の未然形に上代の自発の助動詞「ゆ」が付く、「栗を食べると、いよいよ恋しく思われる」。

参考 〈已然形＋ば〉で逆接の場合もある。〈否定の助動詞「ね」＋ば〉が多い（「ナイノニ」と訳す）。

例：「…」と、のたまひもはてねば、競（人名）つっと出できたり。（『平家物語』）

タ行下二段の複合動詞「言ひ果つ」（言い終わる）の尊敬語「のたまひ果つ」の間に係助詞「も」を挿入し、その未然形に否定の助動詞「ず」の已然形＋「ば」の形で、「…とおっしゃり終わらないのに、競がスッと前に出てきた」。

（12）接続助詞「とも」「と」

逆接の接続助詞で、終止形または形容詞型活用語の連用形に付いて仮定条件（タトエ～トシテモ）を表す。

例：唐の①物は②、薬のほかは、なくとも①事欠くまじ⑤。（『徒然草』）

形容詞ク活用「なし」連用形＋「とも」。唐物（舶来品→「要覧」名詞・地）は、薬以外は、たとえないとしても事欠かないだろう。「薬以外はなくても」でもよい。

参考 確定した事態を仮定条件のように言う修辞的仮定の用法がある（…ダガ、ソウデアッテモ）。

例：「わが身は女なりとも、かたきの手にはかかるまじ。」（『平家物語』）

平家滅亡の場面、平清盛の妻時子が迫る敵を前にして言った台詞「わが身は女であっても、敵の手にはかからないつもりだ」。時子が女であることは確定しているが、それでも降伏しないという悲壮な決意を表す。時子は幼い安徳天皇を抱え、「波の下にも都のさぶらふぞ」と言って入水した。

（13）接続助詞「ども」「ど」

逆接の接続助詞で、〈已然形＋ども・ど〉の形で確定条件（～ノニ・ケレドモ）を表す。

例：行けども、えあはで帰りにけり。（『伊勢物語』）

（会いに）行ったけれども、会えないで帰った。カ行四段「行く」已然形＋「ども」で確定条件、A会いに行ったのに、「え・あは・で」（「え～否定」で不可能、ハ行四段「あふ」未然形＋否定の接続助詞「で」）、B会えないと続くので逆接である。

参考 仮定の事態を確定のようにいう修辞的確定というべき用法がある（タトエ…トシテモ）

例：よからねど、むげに書かぬこそわろけれ。（『源氏物語』）

恥ずかしがって書こうとしない若紫に光源氏がさとす。形容詞ク活用「良し」未然形・否定「ず」已然形＋「ど」で確定条件だが、「たとえ書が下手であっても、全く書かないのは良くないよ」。

（14）接続助詞「を」「に」

活用語の連体形に付いて確定条件を示す接続助詞で、①単純接続（～ト・トコロ／ガ）、②順接（～ノデ・カラ）、③逆接（～ノニ・ケレドモ）を表す。

①幣①たいまつるに④、幣の①東へ散れば⑥、（『土佐日記』）

「幣」は捧げ物、「たいまつる」は与ふの謙譲語「奉る」の音便・連体形、A「幣をお供えする」とB「幣が（風で）東へ散った」のは偶然なので単純接続。

②雨①いたう②降りたるに③、誰も①降り籠められたるなるべし⑦。（『蜻蛉日記』）

「いたう」は形容詞ク活用「いたし」の連用形・ラ行四段「降る」連用形・存続「たり」連体形でA

「雨がひどく降っている」、マ行下二段「降り籠む」未然形・Ⅰ受身「らる」連用形・Ⅲ存続「たり」連体形・（別類）断定「なり」連体形・Ⅳ推量「べし」終止形でB「誰もが降り籠められているに違いない」（Ⅰ・Ⅲ・別・Ⅳは助動詞の接続順→古文4-1）、A原因とB結果で「に」は順接（ので）。

　③いかで②見むと①思ふに②、所ぞ③なき①。（『蜻蛉日記』）
　「いかで…む」は「何とかして…たい」（→「要覧」副詞B）、A「何とかして見たいと思う」とB「（見物する）場所がない」は逆接（のに）。

（15）接続助詞「が」
　現代語の「が」と同様、①**単純接続**（〜ガ・トコロ）や②**逆接の確定条件**（〜ノニ・ケレドモ）を表す。
　①木曽は①依田の城に⑩ありけるが③、これを聞いて、（『平家物語』）
　「木曽（義仲）は依田城にいたが、これを聞いて」。A「依田城にいた」こととB「聞いた」ことは順接（A原因・B結果）でも逆接（A↔B）でもない。

　②自害せんと①しけるが②、生捕にこそ⑤せられけれ④。（『平家物語』）
　サ変「自害す」未然形・意志「む」終止形・引用「と」・サ変「す」連用形・過去「けり」連体形＋「が」、名詞「生捕」・状態の格助詞「に」・強調の係助詞「こそ」・サ変「す」未然形・受身「らる」連用形・過去「けり」已然形（結び）で、生きて辱めを受けないようにA「自殺しようとした」のに、B「生きたまま捕らえられた」という逆接の用法。武士はこういう情況を「**生き恥をさらす**」という。

　参考　接続助詞の「が」は平安後期以降、格助詞から独立した。ゆえに平安中期（『源氏物語』の成立時期）まで「が」はすべて格助詞である（→古文5-9）。

※**識別**：格助詞か接続助詞か？
「を」┐　　**格助詞**＝連用格…下の用言にかかる（「連体形＋を・に・が」は間に体言を補う）。
「に」┤
「が」┘　　**接続助詞**┬順接　　〈前文→後文〉（因・果関係）〜ノデ・カラ
　　　　　　　　　　├逆接　　〈前文↔後文〉（反対の関係）〜ノニ・ドモ
　　　　　　　　　　└単純接続〈前文…後文〉（偶然など）　〜ト・トコロ・ダガ

（16）接続助詞「ものから」「ものゆゑ」「ものの」「ものを」
　活用語の連体形に付いて、①**逆接・確定条件**（〜ノニ・ケレドモ・ガ）や②**順接・確定条**件（〜ノデ・カラ）を表す（「ものの」「ものを」に②の用法はない）。
　①いつはりと⑩思ふものから②今さらに⑩誰が①まことをか④我は①頼まむ③　（『古今集』）
　A「ウソだと思う」とB「今更だれの本当を私は頼りにすればよいのだろうか」という**逆接**の用法。「頼ま・む」の「む」は適当推量（タラヨイダロウ）または可能推量（デキルダロウ→古文4-5）。

　②人数にも⑤おぼされざらむ⑥ものゆゑ②、われは①いみじき②物思ひをや④そへむ②。
　『源氏物語』より。「人数」は人並み（→「要覧」名詞・人）、思ふの尊敬語「おぼす」未然形・Ⅰ受身「る」未然形・Ⅲ否定「ず」未然形・Ⅳ婉曲「む」連体形で（Ⅰ・Ⅲ・Ⅳは助動詞の接続順→古文

4-1)、A「（自分は）人並みにお考えいただいていない」<u>ので</u>、B「私はひどい物思いを添えるのだろうか」。AはB「物思い」の原因になっている。

参考　「ものを」の**終助詞的用法**（意味…詠嘆・後悔）
例：「伏せ籠のなかに⑤籠めたりつる<u>ものを</u>⑤。」（『源氏物語』）
ヒロイン若紫の登場シーンより。マ行下二段「こむ」連用形・存続「たり」連用形・完了「つ」連体形＋「ものを」で、「（籠に雀の子を）入れてあった<u>のになあ</u>」という**後悔**を表す。

解説　「ものから」は主に平安時代に多用され、中世以降に順接の用法があらわれた。「**ものゆゑ**」は、平安時代の頃から順接・逆接両様に行われた。「**ものの**」は平安時代になって使われ始めたが、和歌にはあまり使われない。「**ものを**」は奈良・平安・鎌倉と最も多用された。

（17）接続助詞「て」「で」

「て」は活用語の連用形に付いて①**単純接続**のa継起（〜テ）やb状態（〜デ）を表し、また前後の文の関係によっては②**順接**（〜テ・ノデ・カラ）や③**逆接**（〜ノニ）となる。
①a 住む①館より①出で<u>て</u>①、船に①乗るべき③所へ③渡る②。（『土佐日記』）
「住む館から出て、船に乗る予定の場所に行く」。A「出て」B「渡る」は動作が続く継起の用法。
①b いと①うつくしう<u>て</u>④ゐたり②。（『竹取物語』）
「とても可愛らしく座っていた」（→古文2-3）。「うつくしくて」は「座っていた」状態を表す。

②さはること④あり<u>て</u>①、のぼらず。（『土佐日記』）
ラ行四段「障る」連体形（→「要覧」動詞・支障）、ラ行四段「上る」未然形（→「要覧」動詞・上下）、A「支障があっ<u>て</u>（ある<u>ので</u>）」、B「上京しない」。支障とは方忌みのこと（→「要覧」名詞・位置「かた」）。

③花咲き<u>て</u>、実は成らずとも④、（『万葉集』）
A「花が咲き」とB「実は成らない」は**逆接**。「とも」は仮定条件を作る接続助詞（→古文7-12）。

参考　「て」はまた④**仮定条件**を表し、⑤〈…**て＋知覚語**〉の形で思ふ・見るなどの内容を示す。
④折よく<u>て</u>、御覧ぜさせ給へ。（『源氏物語』）
「折がよければ（機会があれば）、（中宮の）お目にかけて下さい」。「させ・給へ」は使役・尊敬（→古文5-8）で、「中宮に見せる」の尊敬表現。
⑤様変り<u>て</u>思さる。（『源氏物語』）
「変わった様子だとお思いになる」（敬語動詞＋る→古文5-7）。
なお、格助詞「と」「に」や副詞「かく」「さ」「など」に「て」が付いた「とて・にて」、「かくて・さて・などて」などはそれぞれ一語として扱う。

一方、「で」は「て」の否定形で、〈未然形＋で〉（〜ナイデ）の形をとる。

例：聞か<u>で</u>なむ②ありける③。（『伊勢物語』）

「聞か<u>ないでいた</u>」（「なむ」は強調）。

（18）接続助詞「して」

漢文訓読語で（したがって女性はほとんど使わない）、意味は「て」と同じだが、主に形容詞・形容動詞型の活用語および否定の助動詞「ず」の連用形に接続する。

①人の才能は、文①明らかに<u>して</u>②、聖の①教へを知れるを⑦第一とす①。（『徒然草』）

「文」は典籍、形容動詞「明らかなり」連用形＋「して」で「通暁してい<u>て</u>」。「聖」は聖人（ここは周公・孔子などを指す）。ラ行四段「知る」已然形・存続「り」連体形で「知っている（こと）」。

②なほ①悲しきにたへず<u>して</u>⑥、ひそかに①心知れる人と…（『土佐日記』）

ハ行下二段「堪ふ」・否定「ず」連用形＋「して」で「やはり悲しみに堪えられない<u>で</u>、ひそかに心がわかっている（通じ合う）人と（歌を詠んだ）」。Aの悲しさがBで歌を詠む**原因**となっている。

③あかず<u>して</u>②月の隠るる⑥山もとは⑩あなたおもてぞ⑥恋しかりける⑥（『古今和歌集』）

A「飽かず」は物足りない（→「要覧」慣用句）、B「月が隠れる」とは**逆接**の関係。物足りない<u>のに</u>、月が隠れた山のふもとでは、（まだ月が見える）山の向こう側が恋しいことです。

（19）接続助詞「つつ」「ながら」

ともに活用語の連用形に付いて、動作の①**並行**（〜ナガラ）を表す一方、「つつ」は②**継続・反復**（〜テハ）を表し、「ながら」は③**逆接**（〜ノニ）をも表す。

①かつ①恨み<u>つつ</u>④なほぞ①恋しき③。（『伊勢物語』）

「かつ」は一方では（→「要覧」副詞C）、「つつ」の前後のAマ行上二段「恨む」とB形容詞シク活用「恋し」は**並行**の関係（恨み<u>ながら</u>、やはり恋しい）だが、叙述の重点はBにある。

②よろづたび③かへりみし<u>つつ</u>⑥遙々に②…（『万葉集』）

「何度も何度もふり返っ<u>ては</u>遠へ（来た）」。マ行上一段「顧みる」動作を何度もくり返して、という意味。「よろづ」は一万、多数の意。

③日は照り<u>ながら</u>、雪の頭にふりかかりける…（『古今和歌集』）

A「日は照っている（晴れている）」とB「雪が頭に降りかかっていた」は**逆接**（晴れている<u>のに</u>）。

参考 「つつ」は奈良時代に盛んに使われたが、平安以降「ながら」に取って代わられた。「つつ」には和歌の文末に用いて④**詠嘆**を表す用法があり、「ながら」には⑤**〈数詞＋ながら〉**の形で〜トモニ・ミナの意味を作る用法がある。

④子の浦に③うち出でてみれば⑥白妙の⑩富士の①高嶺に⑩雪は②ふり<u>つつ</u>③（『百人一首』）

「田子の浦に出てみると（白妙の＝枕詞）富士の高嶺に雪が降っているよ」。

⑤二人<u>ながら</u>③いざ」と①、仰せらるれど⑤、（『枕草子』）

「二人<u>とも</u>、さあ」とおっしゃるが。「いざ」は感動詞。言ふの尊敬語「おほす」未然形＋尊敬「ら

る」で二重敬語（→古文 5-7）、この「仰せらる」が現代語の「**おっしゃる**」になった。

　　「**ながら**」はもともと古い格助詞「な」（「の」と同じ）に名詞「から」（本質の意）が付いて「〜のまま」の意味を作り、「神ながら」（神の心のままに）などと使われる一方、上に動詞の連用形（名詞法）を受けて「〜タママデ」の意味を表し、下に続く動作と同時並行する意味を表した。

　　したがって「昔<u>ながら</u>」「もの憂<u>ながら</u>」「さ<u>ながら</u>」（昔のまま・憂鬱なまま・そのまま）のように体言・形容詞語幹・副詞などに付く「ながら」は副詞句（連用修飾語）を作る接尾語ないし副助詞とみなすべきだが、意味は接続助詞のそれと同じである。

第八章　その他の助詞

（1）副助詞・係助詞・終助詞・間投助詞

　前章では文・文節・単語を関係づける格助詞と接続助詞を解説した。本章ではそれ以外の副助詞・係助詞・終助詞・間投助詞を紹介する。これらは文や単語の関係づけには関与せず、**話者の判断や気分などを表す**もので、格助詞などが客観的な文の構造に関わるのに対して、副助詞などは主観的な意味を文に添加する。この性質のちがいを反映して、これらの助詞が複数つづく時には**ⅰ格助詞・ⅱ副助詞・ⅲ係助詞**の順に接続する（→古文 7-1）。

　副助詞とは副詞的な働きをする助詞で、**類推・添加**（だに・すら・さへ）や**範囲**（まで）・**例示**（など）・**限定**（のみ・ばかり）・**強調**（し・しも）などの意味を添える。

　係助詞とは文末の活用語と呼応して「係り結び」を作る助詞で（→古文 2-1）、**強調**（こそ・ぞ・なむ）や**疑問・反語**（や・か）を表す。また、**提題の「は」と例示の「も」**は、現代語では副助詞に分類されるが、古語では終止形で結ぶ係助詞とされている。

　以上の副助詞・係助詞が主に**主語や連用修飾語**（目的語・補語）に接続するのに対して、**終助詞**は助動詞と同様、**文末**に付いて**願望**（ばや・なむ・しか・てしかな・にしかな・もがな）・**禁止**（な・そ）・**詠嘆**（か・かな・な・ものか）・**念押し**（かし）を表す。

　最後に**間投助詞**とは文字どおり文の間に投げ入れる、つまりさまざまな文節に付いて相手への**呼びかけや詠嘆**（を・よ・や）を表したもので、感動詞と同様、文意には関わらない。

　※「あの<u>ね</u>、ぼく<u>ね</u>、きみに<u>ね</u>、いおうと<u>ね</u>、おもったんだけど<u>ね</u>」と子どもがいうように、どこにでもくっつくのが間投助詞である。

（2）副助詞「すら」「だに」「さへ」

　「すら」は①**類推**（〜デサエモ）を表す一方、「だに」は①類推とともに②（最小限の）**期待**（セメテ〜ダケデモ）や③**添加**（〜マデモ）を表し、「さへ」は③添加を表す。

　①いはほ<u>すら</u>④行き通るべき⑥ますらをも…（『万葉集』）
　「いはほ」は岩石、「べし」は可能、「岩石<u>でさえも</u>通り抜けられる（それほど強い）丈夫も」。
　①果ては②消息<u>だに</u>⑤なくて①、久しく②なりぬ②。（『蜻蛉日記』）
　「果て」は終わり（→「要覧」動詞・消滅）、「消息」は手紙（→「要覧」名詞・世間）、「しまいには手紙のやりとり<u>さへ</u>なくて、長い時間が過ぎた」。

　②「のぼらむを<u>だに</u>③見送り給へ⑥。」（『竹取物語』）
　かぐや姫が昇天する場面。「<u>せめて</u>（私が月へ）昇るところ<u>だけでも</u>お見送り下さい」（「のぼら・<u>む</u>・を」は〈む＋体言〉の体言を省略した婉曲の用法（準体法）→古文 4-5）。

　③「後生でだに①悪道へ⓪赴かんずる⑥ことの②悲しさよ。」（『平家物語』）
　「後生」は来世（→「要覧」名詞・信仰）、「悪道」は地獄、「むずる＋体言」は婉曲（→古文 4-5）、「来世<u>までも</u>地獄に赴く（落ちる）ことの悲しさよ」。

③をとつひも③昨日も②今日も①見つれども③明日さへ②見まく②欲しき君かも⑤

「一昨日も昨日も今日も会ったけれど、明日も会いたいあなたなのです」（まく欲し→古文 6-5）

解説 類推とは「一つのことがらを挙げて他の類例を推測させる」ことをいうが、ここでまず知っておくべきなのは、日本語の助詞には「他のことを考えながら一つのことを述べる」ものが多いことである（→例示「など」「も」や提題「は」）。「いはほすら」突き抜けるのだから当然、他のものは何でも突き抜ける。「消息だに」来ないのだから当然、本人も来ない。この「本人が来ない」という不満を抱えながら「手紙さへ」と言うのが類推の副助詞の表現内容なのである。

これに対して、一昨日・昨日・今日＋「明日さへ」という添加の用法は、既定のことがらに「その上～までも」と最大限のことがらを付け加える表現で、その意味で「いはほすら」を「岩石までも」と添加の意味に解することもできる。ここに類推と添加が交錯する接点がある。

一方、最小限のことがらを（既定ではなく）仮定的に取り上げた場合、「せめて～だけでも」という期待の表現になる。（他のことは何も期待しないから）せめて昇天するところだけでも見送ってほしい。この用法には、相手に対する要求を最小限に抑えようとする日本人の考え方が反映されている。

例：憂き身をば①我だに①厭ふ②厭へ②ただ①そをだに①同じ心と⑥思はん③ （『新古今和歌集』）

「憂し」はつらい・情けない（→「要覧」形容詞・苦痛）、「厭ふ」は嫌う（→「要覧」動詞・離着）、「情けない我が身は私でさえも嫌いだ。（だからあなたも）いっそ嫌って下さい。せめてその（私が嫌いだという）ことだけでも（あなたと）心が共にあると思いましょう」。「我だに」は当然、他人も嫌っているという含意。「そをだに」は「私が嫌いだ」という最小限の一点をあげて、恋人と心を通わせたいと願う、一見卑屈ではあるが、すさまじい愛情が表現されている。『新古今』の時代にはこういう複雑な心情を詠んだ作品が多いが、こうした心情は現代の日本人にも通底している。

例：あたしのすべてに惚れたなら、あたしがゼロでも好きかしらね（中島みゆき「黄色い犬」1988）

参考 「すら」は奈良時代に多用され、平安時代には専ら和歌や漢文訓読に使われた。これにとって代わったのが「だに」で、もともと最小限の期待をあらわし、これに「すら」の類推の用法を加えた。やがて添加の用法をもつ「さへ」が広く行われ、「だに」に添加の用法が混入する一方、「さへ」にも類推や期待を表す用法が混入した結果、中世以降「だに」は衰え、「さへ」にとって代わられた。

なお、「すら」は「そら」となまって使われることがある。

例：家の人そらこれを知らず、いはんや世の人知る事なし。（『今昔物語集』）（類推）

また、「だに」は複合語に割り込む場合があり、「だにも」がつづまった「だも」という形がある。

例：なほ少しいでて、見だに送りたまへかし。（『源氏物語』） 「見送りだけでもして下さい」

例：男は侯にだも封ぜられず（『平家物語』） 「男は侯爵にさえも封ぜられず」（類推）

（3）副助詞「まで」「など」

「まで」は範囲を明確にして①限度（～マデ）や②程度（～ホド・クライ）を表す一方、「など」はある一例をあげて、その一点を中心とする漠然とした範囲を示す（③例示→解説）。なお活用語に付く場合、「まで」は連体形接続、「など」は連用形接続となる。

①武蔵の①国まで③まどひ行きけり⑥。 （『伊勢物語』）

「まどふ」は迷う（→「要覧」動詞・心）、「武蔵国までさまよって行った」（到達点）。

②しのぶれど③色に②出でにけり②わが①恋は①ものや②思ふと②人の問ふまで④（『拾遺和歌集』）

「忍ぶ」はがまんする・人目を避ける（→「要覧」動詞・心）、「色に出づ」は表情にあらわれる（→「要覧」名詞・認識）、「に・けり」は完了・過去（詠嘆を含む→古文4-3）、「わが恋は」「色に出でにけり」の意（倒置）、「物・や（係助詞）・思ふ（連体形）」は「物を思うのか」という疑問文。「人目を避けてきたけれど、私の恋は顔に出てしまったのだなあ。物思いをしているのかと人が問うほどに」。

③面に③水そそきなどして⑤、（『伊勢物語』）

蘇生のために「顔に水をかけたりして」。「おもて」は顔（→「要覧」名詞・身体）、カ行四段「注く」は水をかける音「そそ（バシャバシャ）」の擬音語（→「要覧」動詞・消滅）。

解説　「など」の例示は上のように、「顔に水をかける」ことを中心に、さまざまな蘇生処置を行ったことを示すもので、「下衆など出で来て」のように名詞に付く場合も、また「『船に帆上げ』など言ふ」のように台詞や引用文に続く場合も、中心的なものや重要な部分を取り上げて大体の範囲を提示する（訳は名詞には「ナド」、用言には「タリ」、台詞などには「ナドト」を用いる）。これは出来事をなるべく**正確に伝えようとする日本人の思考のクセ**が反映した語法で、「出てきたのは下衆だけではないが、大体は身分の低い人たちだった」という言い方であり、現代でも（外国人からは一見無用と思われる）日本人の「など」（書面語）や「なんか」「とか」（口語）の多用はこの思考の産物といってよい。この語法から、わざと全体を曖昧にして**婉曲**に言う用法（例：東京などで流行っている＝最新の流行）や、あえてハッキリと言わずに軽蔑や卑下を表す用法（例：私などにはとても出来ない＝私は無能だ）が出た。なお「など」は「何と」のつづまった語で、現代語の「なんか（何か）」とよく似る。

一方、「まで」の限度は「それまで」という最大限度を示す働きから物事の終局を表し（例：はい、それまでよ）、また限定（〜ダケ）の意味を生じた（例：そうなったら戦うまでだ）。

（4）副助詞「のみ」「ばかり」

「のみ」は上の語句に①限定（〜ダケ）を加え、下の用言を②強調する（タダモウ・〜バカリシテ）一方、「ばかり」は下の用言の③程度（ホド・クライ）を表し、平安時代には①限定の用法が現れた。

①ただ①波の白きのみぞ④見ゆる②。（『土佐日記』）

海が荒れて「ただ波の白いところだけが見える」。

①言にいでて言はぬばかりぞ。（『古今和歌集』）

「言葉に出して言わないだけだ」。「ぬ」は否定の助動詞「ず」の連体形。

②しのび音をのみ⑥泣きて②、その年も④かへりぬ③。（『更級日記』）

「忍び音」（→「要覧」動詞・心）、「年返る」（→「要覧」慣用句）、「ぬ」は完了。「こっそり泣いてばかりで、その年も改まった」。

③庵なども②浮きぬばかりに④雨ふりなど②すれば②、（『更級日記』）

「いほ」小屋、「ぬ」完了（終止形）。「小屋なども浮いてしまうくらい雨が降ったりするので」
※活用語に付く場合、多く③程度は〈終止形＋ばかり〉、①限定は〈連体形＋ばかり〉の形をとる。

解説　元来「**のみ**」は格助詞「の」に「身」が付いて「それ自体・そのもの」の意味を表し、「**ばかり**」は動詞「計る」から出た。したがって同じ①限定でも「のみ」は「それ以外にない」唯一のものを取り上げ、「ばかり」は大体の見当をつけて最適なものに限定するという違いがある。

（5）副助詞「し」「しも」

　「し」は代名詞「し」（それ）や副詞「しか」（そのように）と同源で、上の語句を取り立てて①強調する（適宜訳す）。この「し」に係助詞「も」が付いた「しも」は、「も」が他の物事を想定する働きから、同じ強調でも「よりによって」の含意をもち、また否定を伴って「必ずしも～ない」という②部分否定を表す。

　　①名に**し**負はば⑤いざ①言問はむ④都鳥③わが①思ふ②人は②ありや①なしやと①（『伊勢物語』）

　「名に負ふ」は名前をもつ（→「要覧」名詞・身体）、「言問ふ」は尋ねる（→「要覧」名詞・身体）、「ありやなしや」（→古文8-9）。「（都という）その名をもつなら、さあ尋ねよう、都鳥よ。私の思い人は元気かと」。

　　①など①、かく**しも**①詠む①。（『伊勢物語』）

　「など」はなぜ（→「要覧」副詞B）、「かく」はこのように（→「要覧」指示語）。「なぜ、（よりにもよって）こう詠んだのか？」

　　②急ぎ**しも**せぬほどに月出でぬ。（『土佐日記』）

　ガ行四段「急ぐ」連用形＋「しも」・形式動詞「す」未然形・否定「ず」連体形、「急ぎもしない内に月が出た」（文末の「ぬ」は完了）。「急がぬ」に「しも」を付けるために「急ぎ・**しも**・**せ**・ぬ」と形式動詞を入れて文節を分けた（現代語訳の「急ぎ・も・し・ない」の「し」も形式動詞）。

【副助詞のまとめ】
・類推サエ…すら（奈良）・だに（類推＋期待セメテ…ダケデモ）・さへ（添加マデモ）
・範囲マデ…まで（程度ホド）／など（例示・婉曲・引用ナド）
・限定ダケ…のみ（強調タダモウ）・ばかり（程度ホド）
・強調適宜…し・しも（部分否定必ズシモ…ナイ）

（6）係り結び
　係助詞とは主に主語や連用修飾語に付いて強調・疑問・反語などの意を表す。
・強調…こそ・ぞ・なむ
・疑問・反語…や・か
・提題・例示…は・も
　その際、文末（述語）の活用形に変化を及ぼす。これを「**係り結び**」という。
・は・も→**終止形**（変化しない）
・ぞ・なむ・や・か→**連体形**
・こそ→**已然形**

　第二章では「活用形は下接語の接続により決まる」という原則（→古文2-1）の例外とし
て紹介したが、係助詞を用いた文に接続助詞が付いて、次の文につづく場合は係り結びは現
れない（これを「**結びが流れる**」という）。また、次のように**結びを省略**することがある。

　　・〈連用形・て＋係助詞〉→下に「あり」または知覚語（思ふ・見る*など*）などを補う。

　　　例：「わたくしの御志も、なかなか深さまさりて**なむ**（「侍る」が省略）」（『源氏物語』）

　　・〈引用文＋**と**＋係助詞〉→下に「いふ」または知覚語（思ふ・見る*など*）などを補う。

　　　例：飼ひける犬の、暗けれど主を知りて飛びつきたりける**とぞ**（「いふ」が省略）。（『徒然草』）

（7）係助詞「こそ」「ぞ」

　ともに**強調**の係助詞で、「こそ」の結びは已然形、「ぞ」の結びは連体形になる。

　①わが身は①今ぞ①消え果てぬめる⑥。（『伊勢物語』）

　タ行下二段連用形「消え果て」に完了・強調の助動詞「ぬ」、終止形・推定の助動詞「めり」連体形
が接続して、「私はもう消えて（死んで）しまいそうだ」という主述文を構成する。この「今」を「ぞ」
が強調しているわけで、無理に訳す必要はないが、敢えて訳せば「本当にもう」「今まさに」となる。

　「ぞ」にはまた**終助詞的用法**があり、断定・呼びかけの意味を表した。

　②「あれは誰<u>そ</u>」と④…問ふ①。わづらはしくて④、「まろ<u>ぞ</u>」と①いらふ②。（『源氏物語』）

　「たそ」は「誰だ？」の意味で、「そ」は「ぞ」の古形。「黄昏」は周囲が暗くなって人の顔が見え
なくなり、「誰そ、彼？」と問うことから「たそがれ」といった（→「要覧」名詞・歳時）。「まろぞ」
は「私だ」という意味。「まろ」は古代の男性名によく使われた「麻呂」と同じ。

　なお、和歌の用法で「に・ぞ・あり」をつづめて「**〜にざりける**」ということがある。

　③照る①月の◎流るる③見れば①天の川③出づる②港は◎海<u>にざりける</u>①（『土佐日記』）

　「港」は「水・な（の）・戸」で河口の意味。「照る月が（海面に映って）流れてゆくのを見ている
と、（それはまるで）天の川（のようで、その川）が流れ出る河口は海なのであった」。「に（ぞ）あ
り」は断定（→古文3-6）、「けり」は「気づきのけり」（→古文4-2）。

　一方、「こそ…已然形」で**逆接の条件句**をつくる（「已然形＋ど・ども」と同じ）。

　④春の①夜の①闇は②あやなし③梅の花◎色<u>こそ</u>②見えね②香やは②隠るる③（『古今和歌集』）

　和歌を読む時はまず断句の箇所を探す。これを「**句切れ**」といい、この歌は五・七／五・七・七の二
句目で文が終わっているので「二句切れ」という。「あやなし」は不条理の形容詞（→「要覧」）、「春
の闇夜は（真っ暗で）何もわからない」。「色」は形の意味（→「要覧」名詞・認識）、「ね」は否定
「ず」の已然形で（→古文4-4）、「形は見えないけれども」という逆接の条件句を作り（「色は見え
ねど」と同じ）、下の「香りは隠れるか（いや、隠せない）」とつづく（「やは」→古文8-10）。

　また「未然形＋ば＋こそ〜め」の形で、言外に**否定**の意味を表す。

　⑤まことならば<u>こそ</u>あらめ、おのづから聞き直し給ひてむ。（『枕草子』）

　形容動詞「まことなり」未然形＋接続助詞「ば」で仮定条件を作り、これに「こそ〜め」が続いて「…
ならば〜だろうが」という構文だが、「こそあらめ」は「〜はともかく」という慣用句で、「真実なら
ばともかく（実はウソなのだから）」という含意を表す。文末の述語はサ行四段動詞「聞き直す」連用

形に尊敬の補助動詞「たまふ」の連用形、強調・推量の「て・む」が付いた形（→古文4-3）、「自然に（何もしなくても）きっと誤解を解いて下さるだろう」。

　※現代語の「～ばこそ」は単なる理由の強調で（例：信用あればこそ商売も長く続く）、逆接や否定の含意はない。これは中世以降、「係り結び」そのものが衰退したからである。

（8）係助詞「なむ」
　強調の係助詞で、結びは連体形。
　例：その人②、かたちよりは④心なむ④まさりたりける⑥。（『伊勢物語』）
　ラ行四段「まさる」の連用形に存続＋過去の「たり・ける（連体形）」（→古文4-3）。「その人は、容姿よりも心が優れていた」。

解説　「ぞ」（古形「そ」）の語源は指示代名詞「其」、「こそ」は同じく「此其」といわれる。つまり「ぞ」と「こそ」は「ほかならぬ、それ」という意味を添えるもので、副助詞「し」によく似ている。実際「こそ～已然形」で逆接の条件句を作る用法と、「名にし負はば」（仮定）、「妻しあれば」（確定）のように「…し～ば」で順接の条件句を作るそれとは対照的であるといえる。
　一方、「なむ」（古形「なも」）は感動詞「な」＋係助詞「も」（感嘆）で、平安時代に「なむ」へ転化したという。相手に「だよ」「ね」と呼びかけるニュアンスを添えるのが「なむ」本来の用法で、「こそ」「ぞ」が書面語であるのに対し、「なむ」は多く口語として用いられた。

（9）係助詞「や」「か」
　①疑問・②反語文を作る係助詞で、結びは連体形となる。
　①君や来し④我や②行きけむ③おもほえず③夢か②うつつか⓪寝てか②覚めてか①（『伊勢物語』）
　「来し」はカ変「来」の未然形「こ」（連用形「き」でもよい）に過去の助動詞「き」の連体形で（→古文4-2）、「あなたが来たのか？」という疑問文。二句目の「けむ」は過去推量の助動詞（連体形）で「私が行ったのだろうか？」。「おもほゆ」は「おぼゆ」と同じ。「おもほえず」（思い出せない）も句切れ。以下、「夢なのか？」「現実なのか？」「寝ていたのか？」「起きていたのか？」とつづく。この歌は五／七／五／七／七の「全句切れ」という珍しい例で、このように短い疑問文で対義語を反覆することにより、混乱する心理を鮮烈に表現する。在原業平の代表作である。

　②散ればこそ②いとど①桜は⓪めでたけれ③憂き世に①なにか①久しかるべき⑥（『伊勢物語』）
　和歌は五・七・五を「上の句」といい、七・七を「下の句」という。この歌は上の句に「こそ…已然形」があるが、ここは逆接の条件句ではなく、文末（三句切れ）で「散るからこそ、とても桜は素晴らしい」という意味。下の句は「このつらい世の中で一体なにが久しい（永遠）だろうか（いや、全ての生命は短く、はかない）」という反語文で、この歌はつまり上の句に結論をいい、下の句に理由を述べる倒置法になっている。このように和歌には倒置表現が非常に多い。

　また、「来るや①遅きと③出でにけり②」のように、「連体形＋や・遅き・と」の形で「～するや否や」「～するとすぐ」の意味をあらわす。
　なお「や」「か」にも終助詞的用法がある。その場合、「や」は終止形接続（例：ありや①なしや①）、「か」は連体形接続である（例：あるか①なきか①）。

解説　「や」は間投助詞「や」が転化した語で、相手に問いかけるのが原義。「か」は指示代名詞「彼」と同源で、終助詞「か」から転化したものとされ、「（本当に）これなのか」という疑いを表す。「か」が疑問詞を伴うのも（例：誰か・何か）、この疑いから発しており、「ありやなしや」が「あること」を期待していうのに対し、「あるかなきか」は「ないも同然のこと」をいうのもこのためである。

（10）係助詞「は」

　上の語句を取り立ててはっきりと提示し（**提題**）、下にその説明を導く係助詞。但し、文末には変化を与えない。

　①武蔵野は⓪今日は①な①焼きそ②　（『伊勢物語』）

　「な」は文末の「そ」と呼応して禁止を表す副詞で（→「要覧」副詞A）、「武蔵野は今日は焼かないで」という意味だが、この「武蔵野は」の「は」は、「他の場所は焼いてもいいが、武蔵野は（焼かないで）」と他の場所から武蔵野だけを取り出していう言い方であり、「今日は」も「他の日は武蔵野を焼いても構わないが、今日だけは」という意味で使っている。つまり「は」は、**他の情況を念頭に置きながら**、「他はともかく、〜は」と取り出して示す助詞で、これを**提題の「は」**という。

　②声は①して⓪涙は①見えぬ②（『古今和歌集』）

　これは「は」をくり返し用いて二つの事がらを**対比**する用法。「泣き声はするのに、涙は見えない」（接続助詞「て」の文脈上の逆接→古文7-17）。

　③「いづくかは④劣る②。いと①きよげな（ん）めるは⑥」。（『源氏物語』）

　前文は「どれが劣っているか（いや、どちらも良い）」という反語文で、「やは」「かは」の形は**反語が多い**。下の「なめる」は「なる・めり」の撥音便（→古文3-5）。文末の「は」は終助詞的用法で**詠嘆**を表す。「とてもきれいにみえるわ」という意味で、現代語の終助詞「わ」は主に女性が使うが、近代以前は男性も使った。

　格助詞「を」に「は」がつくと「**をば**」と濁る。また接続助詞「て」＋「は」（→古文7-17）や形容詞型・助動詞「ず」の連用形＋「は」〈くは・ずは〉で**仮定条件**を表す（→古文3-1解説）。

　例：人たがへしては③をこならむ①。（『源氏物語』）

　「人たがへ」は人違い（→「要覧」名詞・人）、「をこなり」はおろかだ（→「要覧」形容動詞・優劣）、「人違いしたら滑稽だろう」。

解説　「象は鼻が長い」

　この場合、述語「長い」の主語は「鼻」で、「が」は主格の格助詞。「象」はこの主述文を提示するための題目（提題）で、主語ではない。反対にいえば、「鼻が長い」は「象」の説明である。

　また、麺を注文する場面で「君はうどんか。私はそばだ」と言う。いうまでもなく、「君＝うどん」「私＝そば」ではない。これはいわゆる「**既知－は－未知**」「**未知－が－既知**」の構文で、「君が麺を注文する」ことを前提（既知）として「君（が注文するの）はうどんか」と言ったのであり、反対に「君がうどんか」といえば、「君がうどん（を注文したの）か」という意味である。つまり「が」の場合は、うどんを注文したのが誰かわからない言い方であり、「は」は、君が何を注文したのかわからない言い方である。この「誰が」「何を」という未知の部分が、「が」では上に置かれ、「は」では下に説明さ

れる。したがって銀行などで「井上さん」と名前を呼ばれた時、「私は井上です」と答えてはいけない。「私が井上です」が正しい。相手が知りたいのは「誰が井上さんか」だからである。

（11）係助詞「も」

①**例示**（含みの提示）を表す係助詞で、a **並列**（…モ…モ）、b **添加**（…モ〔マタ〕）、c **暗示**（〜ハ勿論…モ）、d **強調・詠嘆**の用法がある。結びの変化はない。

a）木の①花は②、濃きも①薄きも②紅梅。（『枕草子』）

「も」が準体言（形容詞連体形の下に「色」が省略）に付いて、「木の花は、濃い色のも薄い色のも紅梅（がよい）」という**並列**の用法。つまり紅梅であれば何でも良いわけで、ここから、

例：いづれも⓪木は①もの古り③、（『徒然草』）（どれも木はみな古めかしく）

というような〈不定詞＋も〉の用法（…モ全部）が出てくる。

現代語でも「老いも若きも（老人も若者も）」などというが、人の意見に同意する場面で「君もそう思うか。私もだ（私もそう思う）」と言うと、これは b **添加**の用法に近くなる。

b）「潮満ちぬ④。風も吹きぬべし⑤」。（『土佐日記』）

「潮が満ちた」上に「風も吹きそうだ」と**添加**する用法。「ぬ・べし」強調・推量（→古文4-3）。なお「も・また」「も・未だ」「も・なほ（やはり）」など特定の副詞とともに用いる表現も同じ。

c）帳の①内よりも③出ださず③、いつき養ふ⑥。（『竹取物語』）

「帳」は帳台（天蓋付き寝台→古文1-2）、「いつく」は大切に育てる（→「要覧」名詞・宮廷「さいぐう」）。「（家からは勿論）帳台の中からも出さずに、大切に養育した」。この**暗示**の用法は、添加の前提部分（b では「潮満ちぬ」）を省略し、やや極端な事がらを挙げて省略した部分を暗示する表現と言え、寝室からも出さないというのだから、当然家から出さないし、人前にも出さない、大変な可愛がりようだという意味である。その意味で、「帳の内よりも出ださず」は「いつき養ふ」の状態を誇張（強調）して示しているともいえ、ここから強調・詠嘆の用法が出てくる。

d）いと①起きも①あがり給はず⑥。（『源氏物語』）

「起き上がる」の間に「も」が割り込んで、「全く起き上がることもなさらない」と**強調**する用法。

例：嬉しくも③のたまふ③ものかな③。（『竹取物語』）

これは「嬉しくのたまふ」（嬉しいことをおっしゃる→古文9-3）の間に「も」を挿入して**詠嘆**を表す用法。いずれも〈連用形＋も〉の形をとる。現代語でも「惜しくも敗れた」などという。

また、「だに」「さへ」に似た e（最小限の）**希望**（セメテ〜ダケデモ）を表し、「もぞ」「もこそ」「もや」の形で f **不安・困惑**の含意をあらわす。

e）山ほととぎす⑤一声も②鳴け（『万葉集』）

「山ほととぎすよ、せめて一声だけでも鳴け」。これは極端な事がらを挙げる c **暗示**の変奏で、最低限の条件を挙げて切実な希望を表す。

f）わづらはしき④事もぞ②ある①。（煩わしい事があったら嫌だ）

　　あるまじき③思ひもこそ②添へ。（あってはならない考えが身についたら大変だ）

　　尋ね来る③人もや②ある①。（尋ねて来る人がいたら困る）

（以上『源氏物語』）

　なお、「も」は接続助詞的に用いて②逆接のa仮定条件（タトエ〜テモ）やb確定条件（〜ノニ・ケレドモ）を表す。

　a）来むと①いふも②来ぬ①時あるを③（『万葉集』）

　「来・む（意志）」「来・ぬ（否定）」「来るつもりだと言っても、来ない時がある…」。但し実際に「来む」と言ったならば、「来るつもりだと言うけれど、来ない…」と確定条件になる。

　b）内裏へ⓪参らむと③思しつるも④、出で立たれず⑤。（『源氏物語』）

　「内裏」は天皇御所（→「要覧」名詞・宮廷）、「思す」は思ふの尊敬語（→古文5-3）、「御所に参上しようとお思いになったのに、出掛けられない」。

解説　「は」が他を排除して、「これは」と取り立てて提示するのに対し、「も」は他の事柄を同時に想定し、「これも」と含みをもたせて提示する点で、対称的な働きをもつといえる。「私はこう思う」と言えば、「他の人はどう思っているのか知らないが」と他人の考えを気にする含意をもち、「私もそう思う」と言えば、他人の考えに同意する含みがある。本章（2）でも述べたように日本語の助詞には「他のことを考えながら一つのことを述べる」ものが多いが、それは日本人の思考方式をこれらの助詞が表していると同時に、これらの助詞が日本人の思考を規定しているのである。

【係助詞のまとめ】

・強調・強意…こそ（逆接の条件句）・ぞ（終助詞的用法ダ）・なむ
・疑問・反語…や・か（「やは・かは」は多く反語）
・提示・例示…は（詠嘆）・も（列挙・添加・強調・詠嘆、逆接／不安・困惑もぞ・もこそ）

（12）終助詞「ばや」

　活用語の未然形に接続して、願望（〜タイ）を表す。

　例：世の中に②物語と③いふものの④あんなるを③、いかで②見ばやと②思ひつつ④、

　『更級日記』より作者の少女時代の回想シーン。「あんなる」は「ある・なる（伝聞）」（→古文3-5）、「いかで…願望」は何とかして…たい（→「要覧」副詞B）。「世の中に物語というものがあるという、それを何とかして見たいと思いつつ」（適宜「あんなる／を」で訳文を切った）。

解説　「ばや」は接続助詞「ば」に疑問の係助詞「や」が付いたもので、〈〜未然形＋ば・や…（連体形）〉の形で「もし〜ならば…（だろう）か」（できればそうしたい）という意味となることから願望を表した。平安初期に成立し、中・後期にかけて多用された。

　例：世の中をかしからむ。ものへ詣でせばや。（『蜻蛉日記』）

　この例は願望の「ばや」の成立事情をよく物語る。「景色が素晴らしいだろう。どこかへお参りできたらなあ」という意味だが、これをひっくり返すと「もし物詣でできたら、景色がすばらしいだろう」となり、「ぜひ行きたい」という願望がにじみ出る。

（13）終助詞「なむ」

活用語の**未然形**に接続して、他者への**願望**（～テホシイ）を表す。

例：いつしか①梅咲か<u>なむ</u>⑤。（『更級日記』）

「いつしか…願望」は早く…てほしい（→「要覧」副詞Ｂ）、「はやく梅が咲いてほしい」。このような他者への願望を「<u>あつらえ</u>」という。現代では「<u>あつらえ</u>た服（注文して作らせた服）」とか「お<u>あつらえ</u>向き」（思った通り）という形でしか使わないが、こうしてほしいと相手に願うことをいう。

解説　「なむ」はすでに奈良時代から多用され、平安時代にも盛んに使われたが、平安末期には衰退し、わずかに歌語として継承された。古い終助詞に「ね」「な」があり、この「な」に詠嘆の係助詞「も」が付いた「なも」から転化して「なむ」となった。ちなみに「ね」はあつらえ、「な」は話者の願望とあつらえを表したが、これらは未然形接続の打消の助動詞「ね」「ぬ」（「ず」の已然・連体形）と関係があるとされる。つまり相手に「〜し<u>なくて</u>は」といえば「こうしてほしい」というあつらえとなり、自分のことについて「〜し<u>ないと</u>」といえば、暗にその実現を望む言い方になるわけである。

例：潮もかなひぬ　今は漕ぎ出で<u>な</u>（『万葉集』；上の句→古文7-7）

「漕ぎ出さ<u>ないと</u>」という言い方が「さあ漕ぎ出そう」となる。この「な」は意志の「む」に近いが、命令形「漕ぎ出で<u>よ</u>」の「よ」（間投助詞）とも近い。ここから詠嘆の「な」が出たのだろう。

（14）終助詞「しか」「てしか」「てしかな」「にしかな」

活用語の**連用形**に接続して、**願望**（～タイナア）を表す。

例：いかで②このかぐや姫を⑤得<u>てしかな</u>①、見<u>てしかな</u>と①、（『竹取物語』）

「いかで…願望」何とかして…たい（→「要覧」副詞Ｂ）、「得」はア行下二段連用形（→古文2-3）、「何とかしてこのかぐや姫を得たい（妻にしたい）、会いたいなあと」。

解説　「しか」は過去の助動詞「き」の已然形から出たもので、これに完了の助動詞「つ」「ぬ」の連用形が上接して「てしか」「にしか」となり、また詠嘆の終助詞「な」が下について「てしかな」「にしかな」となった（詠嘆の係助詞「も」が下接した「てしかも」もある）。これらが連用形接続なのは、もとの「き」や「つ」「ぬ」が連用形につくからである。「得・て・しか・な」は本来「得たのになあ」という意味だが（已然形は逆接の条件句（…ノニ）を作る）、この言い方が「もし可能なら、得たのに」という含意を生じ、実現不可能な願望を表すようになったという。つまり例文はかぐや姫と会うことも結婚することもできないと思って、こう言っているわけで、日本人の歪んだ願望表現と言えようか。

（15）終助詞「もがな」

①**体言**や②**形容詞型活用語**の**連用形**に接続して、**願望**を表す。

①心あらむ⑤友<u>もがな</u>①。（『徒然草』）

「心あり」は情趣を解する（→「要覧」名詞・身体）、「む」＋体言は婉曲（→古文4-5）、体言＋「もがな」で「情趣を解するような友が<u>いたらなあ</u>（ほしいなあ）」。

②世の中に②さらぬ②別れの③なく<u>もがな</u>①（『古今和歌集』）

「避ら・ぬ（否定）」は避けられない（→「要覧」動詞・離着）、形容詞「なし」連用形＋「もがな」で「世の中に避けられない別れ（死別）が<u>なければ（いいのに）</u>なあ」。

解説　奈良時代に「**もが**」「**もがも**」という終助詞があり、平安時代になって「**もがな**」が行われた。係助詞の「も」と「か」が複合して「もが」と濁り、これに詠嘆の「も」「な」がついたものという。「も」には他の物事を想定する働きがあり（→古文 8-11）、「か」には「ないこと」を前提に敢えて物事を問う性質がある（→古文 8-9）。①「心あらむ友」はここにはいないのであり、②死別は避けられないのであって、それでも「あること」を願う心持ちを表す。淡い願望の終助詞といえるだろう。

（16）終助詞「か」「かな」「な」

①「か」と「かな」は**体言**および活用語の**連体形**に接続し、②「な」は広く文末の**言い切り**の形に接続して、ともに**詠嘆**（〜ダナア）を表す。

①限りなく④遠くも③来にける**かな**と①わびあへるに④、（『伊勢物語』）

「も」は強調・詠嘆（→古文 8-11）、「わびあふ」は互いに心細く思う（→「要覧」動詞・心）、「る」は存続「り」の連体形＋接続助詞「に」、「限りなく遠くに来た<u>ものだなあ</u>とみな心細く思っていると」。

②花の色は⑤うつりにけり**な**③（『古今和歌集』）

「うつる」は色褪せる（→「要覧」動詞・賞美）、「に・けり」は完了・過去（終止形）、「花の色はあせてしまった<u>なあ</u>」。「見せばやな（見せたいものだなあ）」のように終助詞に付く場合もある。

解説　終助詞「**か**」と係助詞「か」とは本来同じ語で、便宜上、疑問・反語を表す「か」を係助詞、詠嘆を表すものを終助詞と区別しているにすぎない。しかし係助詞「か」に文末用法があるように、その区別が微妙なものもある。たとえば「ここまで来たか」という疑問は「よくぞここまで来たものだ」という詠嘆と見分けがたく、その「か」に詠嘆の「な」を付けることで、詠嘆の意味を強調したものが「**かな**」にほかならない（奈良時代には「も」を付けた「**かも**」が専ら使われた）。

一方、詠嘆の「**な**」は古い願望の終助詞「な」から派生したもので（→古文 8-13 解説）、現代でも広く使われている（例：疲れた<u>なあ</u>）。

（17）終助詞「ものか」

活用語の連体形に接続して①**驚嘆**（ナント〜デハナイカ）や②**非難**（〜ナンテ）を表す。
①こなたざまに⑩来る**ものか**①。（『源氏物語』）
「<u>なんと</u>こちらに来る<u>ではないか</u>！」。

②いと①聞きにくきまで③ののしりて③この門の③前より①しも①渡る**ものか**⑤。（『蜻蛉日記』）
「まで」は程度の副助詞（→古文 8-3）、「ののしる」は騒ぐ（→「要覧」動詞・騒動）、「より」は経由地を示す格助詞（→古文 7-8）、「しも」は強調の副助詞（→古文 8-5）、「渡る」は移動する（→「要覧」動詞・往来）。「とても聞いていられないほど大騒ぎして、よりにもよってこの（わが家の）門の前を通って行くなんて！」。夫藤原兼家が自分（藤原道綱母）の家の前を通って他の女の家へ通う場面。

（18）終助詞「かし」

①広く文末の言い切りの形に接続して**念押し**（ヨ・ネ）を表し、また②〈副詞・感動詞＋

かし〉の形で、その副詞や感動詞を強調する。

　①「よみてむやは③。よみつべくは②、はや①いへかし②」（『土佐日記』）

　「て・む」「つ・べし」は強調＋可能推量（→古文4-3；「む」から「べし」に意味を強めている）、「やは」は反語・疑問、「べく・は」の「は」は接続助詞「ば」（→古文3-1解説）、「はや」は副詞（→「要覧」副詞C）、子どもが返歌を詠むと聞いて「詠めるだろうかねえ。詠めるなら、はやく言えよ」。

　②「さかし①」（ソウヨ）、「いざかし①」（サアサア）

　※「さ」は副詞、「いざ」は感動詞。

（19）終助詞「な」「そ」

　①「な」は動詞型活用語の終止形（ラ変は連体形）に接続し、②「そ」は動詞型活用語の連用形に接続して、**禁止**（〜ナ）を表す。

　①「あやまちすな⑤」。（『徒然草』）

　「間違えるな」。

　②「嘆かせ給ひそ」と、（『平家物語』）

　「お嘆きなさいますな」と…

解説　禁止を表す副詞の呼応「な…そ」（→「要覧」副詞A）から副詞「な」が文末に置かれて終助詞となる一方、もともと禁止の意味をもたなかった「そ」（係助詞「ぞ」の古形）が、独立して禁止の終助詞となった。但し〈終止形＋な〉は主に男言葉で、女性は「な…そ」を用いるのが普通である。

　なお「そ」はカ変とサ変にだけは未然形に接続する：な①こそ①。（来るな）、な①せそ①。（するな）

【終助詞のまとめ】
- 願望…ばや、なむ、しか・てしか・てしかな・にしかな、もがな
  - …タイ〈未然形＋**ばや**〉〈連用形＋**てしかな・にしかな**〉
  - …ガ欲シイ〈体言（形容詞型連用形）＋**もがな**〉
  - …テホシイ〈未然形＋**なむ**〉
- 詠嘆ダナァ…か・かな・な（念押し）、ものかナンテ
  　　　　　　　〈体言・連体形＋**か・かな・ものか**〉〈言い切り＋**な**〉
- 念押しショ・ネ…かし〈言い切り＋**かし**〉
- 禁止ナ…な・そ〈終止・ラ体＋**な**〉〈連用形（カ変・サ変は未然形）＋**そ**〉

（20）間投助詞「を」「よ」「や」
さまざまな文節に付いて、**詠嘆・呼びかけ・念押し**などを表す。

　①この世なる③間は①楽しくを②あらな①（『万葉集』）

　「なる」は存在の助動詞（→古文3-6）、文末の「な」は古い願望の終助詞（→古文8-13）、「この

世にある間は楽しく<u>ねえ</u>、ありたいものだ」。

②いぎたなくて、え知らざりける<u>よ</u>。（『枕草子』）
「いぎたなし」寝坊だ（→「要覧」形容詞・性格）、「え…否定」できない（→「要覧」副詞A）、「ぐっすり寝ていて、気づかなかった<u>よ</u>」。

③憂の事<u>や</u>。（『枕草子』）
「心憂し」辛い・嫌だ（→「要覧」形容詞・苦痛）、その語幹用法＋の（→古文3-1）、「嫌な事<u>だなあ</u>」。

解説　「を」は承諾を表す「をを」（をし）という返事（称唯；いしょう）から出たもので、奈良時代にみられ、ここから格助詞「を」が派生したという。
　「よ」「や」はかけ声から出たもので、平安時代以降広く行われ、現代でもよく使われているが（例：最近どう<u>よ</u>？）、「や」は特に関西で多用される（例：最近どう<u>や</u>？）。

第九章　その他の品詞

　ここで序章（2）の品詞一覧をふり返ると、ここまで体言の名詞、用言の動詞・形容詞・形容動詞、付属語の助動詞・補助動詞（敬語）・助詞を学んできて、残るは修飾語の副詞・連体詞、そして接続詞と感動詞のみである。まずは修飾語から学ぶことにしよう。

（1）副詞（「古語要覧」）

　序章に述べたように用言を修飾し、「どのように」という意味を添えるのが副詞であり、その重要単語は「古語要覧」に集めてある。ここでは重要な点についてだけふれておく。

　現代語でも「全く」とか「全然」といえば、下に必ず「ない」などの否定が来る（最近は「全然アリ」などというが、これは若者などが使う破格の表現である）。この「全く」や「全然」を**陳述の副詞**といい、副詞と否定表現などとの関係を**「副詞の呼応」**という。

　古文にみる副詞の呼応には、およそ以下のようなものがある（詳細は「要覧」参照）。

・**否定**と呼応する副詞：あへて・いさ・え・さらに・たえて・つゆ・よも・をさをさ

　例：<u>いさ</u>①<u>知らず</u>（<u>さあ</u>知ら<u>ない</u>）、<u>え</u>①<u>行かず</u>（行け<u>ない</u>）、<u>よも</u>①<u>あらじ</u>①（<u>まさか</u>ない<u>だろう</u>）

・**禁止**と呼応する副詞：な・ゆめ・ゆめゆめ

　例：「声高に⓪<u>な</u>①のたまひ<u>そ</u>④」（大声でおっしゃら<u>ないで下さい</u>）

・**願望**と呼応する副詞：いかで・願はくは

　例：<u>願はくは</u>③花のもとにて⑤<u>春に死なむ</u>②（<u>願うことなら</u>桜の花の下で春に死に<u>たい</u>）

　※「願ふ＞願はく、言ふ＞曰く、恐る＞恐らく」のような変化を**ク語法**という。

・**疑問・反語**と呼応する副詞：いかで・いかが・いかに・なに・なでふ・あに・いはんや

　例：<u>なに</u>①<u>思ひけむ</u>③（<u>どうして</u>思った<u>のだろうか</u>）

　※「<u>いかで</u>さる事は知りし<u>ぞ</u>」「<u>いかに</u>かく言ふ<u>ぞ</u>」は現代語の「<u>どうして</u>そんなことを知ったんだ」「<u>なぜ</u>そんなふうに言うんだ」に相当し、断定の「ぞ」と呼応するとは見なさない。

・**仮定**と呼応する副詞：たとひ・よし

　例：<u>たとひ</u>耳鼻こそ切れ失す<u>とも</u>（<u>たとえ</u>耳や鼻が切れてなくなっ<u>ても</u>）

（2）連体詞（「古語要覧」）

　序章に述べたように、体言を修飾し、「どのような」という意味を添えるのが連体詞で、現代語でも「<u>あらゆる</u>手を尽くす」（<u>全ての</u>方法）、「<u>あらぬ</u>方を向く」（<u>違う</u>方向）などという。この種の単語は「要覧」に集めたように**20語程度**しかないので暗記しておくとよい。

　なお、副詞の呼応に似た用法があるので注意を要する。

　例：<u>さしたる</u>事<u>なし</u>（<u>大した</u>ことは<u>ない</u>）、<u>させる</u>罪<u>なかりき</u>（<u>大した</u>罪では<u>なかった</u>）

（3）修飾語の特殊な用法

　上記の副詞と連体詞はそれぞれ用言と体言を修飾する専門の品詞であるが、このほかにも活用語の連用形・連体形や副助詞・係助詞および連用格・連体格の助詞などが用言や体言を修飾する。ここではそれら連用修飾語や連体修飾語の用法について解説する。

　まず、**連用修飾語（節）** には次のような用法がある。

　①基本的な用法：下の用言の**状態**を表す。

　例：かきつばた③、いと①面白く③咲きたり③。（『伊勢物語』）

　「かきつばた」は花の名前（燕子花）、「面白し」は目の前が明るくなる印象を言う（→「要覧」形容詞・賞賛）。「燕子花が、とても鮮やかに咲いている」。

　②用言の**時間**や**場所**を示す。

　例：日①高く①起き給へり④。／泉の水、遠く澄ましやり⑦、（『源氏物語』）

　「起き・給へ（尊敬）・り（完了）」、「日が高くなってから（昼に）お起きになった」。／「やる」は水を引くこと、貴族の邸内に水を引いた川を「遣水」という。「泉の水を遠くまできれいに引いて」。

　③話者の**感情**を示す。

　例：うれしくも②あひ申したるかな⑥。（『大鏡』）

　「も」は詠嘆の係助詞（→古文 8-11）、「申す」は謙譲の補助動詞（→古文 5-4）、「お会いできて本当に嬉しいなあ」。

　④用言の**目的語**となる。

　例：いみじうも③言ふかな①。（『蜻蛉日記』）

　「いみじ」は程度の甚だしいさま（→「要覧」形容詞・程度）、「も」は詠嘆。「随分とまあひどいことを言うなあ」。「言ふ」の内容が「いみじ」ということである。

　⑤「思ふ・見る・聞く・知る」などの**内容**を示す（〜ト）。

　例：別れ難く思ひて、／ゆかしくおぼゆる…／限りなく聞く…

　「別れがたいと思って」／「見たいと思われる」／「限りなく（素晴らしい）と聞く」

　一方、**連体修飾語（節）** には次のような用法がある。

　①基本的な用法：下の体言を**形容**する。

　例：あやしき⓪下郎、あはれなる①けはひ①、いひし①人

　「あやし」は身分が低い（→「要覧」形容詞・異様）、「あはれなり」はしみじみとした風情を言う（→「要覧」形容動詞・情趣）。「言ひ・し（過去）」は（結婚の）約束をした人。

　②下の体言の**内容**を示す（〜トイウ）。

　例：かろがろしき④譏りをや③負はむ②。（『源氏物語』）

　「軽々し」は軽率だ（→「要覧」形容詞・貴賎）、「そしり」は非難（→「要覧」動詞・騒動）、「軽率だという非難を負うだろうか（軽率だと非難されるだろうか）」。

また、次のような**並立**（対句）の用法がある。

①世界の①男、<u>あてなるも③賤しきも③</u>、いかで②このかぐや姫を⑤得てしがな①、見てしがな と①、音に聞き⑩めでて①惑ふ②。（『竹取物語』）

この文は次のような三つの**対句**によって構成されている。

世界の男、｛貴なるも／賤しきも｝いかでこのかぐや姫を｛得てしがな／見てしがな｝と音に聞き、｛愛でて／惑ふ。｝

②盛りにならば⑤、<u>かたちもかぎりなく⑧よく①、髪も②いみじく③長く②</u>なりなむ③。（『更級日記』）。

「限りなく良く」は連用中止法ではなく、**連用修飾語**として「なり」に掛かる。

盛りにならば、｛かたちもかぎりなくよく、／髪もいみじく長く｝なりなむ。

③ただ①ひとへに②<u>悲しう③心細き④</u>ことをのみ②思ふ②。（『蜻蛉日記』）

この「悲しく」も連用中止法ではなく、**連体修飾語**として下の「こと」に掛かる。

ただひとへに｛悲しう、／心細き｝ことをのみ思ふ。

④a）<u>今めかしく④、きららかならねど②</u>、（『徒然草』）
　b）<u>花は②盛りに、月は②隈なき</u>をのみ③見る①ものかは②。（『徒然草』）

a「今めかしく」（現代風だ）は肯定ではなく、下の否定の**助動詞**「ね」に掛かる。b「花は盛りに」も連用中止法ではなく、下の**助詞**「を（目的格）・のみ」に掛かる。

a｛今めかしく、／きららかなら｝ねど、　b｛花は盛りに、／月は隈なき｝をのみ見るものかは。

こういう場合、a「現代風<u>でもなく</u>、派手でもないが」、b「桜は満開だけ<u>を</u>、月は満月だけを見るものだろうか（いや、そんなことはない）」というふうに補って解釈するとよい。

（4）挿入句

文中に作者の判断や補足説明を差し込むことがある。これを**挿入句**といい、主文とは別に、（　）に括って解釈するとよい。

挿入句の特徴としては、それ自体<u>独立した文</u>で、主文の係り結びとは無関係であり、また接続助詞を伴わない点である。

①よろづのことよりも⑥、情あるこそ①、<u>男は③さらなり①</u>、女も③めでたく③おぼゆれ③。

『枕草子』の作者、清少納言の言葉。主文は「よろづの事よりも情ある<u>こそ</u>（女も）めでたく<u>おぼゆ</u><u>れ</u>」で、「こそ…已然形」の係り結びになっている。「<u>他のどんなことよりも『情ある』ことが、（男</u>

は言うまでもない、）女でも素晴らしいと思われる」と作者が絶賛する「情あり」の「なさけ」は大体「思いやり」か「風情」という意味であるが（→「要覧」名詞・身体）、このあとに続く本文を見ると、悲しい時に同情してくれる人などを挙げているので、「思いやり」の方の意味だとわかる。

　上記のように挿入句は通常、文中に差し込まれるが、時に**文頭**に立つこともある。
　②おぼろけの願によりてにや⑧あらむ②、風も吹かず⑤、（『土佐日記』）
　「おぼろけ」は格別（→「要覧」形容動詞・平凡）、「願」は「ぐわん（ガン）」と読む。「にやあらむ」は〜であろうか（→古文 3-6）、「（格別な祈願のおかげであろうか、）風も吹かず」。
　※古文の「クワ」「グワ」といった字音は（『岩波古語辞典』「歴史的かなづかい要覧」など参照）、等韻学にいう合口呼、現代中国語のピンインにいう -ua, -uo といった韻母の音を表す。

　②のように「や・か」の係り結びの形が多いが、**結びが省略**される場合もある。
　③世に語り伝ふること、まことはあいなきにや、多くはみなそらごとなり。（→古文 3-6）

　また〈こそ…已然形〉の挿入句は逆接になる（→古文 8-7）。
　④かの①須磨は①、昔こそ④人の住みかなども⑥ありけれ③、今は①いと①里はなれ④、（『源氏物語』）
　「その須磨は、（昔は人の住まいなどもあったが、）今は人里離れて」。

　命令形の挿入句は放任、多く文頭に立つ。
　⑤いづくにも④あれ①、しばし①旅立ちたるこそ⑤、目①さむる②心地すれ。（『徒然草』）
　「に」は断定（〈に・あり〉のパターン→古文 3-6）、主文は「こそ…已然形」の係り結びになっている。「（どこでもよい、）少しの間でも旅立っている時は、目が覚める思いがする」。

　その他、形容詞の**語幹用法**や**体言止め**などの挿入句がある。
　⑥a）しかしかの②事は②、あな①かしこ①、後のために⑤忌むなる①事ぞ②。（『徒然草』）
　「人の亡き後ばかり悲しきはなし」という話。「しか」は指示語「それ」（→「要覧」指示語）、現代でも「かくかくしかじか」などと使う。感動詞「あな」と「かしこ」（形容詞「かしこし」の語幹）で詠嘆を表す（→古文 3-1）。「あと」は「後」とも「跡（後継者・遺族）」とも読めるが、ここは前者であろう（後者の場合は「…（の）ために」を「…にとって」と読むことになる。→「要覧」慣用句）。「忌む」は忌避する（→「要覧」動詞・離着）、「なる」は伝聞の助動詞（→古文 6-3）。「それそれの事は（まあ恐れ多い！）後々のために忌避するとかいう事だよ」。
　　b）この童③、舟を①漕ぐ①まにまに⓪山も②行くと②見ゆるを②見て①、あやしきこと、歌をぞ②よめる②。（『土佐日記』）
　「わらは」は子ども（→「要覧」名詞・人）、「まにまに」は「ままに」（→「要覧」慣用句）。「この子どもは、船を漕ぐにつれて山も動くようにみえるのを見て、（不思議なことに）、歌を詠んだ」。

(5)　慣用句と指示語（「古語要覧」）

　これまで文中の自立語の単語や付属語の文法的な働きを解説してきたが、1 文節あるいは

それ以上の単位で一定の意味を表す**連語・慣用句**がある。「あらず（いいえ）」とか「いざたまへ（さあ行きましょう）」の類だが、こういう出来れば覚えておいた方がよい慣用句を「古語要覧」にまとめておいた。

　また、文意を把握するうえで重要な**指示語**（こそあど言葉）や人称**代名詞**も「要覧」に集めてあるが、現代語の「こそあど」は古語では「**こ・そ・か・いづ**」になることと、「**かく**」「**さ**」「**しか**」の派生語を覚えておくと、文意が取りやすくなるだろう。

（6）接頭語と接尾語（「古語要覧」）

　ここまで名詞・動詞といった各品詞の単語を数多く取り上げてきたが、例えば「相見る」「相知る」などは、「相」という接頭語の意味（互いに〜する）を知っていれば、一々辞書を調べなくても済む。また「住みか」「ありか」といった言葉も「か」という接尾語の意味（所）を知っていれば、辞書を引く必要はない。そういう接頭語や接尾語も「古語要覧」に集めてあるので、文や文節だけでなく、**単語をも分析して解釈する**習慣をつけてほしい。

（7）接続詞（「古語要覧」）

　以上で序章（2）の図のなかに入れた全品詞の解説を終えた。この図に入れていない品詞は接続詞と感動詞だけである。

　接続詞は文と文を関係づける品詞であり、その関係に順接・逆接・転題などがある。主な接続詞は **30 足らず**で、みな「古語要覧」に集めてあるが、いまそれらを関係（意味）ごとにまとめると、以下のようになる。

- ・順接：かくて・されば・しかして・しかれば・ゆゑに
- ・逆接：さるに・さるを・しかるに・しかるを・しかれども・それに
- ・仮定：さは・さらば・さりとも
- ・並列・添加：あるいは・しかも・はた・また・もしは
- ・転題：おほかた・さて（は・も）・そもそも・
- ・説明・補足：さるは・すなはち・それにとりて

（8）感動詞（「古語要覧」）

　感動詞は文の構成に関わらない品詞で、**詠嘆・呼びかけ・応答**を表す。「古語要覧」には主な感動詞 **18 語**を集めたが、それを意味ごとにまとめると、以下のとおりである。

- ・詠嘆：あな・いかに・いさ（や）・いで・さはれ・や
- ・呼びかけ：いざ・やや・よや
- ・応答：いな・えい・そよ

　なお日本でよく使われている古語辞典については第一章（2）に紹介したが、こういうものが手に入らない人は、下記のようなネット辞書を利用するとよい。

　　weblio 古語辞典：http://kobun.weblio.jp/

　また現在、最大の国語辞典は小学館の『日本国語大辞典』（『日国』と略す）であるが、固有名詞の類は人名辞典や地名辞典などを調べる必要がある。コトバンク（https://kotobank.jp/）

はそうした辞典を集めたサイトで便利だが、記述が正確でないものもある（→候文・はじめに）。

　ともあれ、この「古文読解法」では例文を掲げて用法を詳説したので、例文を書き出して用法を書き込み、また「古語要覧」を活用して言葉を覚えてゆけば、**独力で古文を読解する実力**がつくはずである。まずはネットや他の辞書に頼らず、本書の習得に専念してほしい。

付録　候文解読法

わたくし事も今になりて色々勉強の足らざりしを慚み、家政の事は女の本分なればよく心を用い候様平生父より戒められ候事とて宅に居候頃より成丈其積りにて居られ候ても女の遠慮に其樣な事は何時でも出來る樣に思ひ居りし此事も忘れしと思ひ當る事のみ多く困り入り、英語の勉強も御仰の言も有之候者是非にと心がけ得共机の前にばかり坐候ては母上樣の御思召も如何と歳とり何よりも先づ家政の稽古に打かゝり申度何卒々々不惡思召の程願上誠に御はづかしき事に候得共どうやら致し候節は嬉しさ悲しさの遣る瀬なく早く御眼にかゝり度翼あらば御側に飛んでも行き度く存じ候事も有之夜毎々々に御繪の寫眞を取り出でては眺め入り萬國地理など學校にては何氣

なく看過しに致し候もの、近頃は忘れし地圖など今更にとりいでゝ今日は御繼の此邊をや過ぎさせ玉はん明日は明後日はと路筆にて地圖の上を辿り居りあい男に生れしならば水兵ともなりて始終御側離れず御つき申さんをなどあらぬ事まで心に浮び吾れと吾身を叱り候ても日々物思ひに沈み是迄何心なく眼もとめ申さりし新聞の天氣豫報など今在すあたりは此外さ知りながら風など警戒の出で候節は實に々々氣にかゝり候何卒々々御身體を御大切に……（下文略）

淚
より

戀しき

武男様

（上零）近頃は夜々御姿の夢に入り實に々々一日千秋の思をなし

徳冨蘆花『不如帰』（民友社 1900 年 1 月初版複製、日本近代文学館 1984 年）

はじめに：候文とは

　編者が中国の大学にいた 10 年間、日本学に従事する中国の知人から「読めない日本語」の解読をよく頼まれた。それは最近の流行語であったり日本の大学から送られたメールの事務用語であったりもしたが（日本の事務員の日本語は確かに難解である）、やはり仕事がら**候文**の書簡や漢文訓読体の公文書が多かった。これらは日本の古文や漢文訓読の知識がないと読めない。そこで本書は「古文解読法」の付録に候文を取り上げ、「漢文訓読法」の付録に漢文訓読体の近代文書を解説することにした。

　では、候文（そうろうぶん）とはなにか。朝日新聞社の「コトバンク」（https://kotobank.jp/）が提供している辞典類にその定義を探ってみると、

　　文末に丁寧語の「候」を使う文語体の文章。書簡や公用文に用いられた。鎌倉時代に始まり、江戸時代にその書き方が定まった。現代でも手紙文に用いられることがある。

（小学館『デジタル大辞泉』）

　　書簡に多く用いられた文語体の文章の一種。「ございます・ます」などにあたるところに「候」という丁寧語を使って書く。鎌倉時代にほぼ整い、江戸時代には公用文にも用いられた。明治以後、学校教育でも教えたが、現在はほとんど用いられない。

（三省堂『大辞林』第三版）

などとある。ともに現在よく使われている辞書であり、同様のことを述べているようだが、よく読むとかなり違う。

　「丁寧語の『候』を使う」「文語体の文章」という定義は同じだが、その歴史について、『大辞泉』は「鎌倉時代に始まり」といい、『大辞林』は「鎌倉時代にほぼ整い」という。この場合、主語を「候文」とするなら『大辞林』の記述が正しく、『大辞泉』は誤りであるが、前文の「書簡や公用文に用いられた」ことを主語とするなら『大辞泉』の記述も誤りではない。すると「江戸時代には公用文にも用いられた」という『大辞林』の記述は『大辞泉』のそれと矛盾する。「公用文」を幕府などが発給した文書類の文章といった一般的な意味にとると、下文にみてゆくように候文は江戸時代以前の文書に使われているから、『大辞林』の記述は不正確といわねばならないが、『大辞泉』の「江戸時代にその書き方が定まった」という認識も、候文の書式が鎌倉時代に整備されていたとする『大辞林』の記述と矛盾するわけで、現代の記述に至っては「現代でも手紙文に用いられる」とする『大辞泉』と「現在はほとんど用いられない」という『大辞林』では全く反対のことを述べている。

　専門家が執筆した市販の辞書を対照しても、これだけの問題が出てくるわけであるから、ネット上に素人が書き込んだ wikipedia やブログなどの説明が不正確で信用するに足りないことがよくわかるだろう。**ネットで学問をするのはかえって回り道になる。**

　さて、候文を簡潔に定義すれば、「中世から近世・近代にかけて通用した書簡の文体」であり、武家政権において書簡はそのまま公文書として使われたので、「書簡や公用文の文体」といってもよい。日本語の歴史は一般に室町時代を大きな折り目として前後 2 つの時代に分けられ、本書で解読法を述べた「古文」は古代から鎌倉時代にかけて用いられる一方、南北朝・室町から戦国・江戸時代をへて明治初年には現在と大差ない「現代語」が成立していた。この現代語の形成過程において「言文二途」（話し言葉と書き言葉の分離）が進展し、古文

が「文語」として生き残る一方、候文は書簡体として定着するに至る。

　※松村明『日本語の展開』（中央公論社・日本語の世界2、1986年）参照。なお、こうした日本語の歴史的展開や、内藤湖南が「今日の日本を知るために」は1467年の「応仁の乱以後の歴史」を知れば十分だとした認識（「応仁の乱について」『日本文化史研究』）をふまえ、尾藤正英は室町・戦国時代を一大転換期として、日本史全体を古代と近代の2つの時代に区分している（『江戸時代とはなにか』岩波書店）。してみると、古文の命脈はその言語文化の母体である朝廷の盛衰と軌を一にし、現代語はその王政復古により江戸＝東京語が共通語の地位を得て確立されたものといえるかもしれない。

　明治に入って山田美妙・二葉亭四迷・尾崎紅葉らが「言文一致」を唱えて「です・ます」「だ・である」調の文章を書き、この文体が近代的な「写実」を可能にして、風景や自我の発見をもたらしたが（柄谷行人『日本近代文学の起源』講談社1980年）、これを受けて書簡体も言文一致の「口語文」が優勢となり、候文を駆逐しはじめた。

　それでも大正初年に口語文で年賀状を出すと「平服で年始（の挨拶）に行きたかの様に無作法」と思われ、洋服屋に注文する葉書を口語文で書いても子どもの悪戯と思われて返事が来なかったという（芳賀矢一・杉谷代水編『書翰文及文範』第八講、富山房1913年）。年賀状や注文書など正式な書簡は候文で書かなければならなかったわけで、候文がいかに当時の生活に密着していたかがよくわかるが、戦後1946年に公用文が漢文訓読体から「口語体」へと転換されるに及んで候文は衰退し、現在ではほとんど使われなくなった（まれに使う人がいても「変わり者の老人か？」と思われるだろう）。

1）近代女性の候文：「参らせ候」

　　去る七月十五日香港より御仕出しの御なつかしき玉章、とる手おそしと、くりかへしくりかへしくりかへし拝し上参らせ候。左候得者、烈しき暑さの御さはりも不被為有（あらせられず）、何より何より御嬉しう存上参らせ候。…誠に御はづかしき事に候得共、どうやら致し候節は淋しさ悲しさの遣る瀬なく、早く早く早く御眼にかかり度、翼あらば御側に飛んでも行き度く存じ参らせ候事も有之、夜毎日毎に御写真と御艦の写真を取り出でては眺め入参らせ候。…今日は御艦の此辺をや過ぎさせ玉はん、明日は明後日はと鉛筆にて地図の上を辿り居参らせ候。ああ男に生まれしならば、水兵ともなりて始終御側離れず御つき申さんをなど、あらぬ事まで心に浮び、吾れと吾身を叱り候ても日々物思ひに沈み参らせ候。是迄何心なく眼もとめ申さざりし新聞の天気予報など、今在すあたりは此外と知りながら、風など警戒の出で候節は実に実に気にかかり参らせ候。何卒何卒御尊体を御大切に…

浪より

恋しき
武男様

　ここに掲げたのは徳冨蘆花（1868―1927）の『不如帰』、兄の蘇峰が1890年（明治二十三）に創刊した『国民新聞』に1998年から翌年まで連載され、明治文学を代表するベストセラー

となった小説の一節で、新妻のヒロイン浪子が遠洋航海中の夫、海軍少尉川島武男に送った書簡である。

　文中、女性の書簡特有の「**参らせ候**」という敬語が頻出するが（下線部）、これは本編「古文読解法」第五章（4）に述べた敬語の補助動詞で（以下、本編の参照は「古文 5-4」などと略す）、「参らす」が謙譲、「候ふ」が丁寧の補助動詞であり、「参らせ・候ふ」謙譲＋丁寧で、書き手＝浪子が動作の客体と読者＝武夫に対する敬意を添えたものである（→古文 5-5）。すなわち、「（武夫が）7 月 15 日に香港よりお届けの懐かしいお手紙を、取る手遅し（先を急ぐさま）とくり返し拝見しました」「何より嬉しく存じ上げます」「お側に飛んで行きたく存じます」「（武夫の）お写真とお艦の写真を取り出してはずっと眺めております」「鉛筆で地図の上をたどっております」「物思いに沈んでおります」「実に気にかかります」というように、「参らせ候」は「動詞＋ます」の「ます」に相当するもので（一部、存続「ている」を添えて訳した）、謙譲の「参らす」のない丁寧の「候ふ」も書き手＝浪子の、読者＝武夫に対する敬意を表し、同様に「ます」に相当する敬語である（「どうか致します時は」「われとわが身を叱りまして」「風などの警報が出ます時は」）。

　※なお、本文では「参らせ候」と書いたが、この付録の扉に掲げた初版本の図版では「参らせ候」のくずし字（「奉候」の草書体）がそのまま活字になっている。一般に古文書ではよく使う表現ほど「くずし字」になるのだが、このようなくずし字の釈読は本書の趣旨を逸脱するため、省略せざるをえない（林英夫監修『おさらい　古文書の基礎―文例と語彙』柏書房 2002 年、などが簡便）。

　ただ気をつけなくてはならないのは「に・（御座）候」とある波線部分で、これは〈に・あり〉の丁寧形であり（→古文 3-6・5-6）、「誠に御はづかしき事に候得共」は断定の助動詞「なり」の連用形「に」に形式動詞「あり」の丁寧語「候ふ」の已然形「候へ」の活用語尾「へ（え）」と接続助詞「ども」を「得共」と当て字にしたもので（→古文 1-1①・7-13）、「誠にお恥ずかしい事ですけれども」というように「だ・である」の丁寧形「です・でございます」と訳すが、敬意のない形に戻せば「誠にはづかしき事なれども」になる。

　※なお、「です」は「にて・候」が約まった形とされ（nite-soro＞nde-so＞de-s(u)）、「ございます」（『不如帰』初版本では「ムいます」と草体で書く）は「御座・ある」が約まった「ござる」に「ます」を付けた補助動詞「ござります」のイ音便形である（→古文 3-5）。

　また、「左候得者」は〈さ・あり（そうだ）〉の「さ」（→「要覧」指示語）を「左」と書き、「あり」の丁寧語「候ふ」の已然形に接続助詞「ば」をつけて「候得者」と表記したものであるから（→古文 7-11）、「左候得者」は要するに「されば（さ・あれ・ば）」の丁寧形である（→「要覧」接続詞；「そういうわけですから」）。

　※なお「左候得者」は初版本の表記で、新聞連載時には「左様に御座候へば」と書かれていた。これだと指示語「さ」＋比況の助動詞「やうなり」の連用形「さやうに」に「あり」の丁寧語「御座候ふ」の已然形＋「ば」で「さ・やうなれ・ば」の丁寧表現となり、これも〈に・あり〉のパターンで「さようでございますから」と訳すことになるが、「左様」が少し男くさい言い方だからか、初版の刊行時に著者（蘆花）が書き改めたのであろう。

　以上を要するに現代語の「です・ます」を「（参らせ）候」と書いたのが「候文」であり、

「です・ます」は丁寧語であるから、これを無視しても文意は変わらない。『源氏物語』の演習で詳説したように（→古文 5-9）、敬語は主語や目的語となる人間関係を表すが、丁寧語は**読み手に対する書き手の敬意**であり、書簡のばあい、書き手と読み手は自明である（文末の「浪より」が書き手、「武夫様」が読み手とすぐにわかる）から、「（参らせ）候」は読み手に対する自明の敬意を添えたものにすぎない。つまり**文末の「（参らせ）候」を無視して**普通の古文を読むように**文意を把握**してゆけばよいのである。

　但し**候文特有の筆法**には注意を要する。破線部分はそうした例であるが、願望の助動詞「たし」連用形を「度」と書き（→古文 6-5；「お目にかかりた<u>く</u>」「飛んで行き<u>た</u><u>く</u>」）、「有り・無し」をわざわざ漢文風に「有レ之・無レ之」と書き（「漢文訓読法」第一章 (4)・(5) ③；以下「漢文 1-4」「漢文 1-5③」などと略す）、尊敬の補助動詞「給ふ」を「玉ふ」と当て字で書く（→古文 5-4）。「是迄」「何卒」も当て字であり（「何卒」は「なにとぞ」と読んで今も使われている）、候文にはこのような**当て字の類が頗る多い**。

　また候文では尊敬の助動詞「す」と「らる」を重ねて「せ・らる」という高い敬意を表し（→古文 5-7・5-8）、これを漢文風に「被レ為」と書いた（これはサ変動詞「す」に受身の助辞「被」をつけた書き方だが→漢文 1-3、サ変「す」も尊敬「す」も未然形は「せ」なので混用したのであろう）。「不レ被レ為レ有」は「あら・ず（＝無し）」にこの「せらる」を付けたもので、古文の助動詞接続順にしたがい「あら（用言）・Ⅰせられ・Ⅳず」となり（→古文 4-1；「<u>お</u>ありに<u>ならず</u>（なくていらっしゃり）」）、「不被為有」と書いた（「被レ為レ在」とも）。このような候文独特の筆法をふまえれば、あとは普通の古文を読むのと全く同じである。

　すなわち、「烈しき暑さ<u>の</u>御さはり」は「酷暑<u>による</u>体調不良（もおありにならず）」と解し（→古文 7-3）、「翼<u>あらば</u>」は仮定条件「翼があれば」（→古文 7-11）、「御艦<u>の</u>此辺を<u>や</u>過ぎさせ玉はん」は主格「の」と係り結び「や…む」と二重敬語「させ・給ふ」で「お鑑がこのあたりを通っ<u>ていらっしゃるのだろうか</u>」となり（→古文 7-3・8-9・5-8）、「男に生まれ<u>し</u>ならば」は「男に生まれ<u>た</u>なら」（過去の助動詞「き」の連体形→古文 4-2）、また「御側離れず御つき申さんを」（謙譲の接頭語「御」・カ行四段動詞「つく」の連用形・謙譲の補助動詞「申す」未然形・意志の助動詞「む」連体形・逆接の接続助詞「を」）は「お側を離れずに<u>付いておりましょうものを</u>」となり、「眼もとめ申さざりし」（マ行下二段「留む」連用形・謙譲の補助動詞「申す」未然形・否定の助動詞「ず」連用形・過去「き」連体形）は「眼も<u>とめませんでした</u>」、「今在すあたりは此外と知りながら」は「いま（武夫が）<u>いらっしゃる</u>あたりはこの（天気予報の範囲）外とは知りながら」となる（「あり」の尊敬語「います」→古文 5-3）。

　明治の女性の書簡も基本的に古文「文語」で書かれていたことがわかるだろう。

2）記録体から候文へ：漢文の日本語化

　以上の点を確認するために、仮名の多い女性の候文を最初に掲げたが、男性が書く候文は仮名が少なく漢字が多い。これは候文が「語句簡潔」を心がけたためで、冗長な口語文の台頭を長く抑圧した所以でもあるが（前掲『書翰文及文範』第八講）、紀貫之がわざわざ女性に仮託して仮名日記文学を創始したように（→古文 6-3）、男性は「真名」漢文を書いた。遣唐使の時代（7〜9 世紀）には（日本人特有の誤用「和習（和臭）」が混じりつつも）中国人

と同じ漢文（中文）を書くことに腐心してきたが、国風文化（日本古典文化）の成立とともに、漢文の格式に囚われず、日常の出来事などを記録する日本式の漢文（**変体漢文**）が案出されて、これが貴族の日記などの文体となった。貴族の日記を「**古記録**」というので、その文体を「**記録体**」という。記録体は日常を記録する漢文であるから、修辞や典故を用いず、簡潔を旨とした。だからそれは仮名文のように<u>当時の日本語をそのまま写し取った文章ではなく、声に出して読んでも自然な日本語にはならない特殊な書き言葉</u>であった。そして候文はこの記録体を書簡に用いて発達した文体と考えられる。

　※仕事の際にとるメモは「休日に付き不可」のように書くが、日常会話ではこんなふうに話さない。その意味で記録体や候文はメモの文体といえる。前掲『書翰文及文範』が簡潔な候文を口語文にすると冗漫になると論じた例文「先は右、得二貴意一度（貴意を得たく）、草々拝具」などは、これを読み上げても自然な日本語ではなく、書簡の往来のなかでしか通用しない**書面語**であって、こうした文体の本質は節約――「はばかりながら」を「乍憚」と書いて2文字で済ませるような便利さにあった。

　　信濃國飛驛言下上平將門爲二貞盛・秀郷師一被二射殺一之状上。
しなののくにひえき　たいらのまさかど　さだもり　ひでさと　いくさ　ため　しやさつ　じょう　ごんじょう
　（信濃国飛駅して　平　将門、（平）貞盛・（藤原）秀郷の師　の為に射殺せらるるの状を言上す。）

　これは後に「延喜・天暦の治」と尊崇される醍醐・村上天皇の時代に摂関政治の基礎を固めた藤原忠平（880―949）の日記『貞信公記』天慶三年（940）二月二十五日条、**平将門の乱**を鎮定した記事で、文中の**貞盛**は『平家物語』にその盛衰が語られる伊勢平氏の先祖、**秀郷**は院政期に黄金の平泉文化を開く奥州藤原氏の祖とされ、またここに名は見えないが将門の謀叛を朝廷に訴えた**源経基**（みなもとのつねもと）は平氏政権を倒して鎌倉幕府を開いた清和源氏の祖であって、ここに中世武士政権の遺伝子DNAが出揃うとともに、『貞信公記』は平安貴族の日記の中でも初期のものに属し、したがってその文章は初期の記録体といえる。

　※東京大学史料編纂所『貞信公記』（岩波書店・大日本古記録1956年）、齋木一馬『古記録学概論』（吉川弘文館1990年）参照。なお、原文の漢字は繁体字、読み下し文は常用漢字を用いて繁簡いずれの字体にも対応できるようにし、漢語のルビは現代仮名遣いで統一した。また、文中の小字「上・下」「一・二」および「レ・㆑」などは漢文訓読に用いる「**返り点**」で（→漢文1-4）、通常の記録体には付けないが、ここでは読解の便宜のため付しておく。

　一見ふつうの漢文（中文）にみえるが、動詞「言上す」は「申上（申し上ぐ）」と同義の和習漢語で、その目的語（準体言→古文2-2）を作る「…之状」も記録体で常用する形式名詞である。また「平将門が貞盛・秀郷の軍勢に射殺された」という受身文を（→漢文2-4）、「爲レ人被レ○」（人の為に○せらる；○は動詞）と書くのも和習であって、「爲二人所レ制」（人の制する所と爲る）の文型を「人の為に制せらる」（所＝被）と誤読したことに由来する（西田太一郎『漢文の語法』218-220頁、角川書店1988年）。

　※なお「信濃国」は今の長野県にあった地方行政官（国司）の役所（国府・国衙）、「飛駅」は古代、緊急連絡用に整備された駅路に馬を走らせる意で（駅路の詳細は『古代地名大辞典』角川書店1999年など参照）、将門の乱は国家の大事「謀叛」であるから信濃の国司が駅馬（駅鈴をつけた官馬）を使って京都の朝廷に報告したのである。この報告を受けた摂政忠平は、実は将門が若い頃に仕えた主人で、将門は関東を制圧して「新皇」を自称した天慶二年十二月、忠平に書簡を送って、

抑将門少年之日、奉二名簿於太政大殿一数十年、至二于今一矣。相國攝政之世、不意擧二此事一、歎
念之至、不レ可二勝言一。…（抑も将門少年の日に名簿を太政の大殿〔忠平〕に奉じてより数十年、
今に至れり。相国〔大臣＝忠平〕摂政の世に不意に此の事〔＝叛乱〕を挙ぐるは歎念の至りにして、
勝げて言ふべからず。）

と述懐したという（『将門記』岩波思想大系 8『古代政治社会思想』213 頁）。このわずか二月後の敗
死の報を聴いて忠平が何を思ったのか、現在抄本しか伝わらない日記には何も書かれていない。なお、
文中「名簿を奉ず」とは名刺を渡して臣従の証とすること（→「要覧」名詞・身体）、「勝げて言ふべ
からず」は書き尽くせない、枚挙に遑がない意の慣用句。

　このように、記録体は日々の出来事や伝達内容を古文の単語や語法を組み込んだ日本式の
漢文で簡潔に記述する文体であり、忠平の子師輔の家訓『九条殿遺誡』によると（前掲『古代
政治社会思想』116 頁）、起床して出仕する前の日課として、

次記二昨日事一〔事多日々中可レ記〕。（次に昨日の事を記す〔事多ければ日々の中に記すべし〕。）

といい、平安貴族はこのように毎朝手短に日記を書いていたわけである。

一日供二奉行幸一之間、忽依レ無レ靴、所レ令申二案内一也。胡籙借二用源少将中黒一侍。路
頭女車、透レ簾所レ見也。其後以二随身一令尋之處、或所英雄也。西施之輩、還可二北面一歟。
頻雖レ通二消息一、無二饗應之氣一。一日以二難波津之古風一遣レ之、返歌之躰、衣通姫之流也。
若有二御暇一者、可レ枉二華轅一也。莫レ及二外聞一、穴賢穴賢、謹言。
正月十日　　　　　（左近衛中将）
（一日、行幸に供奉するの間、忽ち靴無きに依りて、案内を申さしむる所なり。胡籙は源
少将の中黒を借用し侍り。路頭の女車、簾を透きて見ゆる所なり。其の後、随身を以て尋
ねしむるの処、或る所の英雄なり。西施の輩も還って北面すべきか。頻りに消息を通ずと雖
も、饗応の気無し。一日、難波津の古風を以てこれを遣はすに、返歌の体、衣通姫の流なり。若
し御暇有らば華轅を枉ぐべきなり。外聞に及ぶ莫かれ。あなかしこ、あなかしこ、謹言。）
　※語釈（下線部）：「一日」「要覧」名詞・数（以下「→名・数」と略す）。「供奉」「仕へ奉る」
（お仕えする）の漢語、「行幸」→名・宮廷「みゆき」、「胡籙」武官が背負う弓の容器、「中黒」
矢羽の配色、「女車」→名・衣食住、「随身」→名・宮廷、「英雄」摂関家に次ぐ家柄「清華家」、
「消息」→名・世間、「饗応」（もてなす→名・衣食住「あるじ」）、「難波津」和歌のこと、「難
波津に咲くやこの花冬ごもり今は春べと咲くやこの花」という古歌が「歌の父母」とされたことによ
る（『古今和歌集』仮名序）。「衣通姫の流」衣通姫は第 19 代允恭天皇の妃、その美しさが衣を通
して輝いたという（『日本書紀』允恭七年条）。前掲仮名序に「小野小町はいにしへの衣通姫の流な
り。あはれなるやうにて強からず。言はば、よき女の悩めるところあるに似たり」とある。「暇」→
名・仕事、「外聞」他言、「莫」禁止（→漢文 2-1②）、「穴賢」「あなかしこ」（→慣用句）の当
て字、「恐惶謹言」の意。

　これは藤原明衡『雲州往来』に収める平安後期の書簡で、記録体（変体漢文）特有の語法
が多数みえ（太字）、和語も多く（下線部）、正規の漢文というよりも中世の候文に近い。
それを端的に物語るのが「借用し侍り」という丁寧語であり、ここを「借用し候ふ」と書き

かえると候文になる。その意味で、この書簡は過渡的な形態を留めているといえる。

　※佐藤武義編『雲州往来二種』（勉誠社文庫 1981 年）29-30 頁。ここで依拠した宮内庁書陵部蔵本は原本に近い写本とされ、丁寧語の用例を調べると「侍」36 例、「候」5 例となるが（前掲書佐藤解説；群書類従 9 消息部所収の流布本では「侍」94 例、「候」15 例）、12 世紀頃書写の孤本『高山寺古往来』（高山寺資料叢書 2・東京大学出版会 1972 年）では全て「**侍**」を用いて「**候**」を用いず、また藤原忠親（1131—1195）の『貴嶺問答』（群書類従 9 消息部）に「候字事（"候"字の事）」として「此字多者劣事云々（此の字多ければ劣る事云々）」とあることから、<u>平安中期までは「侍り」を専用したが、後期に「侍り」から「候ふ」へ切り替わり、平安末期には「候ふ」が優勢となっていた</u>流れが窺われる。なお、久曽神昇『平安時代仮名書状の研究』（風間書房 1968 年）は、書名にいう仮名文の書簡だけでなく、この時期の書簡を広く収集していて大変貴重である。

　内容は色好み（→「要覧」名詞・恋愛）の貴公子が路上で美女を見つけた話を友人に告げた手紙で、太字の「**之間**」は順接（行幸のお供をする<u>ので</u>）、「**之処**」は単純接続の接続助詞で（随身に探索させた<u>ところ</u>；→古文 7-10）、現代語の接続助詞「ところ」は「之処（所）」の用法に由来する。一方、「透レ簾<u>所</u>レ見也」や「<u>所</u>レ令レ申_ニ案内_一也」の「**所**」は**返読文字**といい（→漢文 1-5⑫）、下の動詞句を受けて準体言を作る（簾から透けて見えた<u>ものだ</u>・ご連絡差し上げた<u>ところ</u>だ；→古文 2-2）。いまも「彼女の言う<u>所</u>によると」（＝言う<u>こと</u>）などというのは、この「所」の用法が候文を通じて現代に伝えられたものである。同じく返読文字の「**依（據）**」は理由・手段を表し（靴のくつがないこと<u>により</u>；→漢文 1-5⑯）、「**雖**」は下の語句を受けて逆接の条件句を作る（手紙を送った<u>が</u>；→漢文 1-5⑱）。

　動詞の上に置く「**令**」は使役の助動詞「しむ」で（→古文 5-8）、「令レ尋」は通常の使役だが、「令レ申_ニ案内_一」は「申さ・しむ」でより強い謙譲を表す。「令レ○給」（○せ・しめ給ふ；○は動詞、以下同）の形で二重敬語を表す場合もあり、記録体や候文ではこうした敬意表現が多い（受身の助動詞「る・らる（被）」も同じ）。また動詞の上の「**可**」は「べし」と読むが（→漢文 1-5⑧）、西施のような美女も「<u>可</u>_ニ北面_一」という「可」は当然・推量（臣従すべきだ・ひれ伏すに違いない）、「<u>可</u>レ枉_ニ華轅_一」は「華轅」が相手の車の尊称（立派な車）で、その進路を変更してわが家に来てほしいとの意味であるから、この「可」は日本語の「べし」にみる命令・勧誘の用法で（→古文 4-6）、漢文の助辞「可」の意味を完全に逸脱している。つまり記録体や候文の「令」や「可」は中国語の助辞「令」「可」ではなく、**古文の助動詞「しむ」「べし」の当て字**（借字）なのである。

　同様のことは「<u>以</u>_ニ随身_一令レ尋」「<u>以</u>_ニ難波津之古風_一遣レ之」の返読文字「**以**」でも指摘できる（→漢文 1-5⑭）。前者の使役表現はふつう漢文では「令_ニ随身尋_一（令_ニ人○_一）」と書くが（→漢文 2-3）、記録体や候文ではこの漢文の語法を無視して、わざわざ「以レ人令レ○」と書く。この場合「以_ニ随身_一」は「随身<u>をして</u>」という使役の対象を表すが（→古文 7-9）、その下に「尋ねしむ（令レ尋）」とつづけた方が、日本語の語順のままで書きやすいのであろう。この書きやすさという視点は、後者の「以…○之」という文型において、より明瞭となる。もとより返読文字の「以」で目的語を上に引き出し、下に「○之」の形で動詞を置いて「これを○す」と読ませる語法は仏書などに散見するが、これは目的語が動詞の上に立つ日本語の語順のまま漢文を書くのにとても便利であった。「**難波津の古風を遣る**」という日本語を「<u>以</u>_ニ**難波津之古風**_一**遣**レ<u>之</u>」という漢文に変える手間は、古文の体言と用言に「以…

之」のたった 2 文字を添えるだけで済む。この場合、「以」は格助詞「を」の意味で使われ
ているわけで（→古文 7-4）、してみると前掲『貞信公記』の「為ﾚ人被ﾚ○」の「為」と「被」
もまた格助詞「に」と助動詞「る・らる」の代用品、つまり当て字ともいえるのである。

　　※山口佳紀『古代日本文体史論考』（有精堂 1993 年）第 4 章第 3 節参照。

　　このような見方で変体漢文の構文を読み解くことは（特に中国の読者にとって）有効な方法
であろう。残りの**太字**でいうと、「若有ﾆ御暇ﾑ者」の「若…者」はもともと『荘子』至楽篇
に「若不ﾚ得者、則大憂以懼」とあるような漢文の語法によるが（→漢文 2-6）、これを古文
の文型「もし…ば」に対応させて、「若し得ざれば、則ち大いに憂へて以て懼る」と訓読す
ると「若」は古文の副詞「もし」、「者」は接続助詞「ば」に当てられる（→古文 7-11）。
それで記録体や候文に「もし…ば」を「若…者」と書いた。「者」はまた「韓信者准陰之人
也」という用法もあり（前掲『漢文の語法』142 頁）、これを「韓信は准陰の人なり」と訓
むと、「者」は係助詞「は」に当たり（→古文 8-10）、また「之」は格助詞「の」（→古文
7-3）、「也」は断定の助動詞「なり」に当たる（→古文 3-6）。これらも記録体や候文に常
用される当て字だが、特に「者」は『説文解字』に「別ﾚ事詞也（事を別つ詞なり）」とあ
り、他の事物と区別して指示する助辞であるから、まさに提題の「は」の当て字にふさわし
い。さらに「可ﾆ北面ﾑ歟」の「歟」は中国の史書などに散見する文末の疑問詞であるが、よ
り一般的な「乎」「邪」「与」などではなく、この「歟」を係助詞「か」（終助詞的用法→古
文 8-9）の当て字として記録体などに用いたのである。

　　※峰岸明『平安時代古記録の国語学的研究』（東京大学出版会 1986 年）657 頁。

　　以上は候文でも長く用いられた語法であり、漢文訓読の方法に基づいて日本式漢文を作り
上げた過程がよくわかるだろう。このように漢文を変形することで、漢文（中文）では表現
できない日本語独特のニュアンスや敬意などを組み込めるようにした。「変体漢文は国語文
の作成を意図したもの」といわれる所以であり（峰岸明『変体漢文』11 頁、東京堂出版 1986 年）、
記録体や候文の成立はそのまま**漢文の日本語化**の過程でもあった。

　　そして、この漢文の日本化を可能にしたのが「**訓読**」の発達である。『旧唐書・日本伝』
に「所ﾚ得錫賚、尽市ﾆ文籍ﾑ、泛ﾚ海而還（得る所の錫賚、尽く文籍を市ひ、海に泛びて還る）」
と書かれたように（「錫賚」は賜物、唐政府が外国の使節に支給した銭貨）、遣唐使が持ち
帰った厖大な書物を、日本人は中国語で読んでいたが（これを「**音読（直読）**」という）、
漢文訓読があまりに優れた翻訳法であったために、やがて日本人は中国語の学習を放棄し、
専ら訓読によって中国の書物を読むようになった（→漢文・序章）。それでも遣唐使が往来
していた平安初期（9 世紀）までは比較的自由に訓読されていたが、遣唐使を廃止し、唐が
滅亡して国風文化が成立する平安中期になると訓読の方法が固定され始め、上記のような固
有の和語とは異なる、漢文訓読特有の書面語とその語法が成立してくる。これを「（漢文）
訓読語」といい、この訓読語の成立が記録体ひいては候文の基礎となった（築島裕『平安時代
の漢文訓読語につきての研究』48-49 頁、東京大学出版会 1963 年）。

　　※上記の例でいうと、「令」を「しむ」と訓み、「可」を「べし」と訓む方法が固定化すると、これ
をそのまま記録体の漢文作成に転用できるわけで、ここに「読む」作業が「書く」作法に反転する工程
が認められる。これが唐文化の受容から国風文化の創造へと転換するプロセスであった。

　つまり候文とは中国文化の受容 im-press から日本文化の創出 ex-press へと転換する工程において産み出された文体であり、圧倒的な唐文化の影響下にあった古代日本人が、主体的に自らの文化を作り上げた表現媒体として、近代まで長く継承されていった。それはまた中国の文物「唐物」が日本文化史において最高級の権威を保ちつづけた時期とも重なるのであり、巨視的には極東における漢字文化史の遺産として記念されるべきものであろう。

　なお、平安貴族社会では夫が夜ごと妻の家に通った。これを「通い婚」（婿取婚・招婿婚）といい、初めて結婚を申し込む際には男から手紙を送った。上掲『雲州往来』の下線部「通ニ消息一」はこの申し込みの作法をいい、女の家「英雄」ではこの男（「左近衛中将」流布本により補う→名・宮廷）をもてなす気「饗応之気」はなかったらしい。それで和歌「難波津之古風」を送ったところ、女の返歌がまるで「衣通姫之流」小野小町のようだった。それで男はいよいよ恋心を募らせ、友人の助言を得るために「可レ枉ニ華轅一」と懇願し、まだ成就する前なので「莫レ及ニ外聞一」と他言を禁じたのであろう。この書簡はもともと「靴」を借りるために出したものだが、本題はむろん恋愛相談の方にあったのである。ちなみにその「靴」はこの手紙を届けた（中将の）「随身」が借りてきたと推測されるが、こうした物の貸し借りは貴族・僧侶・武士を問わず、当時ごく一般的に行われていた。

　ここに紹介した『雲州往来』のような書簡例文集を中国では「書儀」といい、敦煌文書に散見するほか（周一良・趙和平『唐五代書儀研究』中国社会科学出版社 1995 年；趙和平『敦煌表状箋啓書儀輯校』江蘇古籍出版社 1997 年）、日本の正倉院文書には光明皇后親ら書写した『杜家立成雑書要略』が伝存するが（蔵中進ほか『杜家立成雑書要略　注釈と研究』翰林書房 1994 年）、日本では「**往来物**」といい、日常生活に必要な手紙の書き方のほか、書法や一般常識を学ぶ教科書として近代まで用いられた（石川松太郎『往来物の成立と展開』雄松堂 1988 年）。その源流に位置するのがこの『雲州往来』であり、『本朝文粋』や「新猿楽記」などの著作で名の有る藤原明衡（989―1066）が出雲（雲州）の国守であった頃、往復書簡の文例を編集したので「雲州消息」「明衡往来」「明衡消息」ともいう（但し著者が明衡である確証はなく、現存諸本も後人による増補の跡が著しい）。そして、往来物のなかで最も長くかつ広く読まれたのが『庭訓往来』であるが、これは下文に紹介する。
　※小松茂美『手紙の歴史』（岩波新書 1976 年）

　以下、時代ごとに何点か候文を取り上げて解説してゆくが、さきにもふれたように本書はくずし字などの史料解読を行うものではなく、あくまでも**語法を中心とした候文の解読法**を説明する（そうした解説書は日本国内にもない）。また、上記の説明からもわかるように、候文を読むには古文の知識と漢文訓読法の基本を押さえておく必要がある。その参照すべき箇所は一々注記するが、読者は本編の「古文解読法」とともに、あらかじめ「漢文訓読法」の第一章を読んでから、下記の候文の演習に進むことを推奨する。
　※寶月圭吾「候文の歴史」（『中世日本の売券と徳政』吉川弘文館 1999 年）

3）定家卿消息『毎月抄（和歌庭訓）』：鎌倉時代の候文（仮名文；承久元年〔1219〕）

　①毎月の御百首能々拝見せしめ候ぬ。凡此たびの御哥まことにありがたう見申候へば、年

來をろかなる心にかたじけなき仰のいなみがたさばかりをかへりみ候とて、わづかに先人申をき候し庭訓のかたはしを申候き。定て後の世のわらはれ草もしげうぞ候覧。なれどもさすがにそのあとやらむと、御哥もことの外によみつのらせおはしまして候へば、返々本意に覚させ給て候。

※冷泉家時雨亭叢書37『五代簡要・定家歌学』（朝日新聞社1996年）より。

語釈：「御百首」百首歌（一度に百首の歌を詠むこと）、「能々」よくよく、「拝見せ・しめ・候ひ・ぬ」サ変動詞未然形・助動詞「しむ」連用形・丁寧の補助動詞「候ふ」連用形・完了の助動詞「ぬ」終止形；〈謙譲動詞＋しむ〉で、より強い謙譲を表す（→古文5-8）、謙譲＋丁寧「候ふ」は読み手（この手紙の受取人）に対する敬意で、変体漢文では「令_拝見_候了（畢・訖）」と書く（**毎月詠まれた百首歌をじっくりと拝見いたしました**）。「凡」およそ（副詞）、「まことに・ありがたう・見・申し・候へ・ば」形容動詞連用形・形容詞ク活用連用形（ウ音便→古文3-5）・マ行上一段「見る」連用形・謙譲の補助動詞「申す」連用形・丁寧「候ふ」已然形・接続助詞「ば」（単純接続→古文7-11）；有り難し（→「要覧」形容詞・価値）、連用修飾語＋見る（→古文9-3⑤）、「見・申し＋候ふ」（謙譲＋丁寧）は「拝見し・候ふ」（謙譲動詞＋丁寧）と同じ（**総じて今回のお歌は本当にめったにない〔優れた〕作品と拝見しましたが**）。「年来」としごろ（→「要覧」名詞・天「ころ」）、「愚かなる心」：「わが心」の謙譲表現、「忝き」（→「要覧」形容詞・畏怖）、「仰せ」：「いふ」の尊敬動詞「仰す」（→古文5-3）の連用名詞法（→古文2-2）、「いなみがたさ・ばかり」形容詞「否み難し」（辞退できない）語幹＋接尾語「さ」（→古文3-1）・強調の副助詞（→古文8-4）、「ばかり」変体漢文では「許」と書く。「顧み・候ふ・とて」マ行四段連用形・丁寧「候ふ」終止形・引用の格助詞（→古文7-7；**数年来、愚かな心に恐れ多いお申し出〔和歌の添削の依頼〕をただもう辞退しがたく気にかけてきましたということで**）。「先人」定家の父俊成を指す。「申し置き・候ひ・し」：「言ひ置く」の謙譲動詞連用形・丁寧「候ふ」連用形・過去の助動詞「き」連体形；「申し置く」の謙譲の対象は「いふ」相手＝俊成の子定家であるが、現代でも取引先に社員が「社長が申しております」などと言うように、聞き手・読み手に対して身内の動作を卑下する意味で謙譲語を用いる（敬語の**内―外の論理**）、ゆえに「申し置く」の敬意の対象は丁寧語「候ふ」と同じ読み手となる（謙譲語と丁寧語が混同される所以である）。「庭訓」ていきん、「にはのをしへ」と訓む。孔子が子の伯魚に詩と礼を学ぶ意味を庭で訓えたという『論語』季氏篇の故事（伯魚過庭受訓）による。「かたはし（片端）」一端・一隅、「申し・候ひ・き」：「いふ」の謙譲動詞（本動詞）連用形・丁寧「候ふ」連用形・過去「き」終止形（前文「見申候」の「申す」と品詞が違うことに注意せよ；**ほんの少し亡き父が〔私に〕申し遺しました庭の教えの一端を申しました**）。ここで過去の助動詞「き」を用いるのは冒頭に「このたびの御歌は」といい、下文に「日來しるし申候しごとく」とあるように、「毎月」和歌をやりとりする過程ですでに父の庭訓を述べてきたのであろう。

「定て」きっと（副詞）、候文などでは「定而」と書く。「後の世」後世、「笑はれ草」笑われる種（現代語「笑いぐさ」）、「しげう・ぞ・候ふ・らむ」形容詞「茂し」連用形・係助詞「ぞ」・丁寧の補助動詞「候ふ」終止形・現在推量「らむ」連体形（→古文6-1、「覧」は当て字）；前文の「笑はれ草」にちなんで「茂し」とつづける（このような修辞を「縁語」という）。ここは〈く・あり〉のパターンで（→古文3-1解説）、敬意を省くと「茂かるらむ」、このカリ活用を〈く・あり〉に戻して2文節にしたすきまに係助詞「ぞ」を突っ込むと「茂くぞあるらむ」となり、この形式動詞「あり」を丁寧語にして「茂うぞ候ふらむ」とした。「茂く」がウ音便化しているので一見〈く・あり〉にみえないが、ここがわかれば「茂かるらむ」（茂っているだろう）を「ぞ」で強調し「候ふ」で丁寧にした文と正し

く解釈できるであろう（きっと後世の笑われ草がたくさん茂っているでしょう＝後の人に笑われるような内容が多いでしょう）。「なれ・ども」けれども（断定「なり」已然形→古文 3-6・接続助詞「ども」→古文 7-13）、前文に続けて「らむ・なれども」とも読めるが、下文に「御退屈や候はんずらめ。なれども」とあり、「なれども」を接続詞に用いているらしい。「さすがに」（→「要覧」副詞 C）、「その跡」歌人の家の後継者（あと→「要覧」・名詞・位置）、「やらむ」（→古文 3-6 解説）、「と」引用の格助詞（けれども、そうはいってもやはり歌人の家の跡継ぎなのであろうかと）。「事外」形容動詞連用形（並外れている・格別だ）、「殊（之）外」とも書く。「詠み募ら・せ・おはしまし・て・候へ・ば」ラ行四段動詞未然形・尊敬の助動詞「す」連用形・尊敬の補助動詞「おはします」連用形・接続助詞「て」・丁寧「候ふ」已然形・接続助詞「ば」；「募る」は力がつく意（岩波古語辞典）、「詠み募る」は和歌を詠む力がつくこと、これに二重敬語「せ・おはします」が付き（→古文 5-8）、「て・候」とつづく、これは〈て・あり〉のパターンというべきもので、候文では特に注意すべき用法である。存続・完了の助動詞「たり」はもともと助詞「て」にラ変動詞「あり」が熟合したもので（te-ari＞tari→古文 4-3 解説）、これが現代語の過去の助動詞「た」となるわけだが（tari＞ta(r)）、この「たり」がやはり〈に・あり〉や〈く・あり〉と同様、敬意や助詞を添えたりする時に〈て・あり〉に戻って「あり」が敬語化する。ここの「て候へば」がそれで、「て候ふ」は助動詞「たり」の丁寧語であり、敬意を除けば「詠み募り・たれ・ば」になる（お歌の方も詠む力がついていらっしゃるので）。「返々」かへすがへす（→「要覧」副詞 C）、「本意・に・覚え」名詞「本意」（→「要覧」名詞・思考）・格助詞「に」（形容動詞連用形とも解しうる）・ヤ行下二段動詞連用形；連用修飾語＋知覚動詞「おぼゆ」（→古文 9-3⑤）、「させ・給・て候」；「て候」は既述、「させ給」は通常、二重敬語と解するが、ここは「おぼえ・さす」の形で謙譲を表し、これに謙譲の補助動詞「給ふ」（ハ行下二段→古文 5-6）が下接した謙譲の二重敬語と見て、「おぼえさせ・給へ・て・候ふ」と読む（本当にかねてからの願いがかなって満足に存じ上げます）。「させ給ふ」を謙譲とみれば主語は書き手（定家）、尊敬とみれば主語は読み手となるが、仮に後者だとすると、相手が「本意」と思うであろうことを推量する「べし」「らむ」といった助動詞がないのはおかしいからである。

②抑哥はたゞ、日來しるし申候しごとく、万葉よりこのかたの勅〔撰〕集をしづかに御らんぜられ候て、かはりゆき候けるすがたどもを御心得候へ。それにとりて勅撰の哥なればとて、かならず哥ごとにわたりてまなぶべからず。人にともなひ世にしたがひて、哥の興廢みえ侍り。万葉はげに代もあがり人の心もさえて、今の世にはまなぶとも、更に及べからず。ことに初心の時、をのづから古躰をこのむ事有べからず。…此御百首に多分古風のみえ侍から、かやうに申せば、又御退屈や候はんずらめ（原本ママ）。なれども、しばしはかまへてあそばすまじきにて候。

※「抑」そもそも（→漢文 1-8）、「日来」（→「要覧」名詞・天「ころ」）、「記し・申し・候ひ・し・如く」：「ごとし」比況の助動詞（→古文 3-7）、「万葉」現存最古の私撰和歌集『万葉集』20 巻、その成立過程については『日本古典文学大辞典　簡約版』（岩波書店 1986 年）などを参照。「よりこのかた」～からこれまで（「自（従）レ…以来（已来・以降・以還）」の訓読語）、「勅撰」天皇の命（勅）を受けて編纂（撰）した書物（和歌集）、この当時（1219）は古今・後撰・拾遺・後拾遺・金葉・詞花・千載・新古今の「八代集」が揃っていた（→古文 1-2 宮廷・学芸）。この文によると定家は『万葉』も勅撰集と思っていたらしい。「静かに」形容動詞連用形、ここは「閑居静処」とか「静坐」して経を読むといった修業の態度を言うのだろう。「御覧ぜ・られ・て」：「見る」の尊敬動詞「御覧ず」未然形

＋尊敬「らる」連用形で二重敬語（**そもそも歌はただ──いつも書いて参りましたように、『万葉集』からこれまでの勅撰集を無心に御覧になって**）、「日来〜ごとく」は挿入句（→古文 4-9）。「変はり行き・候ひ・ける」：丁寧「候ふ」連用形・過去の助動詞「けり」連体形（→古文 4-2）、「姿ども・を・ば」：「姿」は歌論の用語で、31 文字の和歌の風体を人の「身なり」に見立てて言う（→「要覧」名詞・認識）。「ども」は複数を表す接尾語、候文では「共」と書く。「をば」（→古文 8-10）、「御心得候へ」：「御…あり」（「…なさる」）の丁寧表現で（「あり」は代動詞）、現代でも「お試しあ<u>れ</u>」などという（お試し<u>下さい</u>）。「心得」（→古文 2-3；**変化して参りました様々な風体をご理解下さい**）。「それにとりて」接続詞（→「要覧」接続詞）、「なれ・ば・とて」だからといって、「ごと」接尾語（→「要覧」接尾語）、「学ぶ」（→「要覧」動詞・学習）、「べから・ず」禁止（→古文 4-6；**但し勅撰集の歌だからといって、絶対に歌 1 首ごとにわたって真似をしてはいけない**）。「人」歌人、「世」世間（→「要覧」名詞・世間）、「見え・侍り」：「見ゆ」の丁寧語（**歌人の入れ替わりに伴い社会の移り変わりにしたがって、歌の興廃がわかります**）。「げに」副詞（→「要覧」副詞 C）、「代も上がり」上代のこと、「代」は前文の「世」と同語だが、わざと漢字を替えて意味を区別している（世＝社会〔空間〕、代＝時代〔時間〕）。「冴え」（→「要覧」形容動詞・明暗「さやか」）、「とも」（→古文 7-12）、「さらに…ず」副詞の呼応（→「要覧」副詞 A；**『万葉』の歌は本当に時代が古く、人の心も澄み切っていて、今の世に真似をしても、到底その境地には到達できまい**）。「を（お）のづから」自然と、成り行きに任せて、「古体」古い和歌の風体（**初心の時はむやみに古体の歌を好むことがあってはいけない**）。「（見え侍る）から」（→古文 7-8）、ここは現代語の接続助詞「から」の最も早い用例。「かやうに」（→「要覧」指示語「かく」）、「御退屈・や・候は・んずらめ」：「御…あり」の丁寧表現（既述）に「や…むずらむ」（→古文 6-1）を差し込んだ文、「らめ」は已然形で結び（文末）を表すが、「や」の結びは連体形「らむ」が正しい（「ママ」は原本の表記のまま、の意）。「なれども」（→①）、「退屈」嫌気がさす。「かまへて…まじき」副詞の呼応（→「要覧」副詞 A）、「遊ばす」：「す」尊敬語（→古文 5-3）、「まじき」（→古文 4-6）、「にて候ふ」（→候文 1『不如帰』；**今回詠まれた百首歌には多分に古風が見えますので、このように〔初心者が古体を詠むことの懸念を〕申すと、あるいは嫌気がさすことになられるでしょう。けれども、しばらくは決して〔古体を詠むことを〕なさってはいけないのです**）。

　③又哥の大事は詞の用捨にて侍べし。詞につきて強弱大に候べし。それをよくよく見したゝめて、つよき詞をば一向にこれをつづけ、よはき詞をば又一向に是をつらね、かくのごとくあんじ返しあんじ返し、ふとみほそみもなく、なびらかに聞にくからぬ様によみなすがきはめて重事にて侍也。申さば、すべて詞にあしきもなくよろしきもあるべからず。たゞつゞけがらにて哥詞の勝劣侍べし。幽玄の詞に鬼拉の詞などをつらねたらんはいとみぐるしかるべきにこそ。されば心を本として詞を取捨せよとぞ亡父卿も申をき侍し。

　※「詞の用捨」三十一文字（みそひともじ）の和歌にどのような歌詞を用いるか。「にて侍る」の「侍り」は本動詞（**また歌の大事は詞の用捨にあるでしょう**）。「大いに候ふべし」の「候ふ」も本動詞（**〔一つ一つの〕詞については〔それぞれ〕強弱が大いにあるでしょう**）。「見したため」見極める・確認する（→「要覧」動詞・支度）。「一向に」ひたすら、「続け」「連ね」<u>日本人は古来、重複表現（くり返し）</u>を嫌うため類義語を対句に配する、意味は同じ。「案じ返し」考え直す・吟味、「太み細み」形容詞語幹用法（→古文 3-1）、「なびらかに」：「やか」「らか」は形容動詞（→古文 3-4）、動詞「靡く」の語幹「なび」と同根で「元がささえられながら、先がしなやかに揺れ動く」擬態語を形容動詞化

した語（岩波古語辞典）、優美・柔和の意味だが、この時代の歌論に散見する評語であり、下文の「心を本として詞を取捨せよ」とも響き合う。「様に」比況の助動詞（→古文 3-7）、「詠みなす」意識して詠む（→「要覧」複合動詞「なす」）、「が」主格（→古文 7-3）、「にて侍るなり」：〈に（て）・あり〉の丁寧形＋断定「なり」（二重断定？）、上の「極めて」と呼応して非常に強い断定を表す（**それをしっかりと見極めて、強い詞をひたすら続け、弱い詞をひたすら連ねて、こうしてくり返し吟味して、太いところや細いところがなく〔でこぼこにならないようにして〕、柔和で芯が強く、聞きにくくないように詠み込むことが極めて重要なのでございます**）。「申さば」：「言はば」の謙譲形、「悪しき」悪い意味の言葉、「よろしき」良い意味の言葉（**申すなら総じて詞に悪い意味も良い意味もあるはずがない**）。「続け柄」詞の続け方（「柄」→古文 7-8）、「勝劣」優劣（**ただ続け方において歌詞の優劣があるのでしょう**）。「幽玄」俊成・定家父子が打ち立てた歌論の用語で、中世日本の芸術論で最も重視された美学的理念といってよい（谷山茂『幽玄』角川書店 1982 年）。深遠で及び難い余情や寂寥感を湛えた歌風をいい、ここから近世の「わび」「さび」の美学が生まれて現代のいわゆる伝統美の基調とされるに至る。「鬼拉」定家十体の一つで強い調子の歌を指すが、ここは前文「強き詞」の例として、これを幽玄体の「弱き詞」に続けてはならないという意味。「つらね・たら・ん・は」ナ行下二段「連ぬ」連用形・完了「たり」未然形・仮定（婉曲）、「む」連体形・係助詞（→古文 4-5）、「いと」副詞（→「要覧」副詞 C）、「に・こそ」下に「侍らめ」「候はめ」などが省略（→古文 3-6 解説：**幽玄体の歌詞に鬼拉体の詞などを連ねたとしたら〔連ねたような歌は〕、とても見苦しいに違いないでしょう**）。「されば」接続詞（→「要覧」接続詞）、「心を本として」：「以レ心為レ本」の訓読体、「心」は歌論の用語で表現内容をいい、これに対して「詞」は表現方法をいう。また「詞」は「花」、「心」は「実」にたとえる。「亡父卿」俊成、「ぞ」係助詞、結びは「申し置き・侍り・し」（①「申をき候し」と同じ；**そういうわけで心を基本として詞を取捨せよと亡き父も申し遺しました**）。

　④今にはかに勘申候。さだめて髣髴きはまりなうぞ候らんと、あさましさ（原本ママ）までに思給候ながら、ひとへに愚訓をのみまぼる、そのおほせかたじけなく候まゝに、左道の事どももしるし付候。相構々々不レ可レ及二外見一候。大躰愚老の年來の修理の道、只此条々の外はまたまた他の用意なく候。随分心底をのこさず書つけ侍り。かならずこの道の眼目とおぼしめして御覧ぜられ候べく候。あなかしこあなかしこ。

　［本云］承久元年七月二日、或人返報云々。

　※「にはかに」形容動詞連用形（→「要覧」形容動詞・不意）、「勘申」調査報告、特に専門家が先例などの調査を依頼され報告するという古文書の用語、「勘（かんが）へ申す」ともいう（**いま急ぎまとめて述べました**）。「髣髴」ほうふつ、不確かで曖昧なさま（『日本国語大辞典』）、「極まりなく・ぞ・候ふ・らん」①「しげうぞ候覧」と同じ構文、「あさましき」（→「要覧」形容詞・驚嘆）、「まで・に」ほどに（→古文 8-3）、「思ひ・給へ・候ひ・ながら」ハ行四段動詞連用形・謙譲の補助動詞連用形・丁寧の補助動詞連用形・接続助詞（並行→古文 7-19；**きっと曖昧極まりない〔不明確な内容で全然理解できない〕でしょうと、〔我ながら〕呆れるほどに思っております一方で**）、「ひとへに」副詞（→「要覧」副詞 C）、「愚訓」定家の教え、「を・のみ」格助詞・副助詞（限定→古文 8-4）、前文「までに」のように副助詞・格助詞の順に接続するのは現代語に近い用法（→古文 7-1）、「まぼる」まもる（非鼻音化 m＞b）、「仰せ」（→①）、「呑く・候ふ」〈く・あり〉の丁寧形（→①）、「ままに」（→「要覧」連語）、「左道」邪道・不調法、「記し付け」：「書き付く」と同じ（**ひたすら私の拙い教えだけを守るという仰せを恐れ多く存じ上げつつ、甚だ行き届かぬことどもを書き付けまし**

た）。「相構へて」：「相」「打」は候文に頻出する接頭語（→「要覧」接頭語）、強調または整調（語調を整える）、「かまへて」は文末の「不可（べからず）」に呼応する副詞（→「要覧」副詞 A）、「不可及外見候」は「外見に及ぶべからず候ふ」と訓む（**決して決して他人に見せてはなりません**）。「愚老」定家、「年来」（→①）、「修理の道」修繕の方法（和歌の添削を建物の修繕に見立てて言う）、「又々」特に（→「要覧」副詞 C）、異本「またく（全く）」（反復記号「く」が短くなって異文を生じたものか）、意味はほぼ同じ。「なく・候ふ」〈く・あり〉の丁寧形（→①；**大体この老いぼれの長年にわたる和歌添削のやり方は、ただこの〔上述の〕諸条以外には特に他の用意もございません**）。「随分」候文頻出の副詞、「分相応に」が原義だが転じて「程度が甚しい」意となり（甚だ・かなり）、禁止文では「決して」、相手の動作に付く時は「精々・できるだけ」の意味を表す。「残さず」は連用修飾語で下の「書き付け侍り」にかかる（**精一杯、心の奥底の考えを残さず書き付けました**）。「必ず」（「仮ならず」の約）、「おぼしめし」：「思ふ」の尊敬語（→古文 5-3）、「御覧ぜ・られ・候ふ・べく・候ふ」：「見る」の尊敬動詞・尊敬の助動詞（二重敬語）・丁寧の補助動詞・命令（勧誘）の助動詞・丁寧の補助動詞（丁寧の「候ふ」が重複するのは相手に対する命令を婉曲に表して無礼を緩和する意味をもつ；**必ずや〔この書簡を〕歌道の眼目とお思いになって御覧下さいますように〔御覧になられますとよいでしょう〕**）。「本云」傍書、写本の奥付の常套句で、「書写したもとの本につぎのように書いてある」という写本の筆者の注意書き。「或人の返報と云々」定家が或る人に返信したという意味（この「或人」は「衣笠内府」藤原家良（1192—1264）とも「鎌倉右大臣」源実朝（1192—1219）とも伝えるが、この書簡が出された「承久元年七月二日」は実朝暗殺の半年後で後者ではありえず、家良説も確証がない）、続けて原本（冷泉家時雨亭文庫本）には「以_被レ草本_為レ備_後生之用心_聊染レ筆候也。／藤原朝臣為家〔判〕」とある（「／」は改行、〔　〕は傍書）。為家（1198—1275）は定家の長子で、父が「草せらるる本（書簡の下書・手控）を以て後生（『論語』子罕篇「後生可レ畏」）の用心に備へんが為に聊か筆を染め候ふなり」という。

解説　日本芸術の基礎理論としての「歌論」の発達

　ここに取り上げたのは藤原定家（1162—1241）が承久元年（1219）秋、或る人の百首歌を添削して返却する際に添えた仮名の書状で、息子の為家がその手控えを「後生」のために書写したものである。一般に①冒頭の 2 字をとって『毎月抄』といい、円熟期の大歌人が歌道について④「心底をのこさず書つけ」た書ということで『和歌庭訓』とも呼ばれる。

　※久保田淳『藤原定家』（集英社「王朝の歌人 9」1984 年）、石田吉貞『藤原定家の研究』（文雅堂書店 1957 年）参照。

　引用したのはそのごく一部で、しかも①と④は書簡の書き出しと結びの部分であるから、定家の和歌に関する考えを述べたのは②③のみとなる。②ではまず『万葉集』以来の勅撰集を読み、「歌の興廃」を理解することを勧める。つまり定家は和歌を歴史的な見地から把握することの重要性を説いているわけで、だから和歌の「姿」風体の変遷を見ても一々真似してはいけないと戒めるのである。

　飛鳥・奈良時代の古歌を集めた『万葉集』に始まり、つづく「よみ人知らず」と六歌仙（在原業平・小野小町など）および宇多・醍醐天皇の時代の作品を集めた『古今和歌集』（延喜五年〔905〕が「色好みの家」の「埋もれ木」（仮名序）となっていた和歌を漢文学にならぶ芸術へと高めて以来、定家が撰者をつとめた『新古今和歌集』（元久二年〔1205〕に至るまでの三百年間、いわゆる八代集をはじめ、数多くの歌人たちがわずか三十一文字のなかで「心」

（表現内容）と「詞」（表現方法）を研ぎ澄まし、「花実」の美と興を競ってきた。そうして定家とその父俊成の時代にはすでに和歌は詠み尽くされてしまい、芸術としての和歌の地位を保持するに足る「新しさ」はもはや求めがたい段階に来ていた（芸術と学問の意義は新しい価値〈作品・学説〉を創ることにある）。

　そこで俊成（1114—1204）は、式子内親王（後白河皇女で以仁王の妹、『百人一首』入選歌「玉の緒よ」の絶唱で有名）の依頼を受けて建仁元年（1201）に**『古来風体抄』**をまとめ、『万葉集』より自身が撰者をつとめた**『千載和歌集』**（文治四年〔1188〕に至る秀歌を列挙して、これに所々短評を付す形で**和歌の歴史**を叙述した（岩波思想大系23『古代中世芸術論』所収。冷泉家時雨亭叢書1に俊成の自筆本を収める）。

　その後、定家も『詠歌大概』に「風躰可レ効二堪能先達之秀哥一（風体は堪能の先達の秀歌に效ふべし）」として、八代集の秀歌103首を列挙し（秀歌躰大略；田中裕編『定家歌論集』新典社1969年）、②「変はり行き候ひける姿（＝風体）ども」を理解できるようにした。

　つまり、かれらは和歌三百年の歴史を総括して**「歌道」**を樹立し、和歌を芸術として再興するべく、その理論**「歌論」**を完成させる必要があったのである。

　※俊成の『古来風体抄』に「さてかの止観（『摩訶止観』）にもまづ仏の法を伝へ給へる次第を明かして、法の道の伝はれることを人に知らしめ給へるものなり。…歌も昔より伝はりて、撰集といふものも出で来て、『万葉集』より始まりて『古今』『後撰』『拾遺』などの歌の有様にて深く心を得べきなり」とあり、ここでは禅の伝灯や宋学の道統論に比すべき**歌道の伝統**が構想されている。

　定家は『詠歌大概』の冒頭に（〔　〕内は双行注）、

　　情以レ新爲レ先〔求二人未レ詠之心一詠レ之〕、詞以レ舊可レ用〔詞不レ可レ出二三代集先達之所ニ用。新古今古人歌同可レ用レ之〕。　（情は新しきを以て先と為し〔人の未だ詠まざるの心を求めてこれを詠む〕、詞は旧きを以て用ふべし〔詞は三代集、先達の用ふる所を出づべからず。『新古今』の古人の歌は同じくこれを用ふべし〕。）

と記し（岩波古典大系65『歌論集 能楽論集』114頁）、また承元三年（1209）秋、源実朝（鎌倉幕府第三代将軍）に与えた**『近代秀歌（詠歌口伝）』**にも、

　　詞は古きを慕ひ、心は新しきを求め、及ばぬ高き姿を願ひて、寛平以往の哥に倣はば、をのづから宜しきこともなどか侍らざらん。

と述べて（武蔵野書院影印自筆本；前掲『歌論集 能楽論集』102頁）、古い詞に新しい心を盛るという形で芸術としての「新しさ」と和歌の「伝統」を同時に担保しようとした。定家自身は「寛平以往」（「寛平」は9世紀末宇多天皇の年号）、具体的には六歌仙の業平や小町の歌体（姿）を理想としたようだが、ここで「詞」の典拠を三代集（古今・後撰・拾遺）に制限したことにより、その詠歌の方法はおのずと古歌の活用**「本歌取り」**に踏み込むことになる。

　『近代秀歌』は上掲の引用文につづけて、

　　古きを請ひ願ふにとりて、昔の哥の詞を改めず、詠み据へ（ゑ）たるを即ち本哥とすと申す也。

といい、実朝に与えた書簡（遣送本）には**本歌取りの秀歌**27首を書き付けた（これを後に八代集の秀歌68首に差し替えた）。また『詠歌大概』は上に引いた冒頭の文につづけて、

　　近代之人所ᴸ詠出ᴸ之心詞、雖ᴸ爲ᴸ一句ᴸ謹可ᴸ除ᴸ棄之ᴸ〔七八十年以來人之哥所ᴸ詠出ᴸ之詞努々不ᴸ可ᴸ取用ᴸ〕。於ᴸ古人歌ᴸ者多以ᴸ其同詞ᴸ詠之已爲ᴸ流例ᴸ。但取ᴸ古歌ᴸ詠ᴸ新歌ᴸ事、五句之中及ᴸ三句ᴸ者、頗過分無ᴸ珍氣ᴸ。　　（近代の人詠み出づる所の心・詞は一句たりと雖も謹んでこれを除き棄つべし〔七八十年以来の人の歌に詠み出づる所の詞は努々（ゆめゆめ）取りて用ふべからず〕。古人の歌においては多く其の同じ詞を以てこれを詠むこと已に流例たり。但し古き歌を取りて新しき歌を詠む事、五句の中、三句に及ぶは頗る過分にして珍し気無し。）

といきなり**本歌取り**の**説明**を始めて、読者にこれが「詠歌の大概」なのかと疑わせるような書きぶりである。そして『毎月抄』にも、

　　本哥の詞をあまりにおほくとる事はあるまじき事にて候。そのやうにせんとおぼゆる詞二ばかりとりて、今の歌の上下句にわかちをくべきにや。たとへば、夕ぐれは雲のはたてに物ぞおもふ、あまつそらなる人をこふとてと侍歌をとらば、雲のはたてと物思ふといふ詞をとりて上下句にをきて、戀の歌ならざらん雑・季などによむべし。　　（本歌の詞をあまりたくさん取ることはあってはならない事です。そのよう〔本歌〕にしようと思う詞を2つほど取り出して、今から詠む歌の上の句〔5・7・5〕と下の句〔7・7〕に分けて配置するのがよいでしょう。例えば、〔『古今集』恋歌1に〕「夕暮れは雲のはたてに物ぞ思ふ天つ空なる人を恋ふとて」とあります歌を〔本歌に〕取るなら、「雲のはたて（＝果て）」と「物思ふ」という詞を取り出して〔それぞれ〕上の句と下の句に配置し、恋の歌ではない雑部か四季などの歌として詠むべきである。）

とあり、**本歌取りの方法**が丁寧に解説されている。ここに取り上げられた「夕暮」の本歌は漢の枚乗「蘭若生ᴸ春陽ᴸ（蘭若春陽に生ず）」の「美人在ᴸ雲端ᴸ、天路隔無ᴸ期（美人雲端に在り、天路隔たりて期無し）」によるが（『玉台新詠集』巻1「雑詩九首」第六）、実はこのような漢詩の「本歌取り」は、万葉歌人や紀貫之ら和漢兼才の歌人たちが大いに活用した表現技法であり（小島憲之『古今集以前』塙選書1976年など）、かれらは漢詩文から数多の香り高い「**歌詞**」を作り出して、和歌を漢文学と並び立つ芸術の高みへと押し上げたのであった。それは**漢詩の日本化**である一方、そうした先人の歌詞を定家が「本歌」とする（枚乗の古詩を本歌とする『古今集』の「雲のはたて」を定家が本歌に取る）というのは**本歌取りの入れ子**であり、また万葉・古今歌人の「再演」ともいえるのだが、その帰結として定家もまた当然、**漢詩文の本歌取り**を（やや控えめに）推奨する。

　　又古詩の心・詞をとりてよむ事、凡歌にいましめ侍る習とふるくも申たれども、いたくにくからずこそ。しげうこのまで、時々まぜたらむは、一ふしある事にてや侍らん。つねに白氏文集の第一第二の帙の中に大要に侍り。かれを披見せよとぞ申をき侍し。詩は心をけだかくすます物にて候。　　（また古い漢詩の心や詞を〔本歌に〕取って詠む事は、およそ和歌で戒めております習慣として〔今だけでなく〕昔からも申しておりますが、それほど嫌うべきものではありません。〔漢詩の本歌取りを〕熱心に愛好せず、時々混ぜる程度であれば、人の注意を引く一節を添えることになるでしょう。〔亡き父は〕いつも「『白氏文集』の第一・二秩の中に〔白詩の〕大要があります〔1秩は通常10巻を収納する〕。それを見ておきなさい」と申しておりました。漢詩は心を気高く澄ますものです。）

　　漢詩の本歌取りは（一部の文人にしか理解されないためか）禁止事項とされていたが、「心

を気高く澄ます」漢詩を本歌とすることは、和歌に「及ばぬ高き姿」を添える一助ともなるとともに、本歌の範囲を和漢に拡げる意味をももつ。それは上記のように万葉・古今集歌人が活用した技術の再利用なのであるが、先人のそれが主に「歌詞」の生産技術であったのに対して、定家の時代の本歌取りは先人の歌詞に今の詞をぶつけて屈折を与え、そこに新しい意味内容「心」を開くという、より複雑な表現技法であった。

そこで③「詞の用捨（取捨）」が問題となる。定家の言うように古歌の詞を上下の句に配したとして、その間を今の詞で埋めることになるが、この時に「なびらかに」聞こえるように詞を続けることが大事だという。

　　すべて詞に悪しきもなく、宜しきも有べからず。ただ続け柄にて歌詞の勝劣侍べし。

つまり言葉に固有の価値などなく、その続け方＝文脈により意味が生じるという。これはなんと「意味というものは文のレベルで生れる。個々の語単独では、何の意味ももっていない」という、20世紀初頭にソシュール（F. Saussure：1857—1913）が発見した言語学の法則を七百年も前に先取りしていたことになる（丸山圭三郎『ソシュールを読む』187頁、岩波書店1983年；高校時代に『毎月抄』を読んでいた私は、大学一年の言語学概論でこのことに気づき、大いに興奮したが、寡聞にしてその後、専門家がこのことに言及したものを見たことがない）。この**言語学史上の大発見**は、ひとり定家の手柄ではなく、『古今集』以来三百年にわたり歌詞を突き詰めて考察してきた歌人たちが『新古今集』の時代に到達しえた境地であった。

鴨長明（1155—1216）は『無名抄』の「連ケガラ善悪事」（梅沢本）に、

　　詞はたゞ同じことばなれど、つゞけがら・いひがらにてよくもきこゆるなり。

といい（前掲『歌論集 能楽論集』38頁）、また承久の乱（1221）により後鳥羽院らとともに京都を追放された**順徳院**（1197—1242〔在位1210—1221〕）の『八雲御抄』巻6用意部にも、

　　凡いづれの詞もつゞけがらによる也。よきことば・わろき詞とさだめ侍事なかれ。

という（久曽神昇『校本 八雲御抄とその研究』228頁、厚生閣1939年）。こうした同時代の共通認識のもとに、**詞と詞をぶつけて新しい心を詠む**という方法が確立された。これを私は「歌詞のベクトル合成 vector synthesis」と呼んでいる。

　　寂蓮法師がいひけるは、「歌の様にいみじき物なし。ゐのししなど云おそろしき物も、ふすゐのとこなどいひつればやさしきなり」といふ。

「猪」といえば恐ろしい獣の名前だが、これを「**臥す猪の床**」と続けると優美な印象を与える。これが和歌の「いみじき」力なのだという（『校本 八雲御抄とその研究』213頁）。この寂蓮（1139?—1202；俊成の養子）の談話は、**兼好法師**の『徒然草』に引かれて「和歌こそなほをかしきものなれ」といい（14段）、**本居宣長**の『排蘆小船』にも「まことにこの歌の徳ならでは、いかでかく優にやさしくは言ひなされむ」とあって後世に影響を与えたものだが、「猪」という恐ろしい方向性をもつ詞に「臥す」「床」という安らかな方向性の詞を加えると、そのいずれの方向でもない、新しい優美な印象を開く。この作用は2本のベクトルの和（加法）を、その2辺が作る平行四辺形の対角線で表すのによく似ている。

この「臥す猪の床」は、紫式部と同じ中宮彰子の女房であった**和泉式部**の、

　　　かるもかき<u>臥す猪の床</u>のいを<u>安み</u>さ　こそ<u>寝ざらめ</u>　かからずもがな　（枯れ草をかき集め
　て床に臥す猪の眠りがあまりに安らかなので、さすがにそんなふうには眠れないだろうが、こんなふ
　うに〔物を思って〕眠れないのも嫌だなあ）

という和歌が出典であるが（『後拾遺集』恋4）、定家はこれを本歌として、

　　　うらやまず　<u>臥す猪の床</u>は<u>安く</u>とも嘆くも形見　<u>寝ぬ</u>も契りを（羨ましくはない。猛き猪が臥
　せる床は安らかであっても、嘆くのも恋の形見であり、眠れないのも宿世の契りであるから）

と詠んだ（冷泉家時雨亭叢書8『拾遺愚草』230頁、久保田淳『藤原定家全歌集』上190頁、ちくま学
芸文庫2017年）。和泉式部の本歌は首尾に「かる」「かき」「かから」と軽快に喉音を転がし
つつ、「臥す猪の床の寝を安み」という秀逸な一節を中央にどんと据えて、優雅に安眠す
る猪のあられもない寝姿を印象づけたあと、下の句に「さこそ」「かからず」と指示語を重
ねて、あれやこれやと物を思う恋の寝苦しさを上の句と対照的に詠み上げている、非常に技
術の高い上手の歌であるが、定家はこれを反転させて、いきなり初句切れで恋の激情を唱う。
この場合「臥す猪の床」は、「うらやまず」と決断したかれの、嘆きを形見とし、不眠を契
りと観ずる激情の引き立て役でしかない。この本歌の反転のさせ方は、父俊成が『古今集』
恋歌4「よみ人しらず」の、

　　　<u>飽か</u>でこそ思はむ中は離れなめ　そをだに後の忘れ形見に（〔お互いを〕飽きずに思う二人
　は別れてしまうがよい。せめてそのことだけでも後の忘れ形見〔思い出〕にして）

という、それじたい相当ひねくれた歌をさらに捻って、

　　　憂き身をば我だに<u>厭ふ</u>　<u>厭へ</u>ただ　<u>そをだに</u>同じ心と<u>思はむ</u>（→古文8-2解説）

と歌った詠み方によく似ている（『新古今集』恋歌2）。本歌は無常観から、いずれ別れるな
ら愛し合っている内に別れた方が美しい思い出になると恋そのものを突き放すが、これを本
歌とした俊成の歌は自分を愛せない不安の底から、せめて自分を愛さないという心を共有す
ることで相手と共にありたいと願う、自己否定を反転させた壮絶な恋を歌う。このように本
歌取りの妙味は**本歌の詠み替え**にあるといってよい。
　　※依田泰『藤原定家―古典書写と本歌取』（笠間書院2005年）

　　『新古今集』の時代に完成した**歌論**は、室町時代の東山文化を画期として形成され現代に
伝えられている「伝統日本」の諸芸術に多大な影響を与えた。「連歌論も俳論も、歌論、とく
くに『新古今集』時代の歌論を源流としているといってよい。…そして、詩歌論は、他の芸
術論、なかでも能楽論、花道論、茶道論に大きな影響を与えており、**日本の芸術論の骨格**を
なしているともいえる。逆にいえば、日本のすべての芸術論は、詩歌論に集約される傾向が
あるといえるのである。」（安田章生『日本の芸術論』4頁、東京創元社1972年）
　　このように歌論は**日本芸術の基礎理論**としての性格をもつが、それは日本の芸術全般に文
学の香り高さを添える一方、上記の本歌取りにみた、<u>既存の作品の部分を組み合わせて合成
するという技術を蔓延させた</u>。たとえば日本の山水画や浮世絵には様々な景物の見本を載せ
た画譜があり（『十竹斎画譜』『北斎漫画』など）、その景物（部品）を組み合わせて画面
を構成する方法が広く行われた。画家たちはこのようにして見たこともない洞庭湖の景色を

「瀟湘八景」として描いた。近代以前に「写実」がなかったといわれる所以である（柄谷前掲『日本近代文学の起源』Ⅰ）。したがって、近代の日本芸術はこうした**古典主義の克服**を課題とした。その課題の根源がここに解説した本歌取りにあるといってよい。

4)　『庭訓往来』：武家時代の教科書

①春始御悦向二貴方一先祝申候畢。富貴萬福、猶以幸甚々々。抑歳初朝拝者、以二朔日元三之次一可レ急申レ之處、被レ駈二催人々子日遊一之間、乍レ思延引。似下谷鶯忘二檜花一、園小蝶遊中日影上、頗背二本意一候畢。將又楊弓・雀小弓勝負、笠懸・小串之會、草鹿・圓物遊、三々九手夾・八的等曲節、近日打續経二營之一。尋常射手・馳挽達者、少々有二御誘引一思食立給者本望也。心事難レ盡、爲レ期二參会之次一、委不レ能二腐毫一。恐々謹言。

　　正月五日　　　　　　　　　　　　左衛門尉藤原
謹上　石見守殿

　　（石川松太郎校注『庭訓往来』平凡社・東洋文庫 1973 年より。山田俊雄校注『庭訓往来』岩波書店・新日本古典文学大系 52、1996 年参照）。

※「畢（おは）んぬ」、完了の助動詞「ぬ」と意味は同じ（→古文 4-3）。「猶ほ以て」やはり、一層（→「要覧」副詞 C）。「幸甚」はなはだ幸いです（現代でも使う）。「抑も」→候文 3『毎月抄』②。「朝拝」古代の元日朝賀をいうが、ここでは年始の挨拶の意味。「朔日」ついたち（→古文 1-2）、「元三」元は始、歳・月・日の始め＝元旦をいう。「之」連体格「の」（→古文 7-3）、「次」ついで、機会（→「要覧」名詞・世間）、「可」「之處」（→候文 2『雲州往来』）、「急ぎ申す」前文「歳の初めの朝拝」が目的語。「被」受身の助動詞「る」（→候文 2『雲州往来』）、「駈り催す」駆り出す（→「要覧」動詞・支度）、「子の日の遊び」正月はじめの子（ね）の日に野に出て若菜を摘み、小松を引く（長寿の木である松の小木を根から引き抜き長寿を願う）行事（山中裕『平安朝の年中行事』塙書房 1972 年）、「之間」…ので（→候文 2『雲州往来』）、「乍」（→古文 7-19）。「似たり」似ている、「似乎」と同じ。「谷の鶯」谷間に囀る鶯、「檜（のき）の花」春に綻ぶ軒端の花、「園の小蝶（こてふ）」春の園に舞う蝶々（てふ→古文 1-1）、「日影」日の当たらない場所；以上は鶯や蝶が本来あるべきところにないことを述べ、自分も本来行くべき場所「貴方」に「朝拝」しなかった後悔の念を表す。「頗る」（→「要覧」副詞 C）、「本意」（→候文 3『毎月抄』①）。「將又」あるいはまた（→「要覧」副詞 C）、以下射的の遊戯を列挙する。「楊弓」やうきゅう「雀小弓」すずめこゆみ、ともに小弓で的を射る遊び、江戸時代の諸注は楊弓を楊貴妃の弓と解説するが不審、雀小弓は実際に雀を射るともいう。「笠懸」かさかけ、的に綾藺笠（あやいがさ）を立てて馬上から射る騎射の遊び、源頼朝が上野新田荘（群馬県みどり市笠懸町か）で風に吹かれて落ちた笠を射させたことに始まるという。「小串」こぐし、四つ折にした紙を串に刺して射るという。「草鹿」くさじし、草に伏す鹿を形どった的を射る遊び、もとは頼朝が富士の巻狩（1193 年）で鹿狩りの訓練に用いたという。「圓物」まるもの、半球形の的を射る遊び、表に円を描き、裏に「鬼」と書いて蚩尤の目を象り、これを射るという。これは打毬（蹴鞠）に関する故事によるもので（守屋美津雄訳注『荊楚歳時記』正月（11）平凡社・東洋文庫 1978 年）、中世以降諸国で行われた左義長（爆竹）とも関わる年始の魔除けとされる。「三々九の手夾」さんさんくのたばさみ、「八的」不詳、『吾妻鏡』建久元年（1190）八月十六日条に頼朝の御前で河村三郎義秀が流鏑馬（やぶさめ）の射手として「三尺手夾八的等」の芸を披露し「観る者感ぜざる莫し」とあり、『庭訓往来』がこの故事に依拠したとすれば、「三々九（三尺）」は矢の長さ、「手夾」は手に複数の矢をもった連射、「八的」は的の数というように流鏑馬の曲芸「曲節」と解される。「打續き」引き続き（副詞）、「経營」催す（→「要覧」名詞・仕事）。

「尋常」見苦しくない、立派な、優れた（岩波古語辞典）、「馳せ挽き」馬を馳せ弓を引くこと。「達者」達人、丈夫（現代語も同じ）。「御…有り」…なさる（→候文3『毎月抄』②）、「誘引」人を誘って連れてくる。「思食立つ」思ひ立つの尊敬語（→古文5-6）、「給者」たまは・ば（者＝は・ば→候文2『雲州往来』）、「本望」願いどおり（現代語も同じ）、「也」なり（→漢文1-7）。「心事」心中の思い・考え、「難し」（→漢文1-5⑥）、異本は「難レ盡」を「雖レ多」に作る（多しと雖も；「雖」→漢文1-5⑱）。「爲に」動詞句を受けるときは婉曲の助動詞「む（ん）」（→古文4-5）を添えて「参会の次を期せんが為に」の形となる（→「要覧」連語；名詞句→漢文1-5⑩）、「委しく」あれこれ詳しく、「能はず」（→漢文2-1③）、「腐毫」拙い文を書く。「恐々謹言」恐惶謹言。「左衛門尉」左右衛門府の判官、「謹上」謹呈、当時の書札礼では宛名の上に書く。「石見守」石見国（いまの島根県西部）の長官。「殿」敬称（接尾語）、「様」より敬意が低い（現代も同じ）。

　〈訓読〉春の始めの御悦び貴方に向かって先づ祝ひ申し候ひ畢んぬ。富貴万福、猶ほ以て幸甚幸甚。抑も歳の初めの朝拝は朔日元三の次を以て急ぎ申すべきの処、人々子の日の遊びに駆り催さるるの間、思ひ乍ら延引す。谷の鴬、櫓の花を忘れ、園の小蝶、日影に遊ぶに似たり、頗る本意に背き候ひ畢んぬ。将又、楊弓・雀小弓の勝負、笠懸・小串の会、草鹿・円物の遊び、三々九の手夾・八的等の曲節、近日打ち続きこれを経営す。尋常の射手・馳せ挽きの達者、少々御誘引有りて思食立ち給はば本望なり。心事尽くし難く（心事多しと雖も）、参会の次を期せんが為に、委しく腐毫する能はず。恐々謹言。

　　正月五日　　　　　　　　　　　　左衛門尉藤原
謹上　石見守殿

　②改年吉慶、被レ任二御意一候之條、先以目出度覺候。自他嘉幸、千萬々々。御芳札披見之處、青陽遊宴、殊珍重候。堅凍早解、薄霞忽披。即可レ促二拝仕一之處、自他故障、不慮之至也。百手達者、究竟上手、一兩輩可レ令二同道一也。但的矢・蓋目等、無二沙汰一憚入候。一種・一瓶者、衆中課役、賭・引手物者、亭主奔走歟。内々可レ被レ得二御意一。萬事物忩之間、不レ及二一二一、併期二面拝之時一。恐々謹言。

　　正月六日　　　　　　　　　　　　石見守中原
謹上　源左衛門尉殿

　※「改年」新年、「吉慶」よろこび、「被」尊敬の助動詞「る」（→古文5-7）、「御意に任す」「任意」の尊敬表現、思いのままにお過ごしになる、「之條」ということ（※記述内容を指示する慣用句。**書簡では受け取った内容を反復して了承したことを伝えるのが礼儀である**から、相手の手紙の内容を引用したあと「…の条」と締め括り、その下に所感などを書く）。「先づ以て」まずは何より、「目出度」めでたし（→「要覧」形容詞・賞賛）、「覺」おぼゆ（→「要覧」動詞・心）。「自他」こちらもあちらも、「嘉幸」多幸、「千萬」甚だしい、至極（現代でも「迷惑千万」という）。「御芳札」相手の手紙（来信）の尊称、「披見」開いて見る、拝見する。「青陽」春、『礼記』月令・孟春（正月）に「東風解レ凍、…天子居二青陽左个一」とある（「青陽左个」は明堂の東堂北側）、「遊宴」①の「将又」以下の催し（経営）を指す、「殊に」、「珍重」有難い、めでたい（形容動詞→漢文1-3）。「堅凍」氷、「薄霞」薄くたなびく春霞（近世俳句の季語）、「忽ち」（→古文1-2天・歳時）、「披く」（霞が）晴れる。「即ち」（→漢文1-9）、「促す」せき立てる、急ぐ、「拝仕」拝命して奉仕する、お手伝いする、「故障」支障、事故、「不慮」思いがけない、慮外、「之至」この上ない、至極。「百手」百発百中、「究竟」最高、卓越（仏教用語）、「一兩輩」一人二人、「可」可能・「令」使役（→候文2『雲

州往来』）、「同道」一緒に行く、連れてゆく。「的矢」まとや（練習用の矢）、「蟇目」ひきめ（競技用の矢）、鏑を空洞にして穴をあけ、射ると高い音が鳴る。「沙汰無く」不得手・不得意・不案内（「無沙汰」とも）、「憚り入り」恐れ入る、遠慮する（婉曲に辞退を望む）。「一種・一瓶」酒と肴（宴会の飲食物）、「衆中」来客、「課役」義務・負担、「賭・引手物」賞品（賭物かけもの）とみやげ（引出物ひきでもの）、「亭主」宴会の主人、日本のウタゲ（宴）はアルジ（主）とマレビト（客）からなる。「奔走」接待する・もてなす、「歟」か（→候文2『雲州往来』）。「内々」こっそり・ひそかに、「御意」前文「亭主」の意向・考え（ここの「御意を得らるべし」は「亭主のご意向を伺っておいて下さい」の意で、宴会の酒肴や褒美を用意すべきか、亭主の考えを①の書き手に聞いて欲しいと依頼しているのだが、そうなると①の書き手は「亭主」ではなく、その家来〔部下〕となり、①の「経営」の解釈も主家の遊宴を準備するといった意味になる）。「物忩（ぶっそう）」多忙、「一二」前文「萬事」に対して小事を言う。但し異本に「不レ能二一二一」とあり、これは『漢書・楊雄伝』「僕嘗倦レ談, 不レ能二一二其詳一」によると見て「一二」は「ツマビラカ」とよめる。「併」しかしながら。「源左衛門尉」①は「藤原」だが、『庭訓往来』の往復書簡では差出人や宛名が合っていない例が多い（前掲『庭訓往来』解説330頁）。

　　〈訓読〉改年の吉慶、御意に任せられ候ふの条、先づ以て目出度覚え候ふ。自他の嘉幸、千万々々。御芳札披見の処、青陽の遊宴、殊に珍重に候ふ。堅凍早く解け、薄霞忽ち披く。即ち拝仕を促すべきの処、自他の故障、不慮の至りなり。百手の達者、究竟の上手、一両輩同道せしむべきなり。但し的矢・蟇目等、沙汰無く憚り入り候ふ。一種・一瓶は衆中の課役、賭・引手物は亭主の奔走。内々御意を得らるべし。万事物忩の間、一二に及ばず（一二にする能はず）。併しながら面拝の時を期す。恐々謹言。
　　正月六日　　　　　　　　　　　　　　　石見守中原
　謹上　源左衛門尉殿

解説　「日本文化の独立と普通教育」：『庭訓往来』の教育史的意義

　　内藤湖南（1866―1937）は『日本文化史研究』（1930）の「日本文化の独立と普通教育」において**日本教育史**を4期に区分し、前半の公家教育から後半の中流・庶民教育へと展望するなかで、漢字主体の『新撰字鏡』から『和名類聚抄』をへて国語主体の『伊呂波字類抄』や『類聚名義抄』に至る字書の展開に沿って**公家教育の流れ**をたどり、また**武家教育**の『庭訓往来』に始まり、**江戸庶民**の代表的な教科書『商売往来』に至って「国語による普通教育の独立」が完成すると述べた。この「**独立**」という考え方は、中国のように「文化が自国で発達した国」と、日本のように「外国文化の輸入によって発達した国とは、教育の歴史において著しく差がある」との認識に立ちつつ、南朝の懐良親王が明の太祖に送った上表文に「日本文化の独立」を読み取った延長線上に位置し（『日本文化史研究』所収）、この「候文解読法」のはじめにふれた古代・近代の日本史二区分説とも交差する。つまり、湖南によれば南北朝から応仁の乱にかけて中国文化から独立した「日本文化」が近代へ継承されてゆくのであり、さらにいえば、かれが生い立った明治の国民国家が欧米からの独立を目指したことも（→近代文書2解説）、この「独立」という観念には含まれているかもしれない。

　　『庭訓往来』の教育史的な意義について、湖南はまた「従来の往来は単に往復文書の軌範であって、その中に当時必要な知識をことごとく盛るというようなことはなかったので、必要の知識はシナ（中国）輸入の教科書が別に存在していたのであるが、『庭訓往来』に至って往来の中に地下、侍に必要な知識の殆ど全部を盛って、そのほかに教科書がなくても往来

だけで当時に必要な普通知識をえられるように組立てたのである」といい（講談社学術文庫版下巻 115-116 頁）、成立当初は「地下・侍」（→「要覧」名詞・宮廷）といった「主に六位以下の人々」を読者とした『庭訓往来』が江戸時代になって「庶民教育にまで用いられるようになったが、庶民などにはやや高尚に過ぎるような文句なり知識なりが盛られているのであるけれども、ともかく国語のうえに盛られた知識を、日本流に独立さした点がもっとも称讃すべき著作であった」と評している（同上 118 頁）。湖南の論断はいつも簡潔明瞭で心地よい。

　この『庭訓往来』の成立時期について、湖南は西暦 1324 年頃といい、これは後醍醐天皇の正中元年に当たり、その十年後に鎌倉幕府が倒れて「建武の新政」が始まり、それが二年で潰えて室町幕府（1336—1573）が成立し、南北朝時代（1336—1392）へと突入する。つまり湖南は鎌倉末期の成立とみているわけだが、今日一般には「南北朝後期ないし室町初期」の成立とされ（『日本古典文学大辞典 簡約版』岩波書店 1986 年）、コトバンク所載の事典類も「南北朝（後期）から室町前期」といった見方でほぼ一致している。なかには「応永年間」（1394—1428）と限定する説もあるが（デジタル大辞泉；南北朝合一後の室町幕府三代将軍足利義満の時代）、1982 年に島根県出雲市の神門寺から発見され、2012 年には重要文化財にも指定された『庭訓往来』の最古の写本は至徳三年（1386）の書写であり（文化遺産オンライン https://bunka.nii.ac.jp/参照）、これは『庭訓往来』の著者と信じられてきた玄慧法印の没年（1350）にも近い。湖南もこの玄慧を著者と認めるが、玄慧作とする確証はないにせよ、写本が出雲に伝わる時間を考慮すると（むろん『庭訓往来』が出雲で作られた可能性もゼロではないが）、ほぼ玄慧の生きた時代に成立したものとみてよいと考えられる。

　湖南は玄慧について、「当時の学者で学問の方からいっても、古来の公家の学問たる漢唐の経学を一変して宋学を始めて唱えた北畠玄慧法印の著作で、この人は後醍醐天皇その他天皇をめぐる革命思想の公家たちに尊信された新学の主唱者であったが、往来の体裁に一大変化を加えた点においても教育上重大な結果をもたらした」として、先に紹介した教育史的意義を述べている。湖南の見立ては概ね正しいといってよい。

　『庭訓往来』は正月から十二月までの月ごとに往復書簡を配列して、これに八月中旬の単独書簡を加えた 25 通からなり、その 1 通ごとにそれぞれの時節にふさわしい挨拶の文例を掲げつつ、湖南のいう「必要な知識の殆ど全部」を盛り込んだ書簡体の教科書である。ここには正月の往復書簡を掲げたが、そこに「楊弓・雀小弓」「笠懸・小串」「草鹿・円物」「三々九の手夾・八的」といった正月の射的が知識として列挙される。これはあくまでも正月の遊びであるから大した数ではないが、例えば湖南が「おもしろい」という「武家が新しく城下町を形づくる要素を詳しく述べて、その必要として集めるべき各種の職人やら人物を挙げて、小都会の要素を殆どことごとく含んでいる」四月の往信をみると、

鍛冶・鑄物師・巧匠・番匠・木道井金銀銅細工・紺掻・染殿・綾織・蚕養・伯樂・牧士・炭燒・樵夫・檜物師・轆轤師・塗師・蒔畫師・紙漉・唐紙師・笠張・簣賣・廻船人・水主・撥取・漁客・海人・朱砂・白粉燒・櫛引・烏帽子折・商人・酒沽・酢造・弓矢細工・深草土器作・葺主・壁塗・獵師・狩人・猿樂・田樂・獅子舞・傀儡師・琵琶法師・縣御子・傾城・白拍子・遊女・夜發輩井醫師・陰陽師・繪師・佛師・摺・縫物師・武藝・相撲之族、或禪律兩僧・聖道淨土碩學、顯密二宗之學生・修驗行者・効驗貴僧・智者・上人・紀傳仙經儒者・明法明經道學士・詩歌宗匠・管絃上手・

いんぜいたんせいの　しやうみやうし　いちねん た　ねんのめいそう　けんだんしよむの の さ た にん　せいしよそうあんの て かき　まな か なののうしよ
引聲短聲之 聲 明 師・一念多 念 名僧・檢斷所務之沙汰人・清書草案 手書・眞字假名能書・
ぼん じ かんじのたつしや　こうざい り こうのもの　べんぜつはくらんの たぐひ　わうぎふなかうどら
梵字漢字達者・宏才利口者・辨舌博覧之類・厒給仲人等

以上を武家が「可＿招居＿輩（招き据うべき輩）」として、「尤大切也（尤も大切なり）」という。ちなみに返信では、城下に集散する諸国の物産を挙げて、

おほとのえのあや　おおつのねりぬき　ろくでうのそめもの　ゐのくまのこう　うちのぬの　おほみやのきぬ　からすまるのえぼし　むろまちのはく
大舎人綾・大津練貫・六條染物・猪熊紺・宇治布・大宮絹・烏丸烏帽子・室町伯
らく　てしまむしろ　さがのかはらけ　ならがたな　かうやかみそり　おほはらのたきぎ　をののすみ　こしばのまゆずみ　きどののあふぎ
樂・手嶋莚・嵯峨土器・奈良刀・高野剃刀・大原薪・小野炭・小柴黛・城殿扇・
にんわじのまゆつくり　あねがこうちのはり　くらまのきのめづけ　だいごのうどめ　ひがしやまのかぶら　にしやまのこころぶと　このほか か が
仁和寺眉作・姉小路針・鞍馬木芽漬・醍醐烏頭布・東山蕪・西山心太、此外加賀
ぎぬ　たんごせいがう　みののじやうぼん　おはりのはちぢやう　しなののぬの　ひたちのつむぎ　かうづけのめん　かづさのしりがい　むさしあぶみ
絹・丹後精好・美濃上品・尾張八丈・信濃布・常陸紬・上野綿・上総鞦・武蔵鐙・
さどくつ　いせのきつつけ　いよすだれ　さぬきゑんざ　おなじくだんし　はりますぎはら　びぜんかたな　いづものくは　かひのこま
佐渡沓・伊勢切付・伊豫簾・讃岐圓座・同 檀紙・播磨椙原・備前刀・出雲鍬・甲斐駒・
ながとのうし　おうしうのこがね　びつちうのかね　ゑちごのしほびき　おきのあわび　すはうのさば　あふみのふな　よどこい　とさのざいもく
長門牛・奥州金・備中鐵・越後塩引・隠岐鮑・周防鯖・近江鮒・淀鯉・土佐材木・
あきのくれ　のとのかま　かはちのなべ　びんごのさけ　いづみす　わかさしい　さいふのくり　うがのこんぶ　まつうらのいわし　えぞのさけ
安藝榑・能登釜・河内鍋・備後酒・和泉酢・若狭椎・宰府栗・宇賀昆布・松浦鰯・夷鮭・
おくうるし　つくしごめ　あるいこくのからもの　かうらいのちんぶつ
奥漆・筑紫穀、或異國唐物・高麗珍物

と京畿から東西日本の名産をずらりと並べ、「如レ雲如レ霞（雲の如く霞の如し）」という。『庭訓往来』が鎌倉末期の成立だとすると、以上から当時の武士が「守護・地頭」として全国各地に拠点を構えた地方の情況を窺い知ることができるわけで、これは確かに面白い。またこれを教科書として学ぶ子どもの視点に立つと、当時の日本の国名（66国）や産物の名前、さまざまな職業の内容などを知ることができるわけで、教師の能力によってはそこからさらに武家政権下の家産制的経済のしくみまで理解できるだろう（このような家産制組織は中国の古典『周礼』の原始官僚制にも看て取ることができる）。

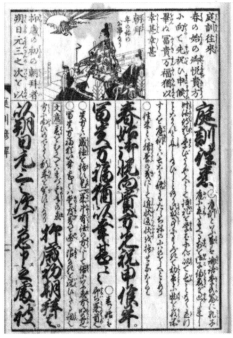
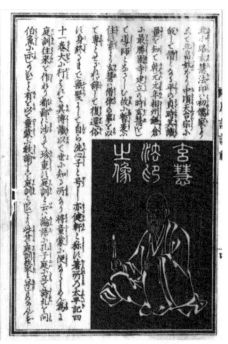

付図1　『〔新刻改正〕庭訓往来諺解』（江戸・甘泉堂 1852年；編者所蔵）

　『庭訓往来』は江戸時代に発達した木版印刷により手本・抄物（読本・注釈書）・絵本といった多様な形で普及し、江戸後期には全国に展開した寺子屋の教科書にも採用されて近代になっても版を重ねつづけた。日本の「近代化」が成功した要因が日本の普通教育と識字率の高さにあるとすれば（R.P.ドーア『江戸時代の教育』第10章、岩波書店1970年）、『庭訓往来』はその成功に決定的な役割を果たした書物ということになる。ここに掲げた図版は嘉永五年（1852）、黒船来航の前年に江戸の甘泉堂という書店が出版した『庭訓往来諺解』で、奥付をみると関東の高崎・佐原や甲府そして仙台でも販売していたことがわかるが、これを開くと（図版参照）、まずは「玄慧法印之像」を掲げて著者を紹介し、左の頁から「庭訓往来」と題して「春始御悦」云々と本文が始まる。版面は上下に分かれ、上欄に本文の訓読（漢字に読み仮名をつけた総ルビ）と「朝拝」など、文中の語句を図解した挿絵がある。下欄には太字の本文に双行注（割注）が付き、一文ごとに「文意」も示されている。本文はいわゆる**御家流**の書体で最低限の訓点のみ振る。

　御家流は北朝の尊円法親王（1298—1356）に始まる書道の流派であり、その居所にちなんで「青蓮院流」ともいい、江戸時代の標準的な書体となったことから単に御家流といわれる。『庭訓往来』の手本系といわれる版本はみな御家流の書体で本文が書かれており、ここに掲げた『諺解』の本文も「手本」（書の見本）として文字の書き方を学べるようになっている。またその読み方は上欄に掲げてあり、一言一句の意味は双行注に解説されていて「庶民などにはやや高尚に過ぎるような」わかりにくい物事には上欄に挿絵を掲げてある。表紙見返しに「頭書繪入」「兒童讀法」と唱うとおり、まさに独学でも理解できるよう工夫された教科書であり、その工夫のポイントからも当時の教育は**手習・素読**（朗読）・**解釈**（言葉の意味を覚えること）を重視したことがわかる。

　寺子屋の教育はよく「読み・書き・そろばん（算盤）」と総括されるが、この「読み」は上記の素読と解釈、「書き」は手習を指し、これに「算盤」生活に必要な計算能力を身につけた。明治政府の調査によると（『日本教育史資料』第8・9巻「私塾寺子屋表」；https://dl.ndl.go.jp/より閲覧可能）、かつて1万5560ほどの寺子屋があったというが、この調査は精確な県と杜撰な県の差が大きく、実際にはこの数を大きく上回ることが確実で（石川謙『日本庶民教育史』玉川大学出版部1972年262-263頁）、一般には「寺子屋の発達普及は幕末においてすでに全国に及び、数万をもって数えられるまでになっていた。そしてこれらの庶民学校としての寺子屋が整理されて新制度による小学校となった」とされ、「明治八年には全国に約2万4,500校の小学校が設立され」たという（文部省『学制百年史』第1編第1章第2節4「小学校の普及と就学状況」・第1節3「学制の実施」；https://www.mext.go.jp/より閲覧可能）。ちなみに現在、全国の小学校の数は少子化の影響により2018年度、初めて2万を下回った（文部科学省「学校基本調査」結果の概要；https://www.mext.go.jp/より閲覧可能）。つまり今より多くの小学校が明治初期にあったわけで、このように急速な初等教育の普及は、江戸時代における寺子屋の普及を基礎とし、廃藩置県（1871年）や秩禄処分（1876年）により武士の身分を剥奪された士族などが教員や警官に活路を求めたことによる。

　「**読書人**」という言葉が物語るように、中国では文字は支配階級のものであった。それは欧州でも同様であったが、もともと文字をもたない日本人にそういう意識はなかった。それが急速な普通教育の発展と近代化の成功につながったとすれば、そこは「外国文化の輸入によって発達した国」の強みであったといえるかもしれない。

5) 「三くだり半」：江戸時代の離縁状

「離縁状」
　離別一札之事
一、深厚宿縁淺薄之事、
　　不ㇾ有ㇾ私、後日雖二他江
　　嫁一、一言違乱無ㇾ之、
　　仍如ㇾ件。
　　　弘化四年　　　国治郎（印）
　　　八月日　　常五郎殿姉
　　　　　　　きくどの

（高木侃『写真で読む三くだり半』日本経済評論
社 2017 年 180 頁より；図版も同じ）

付図 2　江戸時代の離縁状

〈訓読〉「離縁状（りえんじゃう）」 離別一札の事／一つ、深厚の宿縁（しんこう）浅薄（しゅくえんせんばく）の事、／ 私（わたくし）に有（あ）らず。後日（ごじつ）他（ほか）（へ）え／嫁（か）すと雖（いへど）も、一言（いちごん）違乱（いらん）これ無（な）し。／仍（だん）って件（くだん）の如（ごと）し。
　弘化四年（こうか）（1847）八月日　国治郎（くにじろう）／常五郎殿姉（つねごろうどのあね）　きくどの（殿）

※「離縁状」封書の包み紙に書かれた文書名。「一札」1 通の文書・証書。「深厚宿縁」前世の因縁が深いこと。東大寺三論宗の永観（1033―1111）が『往生拾因』に念仏一行を開いて十因ありといい、その三に「宿縁深厚の故に」と説いて以来、念仏宗（浄土教）で慣用された表現、「淺薄之事」深いはずの因縁が浅く、離婚に至ったこと。「不有私」〈～に・あら・ず〉断定（→候文 1『不如帰』）、高木侃は「私でないこと、つまり『公』で、公が『公界＝無縁』を意味するとすれば、これは夫が妻との無縁＝縁切りを端的に表示したものと解しうる」として（『〔増補〕三くだり半』平凡社 1999 年 245 頁）、網野善彦の『無縁・公界・楽』（平凡社 1996 年）を参照する（→解説）。「雖他江嫁」他の家（男）に嫁いだとしても；「雖」（→候文 2『雲州往来』）、「江」格助詞「へ」の当て字、昭和の頃までは贈答品の熨斗紙（包み紙）などに「〇〇様江」と書いていた（〇〇は相手の氏名）。「一言違乱無之」一言も違えることはない；「無之」（→候文 1『不如帰』）。「仍如件」以上、右のとおりである；文書の結びに書く決まり文句（書止め文言）。「／」改行箇所を示す、以下同じ。

[解説]　三行半の「自由」：江戸時代の女性をめぐって

　ここに掲げた離縁状は下野国足利郡名草村（いまの栃木県足利市）の百姓「国治郎」が妻「きく」に与えたもので、離縁状は通常「離婚文言」と「再嫁許可文言」からなる。本文の「深厚宿縁淺薄之事不有私」が離婚文言、「後日雖他江嫁一言違乱無之」が再嫁許可文言だが、結びの書止め文言「仍如件」もふくめて、これらは大体定型の文言を用い、字数も大体同じで多くの場合「三行半」に収まることから、離縁状を「三くだり半」といい、現代でも決別することを「三くだり半を突きつける」などという。この国治郎の離縁状も本文はちょうど三行半に収まっている。
　本文の前に置かれる「離別一札之事」のような標題の書き方を「**事書き**」といい（現代で

も先生が生徒に「宿題をやってくること（＝やってきなさい）」というように、「〜こと」
の形で命令をあらわす用法はこの事書きのなごりである）、幕府の命令などはこの事書きを
箇条書きにする。それで本文の頭に「一」と番号を振ってあるわけだが、何条あっても全て
「一」と振るので、これを「**一つ書き**」という。

　さて、このように「三くだり半」は幕府などの命令書の書式にかなっており、また多くの
場合、離婚文言には具体的な理由も書かれないことから、江戸時代では夫が妻に対して一方
的かつ理不尽に離婚を言い渡すことができたと理解されてきた。こういう男尊女卑の態度を
旧制度的という意味で「**封建的**」というが、たった三行半の紙切れ一枚で女性の一生を左右
した「三くだり半」は、**良妻賢母**教育を説く『女大学』などとともに、封建的な女性蔑視の
象徴的な遺物と見なされた。これが近代に平塚らいてう（1886—1971）や高群逸枝（1894—
1964）などが出て「抑圧から解放へ」と転回し、1945年の女性参政権をへて1986年の男女
雇用機会均等法などに至る、というのが従来の日本女性史の筋書きであった。

　このような見方に対して、高木侃は離縁状の広汎な収集を進めるかたわら、たった三行半
の文書の新しい読みを提示して、女性史の古い物語を書きかえた。その衝撃を、上野千鶴子
はこう述べている（前掲『〔増補〕三くだり半』解説）。

　　　江戸の女といえば「女大学」、江戸の離婚といえば夫のほしいままに「三くだり半」を
　　投げての専権離婚、「女三界に家無し」の忍従の生活を強いられていたという思いこみが
　　くつがえされ、快哉を叫んだものだ。そうか、「三くだり半」とは夫の復縁を拒むために、
　　妻のほうから書かせた証文だったのか…

　「女三界に家無し」とは、ブッダに「汝家在レ何（汝の家何に在りや？）」と尋ねられた
蘇陀夷という子どもが「三界無レ家」と答えたという話に（普光『倶舎論記』）、『女大学』
の著者とされた貝原益軒が『和俗童子訓』教女子法に説く「三従」すなわち女は生まれて親
に従い、嫁して夫に従い、老いては子に従えという教えが結びついて、女性の一生に安住の
地はないということわざである。こういう江戸の女性のイメージを覆した高木の新しい解釈
とは一体どのようなものか。

　ここに掲げた三くだり半に即していえば、まずこの文書が上野国徳川（群馬県尾島町）の
満徳寺から出たもので、満徳寺は鎌倉の東慶寺とならぶ有名な**縁切り寺**（駈込寺）であり、
網野善彦が前掲『無縁・公界・楽』において世俗の支配関係が及ばない聖域（**アジール**）と
いう概念を取り出したのも、この縁切寺の考察からであった（もともとこのアジールに着目
したのは皇国史観に傾く前の平泉澄『中世に於ける社寺と社会との関係』1926年であった
が）。つまり離縁を願う女性はこれらの尼寺に駆け込めば世俗の夫婦関係を断ち切って離婚
できたわけで、網野はここから日本中世に遍在した「**無縁**」という自由と平和の原理を追究
し、それが「**有縁（うえん）**」という世俗権力と対立しつつ、新しい文化や宗教を生み出す
母体であることを論証した。中世の「無縁」の地＝聖域であった縁切寺は近世になると上記
の満徳・東慶の2寺に限定され、その特権も満徳寺の所在地名「徳川」から想像されるよう
に、徳川将軍家の恩恵により幕府寺社奉行の管理下に置かれていた。とはいえ、高木は満徳
寺を通じて網野の「無縁」論につなげ、三くだり半に中世的な「自由」の観念を持ち込むこ
とに成功したわけで、逆にいえば網野の『無縁・公界・楽』は当時それほど強いインパクト
を学界や読書界に与えた著書であったともいえる。

※ここでは高木・網野著書ともに増補版に依拠したが、網野の『無縁・公界・楽』の初版は1978年、高木の『三くだり半』のそれは1987年であった。したがって上記の上野の「衝撃」もその頃となる。

　つぎに本文の離婚文言について、ここに掲げた文書を高木は「満徳寺離縁状」と呼んでいて、「深厚宿縁淺薄之事不有私」という文言は満徳寺特有の表現であるのだが、注にも記したように、「深厚宿縁」という浄土教の慣用句を用いて（満徳寺は「踊念仏」の一遍上人が興した時宗の尼寺である）、夫婦関係が「無縁」に終わったことを示し、しかもそれは「私にあらず」、つまり網野のいう**公界**に属する事がらとして（高木は「人智の及ばないこと」と解する）、お互いが「自由」であることをあらわす。満徳寺以外の離婚文言、例えば東慶寺などのそれをみると（wikipedia「東慶寺」図版参照）、

　　一札之事／右者我等勝手ニ付、りゑん仕候処、向後何方江かた附候とも私方ニ而者一向かまへ不レ申候。　　（一札の事／右は我等勝手に付き離縁仕り候ふ処、向後何方え片附き候ふとも私方にては一向構へ申さず候ふ。）

とあり、「右」は標題の「一札之事」、「我等」は筆者＝夫（の家）とされ、「勝手」は都合・わがまま（岩波古語辞典）、「ニ付」は接続助詞「〜なので」（いまも貼紙などに「出入口に付き駐車禁止」などと書く）、「仕候」謙譲＋丁寧の補助動詞（→候文1「参らせ候」と同じ）、「処」も接続助詞（→候文2『雲州往来』）で、「この証文は、私どもの都合により離婚いたしましたところ」となる。この「**我等勝手**」も離婚文言の慣用句であり、従来は夫のわがままで一方的に妻を家から追い出す「専権離婚」の文言と理解してきたが、それでは離婚の原因が夫側にあることを夫本人が認めることになり、場合によっては裁判の証拠となるべき証文にそういう不利なことを書くはずがない。むしろ横暴な夫の専権離婚というならば、妻に全責任を押しつけるはずだと高木はいう。言われてみれば道理で、高木はこれを夫の寛大さと解するが、「勝手」も「自由」（訓読では「自らを由とす」とよむ）と同意で、むしろ満徳寺離縁状と同様に、お互いが自由であることを示す文言と解してもよさそうである。いずれにせよ、離縁状で重要なのは、これにつづく再婚許可文言「向後何方江かた附候とも私方ニ而者一向かまへ不レ申候（今後どちらへ片付いても〔再婚しても〕一向に構いません）」というくだりであり、この書き付けにより妻の「自由」が保証されたのである。

　実は満徳寺離縁状の妻「きく」はかなり「勝手」な女であった。関連文書を収集・分析した高木によると、きくは20年前に村内の百姓庄蔵と結婚していたが、同じ村の国治郎（国次郎）と浮気して庄蔵と離婚した。ところが1年ほどたって国治郎との離婚と庄蔵との復縁を願って満徳寺に駆け込み、国治郎がここに掲げた離縁状を書いて、結局きくは弟の常五郎に引き取られる形で示談が成立したのだという（『〔増補〕三くだり半』30頁）。高木は江戸時代にもこんな「勝手気ままで破廉恥」な妻もいたのだというが、自分の残りの人生を託す相手に迷う気持ちは誰にもあるだろう。

6）候文解読便覧

　以上、古代の変体漢文（古記録）から中近世および近代の候文解読法について述べてきた。そこで以下、本文でも紹介した林英夫監修『おさらい　古文書の基礎—文例と語彙』（柏書房

2002 年）などをもとに候文の慣用句を一覧にする。但し候文などに使われる熟語の類は数が
あまりに膨大で、ここには収録できなかった（小学館の『日本国語大辞典』や柏書房『古文書文
例大字典』などの辞書を参照のこと）。また「くずし字」の解読はもとより本書の対象外である
が（『古文書くずし字 200 選』柏書房 2001 年や油井宏子『古文書くずし字　見わけかたの極意』柏書房
2013 年など、この種の入門書は多い）、**頻出単語ほど文字をくずして書かれる**ので、この便覧
はくずし字を学習する基礎ともなるはずである。

　なお、ここまで原文は歴史的仮名遣い（→古文 1-1）を用いてきたが、この便覧では現代
仮名遣いを用い、「：」を挟んで大体の意味を記す。※凡例：見出語（読み：意味）

①「**候**」（そうろう：です・ます→候文 1『不如帰』解説）※煩を避けて以下の「意味」では敬語を
略す。
・より**丁寧**な表現「ございます」：
　御座候（ござそうろう：ございます）、無﹍御座﹍候（ござなくそうろう：ございません）
　※相違無﹍御座﹍候（そういござなくそうろう：間違いございません）
・**条件句**を作る（→古文 2-1）：
　候上者（そうろううえは：〜したうえは）、候而者（そうらいては：〜しては・したら）、
　候得者（そうらえば：〜したら／〜ので・から）、候故（そうろうゆえ：〜ので）
・**接続助詞**（順接・逆接・単純接続→古文 7-10）：
　候ハハ（そうらわば：〜したら）、候間（そうろうあいだ：〜ので・によって）
　候共（そうろうとも：〜しても）、候得共（そうらえども：〜けれども）
　候処・候所（そうろうところ：〜したところ、したこと＝準体言節）
・**準体言**（名詞）節を作る（→古文 2-2）：
　候刻（そうろうきざみ：〜した折）、候節（そうろうせつ：〜するとき）
　候段（そうろうだん：〜したことは）、候通（そうろうとおり：〜したとおり）
　候由（そうろうよし：〜ということ）、候旨（そうろうむね：〜した趣旨・事情）
　候趣（そうろうおもむき：〜した趣旨・内容・事情）、候儀・候義（そうろうぎ：〜したこと）

②**基本動詞**：
・「**有**」「**在**」（あり：ある）※「有・在」の誤用（→漢文 1-5③）、「在（方）」村・田舎。
　有レ之・在レ之（これあり→候文 1『不如帰』）、被レ為レ在（有）（あらせらる→候文 1『不如帰』）

・「**成**」（なる・なす）
　相成（あいなる：〜になる）、被レ成（なさる・ならる）※現代語「なさる・なられる」の来源
　被﹍成下﹍（なしくださる：〜て下さる）
　※御聞済被﹍成下﹍（お聞き済まし成し下さる：お聞き届け下さる）

・「**為**」（なす：する）※③助動詞「す・さす」「たり」④助詞「として」名詞「ため」参照。
　被レ為（なさる）、可レ為（なすべき：すべき）
　※如何共可レ為様無レ之（如何とも為すべき様これ無し：如何ともしようがない）

- ・「遊」（あそばす：なさる→古文 5-3）※多く尊敬の補助動詞として用いる。

  被ㇾ遊（あそばさる：なされる）、被ㇾ為ㇾ遊（あそばせらる：なされる）

  ※御関所無二相違一御通被ㇾ遊可ㇾ被ㇾ下候（御関所相違無く御通し遊ばされ下さるべく候：お関所を間違いなく御通しなさって下さいませ）；接頭語「御」＋本動詞「通す」連用形＋尊敬の補助動詞「遊ばす」未然形＋尊敬の助動詞「る」＋尊敬〔授受〕の補助動詞「下さる」終止形＋婉曲命令の助動詞「べし」連用形＋丁寧の補助動詞「候ふ」終止形

- ・「致」（いたす）※多くサ変動詞の謙譲語を作る

  致置（いたしおく：しておきます）、被ㇾ致（いたさる：なさる）

  ※致売捌候（売り捌き致し候：売り捌きます）＝本動詞「売り捌く」＋謙譲「致す」丁寧「候ふ」

  　致二拝見一候（拝見致し候：拝見いたしました）＝サ変「拝見す」の謙譲語

  　「致二沙汰一」「致二吟味一」「致二言上一」「致二注進一」（〇〇いたす）

- ・「仕」（つかまつる：致す・〜して差し上げる→古文 5-3）：

  仕候（つかまつりそうろう：いたします）、可ㇾ仕候（つかまつるべくそうろう：いたします）

  ※a 本動詞の場合と b 補助動詞の場合がある：

  　博奕等一切不ㇾ仕、農業計出精仕候（博奕等一切仕らず〔a〕、農業ばかり出精仕り候〔b〕：博奕などは一切いたしません、農業だけにお勤めいたします）

  　なお「仕置」は名詞：①取り締まり、②処罰（→現代語「お仕置き」）

- ・「申」（もうす：申し上げる）※本動詞と補助動詞（謙譲）の用法がある

  申上（もうしあぐ：申し上げる）、申入（もうしいる：申し入れる）

  申渡（もうしわたす）、申付（もうしつく：申し付ける）

  不ㇾ及ㇾ申（もうすにおよばず：申すまでもない）、申間敷（もうすまじく：決して〜しません）

  差上申（さしあげもうす：〜て差し上げます）、取極申（とりきめもうす：取り決めます）

  ※「申分（もうしぶん）」「申訳（もうしわけ）」は名詞

- ・「仰」（おおす：おっしゃる・命ずる→古文 5-3）：

  被ㇾ仰（おおせらる：おっしゃる・命じられる）※現代語「おっしゃる」は「仰せ有り」の転化。

  被二仰付一（おおせつけらる：命じられる）※「言ひ付く」の尊敬語

  被二仰出一（おおせいださる：命じられる）※「言ひ出づ」の尊敬語

  被二仰渡一（おおせわたさる：命じられる）※「言ひ渡す」の尊敬語

  被二仰越一（おおせこさる：命じられる）※「申し越す」の尊敬語

  ※現代語ではみな「命じられる」だが、複合動詞の接尾語「付」「出」「渡」「越」で、その命令がどのように出されたものかを区別している。

- ・「聞」（きく）：

  聞済（ききすます：聞き届ける）、聞召（きこしめす：お聞きになる・お許しになる→古文 5-3）

  聞召分（訳）（きこしめしわく：「聞き分く」の尊敬語）

  ※是悲共前段御願筋之義被ㇾ為二聞召訳一（是悲とも前段御願筋の義、聞こし召し訳けさせられよ：是

　　非とも先に御願いした筋についてお聞き入れ下さい）

・「存」（ぞんず：存じます→古文 5-3）：
　　存上（ぞんじあぐ：存じ上げる）、存居（ぞんじおる：存じている）
　　※難ㇾ有仕合ニ奉ㇾ存候（有り難き仕合せに存じ奉り候：ありがたい幸せと存じ上げます）

・「奉」（たてまつる：差し上げる）※多く謙譲の補助動詞として用いる
　　奉ㇾ仰（おおせをたてまつる：命令を承る）、奉ㇾ存（ぞんじたてまつる：存じ上げる）
　　奉ㇾ畏（かしこみたてまつる：恐縮する）、奉二恐入一（おそれいりたてまつる：恐れ入ります）

・「下」（くだす：下達する・下さる）※現代語の授受動詞「下さい」の来源
　　被ㇾ下（くださる：下さい）、被二下置一（くだしおかる）
　　※本動詞の場合と補助動詞の場合がある：
　　・御褒美可ㇾ被ㇾ下ㇾ之（御褒美これを下さるべし：ご褒美を下さい）＝本動詞
　　・御取捌可ㇾ被ㇾ下候（御取り捌き下さるべく候：お取りさばき下さい）＝補助動詞
　　なお「御下ケ被二成下一候ハヽ（お下げ成し下され候わば）」のように「下ぐ」と読む場合もある。

③返読文字（→漢文 1-5）：
・動詞：目的語・補語が下にある（ので下から上に読む）
　　「得」（う：得る）※多く「〜を得」の形をとる。一文字動詞（→古文 2-3）
　　得二其意一（そのいをう：理解する）、得御意（ぎょいをう：ご理解を得る）
　　不ㇾ得二止事一（やむことをえず：やむを得ない）

　　「及」（およぶ）※多く「〜に及ぶ」の形をとり、「〜の事態になる」意を表す（現代語も同じ）。
　　及二御聞一（おききおよぶ：お耳に入る）、及二沙汰一（さたにおよぶ：裁判になる・実施する）

　　「期」（ごす・きす：予定する）※「〜を期す」の形で「近い将来〜する」意を表す。
　　期二貴面一（きめんをごす：お目にかかる時を待つ）、期二後音一（こういんをきす：後日連絡する）

　　「遂」（とぐ：成就・遂行する）※「〜を遂ぐ」の形で「きちんと〜する」意を表す。
　　※別而心附可ㇾ遂二吟味一事（別して心附け吟味を遂ぐべき事：特に気をつけてしっかり調べなさい）

　　「任」（まかす：したがう）※「〜に任す」の形で「〜のとおりにする」意を表す。
　　任二先例一（せんれいにまかす：先例に従う）、任二其意一（そのいにまかす：その人の任意に）

　　「依・寄・因」（よる）※「〜に依る」の形で原因・理由を表す。
　　願主共年来之依二心願ニ一（願主ども年来の心願に依り…：願主らの以前からの念願により）
　　不ㇾ依二何事一（なにごとによらず：どんなことでも）　因ㇾ茲（これにより）
　　「限」（かぎる）※不ㇾ限二昼夜一（ちゅうやをかぎらず：昼も夜もずっと）
　　「加」（くわう）※不ㇾ加二私意一（しいをくわえず：私心なく公平に）

「蒙」（こうむる）※蒙＝御免＿（ごめんこうむる：お許しいただく）

・助動詞：下に動詞がある（ので下から上に読む）
「被」（る・らる：受身・尊敬・可能→古文 5-7）※多く尊敬の意。
被レ仰（おおせらる→②仰）、被レ成・被レ為（なさる→②成・為）、被レ下（くださる→②下）

「令」（しむ：使役・尊敬→古文 5-8）※多く尊敬の意。
令＝皆済＿付小手形引上（皆済せしむるに付き小手形引き上げ：完済なさったので…）

「為」（す・さす：使役・尊敬／たり：断定）※②動詞「なす」④助詞「として」「ため」参照
逸々為＝読聞＿一同承知奉レ畏候（逸々読み聞かせ一同承知畏み奉り候：一々読み聞かせ…）
切支丹宗門之儀累年為＝御禁制＿（切支丹宗門の儀、累年御禁制たり：…御禁制である）
※証文為＝取替＿置候（証文取り替わせ置き候：証文を取り交わしておきました）；これは自動詞「取
　り替ふ」に助動詞「す」を付けて他動詞「取り替はす」とした例（現代語「為替」の来源）

「可」（べし：命令・適当・推量・当然・意志・義務→古文 4-6）
不レ可＝押買狼藉＿事（押し買い・狼藉すべからざる事：強制買取や乱暴をしてはならない）
弥農業情出シ可＝相勤＿候（いよいよ農業情出し相勤むべく候：…農業に精を出して勤めます）

「不」（ず：否定→古文 4-4）
行衛相知不レ申候（行衛相知り申さず候：行方が知れません）※本動詞「相知」＋不＋補動「申」
出来方不レ宜（出来方（できかた）宜しからず：（作物の）出来がよくない）

「如」（ごとし：比況・一致→古文 3-7）　　仍如レ件（仍って件の如し→候文 5「三くだり半」）

・助詞：格助詞・接続助詞
「於」（において・にて：～で）※格助詞「に」「にて」に相当（→古文 7-5）
万一於＝道中＿紛失・相違之儀出来仕候共（万一道中に於いて紛失・相違の儀、出来仕り候うと
　も）※「出来」起こる・出来上がる（現代でも「重版出来」などという）
若於＝遅々＿者…可レ為＝越度＿候（若し遅々に於いては…越度（おちど）たるべく候：もし遅くな
　るようであれば、…罪過とすべきです）※「越度（＝落度）」

「自・従」（より→古文 7-8）※動作の起点となる時間・場所などを表す。
従＝江戸＿大坂迄…（江戸より大坂まで）※「大坂」＞1871 年「大阪」

「乍」（ながら→古文 7-19）
乍レ恐・乍レ憚（恐れながら・憚りながら：恐縮ですが）
乍レ去（さりながら：そうではあるが）※「去」さり（さ・あり→候文 1『不如帰』解説）の当て字
「雖」（といえども：といっても・けれども）※接続助詞「ども」に相当（→古文 7-13）
数度御免之儀雖＝願上＿御聞済無レ之（数度御免の儀願い上ぐと雖も御聞き済ましこれ無く…：

　何度もご赦免を御願い申し上げましたけれども、お聞き届けいただけず…）

・その他：形容詞・連語・助辞（訓読語）

　「無」（なし：ない）※否定の助動詞「ず」と同じ用法に注意。
　常々無＝断絶－詮議仕候（常々断絶無く詮議仕り候：いつもずっと評議して参りました）
　無レ恙（つつがなく）　　無＝余儀－（よぎなく：仕方なく）　　無レ據（よんどころなく：やむを得ず）

　「難」（がたし：がたい）※「動詞連用形＋難」の形で「〜しがたい」意を表す。
　御礼難＝申尽－候（御礼申し尽くし難く候：お礼の言葉もありません）

　「為」（として／のために：名目・資格／目的・理由）※②本動詞・③助動詞参照。
　為＝御宛行－弐人扶持被＝下置－（御宛行として弐人扶持下し置かる：給与として二人扶持を下された）※「宛行」ハ行四段「宛がふ」連用形名詞法、「扶持」一年分の糧米（1人1日玄米5合）
　右之條々為＝心得之－書記し置候（右の条々心得の為に書き記し置き候：右の各条を理解のために書き記しておきました）※「為＝心得－」は「心得として」とも読めるので「之」を添えて「心得の為に」と読ませている。

　「以」（をもって→漢文1-5⑭）※返読しない場合も多い。
　以＝実意－取計可レ申候（実意を以て取り計らい申すべく候：誠意をもって取り計らいます）

④頻出語句：形式名詞・指示語・疑問詞／形容詞・副詞・接続詞
・形式名詞：準体言（名詞）節を作る。※他に「由」「旨」「節」などがある（→①候）。
　儀・義（ぎ：こと）※「〜之儀（義）」の形で「〜のこと・件」、「人＋儀」で主語となる。
　　堰之儀者上野村差障相成候間（堰の儀は上野村差し障り相成り候間：堰のことは上野村の支障になりますので）　　私儀（私は）
　処・所（ところ）※「所」は返読文字だが（→漢文1-5⑫）、候文では下接（→①候処）。
　　此度其元との江暇遣申候處実正也（此度其許殿へ暇遣わし申し候処実正なり：今回あなたに暇を出す〔離縁する〕ことは間違いない）

・指示語（→「要覧」指示語）：
　此・之・是・斯（この・これ・かく）
　　此節（このせつ）　　此度（このたび）　　此段（このだん）　　此方（このほう）
　　依レ是・依レ此・依レ之（これにより）　　無レ之（これなし）　　是又（これまた）
　　是迄（これまで）　　如レ是・如レ斯（かくのごとし）
　其・夫（その・それ）　其節（そのせつ）　其方（そのほう）　其上（そのうえ）
　　八右衛門其外夫々厳科ニ被レ行候（八右衛門その外それぞれ厳科〔＝厳罰〕に行われ候）

・疑問詞（→「要覧」指示語・副詞）：
　何（なに・いずれ・いかが）　　何方（いずかた）　　如何（いかが）　　（如）何様（いかよう）

事実者如何可レ有レ之哉（事、実ならば如何これ有るべきや：事実ならばどうすべきだろうか）

・形容詞・連語（→「要覧」）：

　忝・辱（かたじけなし：恐れ多い・有難い）　殊之外（ことのほか：とりわけ・格別に）

　可レ然（しかるべき：適当な）　宜・宜敷（よろし・よろしく：好ましい）※「よし」の丁寧語。

・副詞（→「要覧」）：※「／」呼応表現

　聊・聊も（いささか（も）：少し／全く…ない）

　一向（いっこう・ひたすら：すべて／まるで…ない）

　一切（いっさい：すべて／全く…ない）　今以（いまもって：いまも）

　弥増（いやまし：いよいよますます）　弥・弥以（いよいよ・いよいよもって：ますます）

　兼而（かねて：前もって）　急度・吃度・屹度・屹与（きっと：必ず）

　決而（けっして：決して…ない）　自然（しぜん・じねん：おのずから・もし）

　少茂（すこしも〔…ない〕）　則（すなわち：すぐに→漢文1-9）　慥ニ（たしかに）

　縦・縦令・仮令・譬（たとい：たとえ・仮に）　篤与（とくと：よくよく・しっかり）

　可レ成丈（なるべくだけ：できる限り）※「だけ」現代の副助詞。　俄ニ（にわかに：いきなり）

　必至与（ひしと・ひっしと：しっかりと）　偏・偏ニ（ひとえに）

　不斗・風と・不図・風与・与風・風度（ふと）　別而（べっして・わけて：とりわけ）

　毛頭（もうとう：少しも…ない）　若・若又（もし・もしまた）

　尤（もっとも：本当に・とりわけ）　漸（ようやく）

・接続詞（→「要覧」）：順接・逆接・添加・補足

　然者（しかれば・しからば：だから）

　併・乍レ併・乍レ然（しかしながら）　然処（しかるところ：ところが）

　或者（あるいは）　又者・亦者（または）　并（ならびに）

　且又（かつまた）　尚又・尚亦・猶又・猶亦（なおまた）

　加之（しかのみならず：そのうえ）　然上者（しかるうえは：このうえは）

　但（ただし）

⑤変体仮名の助詞：

　江（え：格助詞「へ」→古文7-6）　歟（か：係助詞「か」文末用法→古文8-9）

　与（と：格助詞「と」→古文7-7）　ニ而（も）（にて（も）：格助詞「にて」→古文7-5）

　之（の：格助詞「の」→古文7-3）※「之」は「これ」とも読む（→候文2『雲州往来』）。

　者（は・ば：係助詞「は」・接続助詞「ば」→古文8-10・古文7-11）

　　※「者」は「もの」とも読む（→漢文1-10①）。

　茂（も：係助詞「も」→古文8-11）　占（より：格助詞「より」→古文7-8）

　而已（のみ：副助詞「のみ」→古文8-5・漢文2-7④）

⑥接頭語（→「要覧」）：

御（ご・お・おん→古文 5-2）※名詞に付く。「御〜有り・す」の形で動詞化（→候文 3『毎月抄』②）

相（あい：動詞に「ともに」「まさに」の意を添える）※相成る・相済む（済ます）等。

打（うち：動詞に「さっと」「ぱっと」「なんとなく」の意を添える）※打寄る・打ち立つ等。

指・差（さし：動詞に「まっすぐ」「はっきり」の意を添える）※差遣す・差構う等。

取（とり：動詞に「直接」「みずから」の意を添える）※取極め・取計らう等。

罷（まかり：動詞に謙譲の意を添える→古文 5-6）※罷成る・罷通る等。

⑦接尾語（→「要覧」）：複合動詞・助動詞・活用語尾・接尾語・助詞

「置」（おく）※現代語「〜ておく」の来源

相定置候（相定め置き候：定めておきました）

「兼」（かぬ：しかねる・できない）※③「難」と同様、否定を表す（→「要覧」複合動詞）

商売相続出来兼候（商売相続出来兼ね候：商売を続けかねます〔継続できません〕）

「呉」（くれ）※現代語「〜てくれ」の来源

御差出呉候様申出候（御差し出し呉れ候様申し出候：差し出してくれますよう申し出ました）

「度」（たし：たい→古文 6-5）

御鑑札頂戴仕度奉レ存候（御鑑札頂戴仕りたく存じ奉り候：御鑑定を頂戴いたしたく存じ上げます）

「也」（なり：である→古文 3-6・漢文 1-7）

金子借用申処実正明白也（金子借用申す処実正明白なり：お金をお借りしたことは明白な事実である）

「様」（よう（に）：比況→古文 3-7）

無レ之様に可二被　申付一（これ無き様に申し付けらるべし：こういうことがないように…）

被二仰付一被二下置一候様（仰せ付けられ下し置かれ候う様：命じて下さりますよう）

「間敷（鋪・布）」（まじく・まじき）※「べし」の否定（→古文 4-6）

布木綿之外着し申間鋪候（布・木綿の外着し申すまじく候：麻布や木綿以外の着物を着てはいけません）※近世に普及した木綿と瀬戸物は日本人の生活を一変させたという（柳田国男『木綿以前の事』）。これも冒頭に紹介した日本史「二区分」説の一証左といえる。

「ヶ間敷（鋪）」（〜がましく・がましき）※名詞・動詞連用形・副詞などに付く。

惣して奢ヶ間敷儀不レ可レ致（惣じて奢りがましき儀致すべからず：総じて贅沢がましいことはしてはいけない）※よい意味には使われない。

「敷（鋪）」（〜しく・しき）※形容詞シク活用語尾（→古文 3-1）

何様六ヶ敷義御申立被レ成候共（何様むつかしき義御申し立て成され候とも：どんなに難しいことをお申し立てなされましても）※他に「睦敷」「怪敷」「歎ヶ敷」などがある。

「迄」（まで：副助詞→古文 8-3）

惣百姓・水呑等ニ至迄壱人茂不レ残（惣百姓・水呑等ニ至るまで壱人も残らず）

「宛・充」（ずつ：副助詞）※等量に割って順次進行する意。

酒少々宛持参（酒少々ずつ持参す：酒を少しずつ持参する）

【付表】現代・古代仮名遣い対照表

　冒頭にも述べたように日本は長い間「言文二途」口語と文語が違っていた。現代仮名遣いでは「奥」「押」「王」「皇」はみな「オウ」と読むが、歴史的仮名遣いでは「奥 ao」はアウ、「押 ya」はアフ、「王 wang」「皇 huang」はワウと書く（下表参照）。いま字の横に拼音を添えておいたが、その違いが中国語の発音の違いに由来することがわかるだろう。

　「押」は韻尾に-k・t・pがつく入声の字で、唐代は ap と発音されていた（郭錫良『漢字古音手冊』商務印書館）。これをアフと書く歴史的仮名遣いは、だから唐代の発音に近く、現代中国語の ya は宋代以降、入声が失われて大きく変化した発音なのである。

　では「王」をワウと書くのは正しいとして、「皇」もなぜワウなのか。実は古代日本人は喉音の声母 h- が聞き取れなかった。古代のハ行は h- ではなく、両唇音の f- で、いまもフの発音にその声母が残っている。頭の中にない音は聞き取れないので、「皇」は h- が抜けて uang（=wang）と聞こえた。だから古代では「天王」も「天皇」も通用したのである。

　つまり、歴史的仮名遣いは古代の日本人が中国語の発音を忠実に書き写したものであり、それが長く保存されたのは日本人が中国文化をずっと尊重してきたことを物語るのである。

付表　仮名遣い対照表（小学館『日本大百科全書　ニッポニカ』より）

凡例：上段＝現代仮名遣い（口語、片仮名）、中段＝歴史的仮名遣い（古語）、下段＝おもな該当漢字

「あ」の部

現代	歴史	漢字
あい	あひ	相・間
あう	あふ	合・会・逢
あおい	あをい	青・蒼
あおぐ	あふぐ	仰・扇
あおる	あふる	葵
あおい	あをし	煙・岬
あわい	あはし	淡・粟・味

「い」の部（イ／ヰ）

現代	歴史	漢字
い	ゐ	井・亥・居・猪
いえ	いへ	言・云・謂
いおえ	いほへ	位
いきおい	いきほひ	遺・維・惟・委・緯
いずれ	いづれ	昆・賢・尉・慰・偉
いしずえ	いしずゑ	功・勲
いにしえ	いにしへ	礎
いのしし	いのしし	勢
いわ	いは	城・國
		古
		何
		居・院・韻
		石・岩・磐・巌
		貝
		五百・庵
		魚
		家

「う」の部

現代	歴史	漢字
うい	ういゐ	初
ういう	ういゐ	上・植
うお	うを	魚
うじ	うぢ	渦
うずら	うづら	鵜

「え」の部（エ／ヱ）

現代	歴史	漢字
えい	ゑい	笑
えいむ	ゑいむ	越・剋
えいつ	ゑいつ	衡
えぐる	ゑぐる	餌
えい	へエ	重・会・回・恵・絵・壊
えん	ゑん	円・苑・怨・冤・婉
		淵・緩・援・猿・園
		遠・鴛

「お」の部（オ／ヲ）

現代	歴史	漢字
おい	おひ	（略）
おう	おう	奥
おうぎ	あふぎ	扇
おおかみ	おほかみ	狼
おおい	おほい	多
おおやけ	おほやけ	公
おかしい	をかしい	可笑
おかす	をかす	丘・岡・陵・陸
おく	をく	歴
おける	をける	拝
おこす	をこす	歴
おさない	をさない	幼・稚
おさめる	をさめる	収・治・納・食
おじ	をぢ	小父・叔父・伯父
おしい	をしい	惜
おしどり	をしどり	鴛鴦
おす	をす	牡・雄・食
おそう	おそふ	怖
おだてる	をだてる	男
おとこ	をとこ	男
おとす	をとす	壮・雄・食
おととい	をとつひ	一昨日
おとめ	をとめ	少女・乙女
おどる	をどる	踊・躍
おな	をな	女
おのこ	をのこ	男
おば	をば	小母・叔母・伯母
おぼえる	おぼえる	折
おもい	おもひ	女
おり	をり	御座・檻
おる	をる	御座・座
おわす	おはす	緒・温・園・遠
おん	をん	怨・温・園・遠
おんな	をんな	女

オウ・ワウの別（オの長音）

歴史	漢字
ワウ	王・往・旺・皇・凰
アウ	央・桜・奥
アフ	凹・庄・押
ワフ	黄・襖
	翁・嫗

（注）
(1) 現代仮名遣いによる五十音順に掲げた。
(2) 上段に現代仮名遣い（口語）、中段に歴史的仮名遣い（古語）、下段におもな該当漢字を示した。
(3) 上段は片仮名、訓は平仮名で示した。
(4) 字音のなかには、同一の漢字が、漢音と呉音とで字音が異なるため、重出する場合がある。

続表

か		
カ	クワ	化・火・瓜・禾・花・果・科・華・訛・貨・菓・渦・過・禍・靴・夥・寡・窩・蝸・課
ガ	グワ	瓦・画・臥
カイ	クワイ	会・灰・回・快・怪・廻・徊・悔・恢・晦・絵・塊・潰・壊・懐・獪
かい	かひ	交・貝・峡
ガイ	グワイ	外
かえる	かへる	反・帰・替・変・蛙
かお	かほ	顔
かおり	かをり	香・薫
カク	クワク	画・拡・郭・廓・獲・穫・攫
かげろう	かげろふ	陽炎・蜉蝣・蜻蛉
かじ	かぢ	鍛冶・梶
かずら	かづら	葛・鬘
カツ	クワツ	刮・括・活・滑
ガツ	グワツ	月
かなえ	かなへ	鼎
かれい	かれひ	餉・鰈
かわ	かは	川・皮・河・革
かわず	かはづ	蛙
かわら	かはら	川原・河原・瓦
かわる	かはる	代・変・替
カン	クワン	完・官・冠・巻・患・貫・喚・換・棺・勧・寛・関・管・慣・緩・歓・館・還・環・観
ガン	グワン	丸・元・玩・願
かんがえ	かんがへ	考
き		
きずく	きづく	築
きずな	きづな	絆
キュウ	キウ	九・久・仇・丘・旧・休・朽・臼・求・灸・究・糾・救・球・嗅・鳩
	キフ	及・吸・汲・泣・急・級・給
ギュウ	ギウ	牛
キョウ	キヤウ	兄・向・刑・形・狂・享・京・況・香・卿・強・竟・経・郷・敬・軽・境・慶・鏡・警・競・響・饗・驚
	ケウ	叫・教・僑・橋
	ケフ	協・峡・狭・脅
ギョウ	ギヤウ	行・刑・仰・形
	ゲウ	暁・尭・僥
	ゲフ	業
きわ	きは	際
きわめる	きはむ	究・極・窮
く		
くい	くひ	杭
くう	くふ	食
くず	くづ	屑
くずす	くづす	崩
くもい	くもゐ	雲居
くれない	くれなゐ	紅
くわわる	くははる	加
け		
けわしい	けはし	険
こ		
こい	こひ	恋・鯉
コウ	カウ	巧・向・交・仰・好・行・江・考・更・抗・坑・孝・効・幸・郊・香・降・航・高・康・絞・項・綱・稿・衡・鋼・講
	カフ	甲
	クワウ	広・光・黄
	コフ	劫
こう	かう	斯
	こふ	乞・請・恋
ゴウ	ガウ	号・仰・剛・強
	ガフ	合
	ゴフ	劫・業
こうばしい	かうばし	香
こえ	こゑ	声
こおり	こほり	氷
こおろぎ	こほろぎ	蟋蟀
さ		
さえ	さへ	（助詞）
さお	さを	竿・棹
さかずき	さかづき	杯・盃
さわ	さは	沢
し		
ジ	ヂ	地・治・持・痔
じ	ぢ	路
しい	しひ	椎
しいる	しふ	強・誣
しお	しほ	塩・潮・汐
しおり	しをり	枝折・栞
ジキ	ヂキ	直
しきい	しきゐ	敷居
ジク	ヂク	竺・軸
しずか	しづか	静
しずく	しづく	雫・滴
しずむ	しづむ	沈・鎮
シュウ	シウ	収・囚・州・舟・秀・周・秋・臭・修・週・就・愁・酬・醜
	シフ	拾・執・習・集
ジュウ	ジウ	柔・獣
	ジフ	十・拾・什
	ヂユウ	中・住・重
ジョ	ヂヨ	女・除
ショウ	シヤウ	上・正・生・匠・庄・声・床・尚・姓・性・昌・青・政・相・省・荘・将・症・商・唱・章・晶・装・象・傷・奨・聖・詳・精・障・賞・償
	セウ	小・少・召・肖・抄・招・沼・昭・宵・消・笑・焼・焦・詔・照
	セフ	妾・渉
ジョウ	ジヤウ	上・井・成・状・城・浄・常・情・静・壌・譲
	ゼウ	擾
	ヂヤウ	丈・杖・定・娘・場・嬢・錠・醸
	デウ	条
	デフ	帖・畳
ジョク	ヂヨク	濁
ジン	ヂン	沈・陣・塵
す		
ズ	ヅ	図・豆・途・頭
ずつ	づつ	宛
そ		
ソウ	サウ	双・争・壮・早・相・草・荘・倉・捜・桑・巣・掃・窓・葬・装・想・遭・操・燥・霜
	サフ	挿
そう	そふ	沿・添・副
ゾウ	ザウ	造・象・像・蔵
	ザフ	雑
た		
たい	たひ	鯛
たえ	たへ	妙・栲
たおす	たふす	倒
たぐい	たぐひ	類
たま(も)う	たまふ	給・賜
たましい	たましひ	魂・霊
たわむれ	たはむれ	戯
ち		
ちいさい	ちひさし	小
チュウ	チウ	宙・抽・昼・鋳
チョウ	チヤウ	丁・町・長・頂
	テウ	弔・兆・挑・彫・眺・鳥・朝・超・跳・潮・調
	テフ	帖・蝶
つ		
つい	つひ	遂・終
ついやす	つひやす	費
つえ	つゑ	杖
つくえ	つくゑ	机
と		
トウ	タウ	刀・当・到・逃・倒・党・唐・島・桃・討・悼・盗・陶・湯・稲・糖
	タフ	答・塔・踏
ドウ	ダウ	堂・道・導
とうとい	たふとし	尊・貴
とお	とを	十
とおい	とほし	遠
とおる	とほる	通
とじる	とづ	閉・綴

続表

な行〜ふ（続）

見出し	読み	歴史的仮名遣い	漢字
な	なえ	なへ	苗
	なお	なほ	猶・尚
	なおす	なほす	直・治
	なんじ	なんぢ	汝・爾
に	にい	にひ	新
	におい	にほひ	匂・臭
	ニュウ	ニフ	柔
	ニョウ	ネウ	尿・繞
	にわ	には	庭
	にわか	にはか	俄
ぬ	ぬかずく	ぬかづく	額
ね	ねがう	ねがふ	願
の	ノウ	ナフ	納
	ノウ	ナウ	悩・脳
は	はい	はひ	灰
	はえ	はへ	蝿
	はからう	はからふ	計
	はじ	はぢ	恥
	はにゅう	はにふ	埴生
ひ	ひきいる	ひきゐる	率
	ひたい	ひたひ	額
	ヒュウ	ヒウ	謬
	ヒョウ	ヒヤウ	表・兵・俵・票・漂・評
	ビョウ	ビヤウ	平・病・描・廟
ふ	ふじ	ふぢ	藤

ほ行〜も

見出し	読み	歴史的仮名遣い	漢字
ほ	ホウ	ハウ	方・包・邦・芳・砲・抱・泡・放・胞・訪・
	ホウ	ハフ	法
	ホウ	ホフ	報
	ボウ	バウ	亡・忙・芒・坊・妨・防・忘・房・労・望
	ボウ	バフ	乏
	ほお	ほほ	頬
	ほおずき	ほほづき	酸漿
	ほのお	ほのほ	炎
ま	まい	まひ	舞
	まいる	まゐる	参
	まえ	まへ	前
	まず	まづ	先
	まつわる	まつはる	絡・縲
	まわる	まはる	回・廻
み	みさお	みさを	操
	みず	みづ	水
	ミョウ	ミヤウ	名・命・明
	ミョウ	メウ	妙・著
め	めおと	めをと	夫婦
	めずらしい	めづらし	珍
も	モウ	マウ	亡・盲・孟
	もうける	まうく	設
	もうす	まうす	申
	もうでる	まうづ	詣
	もとい	もとゐ	基
	もみじ	もみぢ	紅葉
	もよおす	もよほす	催

や行〜わ

見出し	読み	歴史的仮名遣い	漢字
や	やしなう	やしなふ	養
	やよい	やよひ	弥生
	やわらか	やはらか	柔・和・軟
ゆ	ユウ	イウ	友・右・由・有・幽
	ユウ	イフ	悠・郵・猶・遊・誘
	ゆう	ゆふ	夕・木綿
	ゆえ	ゆゑ	故
	ゆえん	ゆゑん	所以
	ゆずる	ゆづる	譲
よ	ヨウ	エウ	夭・幼・妖・拗・杳・要・揺・腰・遙・窈
	ヨウ	ヤウ	養・洋・揚・陽・様・
	ヨウ	エフ	葉・謡・曜
り	リュウ	リウ	柳・流・留
	リュウ	リフ	立・粒
	リョウ	リャウ	令・両・良・涼・量・
	リョウ	レウ	了・料・陵・療
	リョウ	レフ	猟
ろ	ロウ	ラウ	老・牢・労・郎
	ロウ	ラフ	蠟
わ	わこうど	わかうど	若人
	わざわい	わざはひ	災・禍
	わらわ	わらは	妾・童

漢文訓読法：中国文化の日本化

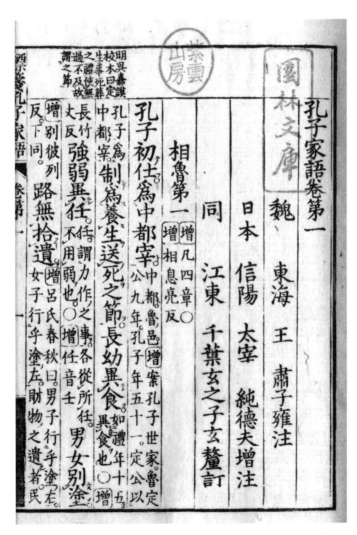

和刻本『標箋孔子家語』寛政元年（1789）刊、編者所蔵

序章　漢文訓読とは

　漢文訓読とは日本人が中文を翻訳する方法の一つである。中国人が和文（日本語の文章）を翻訳する時は当然すべて中文に訳すだろう。日本人も現代中国語の文章を訳す時には全部和文に翻訳する。これが普通の翻訳法である。しかし古代の日本人はそうしなかった。なぜなら古代の日本人は文字をもたなかったからである。

　『隋書・倭国伝』に「於百濟求得佛經、始有文字」とあるように、日本の文字文化は「仏教伝来」とともに始まった。6 世紀中葉のことである。それ以前にも、『宋書・倭国伝』に堂々と論陣を張った倭王武（雄略天皇）の上表文や出土した金文などがあるが、その金文の一つである江田船山古墳出土の鉄刀銘（5 世紀）に「書者張安也」とあるように、それらの文字は渡来系の書記官「史（ふひと）」の手になると考えられている。

　どうやら漢文訓読は文字文化の開幕と同時に行われていたらしく、7 世紀の金文や木簡にその跡をたどることができるほか、『日本書紀』天武十一年（682）条にみえる日本最初の字書『新字』1 部 44 巻（散佚）は、その当時通行した漢字の発音と意味（訓詁）を集めたものと見られている。

　日本人にとって文字とは漢字であった。だから日本語を表記する時には、日本語の発音に近い漢字音を仮りて書いた。これが万葉仮名であり（名＝字）、例えば大化改新で滅亡したソガ氏を「蘇我」と表記するのはソと蘇、ガと我の字音が近いからである。一方、その蘇我氏を滅ぼした藤原（中臣）鎌足の「藤原」はフジハラ（フジワラ→「古文解読法」第一章（1）、以下「古文 1-1」と略す）とよむ。これは「藤」が日本のフジという植物に相当し、「原」が日本語のハラに相当するためで、この場合、フジとハラは藤や原の翻訳語である。こういう漢字の訳語（字義）を用いた読み方を訓読（**訓読み**）といい、「蘇我」のように字音を用いた読み方を**音読み**という。日本人はこの漢字の音と訓を用いて日本語を表記してきた。

　　天坐神之依ₓ奉ₓ隨、此天津日嗣高御座之業ₜ、現御神ₜ大八嶋國所知倭根子天皇命授賜ₕ負賜ₙ貴ₓ高ₓ廣ₓ厚ₓ大命ₓ受賜ₗ恐坐ₓ、

　これは『続日本紀』冒頭にある文武天皇（在位 697—707）の即位宣命の一部だが、この漢字列はつぎのような日本語を表記したものである（原文の小字をカタカナで示す）。

　　　　あめ　ま　かみ　よさ　まつり　まにまに　こ　あま　ひつぎ　たかみくら　わざと　あきつみかみ　おほやしまぐにし
　　天に坐す神の依シ奉シ随 、此の天つ日嗣高御座の業ト、現御神ト大八嶋国知ろしめ
　やまとねこすめらみこと　さず　たま　たま　　　　　　　おほみこと　　　　　たまは　かしこ　まし
　す倭根子天皇命の授け賜ヒ負せ賜フ貴キ高キ広キ厚キ大 命 ヲ受け賜リ恐み坐テ、
　　訳：天にいらっしゃる神がご委任申し上げたことにより、この皇位継承の高御座（玉座）の任務として、現人神として大八嶋国（日本）を統治なさる日本国天皇がお授けになり仰せになられた貴く高く広く厚いご命令を承り恐縮なさって、…

　これは天皇が自らを「現御神（現人神）」と規定した最古の文章なのであるが、それはともかく、原文では文字を大小に分け、大字で**自立語**（体言・用言・修飾語→古文 0-2）や一

部の付属語（助詞「つ」「の」・補助動詞「たまふ」「ます」）を表し、小字で活用語尾（「依シ」「賜ヒ」「貴キ」など）や助詞（ト・ヲ）・助動詞（「奉シ」：過去の助動詞「き」の連体形→古文 4-2）を表している。こういう書式を「**宣命体**」というが、訓読みの漢字を並べて和文の骨格を作りつつ、中文にはない活用語尾などを小字（**音仮名**）で補う。漢字で日本語を表記した、古代日本人の苦心が看て取られる。

　日本人はこれと同じ原理で中文を翻訳した。例えば上記「於百濟求得佛經、始有文字」という『隋書・倭国伝』の原文は「百濟」「佛經」「文字」が名詞（体言）、「求得」「有」が動詞（用言）、「於」が介詞（助詞）、「始」が副詞（修飾語）であるから、これを日本語の「体言＋用言」「自立語＋付属語（助詞）」の語順に転換する記号（一二点）を付して、

　　　　於二百濟一求二得佛經一、始有二文字一。

と書き、「百済に仏経を求め得て、始めて文字有り」と翻訳した。これを「**書き下し文**」または「**読み下し文**」というが、この翻訳では原文の虚詞「於」以外の全ての文字が保存されている。つまり原文の文字を生かしながら日本語に翻訳することができる。このように原文に忠実な翻訳方法は世界的にも非常に珍しく、大変優れた翻訳法といえるが、それは別に意識して作られた方法ではない。日本人が漢字を自国語の文字としたから、自然とそうなったまでである。むしろ上記の宣命体のような日本語の表記法も、漢文訓読をくり返すなかで形成されたものであろう。そしてこの訓読法は、日本の文字文化の開始とともに行われていたと見られることから、おそらく百済人が倭人に教えたものであろう。

　漢文訓読は日本人が中文を読むための翻訳法であって、もとより中国人には全く必要のない技術である。しかし中日文化交流に関心をもち、日本人が中国文化をどのように受容したかを研究する人は、この技術を是非とも知る必要がある。漢文訓読があまりに優れた翻訳技術であったがために、日本人は中国語の学習をやめてしまった（井上亘「古代日本的講学与其来源」『北大史学』第 18 期）。中国語を話せない外国人が高いレベルの中国学を展開してきた秘密が、ここにある。読者は、以下の学習を通して、漢文訓読が詳細な構文分析や品詞分解を要するということを思い知るであろう。日本人はこのように一字一句を分析して中国を理解してきたのであり、その作業を知ることは、中国人にとっても中国を再認識する機縁となるはずである。また、これはあまりよくない慣習だと思うが、日本の重点大学の大学院に留学して日本の中国学や日本文化を学ぶ場合、受け入れる大学の多くは留学生に漢文訓読の能力を要求する。すなわち中日の学術交流においても現状、必要な技術となっている。ここに漢文訓読法を解説する所以である。

　なお、以下に本編の主な参考文献を掲げておく。

　　西田太一郎『漢文の語法』（角川書店・再版 1988 年）

　　柳町達也『漢文読解辞典』（角川書店 1978 年）

　※前者は日中の伝統的な「小学」の知識に基づいて書かれた名著、後者は和刻本の訓読例を集めて書かれた特色のある解説書である。

第一章　漢文訓読の基本

（1）漢籍・仏典・和書

　日本では民国以前の中国書籍を「**仏典（仏書）**」とそれ以外の「**漢籍**」に分け、日本人の著作を「**和書**」または「**国書**」という。この分類とは別に日本製の版本を「**和刻本**」というが、これは和書の版本だけでなく、漢籍・仏典の版本をも含む。

　和刻本の漢籍には大抵、訓点が付してあり、訓読の参考になるが、誤りも多いので注意を要する。

　※日本国内の漢籍については長澤規矩也『和刻本漢籍分類目録』（汲古書院）があり、仏典については『大正新脩大蔵経』目録部および『仏書解説大辞典』（大東出版社）、和書については『国書総目録』（岩波書店）がある。但し大学図書館などが所蔵する古典籍は CiNii で検索できる。

　　CiNii Books：http://ci.nii.ac.jp/books/

　また、漢籍については汲古書院から「和刻本集成」が出ているほか、「国立国会図書館デジタルコレクション」には膨大な和刻本（和書・仏典を含む）が収蔵され、その克明な画像を見ることができる。但し数が多いので、閲覧する書名を限定して検索する必要がある。

　　国立国会図書館デジタルコレクション：http://dl.ndl.go.jp/

　その他、各大学や研究機関がネット上に公開しているデータベースや画像データも有用である。

　　SAT 大正新脩大藏經テキストデータベース：http://21dzk.l.u-tokyo.ac.jp/SAT/index.html

　　東京大学東洋文化研究所：http://www.ioc.u-tokyo.ac.jp/database/index.html

　　国文学研究資料館電子資料館：http://www.nijl.ac.jp/pages/database/

　　早稲田大学古典籍総合データベース：http://www.wul.waseda.ac.jp/kotenseki/index.html

　本書ではこの内、漢籍の訓読法について解説を加える。というのも仏典の訓読はやや特殊な技術を要し（金岡照光『仏教漢文の読み方』春秋選書）、また和書でも古代・中世の書籍には和（倭）臭の漢文「変体漢文」が多く、これにもまた別の技術を要するからである（その一部は本書「候文解読法」で扱う）。これらの漢文訓読を学びたい人は、まずこの漢籍の訓読を習得し、その後ほかの特殊な訓読法に進むことを推奨する。

（2）漢字三音

　日本語を学ぶ外国人を困らせるものの一つに漢字の読み方がある。例えば天皇の「行幸」は「<u>ぎょうこう</u>」と読み、「旅行」は「りょ<u>こう</u>」と読み、「行宮」は「<u>あん</u>ぐう」と読む。どれも（天皇の）旅行に関する言葉なのに、なぜ読み方が違うのか。それは二千年にも及ぶ長い中日交流史のなかで、日本人が学んだ各時代の漢字音を保存してきたからである。

　日本の漢字音には三つの読み方がある。すなわち呉音・漢音・唐音であり、これを**漢字三音**という。上の「行」字でいえば、「ぎょう」は呉音、「こう」は漢音、「あん」は唐音であるが、この呉・漢・唐は必ずしもその字音が日本に輸入された時の王朝を意味しない。

　漢字三音の内容は「漢音」を基準にすると覚えやすい。**漢音**とは 7〜9 世紀の遣唐使が持ち帰った唐代長安の方言であり、その特徴は**非鼻音化**にある。唐代の長安では声母の m- が b- に、n- が d- に訛っていた。それで「馬」を<u>バ</u>、「梅」を<u>バ</u>イ、「奴隷」を<u>ド</u>レイと読む。こ

の変化は長い中国音韻史にあって唐代長安にのみ見られたものであり、それを古代の遣唐使が伝えたまま今も使っている。漢音は現在、三音の内でも使用頻度が最も高い字音であり、漢籍（経史子集）の音読みには多くこの漢音が用いられる。

　呉音は漢音以前、百済経由で伝えられた南朝の字音とされ、仏典や古い和書に多く使用されている。例えば「経」字は呉音で「きょう」、漢音で「けい」と読むが、仏典の「経」は呉音、儒学の「経」は漢音を用いる（但し「五経」「十三経」は呉音、「九経」のみ漢音で読む）。だから同じ「経典」でも仏教では「きょうてん」、儒学では「けいてん」と読むわけで、甚だ面倒だが、こう読まないと日本人には通じない。また「文書」も一般には漢音で「ぶんしょ」だが、歴史の研究者は「もんじょ」と呉音で読む（例：古文書学）。こういう弊害をなくそうと、漢音読みで統一する動きも学界にはあるが、定着していない。

　一方、**唐音**は漢音以後、宋元時代に日本に亡命してきた禅僧たちが伝えた漢字音とされ、そうした経緯からか、使用範囲は禅宗の用語やごく一部の単語に限られている。

　三音の区別は日本の漢和辞典に書いてある。ネット上でこの区別を調べられる辞書はまだないようだが、yahoo などのホームページに単語を入力すれば読み方がわかることも多い。しかし音読みだけでなく、訓読みも調べる必要があるので、漢文訓読を本格的に学ぶ人は『新字源』（角川書店）などの漢和辞典を携帯した方がよい。なお、最も大部な漢和辞典は諸橋轍次『大漢和辞典』（大修館書店）であるが、中国学などに従事する人は商務印書館の『故訓彙纂』や中華書局『古書虚詞通解』を並用して、最適な訓読みを探る必要がある。

　※正確には「行」の漢音は「かう」、呉音は「ぎゃう」だが（『岩波古語辞典』「歴史的かなづかい要覧」が簡便）、本書では煩を避けて、漢字音（音読み）については現代仮名遣いで統一する。

（3）訓点

　以上の予備知識を踏まえて、漢文訓読の基本を解説する。なお漢文訓読では縦書きを前提として訓点（返り点と送り仮名）を原文の左右に付けるが（「漢文訓読法」扉図版参照）、本書は横書きであるため、**送り仮名やふりがなが原文の上**、**返り点がその下に来る**ことをあらかじめ断っておく。また、本書では**原文に繁体字**を用い、**書き下し文には常用漢字**を用いて、読者が繁簡いずれの字体にも対応できるよう配慮した。

　さて、すでに序章で訓読という翻訳方法を簡単に紹介したが、ここではより詳しく解説すると、まず「信而見疑、忠而被謗」という原文について、

　　　信ニシテ而見レ疑ハ、忠ニシテ而被レ謗ラ。

というように訓点を付して、「信にして疑はれ、忠にして謗らる」と書き下す。漢文訓読の場合、「、」で区切られた部分（上の例では各4字）を「句」といい、「。」で区切られた部分（全8字）を「文」という。こういう句読点「、」「。」がないものを「**白文**」といい、白文の場合は自分で句読を切らなければならないが、それは中国の「断句」と全く同じ作業であるから、ここでは説明しない。

　各句1字目の「信」「忠」は徳を表す形容語で、日本語ではこれを形容動詞として扱う（→古文 3-3）。2字目の「而」は、文頭にあれば「しこうして（＝しかして・順接）」「しかれど

も（逆接）」と読む接続詞だが（→古文 9-7）、文中にある場合は古語の接続助詞「して」に相当する**助辞**（虚詞）として読む（ここは逆接の意味→古文 7-18）。ゆえに「信に・して」「忠に・して」と読み、形容動詞ナリ活用連用形の活用語尾「に」と助詞「して」をカタカナで小さく書く。これを「**送り仮名**」といい、漢字の読み方をひらがなで示した「読み仮名（**ふりがな**）」と区別する（ふりがなは通常、難読字にのみ振る。上の例文は解説用である）。

　　※古語の形容動詞には「和語＋なり」「漢語＋たり」という原則があるから、ここも本来は「信たり」「忠たり」とタリ活用にすべきだが、**漢文訓読では一律ナリ活用を用いる**（「信として」と読むと助詞の「として」と見間違えるからであろうか）。但し「為」字がある時はタリ活用に読む（→漢文 1-5①）。

　　また、各句 3 字目の「見」「被」は受身の助動詞「る」に相当する（→古文 5-7）。日本語の「自立語＋付属語」の原則にしたがって、4 字目の動詞「疑」「謗」の下に助動詞「る」を付けなければならないので、記号「レ」を付して 3 字目と 4 字目の順序をひっくり返すよう指示する。これを「**返り点**」といい、以上の送り仮名・読み仮名・返り点を総称して「**訓点**」という（古くは送り仮名の代わりに「ヲコト点」を用いたが、今は使わない）。

　　なお、**動詞の送り仮名はその活用語尾を書く**が、漢文訓読は古代日本人が開発した技術なので、全て**古文に書き下す必要がある**。上の動詞「疑」は現代語ならば「疑う」（ワ行五段）だが、古語では「疑ふ」（ハ行四段）となり、また「謗」は現代語で「謗る」（ラ行五段）、古語も同じ（ラ行四段）だが、これを受動態にすると現代語は「謗ら・れる」になり、古語は「謗ら・る」になる。ここは日本の学生にとっても処理が難しいところだが、動詞などの活用と漢文訓読に用いる助動詞・助詞だけは、古典文法の知識が必要である。

　　※用言（動詞・形容詞・形容動詞）の活用については古文 2-3・3-1・3-3、訓読に多用する助動詞は受身「る・らる」、使役「しむ」、完了「たり・り」、否定「ず」、推量「む／じ」「べし／まじ」、断定「なり・たり」、比況「ごとし」などであり（以上、古文 5-7・5-8・4-3・4-4・4-5・4-6・3-6・3-7）、古語 30 助動詞の一部に限られる。また、送り仮名に使う助詞も「て・に・を・は」や「にて・して」といった基本的なものしか使わない。

　　このように訓点を付ければ、書き下し文にしなくても訓読（翻訳）したことになるが、書き下し文にする場合には、日本語の付属語（助詞・助動詞）に相当する**助辞（虚詞）の漢字は書き下し文に残さない**のが原則である（例外は後述する）。上の例でいうと、助詞「して」に当たる「而」字と助動詞「る」に当たる「見」「被」字は書き下さない。なるべく自然な和文にするための配慮である。

　　※なお、最近は書き下し文を現代仮名遣いで書くことも多いが（例：信にして疑われ）、「忠にして謗られる」とは絶対に書かない。結局古文を現代仮名遣いで表記するだけであり、外国人にはむしろ理解しがたいと思われるので、本書では歴史的仮名遣いで統一する（→古文 1-1）。

（4）返り点

　　（3）にも述べたように、中文と和文では語順が異なり、また和文には中文にない付属語がある。したがって訓読する時には語順を換え、付属語を自立語の下に置かなければならない。そこで「レ点」「一二点」「上下点」「甲乙点」などの返り点を使う。

①レ点：1字返る。a2レ1。／b3レ2レ1。

　　a 讀^ムレ書^ヲ。　　（書を読む。）

　　b 不レ讀^マレ書^ヲ。　　（書を読まず。）

※（S・）V・O（動詞・目的語）をO・V（体言＋用言）に返した形。否定の助動詞「ず」は未然形接続なので（→古文4-4）、マ行四段動詞「読む」は「読マ」と送る（古文2-3）。

②一二点：2字以上返る。a3二12一。／b4レ3二12一。／c5二14二23一。

　　a 知^ル二天命^ヲ一。　　（天命を知る。）

　　b 不レ知^ラ二天命^ヲ一。　　（天命を知らず。）

　　c 臣恐^{ルル}三強秦之爲^{ルヲ}二漁父^ト一也。　　（臣、強秦の漁父と為るを恐るるなり。）

※目的語が二字熟語などの場合は一二点を使う。cは動詞「恐」の目的語が長い文になっていて、その文中に一二点を用いているので、「恐」に「三」点を付す。また文末に「也」があり、これが断定の助動詞「なり」（連体形接続）に相当するため（→古文3-6）、ラ行下二段動詞「恐る」の連体形「恐るる」を送る。格助詞「の」に当たる「之」と文末の「也」は書き下し文に残さない。

　なお、目的語が1字でも動詞が2字の場合は一二点を用いる（2字動詞の間に「一」を付す）。

　例：得^テ二天下^ノ英才^ヲ一教二育^ス之^ヲ一。　　（天下の英才を得て、これを教育す。）2二一31一。

③上下点：一二点を挟んで返る。a6下14二23一5上。b7下3二12一6中45上。

　　a 客二有^リ下能^ク爲^ス二狗盗^ヲ一者上。　　（客に能く狗盗を為す者有り。）

　　b 不下爲二兒孫^ノ一買^ハ中美田^ヲ上。　　（児孫の為に美田を買はず。）

※上下点の場合、「上」点が下にあり、「下」点が上にあるのは一見奇妙であるが、「一二点」と同様、読む順序を示したものにすぎない（甲乙点も同じ）。aは「有〜者」の「〜」に一二点が含まれるので上下点を用いたもの。bは「不レ買二美田一」に「爲二兒孫一」という動作（買う）の対象を挿入したので「不下〜買中美田上」となる。なお、「為」については本章（5）⑩参照（→漢文1-5⑩）。

④甲乙点：a上下点を挟んで返る。10乙8下2レ17中5二34一6上9甲。

　　　　　b上中下点で足りない時に使う。10丁19丙4二23一58乙67甲。

　　a 天下莫^シ乙不^ル下延^{バシテ}レ頸^ヲ欲^セ中爲二太子^ノ死^{ナント}上者甲。

　　（天下、頸を延ばして太子の為に死なんと欲せざる者莫し。）

　　b 趙高教^{ムテ}丁其^ノ女壻^ノ咸陽令閻樂^{ヲシテ}劾^セ丙不^ルレ知^ラ二何人^{トモ}一賊殺^{シテ}レ人^ヲ移^{スト}乙上林^ニ甲。　　（趙高、其の女壻の咸陽令閻樂をして、何人とも知らざる賊、人を殺して上林に移すと劾せしむ。）

※aは「莫不〜者」という二重否定の構文で、「〜」にレ点・一二点・上下点を含むため、甲乙点を用いる。「欲」は「…んと欲す」と読む（→漢文1-5⑨）。bは「教（人）劾〜」という使役の構文で、「〜」に一二点しかないので本来は上下点を使うべきだが、「教d（人）劾c…移b上林a」と返り点を打つべき箇所が4つあって、上中下の3字では足りないため、仕方なく甲乙点を用いる。使役の助辞「令・使・教」の下にある人には、使役の対象を示す助詞「をして」を付ける（→古文2-3）。

　このように甲乙点を使うことはほとんどない。甲乙点でも足りない場合は**「天地人点」**を使うが、これを使うことはまずないと言ってよい。

⑤一レ点：1字返って「二」点に返る。4=①3=2。

有_{ル下}一言_{ニシテ}而可_キ以_テ終身行_フ之_ヲ者_上乎。
（一言にして以て 終 身これを 行 ふべき者有るか。）

図1-1　一レ点

　※これも「有〜者」の構文、文末の「乎」は疑問の係助詞「か」に当たる（→古文8-9）。「にして」は格助詞「にて」と同じ（ここは理由の用法→古文7-5）。助辞「而」を「して」と読むので、「に・して」となる。「可以」は「以て…べし」と読む（→漢文1-5⑧）。「…」の「行之」はV・O（動詞＋目的語）なので、レ点でひっくり返してから「行ふ・べし」と二点に返る。「之」は指示代名詞（自立語）だが、例外的に「これ」とひらがなで書き下す（「之を」と書き下す人もいる）。「終身」は副詞句だが、「終ㇾ身」とレ点を打って、「身を終ふるまで」などと読んでもよい。

　なお、一レ点は右上の図版に掲げたような記号である。この一レ点と同様、上下点にも「上レ点」があり、1字返って中・下点に返る。

図1-2　上レ点

（5）返読文字

　返り点を使って訓読する字を「**返読文字**」という。以下に主なものを挙げる。なお否定・使役・受身などの表現は、第二章「さまざまな文型」に一括して掲げた。

①動詞 V…を（目的語＝賓語 O）／…に・と（補語 C）〜（動作）。

　S・V・O：我讀_{ㇺレ}書_ヲ。　　（我、書を読む。）

　S・V・C：我_ハ爲_{リレ}我。　（我は我たり。）

　　　　　興_{リ二}於詩_{ニ一}、立_{チ二}於禮_{ニ一}、成_{ル二}於樂_{ニ一}。
　　　　　（詩に興り、礼に立ち、楽に成る。）

　　　　　遂_ニ立_{チテ}爲_{リ二}趙王_{ト一}、以_テ陳餘_ヲ爲_{ス二}大將軍_{ト一}。
　　　　　（遂に立ちて 趙 王と為り、陳余を以て大 将 軍と為す。）

　S・V・O・C：蔡桓公問_{フ二}病_ヲ於扁鵲_{ニ一}。　　（蔡の桓公、病を扁鵲に問ふ。）

　※SVC「我爲我」の「爲」は英語の be 動詞に当たるが、日本語では断定の助動詞「たり」で読む（→古文3-6）。また「爲王」は自動詞「なる」、「爲將軍」は他動詞「なす」だが、後者も通常、SVC の文型として扱う。目的語の助詞は「を」だけであるが、補語には「に・と」の他にも「より」などを用い、それでこれらの助詞が送り仮名にある時は返読するという意味で、「鬼と（を・に・と）会うより帰れ（返れ）」と言った（「会ふ・より」は「会ったらすぐに」の意→古文7-8）。

　なお、上記の他に S・V・C・O とか S・V・C・C の文型もあるが省略する。

②形容詞・形容動詞…（に）〜し・なり。

　a 良薬_ハ苦_{シ二}於口_{ニ一}。　（良 薬は口に苦し。）

　b 美_{ナリ二}於談論_{ニ一}。　（談論に美なり。）

　c 爲_{リレ}人_ト美_{ニシテ二}辭貌_一、有_{リ二}俊材_一。　（人と為り、辞貌美にして、俊 材有り。）

　※aは形容詞、bは形容動詞だが（→古文3）、これも一般には述語＋補語（V・C）の文型として扱う。但しb「に」は「において」と読み、「〜の方面で」と解してもよい。cの形容動詞はナリ活用なので、下に文（句）が続く時は「に（連用形）・して」となる。**形容詞を動詞に用いて**「苦にす」「美にす」などと読む場合もある（形容動詞・連用形「苦に」＋サ変「す」）。**名詞を動詞化**した場合も「君ㇾ國、子ㇾ民」（国に君となり（君たり）、民を子とす）のように適宜、言葉を補って訓読する。

③…有り・無し。／…に在り。「有」「無」「莫」／「在」

　　死生有リレ命、富貴在リレ天ニ。　（死生、命有り、富貴、天に在り。）

　　天ニ無シニ二日一。　　（天に二日<ruby>無し<rt>にじつ</rt></ruby>。）

※「体言（準体言…コト・モノ→古文 2-2）＋有り・無し」／「場所＋に・在り」。日本人は「有」「在」を「あり」と読むので、和臭漢文では有・在の区別を間違えた例が少なくない。なお、「有」が所有を表す場合は「…を・有つ（＝持つ）」と読む。

④…多し・少なし。「多」「衆」／「少」「鮮」「寡」

　　人生多シニ憂苦一。　　（<ruby>人生<rt>じんせい</rt></ruby>、<ruby>憂苦<rt>ゆうく</rt></ruby>多し。）

　　世ニ少ナシニ有能之士一。　　（世に<ruby>有能<rt>ゆうのう</rt></ruby>の<ruby>士<rt>し</rt></ruby>少なし。）

※「体言（準体言）＋多し・少なし」。「有能」を「能有る」と読んでもよいが、その場合も「能有る_士_」と「之」を読むことが多い（但し読まなくてもよい）。

参考　古語では「大」「多」は「おほし」といい、「小」「少」は「すくなし」といって、大と多、少と小を区別しなかった（「ちひさし（小さい）」体積・面積が小さいこと）。ゆえに和臭漢文ではこれらの区別を誤っている場合が少なくない（例：大納言・中納言・_少_納言）。訓読する場合は、大小は「大なり」「小なり」と形容動詞に読み（但し連用形は「大きく」「小さく」と読み、連体形の「小さき」も使う）、多少は「多し」「少なし」と形容詞に読み、動詞「多とす」とも読む。

⑤…に富む・乏し。「富」／「乏」

　　家富ムニ良馬ニ。　　（<ruby>家<rt>いえ</rt></ruby>、<ruby>良馬<rt>りょうば</rt></ruby>に<ruby>富む<rt>と</rt></ruby>。）

　　乏シニ其ノ食ニ。　　（<ruby>其<rt>そ</rt></ruby>の<ruby>食<rt>しょく</rt></ruby>に<ruby>乏し<rt>とぼ</rt></ruby>。）

※「体言＋に＋富む・乏し」。格助詞「に」は「富む・乏し」の内容を表す（→古文 7-5）。

⑥…難し・易し。「難」「難以」／「易」「易以」

　　少年易クレ老イ、學難シレ成リ。　　（<ruby>少年<rt>しょうねん</rt></ruby>老い<ruby>易<rt>やす</rt></ruby>く、<ruby>学<rt>がく</rt></ruby>成り<ruby>難<rt>がた</rt></ruby>し。）

※「動詞連用形＋難し・易し」。現代語「老いる」は古語「老ゆ」（ヤ行上二段→古文 2-3）。なお、「難（易）以…」の場合は「以て…難し（易し）」と読む。

⑦…に足る。「足」「足以」

　　仰ギテハ足ルニ以テ事フルニ父母ニ。　　（<ruby>仰<rt>あふ</rt></ruby>ぎては以て父母に<ruby>事<rt>つか</rt></ruby>ふるに足る。）

※「連体形＋に＋足る」。「足以」は「以て…に足る」と読む。「足る」はラ行四段（現代語「足りる」と異なる→古文 2-3）。「つかふ」はハ行下二段なので連体形は「つかふる」になる。

⑧…べし。「可」「可以」／「可得」　※「可し」とは書かない（→漢文 1-3）。

　a 汝可シニ疾ク去ル一。　　（<ruby>汝<rt>なんぢ</rt></ruby>、疾く去るべし。）

　b 人ハ不レ可カラニ以テ無カルレ恥。　　（人は以て恥無かるべからず。）

※「終止形＋べし」。b「恥・無かる・べから・ず」について、「無し」「べし」ともに形容詞型活用なので、助動詞が下接する時はカリ活用を用い（→古文 3-1）、「べし」のような終止形接続の助動

詞はカリ活用（ラ変型）の連体形に付く（→古文 4-6）。なお、b のように「可以…」の形は「以て…べし」と読むが、「以」が返読文字の場合もある（→⑭）。

　例：未ダレ可カラ下以テニ仁義ヲ二説ク上也。（未だ仁義を以て説くべからざるなり。）※「未」→漢文 1-6①。また「可得」は「得て…べし」と読み、「得べし（可レ得）」とは読まない（「得」→古文 2-3）。

　⑨…んと欲す。「欲」「将欲」
　　山青クシテ花欲スレ燃エント。　　（山青くして花燃えんと欲す。）
※「未然形＋ん・と・欲す」。「ん」は意志の助動詞「む」なので未然形接続（→古文 4-5）、「欲す」はサ変（単独の用例→⑫）。「山青」と「花欲燃」をつなぐ時には前の句に接続助詞を添えるが、漢文訓読の場合、形容詞（青し）には「て」ではなく「して」を添える（→古文 7-18）。また「君子欲下訥ニ於言一、敏中於行上」（君子、言に訥にして、行ひに敏ならんことを欲す）のように「欲」が理想を述べる場合（古語の助動詞「まほし」に相当→古文 6-5）、「…んことを欲す」と読む（「んと欲す」では意志の用法になってしまう）。

　なお「山雨欲レ来」（山雨（さんう）来たらんと欲す＝雨が降りそうだ）という用法から、「将欲…」（将に…んと欲す＝ちょうど…ようとする）といった強調表現もある。

　⑩…の為（ため）に、「為」
　　士ハ爲ニ二知ルレ己ヲ者ノ一死シ、　　（士は己（おのれ）を知る者の為に死し、）
※「体言＋の・為・に」。すでに本章（4）③にも例文を掲げたが、「為 wèi」は「ため」と読み、「為 wéi」は「なす・なる・たり」と読む（後者の例文→①動詞）。上のように（死ぬ）目的を表すほか、原因・理由（…によって）や対象（…に対して）を表す。また「為之」は「これが為に」と読む。

　「死」は「死に」（ナ変）と読んでもよいが、漢文訓読ではサ変「死す」を使うことが多い。ちなみに上の例文は「女ハ爲ニ二説ブレ己ヲ者ノ一容ス。」（女は己を説ぶ者の為に容〔かほづくり〕す。）と続く。

　⑪…毎（ごと）に、「毎」
　　毎ニレ有ルレ會フコトレ意ニ、便チ欣然トシテ忘ルレ食ヲ。
　　（意に会ふこと有る毎（ごと）に、便（すなは）ち欣然（きんぜん）として食（しよく）を忘（わす）る。）
※「連体形＋毎・に」。「意」は「こころ（心）」とも読む。なお「毎」は副詞にも用いる（→漢文 1-8）。

　⑫…所〜「所」
　　富ト與ハレ貴是レ人之所レ欲スル也。　　（富と貴とは是れ人の欲する所なり。）
※「連体形＋所」。「與（与）」も返読文字だが（→⑰）、助詞「と」に相当するので、書き下す時は漢字を残さない（「之」も同じ）。「是」は be 動詞に相当し、「是れ」と読む（「為り」と同じ→①）。

　⑬…所以（ゆえん）〜「所以」
　　此レ乃チ天ノ所-二以資スルレ漢ニ也。　　（此れ乃ち天の漢に資する所以なり。）
※「動詞連体形＋所以」。上の例文は「天以二此資レ漢」（天、此れを以て漢に資す）の変形といえ、その意味では「以」の賓語（＝此）を省略した文と見て、「此レ乃チ天ノ所ニ二以テ資スルレ漢ニ也」（此れ乃ち天の以て漢に資する所なり）とも読める。（「乃」→漢文 1-9。）

⑭…を以（もっ）て、「以」／「是以」「此以」「以是」「以此」

以_テレ管_ヲ窺_フレ天_ヲ。　　（管を以て天を窺_{うかが}ふ。）

※「体言＋を・以て」。「管窺_{かん}」という熟語の出典（『史記』）。なお、「以…也」（…を以てなり）と理由を表す用法の他、単独で動詞に用いる場合もある（「以（もち）ふ」＝用；「以（ゐ）る」＝帥）。
　また、「是以」「此以」は「是（此）を以て」と読み（「是故（是の故に）」と同じ→漢文 1-10①）、「以是」「以此」は「是（此）を以て」と読む。

⑮…より〜「自」「従」

病_ハ従_リレ口入_リ、禍_ハ従_リレ口出_ヅ。　　（病_{やまひ}は口より入_いり、禍_{わざはひ}は口より出_いづ。）

※「体言＋より」。起点を示す格助詞「より」（→古文 7-8）。助詞なので書き下し文に漢字は残さないが、送り仮名「リ」を添える。「入り」「出づ」の読み方（→古文 2-3）。

⑯…に由（よ）って、「由」／「依」「拠（據）」

由_テレ此_ニ可_シレ見_ル。　　（此れに由って見るべし。）

※「体言＋に・由って」。ラ行四段「よる」（「依」「拠」）。訓点は「由_{ツテ}」「由_{リテ}（由りて）」。

⑰…と〜「与」

與_{セヨ}レ我會_{セヨ}レ此_ニ。　　（我と此に会せよ。）

※「体言＋と」。格助詞「と」（→古文 7-7）。上は動作の相手を示す用法だが、並立の場合は⑫「富_ト與_ハレ貴（富と貴とは）」のように「と」を二回重ねる。なお、「与」は比較文で格助詞「より」に読む（→漢文 2-5③）ほか、単独で副詞「与に」、動詞「与る」と読むことがある。

⑱…と雖（いえど）も、「雖」

門_ハ雖_モレ設_{クト}而常_ニ關_{セリ}。　　（門は設くと雖も、常に関せり。）

※「用言終止形＋と・雖も」。「と」は引用の格助詞（→古文 7-7）、前に立つ語は言い切り（終止形）になる。「関す」は「かんす」（サ変）でもよい（漢文訓読では困った時には音読みを使う）。「り」はサ未四已接続なので（→古文 4-3）、「とざす」でも「かんす」でも「関せり」となる。

（6）再読文字

　再読文字とは、1 つの文字が副詞と助動詞の機能を併せ持つ、日本語の「副詞の呼応」を 1 文字で果たす文字をいい（→古文 9-1）、これを訓読する場合はまず副詞の訓読みをして、下の述語部分を読み、その述語に付く助動詞を補う。このように二度読むことから「**再読文字**」という。縦書きの漢文では副詞の訓読みをその右側に振り、助動詞の訓読みを左側に振るが、横書きの本書では副詞のふりがなのみを示す。

①いまダ…ズ。「**未**」

未_ダレ聞_カ。　　（未だ聞かず。）

※否定の助動詞「ず」は未然形接続なので、カ行四段「聞く」の未然形「聞か」に付く。

②まさニ…ントス。「将」「且」
　　将ニ₍レ₎至ラント。　　（将に至らんとす。）
※「ん」は意志の助動詞「む」の音便形（→古文4-5）、「むとす」は「〜ようとする」の意味。「む」は未然形接続なので、前に立つ用言は未然形になる（「至ら・む」）。なお「将」を動詞に用いる時は「将ゐる」（ワ行上一段→古文2-3）と読む。活用語尾「ゐ」を送り仮名にする時はカタカナ「ヰ」を使う（→古文1-1）。

③まさニ…ベシ。「当」「応」
　　a 當ニ₍レ₎然ル。　　（当に然るべし。）
　　b 應ニ₍レ₎重ンズ₍ニ₎礼儀ヲ₍一₎。　　（応に礼儀を重んずべし。）
※a「然り」（ラ変）は副詞「しか」に「あり」が熟合した動詞。「べし」は終止形接続だが、ラ変型活用語には連体形に付く（つまり-uに付く→古文4-6）。ここはもちろん「当然」の意。b「重んず」（サ変）は形容詞「重し」の語幹に接尾語「み」を付けた名詞「重み」に（→古文3-1）、サ変「す」を付けて活用させた動詞（鼻音の後に続く子音 k-・t-・p-・s-は濁音化するので、「ず」となる）。なお、「当」はタ行下二段「当つ」、ラ行四段「当たる」という動詞に用い、「応」は「応ふ」（ハ行下二段）、サ変「応ず」という動詞にも用いる。

④よろシク…ベシ。「宜」
　　宜シク₍レ₎改ム₍レ₎之ヲ。　　（宜しくこれを改むべし。）
※形容詞「よろし」は適当の意味なので（→「要覧」形容詞）、これに呼応する「べし」も「…するとよい」という適当の意味に用いる。また、指示語の**之**は通常「これ」とひらがなで書き下す。なお、「宜」は形容詞「よろし」、形容動詞「むべなり」と読む他、「宜乎」の形で「むべなるかな」とも読む。

⑤すべかラク…ベシ。「須」
　　須ラク₍レ₎慎ム₍レ₎始メヲ。　　（須らく始めを慎むべし。）
※「すべからく」とは「す（サ変）・べし（助動詞）」のク語法（例：言ふ＞曰く、恐る＞恐らく）、「当然やるべきように…しなさい・すべきだ」「…するのが必須だ」の意味。なお、「須」が動詞の時はハ行上二段「もちふ（＝用いる）」と読む（例：「不₍レ₎須（須ひず）」）。

⑥なホ…ノ（ガ）ゴトシ。「猶」
　　猶ホ₍レ₎花ノ。　　（猶ほ花のごとし。）
※「猶」は古語「なほ」（やはり）に相当する副詞として単独でも用いるが、比況の助動詞「ごとし」と呼応する形で（→古文3-7）、「ちょうど…のようだ（just like）」の意味をも表す。この時、体言には「の」、用言（連体形）には「が」を挿入する。

（7）置き字

　助辞で**書き下し文に残さない字**を「置き字」という。以下のようなものがある。

　①「**也**」：文末にあって「なり」（断定の助動詞→古文 3-6）と読み、また文末・文中にあって「や」（疑問の係助詞または呼びかけの間投助詞→古文 8-9・8-20）と読むが、読まなくてよい場合がある。（例：「對曰、未也。」対〔こた〕へて曰く、未だしと。）

　②「**矣**」：文末にあって語調を強める。（例：「夕死可矣。」夕に死すとも可なり。）

　③「**兮**」：文末（句末）に用いて語調を整える。（例：「力抜レ山兮氣蓋レ世。」力は山を抜き、気は世を蓋〔おほ〕ふ。）

　④「**焉**」：疑問文を作る副詞「いづくんぞ」「いづくにか」や指示代名詞「ここ」「これ」と読む他、文末に用いた場合は通常、読まない（例：「長子死焉。」長子死す。但し「ここに」死す〔死二於此一〕という意味を含む）。また、「忽焉」などの**添え字**にも用いる。

　⑤「**於**」「**于**」：返読文字として「に（おいて）」と読む（→漢文・序章「於二百濟一」）ほか、格助詞「に」（場所・対象）、「を」（目的語）、「より」（比較・起点）と読む。（助詞は送り仮名にする。例：「青ハ出デテ二于藍ヨリ一而青シ二于藍ヨリ一。」青は藍より出でて藍より青し。）。

　⑥「**而**」：（3）でも述べたように、接続詞「しかうして」「しかれども」「しかるに」や順接の接続助詞「て」「して」と読む他、逆接の接続助詞「ども」と読む。（例：「視レドモ而不レ見エ。」視れども見えず。）また限定形「**而已（のみ）**」や代名詞「なんぢ（＝汝・爾）」の用法もある。

　⑦「**乎**」：文末に用いて「や」と読む他、「於」と同じく「に」「を」「より」と読むことがあり、また「断乎」「確乎」といった添え字にも用いる。

（8）主な副詞

　ここにはよく使われる副詞で、ほぼ決まった読み方をするものを挙げる（第二章で扱う疑問・反語や仮定・限定などを表す副詞については省略）。なお、同訓異字（同じ読み方で異なる漢字）のニュアンスの違いなどについては『新字源』や『漢文の語法』といった日本の辞書のほか、中国の『古書虚詞通解』などを利用して調べてほしい。

　※見出し語：「・」の前はふりがな、後のカタカナは送り仮名（以下同じ）。

　あひ：「**相**」※日本語では接頭語として扱うが（→「要覧」接頭語）、漢文訓読では「互いに」「次々と」「相手を（に）」という意味の副詞として扱う。

　あへ・テ：「**敢**」

　あまね・ク：「**普**」「**遍**」「**周**」

あら・タニ：「**新**」※動詞として「新たに・す」とも読む。

ある・イハ：「**或**」

いささか：「**些**」「**聊**」

いつ・ニ：「**一**」

いたづら・ニ：「**徒**」※「た・ダ」とも読む（→漢文 2-7）。

いよいよ：「**逾**」「**愈**」「**弥（彌）**」

　　※送り仮名が使えないので、ルビを振る。また反復の記号「々」などを添えることもある。

うた・タ：「**転（轉）**」

おのおの：「**各**」※→「いよいよ」

おのづか・ラ：「**自**」※「みづか・ラ」とも読む。

おほむ・ネ：「**概**」「**率**」

およ・ソ：「**凡**」「**大凡（おほよ・ソ）**」

　　※同様の副詞に「大抵」「大概」「大略」などがあるが、これらは音読みでよい。

か・ツ：「**且**」※「スラ且」（→漢文 2-8③）。

かつ・テ：「**曽（曾）**」「**嘗**」

かへ・ッテ：「**還**」※→「また」

きは・メテ：「**極**」

ことごと・ク：「**悉**」「**尽（盡）**」

こもごも：「**交**」「**更**」

　　※「此も此も」で「どれもこれも」「互いに」の意。表記法→「いよいよ」。

さき・ニ：「**先**」「**向**」「**嚮**」「**郷**」「**曩**」

さら・ニ：「**更**」※動詞として「あらた・む」とも読む。

しきり・に：「**頻**」「**累**」「**薦**」「**連**」「**仍**」

しばしば：「**屢（屢）**」「**数（數）**」

しばら・ク（しば・シ）：「**暫**」「**姑**」「**且**」「**須（須臾）**」

すこぶ・ル：「**頗**」

すで・ニ：「**既**」「**已**」

すべ・テ：「**全**」「**総**」「**都**」

たがひ・ニ：「**互**」

ただ・チニ：「**直**」「**応（應）**」

たちま・チ：「**立**」「**忽**」「**乍**」

たまたま：「**偶**」「**適**」「**会（會）**」※→「いよいよ」

つね・ニ：「**常**」「**恒**」「**毎**」（→漢文 1-5⑪）

つひ・ニ：「**終**」「**竟**」「**卒**」「**遂**」

つぶさ・ニ：「**具**」「**備**」※動詞として「そな・ふ」「そな・はる」とも読む。

つまびら・カニ：「**詳**」「**審**」※動詞として「つまびらかに・す」とも読む。

とも・ニ：「**共**」「**倶**」「**与（與）**」「**偕**」※動詞として「ともに・す」とも読む。

な・ホ：「**尚**」「**猶**」（→漢文 1-6⑥）※連語「猶尚」「尚猶」も「な・ホ」と読む。

にはか・ニ：「**俄**」「**暴**」「**暫**」（→「しばらく」）

はじ・メテ：「**始**」「**初**」「**甫**」※「はじ・メ」とも読む。

　はた・シテ：「果」

　はなは・ダ：「甚」「太」

　ひそか・ニ：「私」「窃（竊）」

　ひとへ・ニ：「偏」

　ひと・リ：「独（獨）」

　ふたた・ビ：「再」※「三」：み・タビ、「九」：ここの・タビ

　ほしいまま・ニ：「恣」「肆」「擅」※動詞として「ほしいままに・す」とも読む。

　ほとん・ド：「殆」「幾」

　　※「ほとほと」の略語。「幾」は返読文字で「（～に）ちか・シ」とも読む。「庶」も同じ。

　ほぼ：「略」※→「いよいよ」

　まこと・ニ：「良」（「やや」）、「固」（「もとより」）、「誠」、「審」（「つまびらか」）、「苟」

　まさ・ニ：「方」「正」「真（眞）」「将（將）」「当（當）」「応（應）」

　　※「将」「当」「応」→漢文 1-6

　ますます：「益」「倍」※→「いよいよ」

　ま・タ：「又」「亦」「復」「還」※「又復」「還復」などの連語も「ま・タ」と読む。

　ま・ヅ：「先」

　まった・ク：「全」

　みだ・リニ：「猥」「妄」

　みな：「皆」「咸」※送り仮名なし。

　むな・シク：「空」

　もっと・モ：「最」「尤」

　もっぱ・ラ：「専（專）」「純」※動詞として「もっぱらに・す」とも読む。

　もと・ヨリ：「本」「元」「原」「固」「素」「旧（舊）」※「もと」とも読む。

　やうや・ク：「漸」

　やや：「稍」「良」「差」

　やや・モスレバ（やや・モセバ）：「動」

　よ・ク：「能」「好」「良」「善」

　　※「能」は「あたふ（ハ四）」、「好」は「このむ」、「善」は「よくす」「よみす」などと読む。

（9）接続詞「すなは・チ」と「然」

　「則」「即」「乃」「便」「輒（輙）」などの字はみな「すなはち（すなわち）」と読むが、「則」は「レバ則」といって、前に立つ条件句に送り仮名「…レバ」（「已然形＋ば」→古文 7-11）を送ることが多い。

　例：人惰リテ而侈レバ則チ貧シク、力メテ而倹ナレバ則チ富ム。

　　　（人、惰（おこた）りて侈（おご）れば則ち貧しく、力（つと）めて倹なれば則ち富む。）

　この他にも「…トキハ（連体形＋時・は）」や「…テハ（連用形＋て・は）」と読む。

　例：弟子入リテハ則チ孝、出デテハ則チ弟。（弟子、入りては則ち孝、出でては則ち弟。）

　なお、「即」「則」は「もシ」と読む場合がある（→漢文 2-6）。

　また、「**然**」は「しかり」と読み（→漢文 1-6③a）、これを接続詞として用いた場合には、前後の文の関係により、順接ならば「しか・シテ」「しか・ラバ」「しか・レバ」と読み、逆接ならば「しか・モ」「しか・ルニ」「しか・レドモ」と読む。

　　例：然レドモ而未ダレ仁ナラ。　　（然れども未だ仁ならず。）＝逆接。

　　　　然ラバ則チ小ハ固ヨリ不レ可カラ二以テ敵スレ大ニ。

　　　　（然らば則ち小は固より以て大に敵すべからず。）＝順接。

（10）慣用句・連語・引用文など

　最後に、漢文訓読で注意すべき語句を挙げる。ここでも第二章で扱う語句は省略する。

①発語：文頭に来る慣用句や連語・接続詞。

「**昔者・古者**」：むかし・いにしへ（いにしえ）。※送り仮名を付けず、ふりがなを振る。

「**曩者・嚮者**」：さきに・さきの。※同上。

「**頃者**」：このごろ。※同上。類語に「日者」「近者」「今者」などがある。

「**不者**」：しからずんば（ふんば）。

「**何者**」：なんとなれば（何となれば）。

　※「者」は「もの」と読む他、係助詞「は」に読んで条件句などを作る（適宜、言葉を補う）。

　　例：不レ殺者、爲二楚国患一。（殺さざる_は_〔殺さざる_ときは_〕、楚国の患と為らん。）

「**何則**」：なんとなればすなはち（何となれば則ち）。

「**所謂**」：いはゆる（いわゆる）。

　※送り仮名なし。「所レ謂」と返読して「謂ふ所の」と読んでもよい。

「**所以**」：ゆゑに（ゆえに；所以に。「故に」「以に」とも）。

　※返読する場合は「ゆゑん（ゆえん）」と読む（→漢文 1-5⑬）。

「**是故**」：このゆゑに（是の故に）。※「かるがゆゑに」とも読む。

「**是以**」：ここをもって（是を以て）。

「**以レ是**」：これをもって（是を以て）。

「**如レ是（斯）**」：かくのごとく（是の如く）。※述語は「かくのごとし」。

「**以爲**」：おもへらく（以為へらく）。※「思へ・り（完了）」のク語法（→②）。

「**聞説・聞道**」：きくならく（聞説（聞道）ならく）。※「聞く・なり（伝聞）」のク語法。

「**蓋**」：けだし（蓋し）。※名詞「けだ」（四角）の形容詞化。「恐らく」「思うに」の意。

「**恐**」：おそらくは（恐らくは）。※「恐る」のク語法。

「**疑**」：うたがふらくは（疑ふらくは）。※「疑ふ」のク語法。

「**言**」：いふこころは（言ふこころは）。

　※前文の意味を敷衍する発語。「こころ（心）」は「意味」の意。②「言」も見よ。

「**抑（々）**」：そもそも（抑も・抑々）。

「**扨（扱）**」：さて。※俗字（当て字）：「扨」字が「又」と「手」からなるため。

「**夫・其**」：それ（夫れ・其れ）。※指示語（夫の・其の）や詠嘆の助辞（夫）にも用いる。

「**是・此**」：これ（是れ・此れ）。※指示語（是の・此の）や文末で「是也」などと用いる。

②引用文など

「曰」「云」「言」「謂」：いは・ク…ト。

例：子曰ク、「巧言令色、鮮シ矣仁ト。」（子曰く「巧言令色、鮮（すくな）し仁」と。）

※「曰く」「恐らく」のような語法を**ク語法**といい（岩波古語辞典「用語」）、「～（する）ことには」という意味を作るが、この「いはく（いわく）」で始まる引用文は、その文末に必ず「と」を送る。なお、「鮮矣仁」の読み方は文末の置き字「矣」が文中にあるため、故意に倒置して「鮮し仁」と読む。

「謂之」：これヲ…ト謂フ。「之謂」…ノ謂（ナリ）。

例：謂フニ之ヲ君子ト一。（これを君子と謂ふ。）

　　志トハ者、心之所レ之ク之謂ナリ。（志とは心の之く所の謂なり。）

「名曰」：名ヅケテ…ト曰フ。「称為」：称シテ…ト為ス。

例：楚人名ヅケテ二結ビレ草ヲ折リテレ竹ヲ以テトスルヲ一曰フレ簿ト。
　　そひと　くさ　むす　たけ　お　　もっ　ぼく　　　　　　せん　い
　　（楚人、草を結び竹を折りて以てトするを名づけて簿と曰ふ。）

※名称を説明する文型。なお、「**地名＋人**」は地名を音読み、人は訓読みで読む。

③その他

「爲レ人」：ひととなり（人と為り）。

「加レ之」：しかのみならず。※「しか」は指示語「そう」（→「要覧」副詞 C）。

「有レ差」：しなあり。※「しな」は等級の意（→「要覧」名詞・人）。

「許」：ばかり。※数字＋「許」。数字＋「所」や「可」＋数字も「ばかり」と読む。

「垂」「向」：なんなんトス（垂とす・向とす）

※「なり・な・む」の音便（「もうすぐ～になる」の意→古文 4-3）。

　以上で漢文訓読の基礎を説き終えたことになるが、ここで取り上げていない体言・用言の訓読は、個別に漢和辞典で調べてもらうほかない。なお、伊藤東涯『操觚字訣』や荻生徂徠『譯文筌蹄』（ともに汲古書院『漢語文典叢書』所収）など、江戸時代の儒学者たちが集めた訓読の語彙辞典も参考になるだろう。

第二章　さまざまな文型

（1）否定
①単純否定：不・弗（ズ）、非（あらズ）、無・莫（なシ）、未（いまダ…ズ）
a 不ﾚ飲ﾏ。（飲まず。）※用言（動詞）の否定。未然形＋「ず」
b 非ｽﾞﾚ人ﾆ。（人に非ず。）※体言（名詞）の否定。名詞（準体言）＋に・非ず（「に・あり」＝断定「なり」→古文 3-6）。「準体言」：連体形＋コト・モノ（→古文 2-2）。以下同じ。
c 無ｷﾊﾆ是非之心ﾉ、非ｻﾞﾙﾚ人ﾆ也。（是非の心無きは、人に非ざるなり。）
　　※名詞（準体言）＋なし。
d 未ﾀﾞﾚ知ﾗ。（未だ知らず。）※再読文字（→漢文 1-6①）。

②禁止：勿・毋・無・莫（なカレ）
例：勿ｶﾚﾚ施ｽﾆ於人ﾆ。（人に施す勿れ。）
　　※連体形（＋コト）＋なかれ。「人に施すこと勿かれ」と読んでもよい。

③助辞を伴う否定：不可、不能、不足、不得・未得、不堪
a 不ﾚ可ｶﾗﾆ勝ｹﾞﾃ数ﾌﾞ。（勝〔あ〕げて数ふべからず。）※終止形＋ベカラ・ズ。
b 不ﾚ能ﾊﾆ盡ｸﾊ解ｽﾙ。（尽くは解する能はず。）
　　※連体形＋あたハ・ズ。「能ふ」（ハ行四段）：当た・合ふの熟合、「匹敵する・敵う」が原義。
c 不ﾚ足ﾗ以ﾃ爲ｽﾆ利ﾄ。（以て利と為すに足らず。）※（以て）連体形＋に・たラ・ズ。
d 不ﾚ得ﾚ已ﾑｦ。（已むを得ず。）※体言（準体言）＋を・え・ズ。
e 民不ﾚ堪ﾍﾚ命ﾆ。（民、命に堪へず。）※体言（準体言）＋ニ＋たヘ・ズ。

④副詞を伴う否定：不敢・不肯（あヘテ…ズ）
a 不ﾆ敢ﾍﾃ献ｾﾞﾉ。（敢へて献ぜず。）※敢へて＋未然形＋ず。
b 弗ﾚ肯ﾚ白。（肯へて白(まを)さず。／白すを肯(がへん)ぜず。）
　　※肯へて＋未然形＋ず。／連体形＋を・肯ぜ・ず。「白す」（サ行四段）：「申す」と同じ。

> **参考**　「肯ず」（サ変）：もとは「がへんず」で「肯定しない」という意味だったが、いつしか意味が反転して「肯定する」の意味となり、さらに「ず」を付けて「肯定しない」の意を表すようになった。漢文訓読では「肯」字は通常「がへんず（がえんず）」と読む。

⑤部分否定：不常、不必、不復、不尽、不甚
a 不ﾆ常ﾆﾊ得ﾚ油ｦ。（常には油を得ず。）※常には…未然形＋ず。
b 不ﾆ必ｽﾞｼﾓ有ﾗﾚ仁。（必ずしも仁有らず。）※必ずしも…未然形＋ず。
c 不ﾆ盡ｸﾊ正ｼｶﾗﾉ。（尽くは正しからず。）※尽（ことごと）くは…未然形＋ず。
d 不ﾆ甚ﾀﾞｼｸﾊ樂ｼｶﾗﾉ。（甚だしくは楽しからず。）※甚だしくは…未然形＋ず。
e 不ﾆ倶ﾆﾊ生ｷﾉ。（倶には生きず。）※倶（とも）には…未然形＋ず。
f 不ﾆ復ﾀ(ﾊ)返ﾗﾉ。（復た（は）返らず。）※復（ま）た（は）…未然形＋ず。

解説　提題の係助詞「は」は、上接語を取り立てて提示し、文末にかかる（→古文 8-10）。部分否定の訓読の場合、「常に」「尽く」「甚しく」「倶に」を取り出して否定し、「常ではない」「尽く（全部）ではない」「甚だしくはない」「倶に（両方）ではない」という意味を表す。なお、「必ずしも」の「しも」は部分否定の副助詞（→古文 8-5）。

　　⑥全部否定：常不、必不、尽不、甚不、倶不、復不
　a 常ニ不レ畏レ死ヲ。（常に死を畏れず。）
　b 必ズ不レ來タラ。（必ず来たらじ。）
　　※「不來」が未来の予想である場合は助動詞「む」の否定形「じ」を使う（→古文 4-5）。
　c 盡ク不レ正シカラ。（尽く正しからず。）
　d 甚ダ不レ樂シカラ。（甚だ楽しからず。）
　e 倶ニ不レ生キ。（倶に生きず。）
　f 復タ不レ返ラ。（復た返らず。）

解説　中国語として読む場合、「不常得油」は「常得油」を「不」が否定し、「常不畏死」は「不畏死」が「常」だという意味で間違えるはずがないが、日本語では「不」が助動詞「ず」として必ず文末に来るため、「不」の位置による意味の違いを表すことができない。それで部分否定では「は」「しも」といった助詞を使って、その意味の違いを表そうとするのだが、⑤f「復たは返らず」という言い方はあまり自然な和文とはいえず、その努力にも限界がある。

　　⑦否定の連用：不…不〜、非…不〜、無…不〜／無…無〜
　a 不ンバレ入ラニ虎穴ニ一、不レ得ニ虎子ヲ一。（虎穴に入らずんば、虎子を得ず。）
　b 非ズンバレ禮不レ行ハ。（礼に非ずんば 行 はず。）※「非ざれば」とも読む。
　c 無クンバレ信不レ立タ。（信無くんば立たず。）

解説　接続助詞「ば」は未然形に接続して仮定条件を表す（→古文 7-11）。a 否定の助動詞「ず」は「ず・ば」（b「あら・ず」の「ず」も同じ）、c 形容詞「無し」は「無く・ば」となり（→古文 3-1 解説）、「ば」の鼻濁音が前に鼻音 n を生じて「ずんば」「なくんば」となる。一方、b の「非ざれ・ば」は、現代語と同様、「已然形＋ば」が仮定条件を表すようになったために、この形が通用するようになった。

　d 無クレ貴トレ無クレ賤ト、（貴と無く賤と無く、）／無クニ貴賤トー、（貴賤と無く、）

解説　断定の助動詞「たり」が「と・あり」の熟合であることから（→古文 3-3）、この「と・なし」は「ではない」の意で、「貴というだけでもなく賤というだけでもなく」という意味となる。

　　⑧二重否定：無不・莫不、莫非、非不、無〜不、不可不、不得不、不敢不、未嘗不、未必不
　a 天下莫シレ不ルハレ知ラ。（天下知らざるは莫し。）※未然形＋ざる（は）・なし。
　b 莫シレ非ルレ命ニ也。（命に非ざるなし。）※体言＋に・あらざる（は）・なし。
　c 城非ザルレ不ルニレ高カラ也。（城、高からざるに非ざるなり。）
　　※未然形＋ざるに・あらず（に・あり→古文 3-6）

d 無シ二花トシテ不ル(ハ)レ咲カ。　（花として咲かざる〔は〕無し。）

　※〜として…未然形＋ざる（は）・なし。

e 不ルレ可カラレ不ルヲレ知ラ也。　（知らざるべからざるなり。）※未然形＋ざる・べから・ず。

f 不レ得レ不ルヲヲ服セ。　（服せざるを得ず。）※未然形＋ざるを・え・ず。

g 不二敢ヘテ不ンバアラレ聴カ。　（敢えて聴かずんばあらず。）※あへて…未然形＋ずんばあら・ず。

h 未ダ三嘗テ不ンバアラ二廃シテレ書ヲ而歎ゼ一也。　（未だ嘗て書を廃して歎ぜずんばあらざるなり。）

　※いまだ・かつて…未然形＋ずんばあら・ず。

i 未ダ二必ズシモ不ザルニアラレ仁アラ也。　（未だ必ずしも仁あらざるにあらず。）※いまだ・かなら
ずしも…未然形＋ざるに（ずんば）あら・ず。「不仁」を熟語と見て「不仁なら・ず」と読んでもよい。

解説　「ずんばあらず」：否定の助動詞「ず」はそのまま重ねて二重否定を表すことができない。そこ
で係助詞「は」を「ず」に付けて「ず・は／あり」と 2 文節にして（「ず・あり」はザリ活用→古文
4-4）、「ずは・あら＋ず」と 2 つめの「ず」を付け、それが濁って「ずんばあらず」となった。ゆえ
に「ずんば」の「ば」は仮定条件ではなく、「で<u>は</u>ない」の「は」と同じである。

（2）疑問・反語

　反語は疑問文の形で反対（否定）の文意を述べるので、反語の助辞を用いた文型を除くと、
一見して疑問か反語か区別がつかない。訓読にはよく**文脈を把握する**必要がある。

①…か・や。「**乎**」「**邪**」「**耶**」「**哉**」「**也**」「**与**」「**歟**」

a 與二朋友一交ハリテ不ルレ信ナラ乎。　（朋友と交はりて信ならざるか。）

b 可ケンレ不ルレ慎マ與。　（慎まざるべけんや。）

※a 連体形＋か／b 終止形＋や（→古文 8-9）。「べけんや」は「べし」の古い未然形「べけ」に推量
「む」と疑問の係助詞「や」が付いたもの。「慎まないでよいだろうか（いや、よくない）」。

②a たれカ…／b いづレカ…。「**誰**」「**孰**」「**奚**」※「誰」は a の読み方のみ。

a 誰カ知ル。　（誰か知る。）

b 孰レカ甚ダシカランヤレ焉ヨリ。　（孰れか焉（これ）より甚だしからんや。）

※「か」の係り結び（文末は連体形→古文 8-6）、ゆえに b は「甚だしから・ん（「む」の連体形）」
でもよいが、漢文訓読では文末に「や」を付けることが多い。なお（5）比較文③を見よ。

③なにヲカ（なんノ・いづレノ・いづクニカ）…、「**何**」／「**何以**」「**何由**」

例：何ヲカ先ニセン。　（何をか先にせん。）

※「か」の係り結び（→②）、「先にせん」の「ん」は適当推量「む」の連体形（→古文 4-5）。
この他に「**何ヲ以テカ**」（何を以てか）、「**何ニ由リテカ**」（何に由りてか）などがある。

例：何ヲ以テカ治ムルレ国ヲ乎。　（何を以てか国を治めんや。）　※「何」「自」は「以」の上に来る。

④a なんゾ…、「**何**」「**胡**」「**奚**」「**曷**」／b なんすレゾ…、「**何為**」「**胡為**」

a 何ゾ愛シマンヤ二一牛ヲ一。　（何ぞ一牛を愛〔を〕しまんや。）

b 何爲レゾ不ルレ去ラ也。　（何為れぞ去らざるや。）

※「ぞ」の係り結び（→②）、「んや」（→②）。「去ら・ざる」でもよい（「や」は「也」の訓読）。

⑤a いづく、b いづクニ（カ）…、c いづクンゾ…、「**何許（所）**」「**安**」「**焉**」「**悪**」「**烏**」
a 先生、不レ知ラ二何許ノ人ナルカヲ一。（先生、何許の人なるかを知らず。）
b 漢王安クニ在リヤ。（漢王、安くに在りや。）
c 敢ヘテ問フ、夫子悪クニカ乎長ゼルト。（敢へて問ふ、夫子悪くにか長ぜると。）
d 燕雀安クンゾ知ラン二鴻鵠之志ヲ一乎。（燕雀 安くんぞ鴻鵠の志を知らんや。）
※「いづく」は「いづこ（＝どこ）」の古い形、「に」は場所を示す格助詞、「か」は疑問の係助詞、「いづくんぞ」は「いづく・に・ぞ」の音便で「ぞ」の係り結び。aは「先生」が出身地不明という意味なので「いづく・の・人・なる（断定）・か」と送る。bは終止形＋「や」、「在る（連体形）・か」と読んでもよい。cは「か」の係り結びで「長ぜ（サ変未然形）・る（完了・存続「り」連体形）」と読む。文末の「と」（→漢文1-10②）。dは反語。ここは疑問の助辞「乎」（→①）があるが、ない場合も「いづくんぞ」の文型では文末に「（ん）や」を付ける（「ぞ」は疑問の係助詞ではないため）。
なお、「**何所**」「**安所**」「**焉所**」の「所」が返読文字の場合もある（→漢文1-5）。
例：當二何ノ所アル一益スル邪。（当に何の益する所あるべきか。）※「当」は再読文字（→漢文1-6）。

⑥あニ…、「**豈**」※反語専用の助辞。
例：豈二遠シトセンヤ一千里ヲ一哉。（豈に千里を遠しとせんや。）
※あに…未然形＋ん（む）・や、「どうして…だろうか（いや、そんなことはない）」の意。「遠しとす」は「遠いと思う」の意（サ変「す」は代動詞）。

⑦なんゾ…ザル。「**盍**」※再読文字（→漢文1-6）。
例：盍ゾレ反ラ二其ノ本ニ一矣。（盍ぞ其の本に反（かへ）らざる。）

⑧いかん。「**何如**」「**何若**」「**如何**」「**奈何**」「**奚如**」
例：今日之事何如。（今日の事、何如。）
※「いかに」の音便。これは述語の用例だが、「何如ナル人」「如何せば」などの用法もある。

⑨a いかんス／b いかんセン。「**如何**」「**奈何**」
a 雖不レ逝カ分可キ二奈何スレ一、（雖逝かず、奈何すべき）
b 虞分虞分奈レ若ヲ何セン。（虞や虞や 若を奈何せん。）
※「分」置き字（→漢文1-7）。「いかんす」は「どうする」。「いかんせん（む）」は「どうしよう」（疑問）、「どうしようもない」（反語）。現在も「いかんせん、手の施しようがない」などと使う。「奈何」などが目的語をとる場合、「奈何」の間に入ることがあるので、適宜返読する。

⑩いくばくゾ。「**幾何**」
例：浮生ハ若シレ夢ノ、爲スコトレ歡ヲ幾何ゾ。（浮生は夢の若し、歡を爲すこと幾何ぞ。）
※「いくばく」の「ば」は「ら」（いくら）と同じ、量や程度を表す接尾語、「く」は副詞句を作る接尾語。平安時代までは時間の長さを言ったが、それ以降は広く「どれ程」の意味に用いた。

⑪文末の「不」「否」など

a 視テレ民ヲ知ルニ治マレルカ不カヲ。（民を視て治まれるか不〔いな〕かを知る。）

b 未ダレ知ラニ母之存不ヲ。（未だ母の存不を知らず。）

※「〜不」は「終止形＋や」または「連体形＋か」をくり返す。a「治まれ・る」はマ行四段已然形＋完了・存続「り」連体形（統治されている）で、「治まれりや不や」とは読まない。b「存不」は「存りや不や」とも読めるが（その場合「不」は「いなヤ」でも「なしヤ」でもよい）、漢文訓読では「存否」に相当するとみて「そんぴ」と読む。但しそのまま「そんぷ」と読んでよい。

なお、「不」などを使わず、反対語を用いる場合もある。

例：漢廷治亂。（漢廷、治まれるか乱るるか。）※「乱るる」ラ行下二段連体形。

（3）使役：「使」「令」「教」「俾」

「〜をして…しむ」の形で「〜に…させる」という使役文を作る。「使」「令」「教」「俾」などの字を助動詞「しむ」に当て、その下の使役の対象に助詞「をして」を付す。

a 使ムニ人ヲシテ追ハニ宋義ノ子ヲ。（人をして宋義の子を追はしむ。）

b 令ムニ男ヲシテ三十ニシテ而娶リ、女ヲシテ二十ニシテ而嫁ガニ。
　（男をして三十にして娶り、女をして二十にして嫁がしむ。）

解説　使役文は使役の助辞を用いたものだけでなく、a「命」「禁」「勧」「告」「遣」などの動詞が「人に…させる」という意味をもつ場合や、b普通の動詞が文脈上使役動詞となる場合もある。

a 勧メテニ重耳ニ趣ヤカニ行カシム。（重耳に勧めて趣やかに行かしむ。）

b 死セル諸葛走ラスニ生ケル仲達ヲ。（死せる諸葛、生ける仲達を走らす。）

　※「走ら・す（使役）」。

（4）受身：a「被」「見」b「為〜所…」c「…於・于・乎〜」

a 被ニ人ニ欺カ。（人に欺かる。）※〜に…未然形＋る（らる）

b 後ルレバ則チ為ルニ人ノ所トレ制スル。（後るれば則ち人の制する所と為る。）

　※〜の…連体形＋所と・なる。「レバ則」→漢文1-9。

c 後ニ發スレバ制セラルニ於人ニ。（後に発すれば人に制せらる。）

　※〜に…未然形＋る（らる）。「後に発して」「後発（に）して」と読んでもよい。

解説　以上の文型の他に文脈上、受身となる場合がある。

　例：敍セラルニ従五位下ニ。（従五位下に叙せらる。）※但し叙位の場合は「…に叙す」でも通ずる。

（5）比較：比況・比較・選択

①比況文：a「如」「若」／b「猶」「譬如」

a 不ルコトレ動カ如シレ山ノ。（動かざること山の如し。）

b 譬ヘバ如シレ為ルガレ山ヲ。（譬へば山を為るが如し。）

※比況の助動詞「ごとし」（→古文3-7）。aは「体言＋の＋如（若）し」、bは「連体形＋が＋如（若）し」の文型。b「猶」は再読文字（→漢文1-6）。なお「如」「若」は文末の「然」と呼応する場合があ

る。（例：「人ノ渉ル﹅ハ﹅レ世ヲ、如ク﹍行旅ノ﹍然リ。」人の世を渉るは行旅の如く然り。）

参考 b「為」は「つくれ・る／つくら・ん＋が・如し」とも読めるが、前者は完了の助動詞「り」連体形で「山が出来た状態」を指し、後者は婉曲の「ん（む）」で「山を造るということ」を指す（→古文 4-3・4-5）。

②比較文：a「於」「于」「乎」／b「不如（若）」／c「無（莫）如（若）」／dその他
a 苛政ハ猛シ﹍於虎ヨリモ﹍也。（苛政は虎よりも猛し。）
b 百聞ハ不レ如カ﹍一見ニ﹍。（百聞は一見に如かず。）
c 莫シレ若クハ﹍舉ゲテレ賢ヲ而任ズルニ﹍之ニ﹍。（賢を挙げてこれに任ずるに若くは莫し。）
d 罪莫シレ大ナルハレ焉ヨリ。（罪、焉より大なるは莫し。）
※a「於」置き字（→漢文 1-7）、「也」も置き字に読んだが、「猛き・なり」と読んでもよい。b「不如（若）」は「しか・ず」と読む（カ行四段「しく」は追いつく・及ぶの意）。c・dは最高を表す文型で（最上形ともいう）、c「莫若（如）」「無若（如）」は「しく（連体形）・は・なし」と読む。この「しく」は準体言で（→漢文 2-1①）「及ぶもの（はない）」という意味。dは「〜より…は・なし」という文型。例文の「これ以上大きいものはない」という用法から形容動詞「莫大」が派生した。

③選択文：a「孰」／b「孰与」／c「与（其）〜寧…」／d「寧…不（無）〜」
a 禮ト與レ食孰レカ重キ。（礼と食と孰れか重き。）
b 功高キコト孰﹍與レゾ蒙恬ニ﹍。（功高きこと蒙恬に孰与れぞ。）
c 禮ハ與﹍其ノ奢ラン﹍也、寧ロ儉ナレ。（礼は其の奢らんよりは寧ろ倹なれ。）
d 寧ロ爲ルモ﹍鷄口ト﹍、無カレ爲ル﹍牛後ト﹍。（寧ろ鶏口と為るも、牛後と為る無かれ。）
※aは「A与B孰…」の文型で、「いづれ・か」の係り結びで文末は連体形となる（「与」の読み方→漢文 1-5⑰）。bは「A孰与B」の文型で、「孰与」の他に「何如」「孰若」「何与」をも用いる。cは「与（其）A、寧B」の文型で、この「与」は比較の格助詞「より」と読む（→古文 7-8）。「寧」は「むし・ロ」と読む（連語「無寧」も同じ）。この「寧」の代わりに「不如」「不若」（しかず）や「豈」などの反語を用いることもある。
例：與ハ﹍其ノ生キテ而無カラン﹍義、固不レ如カレ烹ラルルニ。
（其の生きて義無からんよりは、烹らるるに如かず。）※「に（ナ上一）・らる」は文脈上の受身。
dはcの文型を反転して「寧A無（不）B」としたもので、「無かれ」（「不」なら「ざれ」）は命令形（禁止）だが、「なから・ん（ざら・ん）」と読んでもよい。その場合、「ん（む）」は意志の助動詞で（→古文 4-5）、「なりたくない（したくない）」の意味になる。

（6）仮定
①もシ…バ、「若」「如」「即」「則」「審」「党（儻）」
例：學若シ不ンバレ成ラ、死ストモ不レ還ラ。（学若し成らずんば、死すとも還らじ。）
※「ずんば」（→漢文 2-1⑦解説）、「死」は仮定なので逆接の接続助詞「とも」を送る（→古文 7-12）。「じ」は意志の否定（還るつもりはない→古文 4-5）、但しそのまま「還ら・ず」と読んでもよい。なお、「誠即」「信如」（まことニ・もシ）や「有如」（あるいハ・もシ）のように連用する場合もある（但し「有如」は「如き（こと）有らば」と返読してもよい）。

②たとヒ…トモ、「縦」「即」「仮令」ほか
　例：縦ヒ江東ノ父兄憐ンデ而王トストモ_レ我ヲ，我何ノ面目アリテカ見エン_レ之ニ。
　　（縦ひ江東の父兄、憐んで我を王とすとも、我何の面目ありてかこれに見えん。）
※「王とす」の「す」は代動詞（「為」「奉」などの代用）、「とも」（→①）。「ありて・か」は
疑問・反語の係り結び（→古文 8-9）、「見」も仮想（実現していない）なので、可能推量の「ん（む）」
を添える（→古文 4-5）。なお、「たとひ」と読む仮定詞としては「仮令」（「けりょう」とも読む）
の他に「設如」「設令」「仮設」「仮使」「即使」「藉令」「藉使」などがある。

③その他の仮定詞：a「苟」／b「微」／c「雖」／d「則」
　a 苟モ志サバ_二於仁ニ_一矣、無シ_レ悪シキコト也。（苟も仁に志さば、悪しきこと無し。）
　b 微リセバ_二管仲_一、吾其レ被髪左衽セン矣。（管仲微りせば、吾其れ被髪左衽せん。）
※a「いやしくモ…バ」の文型。諸注「苟」を「まことニ」（→漢文 1-8）と読むが、「いやしくも」
は「賤し」（身分が低い→「要覧」形容詞）から分不相応にと謙遜する心持ちを表し、そこから「仮に」
という意味が派生したもので、「志於仁」を分不相応の志望と見るのは不当な翻訳ではない。b「微」
は「なかり・せ・ば」と読む。古文では「せば～まし」と呼応すべきところだが（→古文 6-2）、漢文
訓読では「まし」「けむ」といった複雑な助動詞は用いず、ただ「せ・ん（む）」と推量の助動詞を添
えるだけである。c「雖」（いへどモ）と d「則」（レバ則）は第一章（5）⑱と第一章（9）参照。

④疑問詞を用いた仮定文：「与」「邪」「乎」
　例：祝シテ曰ク、「趙宗滅センカ乎、若號ケ。即シ不ンバ_レ滅セ、若無カレト_レ聲。」
　　（祝して曰く、「趙宗滅せんか、若号け。即し滅せずんば、若声無かれ」と。）
※赤子をかくまう母の台詞（『史記・趙世家』）。疑問文で仮定条件を表す。「滅せ・ん・か」は「滅
びるだろうか」。「若」は二人称代名詞、「号」は号泣の意、「即」（もし→①）、「無」（→漢文
2-1②）。

⑤その他：文脈上の仮定文
　例：使メバ_二齊ヲシテ北面シテ伐タ_レ燕ヲ、即ヒ雖モ_二五燕ト_一不_レ能ハ_レ當タル。
　　（斉をして北面して燕を伐たしめば、即ひ五燕と雖も当たる能はず。）
※「…シメ・バ」の文型（→漢文 2-3 使役文）。「即」（→②）、「雖」（→③c）、「不能」（→
漢文 2-1③）。結局これは文脈上の仮定文であり、前後の関係を見て仮定条件の「ば」を送る（→古文
7-11）。

（7）限定
①ただ…（ノミ）、「只」「唯」「惟」「但」「直」「特」「徒」「啻」「止」「祇」
　例：但ダ聞クノミ_二人語ノ響ヲ_一。（但だ人語の響を聞くのみ。）
※副詞「ただ」は用言（動作の内容）を限定する。「のみ」は限定の副助詞（→④）、限定する動詞
（聞く）に付けるが、付けなくてもよい。

②わづカニ…（ノミ）、「纔」「僅」「才」
例：如ᵏᴴᴺ禽獸ノ₋、徒ダ有ᴿᵀᴱ聲音₋、僅ᴷᴺ通ᶻᴸᴺ意嚮ヲ₋耳。
　　（禽獸の如きは、徒だ声音有りて、僅かに意嚮を通ずるのみ。）
※「わづかに」は「ただ」よりも強く動作の内容を限定する。「如」（→漢文 2-5①）、「徒」（→
①）、「耳」（→④）。

③ひとリ…ノミ、「独」
例：今獨ᴿ臣ノミ有ᴿ⌐船。（今独り臣のみ船有り。）
※副詞「ひとり」は体言（主語）を限定する。ゆえに「臣（＝我）」に「のみ」を必ず付ける。

④…のみ。「耳」「爾」「而已」「已」「云爾」
例：前言ᴴ戲ᴸᴱ之耳。（前言は戯れしのみ。）
※「のみ」は限定の副助詞、連体形接続（→古文 8-4）。「戲れ（ラ行下二段・連用形）・し（過去
の助動詞「き」連体形）・のみ」。なお「云爾」は「のみ」と読む他、詩序などの文末に用いて「云ᵖᴸ爾
（しか・いふ）」とも読む。

⑤その他：「自非～不…」
例：自⌐非ᶻᴬᴸ聖人ᴺ₋、所不ᴸᴱ能ᴴ也。（聖人に非ざるよりは、能はざる所なり。）
※否定の連用「非～不…」を用いた文型（→漢文 2-1⑦）、「独聖人」と同じ。「自」（→漢文 1-5
⑮）、「に・非ず」（→漢文 2-1①）、「不能」（→漢文 2-1③）、「也」（→漢文 1-7①）。

（8）累加・抑揚

累加とは「のみならず」の形で、それだけに限定されないことを表す文型。①「ただ」を
用いたものと②「ひとり」を用いたものがある（→漢文 2-7①③）。
抑揚とは前文に最低限のものを示し、後文に「ましてや」と他の物事を類推させる表現で、
③「すら」を用いたものと④「以て」を用いるものがある。

①累加「ただ」：a「不唯」／b「非唯」／c「豈唯」※「唯」は例字（→漢文 2-7①）
a 不₋唯ダ忘ᴸᴸノミナラ₋歸ᴸᴺヲ、可ᴸ以テ終ᶠ⌐老ヲ。
　　（唯だ帰るを忘るるのみならず、以て老を終ふべし。）
b 以ᵀ⌐弱ヲ爲ᴸ⌐強⌐者、非ᶻ₋惟ダ天ノ時ノミᴺ₋、抑モ亦タ人ノ謀也。」
　　（弱を以て強と為る者、惟だ天の時のみに非ず、抑も亦た人の謀なり。）
c 豈₋徒ダ齊ノ民安ᵏノミナランヤ、天下之民モ擧安ᴸ。
　　（豈に徒だ斉の民安きのみならんや、天下の民もみな安し。）
※a「たダ…ノミナラず」の文型、「のみ（限定）・なら（断定）・ず（否定）」。「可以」→漢文
1-5⑧）。b「たダ…ノミニ非ず」の文型、「に・非ず」（→漢文 2-1①）。「抑」「亦」→漢文 1-8）。
c「あ₋たダ…ノミナランヤ」の文型、「豈」（→漢文 2-2⑥）、「のみ・なら・ん（む＝推量）・や（反
語）」。なお「擧」を「みな」と読んだが、「こぞッテ」と読んでもよい（「こぞる」は一斉に～する）。

②累加「ひとり」：a「不独」／b「非独」／c「豈独」

a 不ㇾ獨リ漢‐朝ノミナラ﹅、今モ亦タ有リ。

（独り漢朝のみならず、今も亦有り。）

b 非ザルㇾ獨リ賢者ノミ有ルニ是ノ心﹅也、人皆有リㇾ之。

（独り賢者のみ是の心有るに非ざるなり、人みなこれ有り。）

c 豈ニ獨リ知ルノミナランヤㇾ此ヲ、亦タ樂シムㇾ此ヲ。

（豈に独り此を知るのみならんや、亦た此を楽しむ。）

※a「ひとリ…ノミナラず」／b「ひとリ…ノミニ非ず」／c「あニひとリ…ノミナランヤ」。bの例文は「独り」が「賢者」を限定するが、cは「ただ」と同様、「知此」を修飾する。①「豈唯」などと混同した用法であろう。

③抑揚「すら」：a「**且**」／b「**猶**」「**尚**」…、何ぞ・安くんぞ・況んや〜（を）や

a 臣死スラ且ツ不ㇾ避ケ。（臣、死すら且つ避けず。）※「**スラ且**」という。但し「且ほ」でも可。

b 庸人スラ猶ホ羞ヅ﹅之ヲ、況ンヤ於テヲㇾ將相ニ乎。

（庸人すら猶ほこれを羞（は）づ。況んや将相においてをや。）※「猶」→漢文1-8。

④抑揚「もっテシテ／もっテスラ」：「**以**」…、「**而**」「**猶**」〜

例：以テスラㇾ菅公之賢ヲ、猶ホ不ㇾ能ハ﹅無キコトニ戀フㇾ權ヲ之意﹅。

（菅公の賢を以てすら、猶ほ権を恋ふの意無きこと能はず。）※「菅公」は菅原道真。

（9）願望：「**請**」「**願**」「**庶幾**」「**望**」／「**欲**」「**得**」「**冀**」「**希**」

「請フ（ラクハ）」「願ハクハ」「庶幾（こひねが）ハクハ」「望ムラクハ」の形で願望を表す。自己の願望を表す場合は文末を「未然形＋ん（む＝意志）」とし、他者への願望（あつらえ）は文末を命令形（セヨ）または「未然形＋ん・ことを」とする。

a 請フ先生爲ニㇾ余ノ講ゼヨㇾ書ヲ。（請ふ先生、余の為に書を講ぜよ。）

b 在リテハㇾ地ニ願ハクハ爲ラン﹅連理ノ枝ト﹅。（地に在りては願はくは連理の枝と為らん。）

c 王庶幾ハクハ改ハㇾ之ヲ。（王、庶幾はくはこれを改めよ。）

※bはク語法（→漢文1-10②）を用いず、「連理の枝と為らんことを願ふ（願ㇾ爲ニ連理枝﹅）」と読んでもよいが、aは通常、「先生に余の為に書を講ぜんことを請ふ（請ニ先生爲ㇾ余講ㇾ書）」とは読まない。cの「庶幾」は「ちか・シ（＝近し）」とも読む。

上記のク語法の文型とは別に、「欲ス」（→漢文1-5⑨）や「得（ア行下二段→古文2-3）」「冀（希）フ」なども願望を表す動詞となる。なお、特殊な願望表現として反語を用いた例がある。

例：安ンゾ得テニ猛士ヲ守ラシメン分ニ四方ヲ﹅。（安んぞ猛士を得て四方を守らしめん。）

（10）詠嘆

大別して、①助辞を用いる場合と②「ああ」という感動詞を用いる場合、そして③疑問・反語の形をとるものがある。

①「〜かな」：「**哉**」「**与**」「**夫**」「**也夫**」「**矣乎**」など

例：子曰、莫キニ我ヲ知ルㇾ也夫ト。（子曰く、我を知る莫きかなと。）

※「曰く…と」（→漢文1-10②）。

②「ああ」：「嗚呼」「嗟（乎）」「噫」「唉」

例：子曰、噫、天喪^{ボセリト}_レ予^ヲ。（子曰く、噫、天予を喪ぼせりと。）

※「ほろぼせ（サ行四段已然形）＋り（完了）」（→古文 4-3）。

③疑問・反語（→漢文 2-2）

例：有^リ_下朋^{（ノ）}自^リ_二遠方_一来^{タル}_上、不_二亦^タ樂^{シカラ}_一乎^や。

（朋（の）遠方より来たる有り、亦た楽しからずや。）

※「朋あり遠方より来たる」と読んでもよいが、「有（人）～」の文型なので「有_レ朋」と読むのは本来正しくない。「不亦～乎」は反語で、「楽しいではないか！」と強調する表現。

第三章　演習：『魏志・倭人伝』をよむ

歴史上、日本人（倭人）が最初に現れるのはつぎの『漢書・地理志』においてであった。

　　樂浪海中ニ有リ二倭人一、分カレテ爲ル二百餘國ト一、以テ二歳時ヲ一來タリ獻見スト云フ。
　　（楽浪海中に倭人有り、分かれて百余国と為る、歳時を以て来たり献見すと云ふ。）

続いて『後漢書・東夷伝』倭条にはつぎのように出てくる。

　　建武中元二年、倭奴國奉貢朝賀ス、使人自ラ稱ス二大夫ト一、倭國之極南界也。光武、賜フニ
以テス二印綬ヲ一。安帝永初元年、倭國王帥升等獻ジテ二生口百六十人ヲ一、願フ二請見ヲ一。
　　（建武中元二年（57）、倭の奴国、奉貢朝賀す。使人、自ら大夫と称す。倭国の極南
界なり。光武、賜ふに印綬を以てす。安帝の永初元年（107）、倭国王帥升等、生口百六
十人を献じ、請見を願ふ。）

　ここにいう「倭奴国」は古代の「那の津」、いまの博多湾にあった国であり、江戸時代の
天明四年（1784）、博多湾の志賀島から出土した国宝「金印」は、ここで光武帝が賜った「印
綬」にほかならない。二千年に及ぶ日中交流史の開幕を記念する文物といえよう。

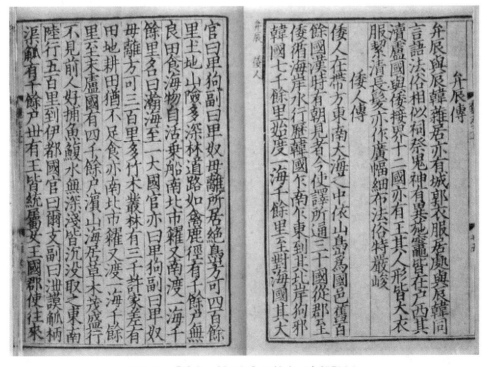

図3-1　『魏志・倭人伝』百衲本（宋版影印）

　このつぎに倭人の動向を伝える記録が『三国志』である。その魏書の倭人伝を日本では『魏志・倭人伝』と呼ぶ。その原文（但し全文ではない）を書き下して、漢文訓読法学習の仕上げとする。なお、注記は訓読に必要なもののみに限り、歴史に関する注記は一切省略したことをお断りしておく。

（1）倭の諸国：

　①倭人ハ在リニ帯方ノ東南大海之中ニ一、依リテニ山㠀ニ一爲スニ國邑ヲ一、舊百餘國。漢ノ時ニ有リニ朝見スル者一、今使譯所レ通ズル三十國。

　（倭人は帯方の東南大海の中に在り、山島に依りて国邑を為す。もと百余国。漢の時に 朝 見する者有り。いま使訳して通ずる所三 十 国。）

　※「在」「有」→漢文 1-5③、「依」→漢文 1-5⑯、「為」→漢文 1-5①、「所」→漢文 1-5⑫。「旧百余国」の副詞「旧」は「もと」と訓み、「もと百余国」と書き下して読みやすくしたが、「旧百余国」とそのまま書き下してもよい（「今」も同じ）。「者」→漢文 1-10①。「使訳」は通訳を介して通交すること。

　②從リレ郡至ルニハレ倭ニ、循ッテニ海岸ニ一水行シ、歴テニ韓國ヲ一乍イハ南シ乍イハ東シ、到ルコトニ其北岸狗邪韓國ニ一七千餘里。始メテ度ルコトニ一海ヲ一千餘里ニシテ至ルニ對馬國ニ一。其ノ大官ヲ曰ヒニ卑狗ト一、副ヲ曰フニ卑奴母離ト一。所レ居ル絶㠀ニシテ、方可ニ四百餘里一、土地ハ山險シク、多シニ深林一、道路ハ如シニ禽鹿ノ徑ノ一。有リニ千餘戸一、無クニ良田一、食シテニ海物ヲ一自活シ、乘テレ船ニ南北ニ市糴ス。

　（郡より倭に至るには、海岸に 循 って水行し、韓国を歴て乍いは南し乍いは東し、其の北岸狗邪韓国に到ること七千余里。始めて一海を度ること千余里にして対馬国に至る。其の大官を卑狗と曰ひ、副を卑奴母離と曰ふ。居る所絶島にして方四 百 余里ばかり。土地は山険しく、深林多し、道路は禽鹿の径の如し。千余戸有り、 良 田無く、海物を 食 して自活し、船に乗りて南北に市糴す。）

　※「從」→漢文 1-5⑮、「歴」は「経」とともにハ行下二段「ふ」と読む（→古文 2-3）。「乍」は通常「たちまち」と読むが（→漢文 1-8）、ここは「南に行ったり東に行ったり」の意味で「ある・いは」と読む。「韓国」は古代の馬韓を指し、朝鮮半島西南の海岸を船がくねくねと南下してゆくさまがわかる。「其」は「倭」を指示する。「狗邪韓国」は加羅（いまの金海）。そこから「始めて」海を渡り、対馬に至る。「曰」→漢文 1-10②。「卑狗」はヒコ（彦）、ヒメ（姫）の対義語で立派な男子の意。「卑奴母離」はヒナ（鄙）・モリ（守）と読む。「所」→漢文 1-5⑫。「可」＋数字で「ばかり（なり）」と読む（→漢文 1-10③）。但し「方四百余里なる・べし（断定・推量）」でも意味は通ずる（但しこの「可」は「約」の意）。「多」→漢文 1-5④、「有」「無」→漢文 1-5③。「市糴」は穀物を買い入れること、ここは広く交易の意味で用いているのだろう。「南北」は三韓と倭を指す。

　③又タ南ニ渡ルコトニ一海ヲ一千餘里、名ヅケテ曰ヒニ瀚海ト一、至ルニ一大（支）國ニ一。官亦タ曰ヒニ卑狗ト一、副ヲ曰フニ卑奴母離ト一。方可ニ三百里一、多クニ竹木叢林一、有リニ三千許ノ家一、差ヤ有リニ田地一、耕セドモレ田ヲ猶ホ不レ足レ食フニ、亦タ南北ニ市糴ス。

　（又た南に一海を渡ること千余里、名づけて瀚海と曰ひ、一大（支）国に至る。官亦た卑狗と曰ひ、副を卑奴母離と曰ふ。方三百里ばかり、竹木叢林多く、三千ばかりの家有り。やや田地有り、田を耕せども猶ほ食ふに足らず、亦た南北に市糴す。）

※「名曰」→漢文 1-10②。「一大（支）国」は壱岐のこと。「亦」→漢文 1-8、「許」→漢文 1-10③、「差」→漢文 1-8、「やや」と書き下して読みやすくした。「猶」→漢文 1-8、「ドモ」は前文「耕田」と後文「不足食」が逆接ゆえの送り仮名。「足」→漢文 1-5⑦。「食するに足らず」でもよい。

④又タ渡ルコト二一海ヲ一千餘里ニシテ至ル二末廬国ニ一。有リ二四千餘戸一、濱シテ二山海ニ一居リ、草木茂盛シ、行クニ不レ見二前人ヲ一。好ンデ捕ヘ二魚鰒ヲ一、水無ク二深淺トモ一、皆沈没シテ取ルレ之ヲ。

（又た一海を渡ること千余里にして末廬国に至る。四千余戸有り、山海に浜して居り、草木茂盛し、行くに前人を見ず。好んで魚鰒を捕へ、水深浅と無く、みな沈没してこれを取る。）

※「末廬国」は肥前国松浦郡にあった国。「行不見前人」の句は「行くに前人を見ず」の他、「行きて」「行けども」とも読めるが、接続助詞「て」の継起（行く→見ず）ではやや文意に合わず（→古文 7-17）、「ども」の逆接（行く⇔見ず）ではやや極端な印象があり（→古文 7-13）、単純接続で逆接をも兼ねる「に」を送るのが無難（→古文 7-14）。「好捕魚鰒」の「好」は動詞「このむ」とも副詞「よく」とも読めるが、倭人の性質を述べた文としては動詞と見るべきで、動詞だとすると「捕ふを好む（好レ捕）」と返読すべきだが、「魚鰒を捕ふを」と目的格「を」が重複するのを避けて「好んで」と副詞句に読み下す（なるべく返読せず、上から下へと自然に読み下す）。「無」は否定の連用（→漢文 2-1⑦）。「皆」の読み下し（→上文①「旧」③「差」）。「之」の読み下し（→漢文 1-6④）。

⑤東南陸行五百里ニシテ到ル二伊都國ニ一。官ヲ曰ヒ二爾支トモ一、副曰フ二泄謨觚・柄渠觚トモ一、有リ二千餘戸一。世有リレ王、皆統二属ス女王國ニ一、郡使ノ往來常ニ所ナリ二駐マル一。

（東南陸行五百里にして伊都国に到る。官を爾支と曰ひ、副を泄謨觚・柄渠觚と曰ふ、千余戸有り。世々王有りて、皆女王国に統属す、郡使の往来常に駐まる所なり。）

※「爾支」はニキ・ニシ、『隋書・倭国伝』にいう「伊尼翼」（稲置）に当たるとも、「主」に当たるともいう。「泄謨觚」：「泄」は中古心母薛韻でセチ、あるいは余母薛韻でエイと読み、上古は月部 ʃt でサ・ヤとも読める（郭錫良『漢字古音手冊』参照、以下同）。「謨」は中古明母模韻＝モ、上古明母魚部＝マだが、『魏略』は「溪」に作り、溪母齊韻＝ケイと読む。「觚」は見母模韻＝コで疑いない。以上から「泄謨（溪）觚」はセマコ（島子）・エモコ（妹子）・ヤマコ・ヤケコ（宅子）などと読める。「柄渠觚」：「柄」は呉音ヒャウ、上古幫母陽部でハと読める（上代のハ行はパ p- の子音で、上古音 p ʃと合う）。「渠」は呉音ゴ、上古群母魚部でガと読む。ゆえに「柄渠觚」はヒゴコ（彦子）、ハガコ（？）となる。「千餘戸」、『魏略』は「萬餘戸」に作る。副詞「世」は「よよ（代々）」と読む。「皆」は「みな」と読んだが、ここは「伊都国も」という意味なので「皆に」と読むべきか（但し、「世々」「皆」女王国に属すとも読める）。「郡使」は帯方郡と倭を往復する使節のこと。

⑥東南ニ至ルコト二奴國ニ一百里、官ヲ曰ヒ二兕馬觚トモ一、副ヲ曰フ二卑奴母離トモ一、有リ二二萬餘戸一。東行シテ至ルコト二不彌國ニ一百里、官ヲ曰ヒ二多模トモ一、副ヲ曰フ二卑奴母離トモ一、有リ二千餘家一。南ニ至ルニ二投馬國ニ一水行二十日、官ヲ曰ヒ二彌彌トモ一、副ヲ曰フ二彌彌那利トモ一、可二五萬餘戸一。

（東南に奴国に至ること百里、官を兕馬觚と曰ひ、副を卑奴母離と曰ふ、二万余戸有り。東行して不弥国に至ること百里、官を多模と曰ひ、副を卑奴母離と曰ふ、千余家有り。南に投馬国に至るに水行二十日、官を弥弥と曰ひ、副を弥弥那利と曰ふ、五万余戸ばかり。）

※「兕馬觚」：「兕」は呉音シ・ジ、上古邪母脂部でゼとも読める。「馬」は呉音マで疑いないから、

これはシマコでよい。「不弥」はフミと読む（「弥」をヤと読むのは副詞「弥（＝いよいよ）」の訓読による誤り）。「多模」「弥弥」「弥弥那利」はそれぞれタマ・ミミ・ミミナリで疑いないが、語義不詳。但し「多模」はトモ（伴）とも読める（母音アーオの交替は通例：ハラハラーホロホロの類）。

　　⑦南ニ至ル二邪馬壹（臺）國ニ一、女王之所ナリレ都スル、水行十日、陸行一月。官ニ有リ二伊支馬一、次ヲ曰ヒ二弥馬升ト一、次ヲ曰ヒ二弥馬獲支ト一、次ヲ曰フ二奴佳鞮ト一、可二七萬餘戸一。自リ二女王國一以北、其ノ戸數道里ハ可クモ二得テ略載ス一、其ノ餘ノ旁國ハ遠絶ニシテ、不レ可カラ二得テ詳ラカニス一。（中略）自リレ郡至ルコト二女王國ニ一萬二千餘里。

　　（南に邪馬壱（台）国に至る、女王の 都 する所にして、水行十日、陸行一月。官に伊支馬有り、次を弥馬 升 と曰ひ、次を弥馬獲支と曰ひ、次を奴佳鞮と曰ふ、七万余戸ばかり。女王国より以北、其の戸数・道里は得て略載すべきも、其の余の旁国は遠絶にして、得て 詳 らかにすべからず。…郡より女王国に至ること万二千余里。）

　　※「邪馬台」：中古音では[jɪɑmɑdɒɪ]、上古音は[ʎiɑmdə]で、上古音は奈良時代の大倭 yamatö の発音に近い（tö は奈良時代 8 母音のト乙類。ヤマトは山 yama・処 tö の意味といい、九州説にいう山 yama・戸 to〔ト甲類〕では母音が合わない）。「弥馬升」の「升」は書母蒸韻ショウと読むが、上代日本の発音としてはソ、また書母が上古に遡らないとみて舌音声母のトなどと読むべきか（この読み方は『後漢書』に見える「帥升」の「帥」が山母質韻シュチで入声韻尾-tをもつこととも適合する。但し「帥」を「師」に作る異文もある）。「獲支」はワキ（別）であろう。稲荷山古墳出土鉄剣銘に「獲加多支鹵大王」とあるのが参考になる。「奴佳鞮」の「佳」は呉音ケイ（上古音 ke）、「鞮」は同じくタイ（上古音 te）でナケ（カ）テか。「自」→漢文 1-5⑮、「可得」→漢文 1-5⑧。「も」の逆接→古文 8-11。「詳（つまびらかに・す）」→漢文 1-5②。

（2）倭人の風俗：

①男子無ク二大小ト一、皆黥面文身ス。（中略）今倭ノ水人好ンデ沈没シテ捕ヘ二魚蛤ヲ一、文身シ亦タ以テ厭フ二大魚水禽ヲ一、後稍以テ爲スレ飾。諸國文身各異ナリ、或イハ左ニシ或イハ右ニシ、或イハ大ニシ或イハ小ニス、尊卑有リレ差。

（男子は大小と無く、みな黥面文身す。…今、倭の水人、好んで沈没して魚蛤を捕へ、文身し亦た以て大魚・水禽を厭ふ、後稍以て飾りと為す。諸国の文身各々異なり、或いは 左 にし或いは右にし、或いは大にし或いは 小 にす、尊卑差有り。）

　　※「無」→漢文 2-1⑦、「亦以」は「亦以レ此（＝文身）」（手段）、「稍以」も「稍以レ此（＝文身）」（対象）の意味で、単独に用いる「以て」は返読すべき目的語を省略した場合が多い。副詞「亦」「稍」「各」「或」→漢文 1-8、「有差」→漢文 1-10③。

　　②其ノ風俗不レ淫ナラ。男子ハ皆露紒シ、以テ二木緜ヲ一招ケ頭ニ、其ノ衣ハ横幅ニシテ、但ダ結束シテ相連ネ、略無シレ縫コト。婦人ハ被髪屈紒シ、作ルコトレ衣如ク二單被ノ一、穿チ二其ノ中央ヲ一、貫キテレ頭ヲ衣ルレ之ヲ。種エ二禾稲紵麻ヲ一、蠶桑緝績シ、出ダス二細紵縑緜ヲ一。其ノ地ニハ無シ二牛馬虎豹羊鵲一。兵ハ用フ二矛楯木弓ヲ一。

（其の風俗淫ならず。男子はみな露紒し、木緜を以て 頭 に招け、其の衣は横幅にして、但だ結束して相連ね、ほぼ縫ふこと無し。婦人は被髪屈紒し、衣 を作ること単被の如く、其の 中 央を穿ち、

頭を 貫 きてこれを衣る。禾稲・紵麻を種ゑ、蚕桑 緝 績 し、細紵・縑緜を出だす。其の地には 牛 ・
馬・虎・豹・羊・鵲 無し。兵には矛・楯・木 弓 を用ふ。）

※「淫なら・ず」形容動詞→漢文 1-5②。「以」→漢文 1-5⑭。「但」「相」「略」副詞→漢文 1-8。
準体言（縫ふこと）＋「無」→漢文 2-1①。「作レ衣」は主語節なので準体言（作るコト）とする（→
古文 2-2）。「如」→漢文 2-5①。「種」（ワ行下二段動詞→古文 2-3、**ワ行のカタカナ：ワキウヱヲ**、
ひらがな：わゐうゑを）。「出」→古文 2-3 参考。「兵」は「つはもの」とも読む。

③倭ノ地ハ温暖ニシテ、冬夏ニ食スレ生菜ヲ、皆徒跣。有リレ屋室、父母兄弟、臥息異ニスレ處ヲ。
以テレ朱丹ヲ塗ルレ其ノ身體ニ、如キ中國ノ用フルガレ粉ヲ也。食飲ニハ用ヒ籩豆ヲ手食ス。
其ノ死スルヤ有ルモレ棺無クレ槨、封ジテレ土ヲ作ルレ家。始メ死スルヤ停喪十餘日、當タリテレ時ニ不レ食ハレ
肉ヲ、喪主哭泣シ、他人就イテ歌舞飲酒ス。已ニ葬レバ舉家詣リテレ水中ニ澡浴シ、以テ如クスレ練沐ノ。
（倭の地は温暖にして、冬夏に生菜を食す、みな徒跣。屋室有り、父母兄弟、臥息 処 を異にす。
朱丹を以て其の 身体に塗る、中国の粉を用ふるが如きなり。食飲には籩豆を用ひ手食す。其の死
するや棺有るも槨無く、土を封じて家を作る。始め死するや停喪十余日、時に当たりて肉を食はず、
喪主哭泣し、他人就いて歌舞飲酒す。已に 葬れば挙家水中に詣りて澡浴し、以て練沐の如くす。）

※「異に（形容動詞ナリ活用・連用形）・す（サ変）」。「粉」は音読「フン」、訓読「コ」でもよ
い。「籩豆」は古代日本の高坏を指す（椅子を用いないので、首の長い食器を地面に置いて食事をする）。
「手食」は「手もて食す」とも読める（「もて」は「以て」）。「死する（サ変連体形）・や（係助詞）」
は「死んだ時には」の意。「挙家」は「家を挙げて」とも読める。

④其ノ會同坐起ニハ、父子男女無シレ別。人性嗜ムレ酒ヲ。（魏略ニ曰ク、其ノ俗、不レ知ラレ正歳四節ヲ、
但ダ計ヘテレ春耕秋收ヲ爲スノミトレ年紀ト。）見レバ大人ノ所ヲレ敬スル、但ダ搏チテレ手ヲ以テ當ツレ脆拝ニ。
其ノ人ノ壽考、或イハ百年、或イハ八九十年。其ノ俗、國ノ大人ハ皆四五婦、下戸モ或イハ二三婦。婦
人不レ淫セ、不レ妬忌セ。不レ盗竊セ、少ナシレ諍訟。其ノ犯スヤレ法ヲ、輕キ者ハ没シレ其ノ妻子ヲ、
重キ者ハ没スレ其ノ門戸及ビ宗族ヲ。尊卑各有リレ差序、足ルレ相臣服スルニ。
（其の会同・坐起には、父子男女別無し。人性酒を 嗜 む。（『魏 略』に曰く、「其の俗、
正歳四時を知らず、但だ春耕・秋 收 を計へて年紀と為すのみ」と。）大人の敬する所を見れ
ば、但だ手を搏ちて以て跪拝に当つ。其の人の寿考、或いは百年、或いは八九十年。其の俗、
国の大人はみな四・五婦、下戸も或いは二・三婦。婦人淫せず、妬忌せず。盗竊せず、諍 訟 少
なし。其の法を犯すや、軽き者は其の妻子を没し、重き者は其の門戸及び宗族を没す。尊卑
各々差序有り、相臣服するに足る。）

※「書名＋曰」は「書名（に）曰く…と。」と読む。「但だ〜のみ」→漢文 2-7①。「以当」の「以」
は「以搏手（当脆拝）」の省略形（→漢文 1-5⑭）。「淫」は、上文に「風俗」を形容した語として「淫
なり」と読んだが、ここは「婦人」の動作としてサ変動詞「淫す」と読む。「盗竊」の主語は倭人。「少」
→漢文 1-5④。「各」「相」→漢文 1-8。

⑤收ムルニレ租賦ヲ有リレ邸閣、國國ニ有リテ市、交易シ有無ヲ、使ムレ大倭ヲシテ監セレ之。自リ
レ女王國ー以北ニハ、特ニ置キレ一（ノ）大率ヲ、檢察セシム諸國ヲ、諸國畏レ憚スレ之ヲ。常ニ治スレ伊
都國ニ、於イテレ國中ニ有リレ如キレ刺史ノ。

（租賦を収むるに邸閣有り、国々に市有りて有無を交易し、大倭をしてこれを監せしむ。女王国より以北には、特に一（の）大率を置き、諸国を検察せしむ、諸国これを畏憚す。常に伊都国に治す、国中に於いて刺史の如き有り。）

※「邸閣」高床式倉庫とその付属施設を指す。「収むる・に」は目的の用法（〜のために；→古文7-5⑥）だが、「邸閣」を置く目的は徴税に限らないと考えれば、「租賦を収む、邸閣有り」と並列に書き下してもよい。「交易有無」有る物と無い物を売り買いする。「一大率」：上文⑤「大倭」に揃えて「一の大率」と読む説もあるが、上文（1）③「一大（支）国」や（1）⑦「伊支馬」から「一支率」と読む余地もある。「率」は中古山母質韻シュチ（ス？）、上古音は物部ətでサ・ソとも読める。「治す」の主語は「一大率」。

⑥其ノ國本亦タ以テ二男子ヲ一爲シレ王ト、住マルコト七八十年。倭國亂レ、相攻伐スルコト歴年、乃チ共ニ立テテ一女子ヲ一爲スレ王ト、名ヅケテ日フレ卑彌呼ト一。事ヘ二鬼道ニ一、能ク惑ハスレ衆ヲ。年已ニ長大ナルニ、無ク二夫壻一、有リ二男弟一、佐ケテ治ム二國ヲ一。自リレ爲リシレ王ト以來、少ナシ二有ルレ見ルレ者一、以テ二婢千人ヲ一自ラ侍セシム。唯ダ有リ二男子一人一、給シ二飲食ヲ一、傳ヘレ辭ヲ出二入スレ居處ニ一。宮室・樓觀・城柵嚴カニ設ケ、常ニ有リ二人持シテレ兵ヲ守衛スルー。女王國ノ東渡ルコトレ海ヲ千餘里、復タ有リレ國、皆倭種ナリ。

（其の国もと亦た男子を以て王と為し、住まること七・八十年。倭国乱れ、相攻伐すること歴年、乃ち共に一女子を立てて王と為す。名づけて卑弥呼と日ふ。鬼道に事へ、能く衆を惑はす。年已に長大なるに、夫壻無く、男弟有り、佐けて国を治む。王と為りしより以来、見る有る者少なく、婢千人を以て自ら侍せしむ。唯だ男子一人有り、飲食を給し、辞を伝へ居処に出入す。宮室・楼観・城柵、厳かに設け、常に人、兵を持して守衛する有り。女王国の東、海を渡ること千余里にして、復た国有り、みな倭種なり。）

※「其国」倭国を指す。「本」→漢文1-8。「歴年」は「年を歴たり」とも読める（「たり」は完了の助動詞→古文4-3）。「乃」→漢文1-9。「名日」→漢文1-10②。「佐治」前掲稲荷山古墳出土鉄剣銘に「左治天下」とある。「為り・し」過去の助動詞「き」連体形（→古文4-2）。「有見者」は「有〜者」の文型であるから「見ゆる者有ること（少なし）」と読むべきだが（「まみゆ」は会う意）、今は一般的な読み方に従う。「自ら」は自分（の側）にの意、「侍せしむ」は文脈上の使役（→漢文2-3）。「常有人」の句は「有人〜」の文型であるから、「常に人有り、兵を持して守衛す」と読むのは誤りだが、訓読が複雑になる場合は（→漢文1-4③〜⑤）、「人有り」と読んでもよい。「復」→漢文1-8。

（3）倭と魏との通交：

景初二年六月、倭ノ女王遣ハシテ二大夫難升米等ヲ一詣リレ郡ニ、求ムレ下詣リテ二天子ニ一朝獻センコトヲ上。太守劉夏遣ハシレ吏ヲ將送シテ詣二京都ニ一。

其ノ年十二月、詔書シテ報ジテ二倭ノ女王ニ一曰ク、制二詔ス親魏倭王卑彌呼ニ一、帶方太守劉夏遣ハシテレ使ヲ送リ二汝ノ大夫難升米・次使都市牛利ヲ一、奉ジテ二汝所ノレ獻ズル男生口四人・女生口六人・斑布二匹二丈ヲ一以テ到ル。汝ノ所在踰遠ニシテ、乃ち遣ハシテレ使ヲ貢獻ス、是レ汝之忠孝ニシテ、我甚ダ哀レムレ汝ヲ。今以テレ汝ヲ爲シ二親魏倭王ト一、假シテ二金印紫綬ヲ一、裝封シテ付シ二帶方太守ニ一假授セシム。汝其レ綬二撫セ種人ヲ一、勉メテ爲セ二孝順ヲ一。（中略）又特ニ賜ヒ二汝ニ紺地句文錦三匹・細班華罽五張・白絹五十匹・金八兩・五尺刀二口・銅鏡百枚・真珠・鉛丹各五十斤ヲ一、皆裝封シ

テ付ス﹅難升米・牛利ニ﹅、還リ到ラバ録受シテ、悉ク可シ﹅以テ示シテニ汝ノ國中ノ人ニ﹅、使ム﹅知ラ﹅國家哀レムコトヲ汝ヲ﹅。故ニ鄭重ニ賜フ﹅汝ニ好物ヲ﹅也。

　　（景初二年六月、倭の女王、大夫難升米等を遺はして郡に詣り、天子に詣りて朝献せんことを求む。太守劉夏、吏を遺はし、将送して京都に詣らしむ。其の年十二月、詔書して倭の女王に報じて曰く「親魏倭王卑弥呼に制詔す、帯方太守劉夏、使を遺はして汝の大夫難升米・次使都市牛利を送り、汝献ずる所の男生口四人・女生口六人・班布二匹二丈を奉じて以て到る。汝の所在踰遠にして、乃ち使を遺はして貢献す、是れ汝の忠孝にして、我甚だ汝を哀れむ。いま汝を以て親魏倭王と為し、金印紫綬を仮して、装封して帯方太守に付し仮授せしむ。汝其れ種人を綏撫し、勉めて孝順を為せ。…また特に汝に紺地句文錦三匹・細班華罽五張・白絹五十匹・金八両・五尺刀二口・銅鏡百枚・真珠・鉛丹各五十斤を賜ひ、みな装封して難升米・牛利に付す、還り到らば録受して、悉く以て汝の国中の人に示して、国家汝を哀れむことを知らしむべし。故に鄭重に汝に好物を賜ふなり。）

　　※「景初二年」は三年（239）の誤り。「難升米」：難ナン、米メイは問題ない。升ソ（ト？→漢文3-1⑦）、ゆえに「ナソメ」と読むか。「求」は願望文（→漢文2-9）の一種。「将送」は「将て送る」とも読む（「将（以）て送る」とも読めるが、不当）。「曰」→漢文1-10②。「都市」は官名。「牛利」：牛はゴ・グ、利はリと読む。「踰遠」は「踰かに遠く」でもよい。「是」→漢文1-10①、「甚」→漢文1-8。「其」→漢文1-10①。「還到録受」：「還到」の主語は難升米・牛利、「録受」の主語は倭の女王なので、上下の句の関係から仮定条件の「未然形＋ば」（→古文7-10）を用いる。「可以」→漢文1-5⑧、「使」→漢文2-3。「故」→漢文1-10①「所以」。

（4）卑弥呼の死：

　卑彌呼以テ死ス。大イニ作ル﹅冢ヲ、徑百餘歩、徇葬スル者奴碑百餘人。更ニ立ツニ男王ヲ﹅、國中不﹅服セ。更相誅殺シ、當時殺スニ千餘人ヲ﹅。復タ立テテニ卑彌呼ノ宗女壹與年十三ナルヲ﹅爲シ﹅王ト、國中遂ニ定マル。（下略）

　　（卑弥呼以て死す。大いに冢を作る、径百余歩、徇葬する者、奴婢百余人。更に男王を立つ、国中服せず。こもごも相誅殺し、当時千余人を殺す。復た卑弥呼の宗女壱与年十三なるを立てて王と為し、国中遂に定まる。…）

　　※「以死」の「以」は結果（以至于）を表す。あるいは「已（すでニ）」に通ず（以上『古書虚詞通解』）。「更立」「國中」の二句は逆接ゆえ「立つる（タ行下二段連体形）も（逆接）」または「立てしも（「し」は過去の助動詞「き」連体形）」とも読める。「更相」、「更」は「互」の意（『古書虚詞通解』）、「こもごも」と読む（→漢文1-8）。「復」→漢文1-8。「壹與」、「壹」を異本は「台」に作る。ここから「台（臺）與」と訂し、「トヨ（豊）」と読む説があるが、「台」はタイ（中古：透母咍韻）と読むほか、イ（余母之韻）とも読み、「以」と通仮の関係にあるので（『通仮字彙釈』）、「台與」もイヨと読むべきであろう。「年十三なる・を」、「なる」は断定の助動詞「なり」連体形（→古文3-6）、十三歳である「人（娘）」を（準体法→古文2-2・7-3）。

　以上、漢文訓読法の演習として『魏志・倭人伝』を読んできた。この演習を通して、読者は漢文訓読のさまざまな規則を復習するとともに、あらためて漢文訓読という翻訳方法の正

確さを理解したであろう。漢文訓読とは漢文の構文分析や品詞分解を基礎とした逐語訳に他ならない。つまり漢文の一言一句に対して文法的な分析や文脈上の解釈を加え、これを古代日本語（古文）に翻訳する方法であり、日本人は常に、漢文の作者がなぜこの漢字を用いたのか、なぜこのような語順に書いたのか、前の語句と後ろの語句の関係は順接か逆接かを考えながら訓読し、その作業をくり返すことで、作者の思想へと近づいてゆく。日本の中国学が非常に高い水準にある秘密が、ここにある。作者が用いた漢字をそのまま翻訳に用いるという漢文訓読の制約が、日本人に自ずと作者の心を探索させるのである。

　なお、ここでは言及できなかったが、訓読の基礎となる字義の解釈についても、例えば荻生徂徠『譯文筌蹄』（→漢文 1-10)）に「早」字を解して、「晩ノ反對ナリ。ハヤシト訓ズ。別ニ換ユベキ譯ナシ。然ドモ速ノ字ト異ナリ。コノ類ニテ倭語少ク、漢語多キコトヲ會スベシ。差別ハ、早晩ハ日ニ從フ、遅速ハ辶ニ從フ。故ニ早晩ハ時ニカカリ、遅速ハ事ニカカル。」といい（原文は句読点・濁点なし）、対義語や文字学の知識を用いて字義を説き、倭漢の語彙の違いにも触れているように、外国語として客観的な態度を持ちつつ、漢字をその原義から理解する努力を払っていることも看過すべきではないだろう。本篇の冒頭に「中国人にとっても中国を再認識する機縁となる」と書いたのは、その意味である。
　読者にとって漢文訓読法の学習が実り多いものになることを願ってやまない。

付録　近代文書解読法

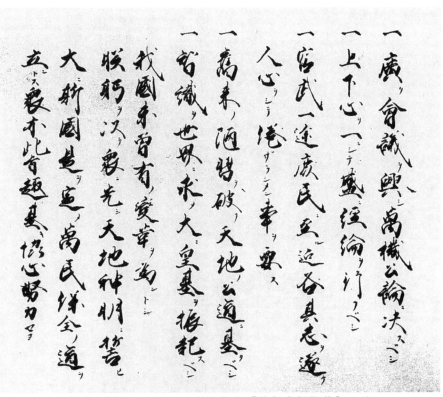

五箇条の御誓文（東京大学出版会『維新史料聚芳』より）

はじめに：解読の基本

　明治維新は、260 年の長きにわたって続いた徳川幕府を倒しただけでなく、「王政復古」の大号令のもと、鎌倉幕府以来続いてきた武士政権を否定し、さらに平安貴族の摂関政治をも否定して、古代の天皇制国家への回帰を宣言した。その手始めに実施されたのが政治の文体の一新、すなわち**「候文」から「漢文訓読体」への転換**であった。

　1868 年（明治元年）5 月の『都鄙新聞』によると、

　　コノ頃大政一新セル日本帝國ノ布令多クハ支那ノ語ヲ用ユルガ故ニ、民間ニ讀ムモノ甚 少ク、讀テ其意ヲ解セザル者 十 人ニ八九人ナリト云。

とあり、他方「藝者舞妓が漢語を使うて大氣取」だったという（『新聞集成明治編年史』第一巻 78 頁。財政経済学会 1934 年）。

　ではなぜ明治の新政府は「漢語」すなわち漢文訓読体を採用したのか。それは「候文を用いたのでは、旧時代への訣別が明らかにできない。新政府の新たるゆえんを主張しうる表現の形態をもちえない。…新国家構築に必要な造語能力は、これを漢語に求める以外になく、したがって文体もまた漢文調にならざるをえなかった」のである（井上勲『文明開化』14 頁。教育社 1986 年）。漢文訓読を通じて中国文化を学んできた日本人は、ここでまた漢文訓読体によって西洋文化を取り込もうとした。それは近代化に成功し、アジアで唯一独立を保った近代日本の実力の基礎が実は「漢文」にあったことを物語ると同時に、それほど日本語（和語）の「造語能力」は乏しいともいえる（→古文 3-3）。

　この時期、幕末維新の頃には「漢文」と「和文」を両極として多様な文体が行われた。両者の間には「和漢混淆文」（漢字仮名交じり文）があって、漢文訓読体は「漢文」寄りのそれであり、候文は「和文」寄りのそれといえるが、「和文」にもまた文語（書面語）としての「擬古文」（古文体・古文調）から口語体（白話文）まで、さまざまなレベルの文体が用いられた。例えば 1867 年 10 月 13 日（「大政奉還」の前日）に出された「討幕の密勅」は、次のような「漢文」であった。

　　詔、源慶喜、藉リニ累世之威ヲ一、恃ミニ闔族之強ヲ一、妄リニ賊ニ害シ忠良ヲ、數棄ニ絶シテ王命ヲ一、遂ニ矯メテ先帝之詔ヲ一而不レ懼レ、擠シテ萬民ヲ於溝壑ニ一而不レ顧ミ、罪惡ノ所レ至ル、神州將ニ傾覆セ一焉。朕今爲リニ民之父母ト一、是ノ賊ニシテ而不ンバレ討タ、何ヲ以テカ上ハ謝シニ先帝之靈ニ一、下ハ報インヤニ萬民之深讐ニ一哉。（下略）

　これは明治天皇が徳川 15 代将軍慶喜の討伐を命じた「詔書」であるが、この漢文は一応、読者がここまで学んできた訓読法によって読み下すことができるだろう。

　　詔す、源（徳川）慶喜、累世の威を藉り、闔族の強を恃み、妄りに忠良を賊害し、しばしば王命を棄絶して、遂に先帝の詔を矯めて懼れず、万民を溝壑に擠して顧みず、罪惡の至る所、神州（日本）将に傾覆せんとす。朕いま民の父母たり、是の賊にして討たずんば、何を以てか上は先帝の霊に謝し、下は万民の深讐に報いんや。

一方、同年 12 月 9 日の「王政復古の大号令」では、次のような「候文」を用いている。

　　徳川内府從前御委任大政返上・將軍職辭退之兩條、今般斷然被二聞食一候。抑癸丑以來未曾有之國難、先帝頻年被レ悩二宸襟一候御次第、衆庶之所レ知候。依レ之被レ決二叡慮一、王政復古・國威挽回ノ御基被レ爲レ立候間、自今攝關・幕府等廢絶、即今先假ニ總裁・議定・參與之三職被レ置、萬機可レ被レ爲レ行。諸事神武創業之始ニ原キ、縉神・武弁・堂上・地下之無レ別、至當之公議ヲ竭シ、天下ト休戚ヲ同ク可レ被レ遊叡慮ニ付、各勉勵、舊來驕惰之汚習ヲ洗ヒ、盡忠報國之誠ヲ以テ可レ致二奉公一候事。

　　一見、漢文のようにみえるが、文中に頻出する「候」は現代語の「です・ます」に相当する補助動詞（丁寧語）であり、また返読文字の「被」が尊敬の助動詞「る・らる」に、「爲」が同じく「す・さす」に相当すること（下線部）からも明らかなように、この文書は以下のような和文を表記したものである（なお、候文については「解読法」を参照）。

　　徳川内府（内大臣＝慶喜）従前御委任の大政返上、将軍職辞退の両条、今般断然聞こし食され候ふ。そもそも癸丑以来未曽有の国難、先帝（孝明天皇）頻年宸襟を悩まされ候ふ御次第、衆庶の知る所に候ふ。これに依って叡慮を決せられ、王政復古・国威挽回の御基立てさせられ候ふ間、自今摂関・幕府等廃絶、即今、先づ仮に総裁・議定・参与の三職を置かれ、万機行はせらるべし。諸事神武創業の始めに原き、縉紳・武弁・堂上・地下の別無く、至当の公議を竭し、天下と休戚を同じく遊さるべき叡慮に付き、各々勉励、旧来驕惰の汚習を洗ひ、尽忠報国の誠を以て奉公致すべく候ふ事。

これが次の 1868 年 4 月 6 日の「五箇条の御誓文」以降、**明治政府は基本的に「漢文訓読体」を専用する**ようになる。

　一　廣ク會議ヲ興シ萬機公論ニ決スヘシ
　一　上下心ヲ一ニシテ盛ニ經綸ヲ行フヘシ
　一　官武一途庶民ニ至ル迄各其志ヲ遂ケ人心ヲシテ倦マサラシメン事ヲ要ス
　一　舊來ノ陋習ヲ破リ天地ノ公道ニ基クヘシ
　一　智識ヲ世界ニ求メ大ニ皇基ヲ振起スヘシ

　一見すると、この「御誓文」の方が先の「大号令」よりも和文的であるが、この付録の表紙に付した図版を見ると、「御誓文」のカタカナはもともと「送り仮名」（→漢文 1-3）として振られていたことがわかる（正確には、漢字の右下に振られた小字のカナと中央に配した中字のカナとが区別されており、各条文末の「ベシ」や第二条の「シテ」、第三条の「ザラシメン」という中字のカナは、それぞれ「可」「而」「使～不」という助辞に相当する）。だから筆者の心持ちとしては、

　一　廣ク興シ二會議ヲ一、可シレ決ス二萬機行論ニ一。
　一　應シ三上下一ニシテレ心ヲ（而）盛ニ行フ二經綸ヲ一。
　一　官武一途、迄レ至ル二庶民ニ一、各遂ゲ二其ノ志ヲ一、要スレ使メンコトヲ二人心ヲシテ不ラレ倦マ一。
　一　可シ下破リ二舊來之陋習ヲ一、基ク中於天地之公道ニ上。
　一　求メ二智識ヲ於世界ニ一、可シ三大ニ振二起ス皇基ヲ一。

という漢文が念頭にあるわけで、これを書き下したものが「御誓文」の原文に他ならない。近代文書の解読法を漢文訓読法の「付録」としたのはこのためであり、特に中国の読者は、近代文書を解読する際、「**鬼と会うより帰れ**」の法則（→漢文 1-5①）を逆手にとって、「ヲ・ニ・ト」などの助詞の下にある動詞を上に取り出して、上記のようにもとの漢文に復原してしまえば、簡単に文意を解することができる。

　但し中国の白文（→漢文 1-3）と同様に、日本でも**正式な文章には句読点や濁点は付けない**ことが多い。近代文書に上記の「ヘシ」「サラ」のような表記が頻出するのは、それが正式な文書である以上、仕方のないことであるが、漢文訓読法を習得していれば、実際それほど困らない。

　以下、近代の文書 3 点を掲げて注解を加えるが、読者はこの演習を通して訓読法の知識でほとんどの近代文書が読み解けることを理解するとともに、古文解読法の知識も必須となることをも理解するであろう。

　※引用にあたって句読点や濁点のない史料は句読点のみ付す（但し 3）は原文のまま）。

　なお近代の文献の多くは「国立国会図書館デジタルコレクション」（http://dl.ndl.go.jp/）などで閲覧可能、解説書に古田島洋介『日本近代史を学ぶための文語文入門』（吉川弘文館 2013 年）などがある。

1）伊藤博文「憲法起草の大意」（1888 年〔明治二十一〕6 月 18 日・枢密院憲法草案審議）

　歐洲ニ於テハ當世紀ニ及ンデ憲法政治ヲ行ハサルモノアラスト雖、是レ即チ歴史上ノ沿革ニ成立スルモノニシテ、其萌芽遠ク往昔ニ發セラルハナシ。反之我國ニ在テハ事全ク新面目ニ屬ス。故ニ今憲法ノ制定セラルヽニ方テハ先ツ我國ノ機軸ヲ求メ、我國ノ機軸ハ何ナリヤト云フ事ヲ確定セサルヘカラス。機軸ナクシテ政治ヲ人民ノ妄議ニ任ス時ハ、政其統紀ヲ失ヒ、國家亦タ隨テ廢亡ス。苟モ國家カ國家トシテ生存シ、人民ヲ統治セントセハ、宜ク深ク慮リテ以テ統治ノ効用ヲ失ハサラン事ヲ期スヘキナリ。抑歐洲ニ於テハ憲法政治ノ萌セル事千餘年、獨リ人民ノ此制度ニ習熟セルノミナラス、又タ宗敎ナル者アリテ之カ機軸ヲ爲シ、深ク人心ニ浸潤シテ、人心此ニ歸一セリ。然ルニ我國ニ在テハ宗敎ナル者其力微弱ニシテ、一モ國家ノ機軸タルヘキモノナシ。佛敎ハ一タヒ隆盛ノ勢ヲ張リ、上下ノ人心ヲ繫キタルモ、今日ニ至テハ已ニ衰替ニ傾キタリ。神道ハ祖宗ノ遺訓ニ基キ之ヲ祖述スト雖、宗敎トシテ人心ヲ歸向セシムルノ力ニ乏シ。我國ニ在テ機軸トスヘキハ、獨リ皇室アルノミ。是ヲ以テ此憲法草案ニ於テハ專ラ意ヲ此點ニ用ヒ、君憲ヲ尊重シテ成ルヘク之ヲ束縛セサラン事ヲ勉メリ。（「衆憲資」27 号 http://www.shugiin.go.jp/internet/itdb_kenpou.nsf/html/kenpou/chosa/shukenshi.htm；一部修正。丸山真男『日本の思想』岩波新書 1961 年、28〜31 頁参照。）

　※「当世紀」19 世紀（接頭語「当①」は「この」の意）、「行ハサルモノアラズ」は二重否定で（→「漢文訓読法」第二章（1）⑧c；以下「漢文 2-1⑧c」）、漢文に直すと「非不行（者）」だが、正しくは「無不行（者）」で「行ハザルモノナシ」とあるべき。「と雖も」（→漢文 1-5⑱）、「即チ」（→

漢文 1-9)、「歴史上」（接尾語「〜上」は前に立つ語を含めて平板 0 に読む）、「ニシテ」（→漢文 1-3、「に」は断定の助動詞「なり」連用形；〜であって）、「発セザルハナシ」二重否定（→漢文 2-1 ⑧a）。「反之」（これに反して）、「在テハ」（＝「於テハ」）、「事（は）」、「全ク」（→漢文 1-8）、「新面目ニ属ス」（＝属於〜）、「制定セ・ラルル」（サ変未然形・受身「らる」連体形→漢文 1-3）、「ニ方テ」（〜に当たって）、「先ヅ」（→漢文 1-8）、「何・ナリ・ヤ」（疑問詞・断定「なり」終止形・係助詞＝何であるか）、「確定セザルベカラズ」（→漢文 2-1⑧e）、「ナク・シテ」（形容詞ク活用連用形・接続助詞→古文 7-18；〜がなくて、ないまま）、「政」（まつりごと）、「亦タ」（→漢文 1-8）、「随テ」（＝随之）、「苟モ」（→漢文 2-6③）、「統治セ・ントセ・バ」（サ変未然形・むとす〔→漢文 1-6②〕未然形・接続助詞「ば」→古文 7-11；統治しようとすれば）、「宜ク…ベキ」（→漢文 1-6④）、「慮リテ」（おもんぱかり〔＝思ひ計り〕・て）、「失ハ・ザラ・ン・事」（ハ行四段未然形・否定「ず」未然形・婉曲「む」連体形・体言→古文 4-4・4-5；失わないということ）、「抑」（→漢文 1-10）、「萌セ・ル」（サ行四段已然形・完了「り」連体形→古文 4-3）、「独リ…ノミナラズ」（→漢文 2-8②a）、「此制度」、「習熟セ・ル」（サ変未然形・完了「り」連体形）、「又タ」（→漢文 1-8）、「〜ナル者」（〜というもの）、「之ガ機軸ヲ為シ」（＝為之機軸）、「帰一セ・リ」（サ変未然形・完了「り」終止形）、「然ルニ」（→漢文 1-9）、「微弱ニ・シテ」（形容動詞連用形・接続助詞→漢文 1-3）、「一モ（…ナシ）」（ひとつも）、「機軸・タル・ベキ・モノ」（体言・断定「たり」連体形・可能「べし」連体形・体言→古文 3-6・4-6；機軸でありうる・機軸となりうるもの）、「一タビ」（一度、かつて）、「繋ギ・タル・モ」（ガ行四段連用形・完了「たり」連体形・係助詞→古文 4-3・8-11；繋いだが）、「今日」「至テハ」、「已ニ」（→漢文 1-8）、「衰替」（＝衰退）、「傾キ・タリ」（カ行四段連用形・存続「たり」終止形：傾いている）、「帰向セ・シムル・ノ・力」（サ変未然形・使役「しむ」連体形・格助詞・体言；「令人心帰向之力」の読み下し）、「乏シ」（→漢文 1-5⑤）、「機軸・ト・ス・ベキ」（体言・格助詞・サ変終止形・可能「べし」連体形；「在我国可為機軸（者）」）、「独リ…ノミ」（→漢文 2-7③）、「是ヲ以テ」（→漢文 1-5⑭）、「専ら」（→漢文 1-8）、「意ヲ此点ニ用ヒ」（＝用意於此点）、「勉メ・リ」（つとめた・努力した；マ行下二段「つとむ」には完了「り」ではなく「たり」を下接して「勉め・たり」とすべきだが、「り」がエ段音に接続することから〔→古文 4-3〕、このような誤用が生じたのであろう）。

解説　「**国体の破壊**」：平成（明仁）天皇最後の闘い

　丸山真男が「近代日本の機軸としての『国体』の創出」を物語る証言とした史料であるが、ここで伊藤博文は「国家秩序の中核自体を同時に精神的機軸とする」べく、「皇室」天皇を「ヨーロッパ文化千年にわたる『機軸』をなして来たキリスト教の精神的代用品」として位置づけた（傍点丸山）。いわゆる江戸三百諸侯（実際は 260 人前後の大名）によりバラバラに分割統治されてきた日本を、近代的な国民国家として統合するには強力な中核＝機軸が必要であり、その中心に「伝統」の象徴である天皇がいわば嵌め込まれた。その際、伊藤は「天皇ノ終身大位ニ當ルハ勿論ナリ。又一タビ践祚シ玉（＝給）ヒタル以上ハ、随意ニ其位ヲ遜レ玉フノ理ナシ」と述べて（1887 年〔明治二十〕3 月 20 日高輪会議）、生前退位（＝譲位）を否定した。国民を統合するコアがなくなれば、国家がまたバラバラになってしまうからである。この会議の席上、井上毅は「至尊ト雖、人類ナレバ其欲セザル時ハ何時ニテモ其位ヨリ去ルヲ得ベシ」と反論したが容れられなかった（奥平康弘「明治皇室典範に関する一研究：「天皇の退位」をめぐって」『神奈川法学』36 巻 2 号、2003 年）。「国体」という国民統合体の中核

となる天皇には人権がなかったのである。

　この伊藤の考えに基づき、明治憲法の第一条「大日本帝国ハ万世一系ノ天皇之ヲ統治ス」や第三条「天皇ハ神聖ニシテ侵スベカラズ」、第四条「天皇ハ国ノ元首ニシテ統治権ヲ総攬シ此ノ憲法ノ条規ニ依リ之ヲ行フ」といった天皇大権の条文が制定されたが、この第四条について伊藤みずから、「立法・行政百揆の事」を全て天皇に帰一したのは「人身の四支（肢）百骸ありて、而して精神の経絡は総て皆其の本源を首脳に取るが如きなり」といい、「蓋し統治権を総攬するは主権の体なり。憲法の条規に依り之を行ふは主権の用なり。体有りて用無ければ之を専制に失ふ。用有りて体無ければ之を散漫に失ふ」と解説している（伊藤『憲法義解』岩波文庫 1940 年）。これが日本の「国体」であった。

　1945 年 8 月、日本政府は「国体護持」を条件にポツダム宣言を受諾し、翌年 11 月には天皇を「国民統合の象徴」とする日本国憲法を制定した。これを一般には戦後の新しい「象徴天皇制」の成立と思われているが、この「象徴」の語は伊藤のいう「機軸」と言い換えてもよく、要するに現憲法第一条は「国体護持」の条文であった。2016 年 8 月に平成天皇は生前退位の意向を表明したが、その意向が事前に漏れるや、戦後保守思想の流れを汲む「日本会議」の副会長がいち早く「天皇の生前御退位を可とする如き前例を今敢えて作る事は、事実上の国体の破壊に繋がるのではないかとの危惧は深刻である」と不快感を示したのも（産経新聞 7 月 16 日）、このような文脈において理解されるであろう。

　平成天皇は即位以来 30 年間、戦争や災害の被害者に対する慰霊と慰問の旅をつづけた末に生前退位の意向を示した。それは、伊藤が否定した生前退位を実現することで、伊藤が創出した国体を実際に破壊し、慰霊と慰問を「象徴のつとめ」として、憲法にいう「象徴天皇」の中身を「国民に寄り添う皇室」に書き換えるという、天皇の長い闘いでもあった。それは平成史の誇るべき最大の功績といえるが、今回の生前退位は「一代限り」とされた意味で、平成天皇の知られざる闘争は道半ばのまま終わったというべきかもしれない。

　※なお、平成天皇が「象徴としての役割」を果たしていると考える国民は 87%（毎日新聞 2019 年 3 月 18 日）、新天皇（徳仁）に「親しみ」を感じるは 82.5%、今後も退位を認めるべきだという国民は 93.5%にも上った（共同通信 2019 年 5 月 2 日）。

2）教育ニ関スル勅語（1890 年〔明治二十三〕10 月 30 日；付図 1 参照）

　朕惟フニ、我カ皇祖皇宗、國ヲ肇ムルコト宏遠ニ、德ヲ樹ツルコト深厚ナリ。我カ臣民、克ク忠ニ、克ク孝ニ、億兆心ヲ一ニシテ、世々厥ノ美ヲ濟セルハ、此レ我カ國體ノ精華ニシテ、教育ノ淵源亦實ニ此ニ存ス。爾臣民、父母ニ孝ニ、兄弟ニ友ニ、夫婦相和シ、朋友相信シ、恭儉己レヲ持シ、博愛衆ニ及ホシ、學ヲ修メ、業ヲ習ヒ、以テ智能ヲ啓發シ、德器ヲ成就シ、進テ公益ヲ廣メ、世務ヲ開キ、常ニ國憲ヲ重シ、國法ニ遵ヒ、一旦緩急アレハ義勇公ニ奉シ、以テ天壤無窮ノ皇運ヲ扶翼スヘシ。是ノ如キハ獨リ朕カ忠良ノ臣民タルノミナラス、又以テ爾祖先ノ遺風ヲ顯彰スルニ足ラン。

　斯ノ道ハ實ニ我カ皇祖皇宗ノ遺訓ニシテ、子孫臣民ノ倶ニ遵守スヘキ所、之ヲ古今ニ通シテ謬ラス、之ヲ中外ニ施シテ悖ラス、朕爾臣民ト倶ニ拳拳服膺シテ、咸其德ヲ一ニセンコトヲ庶幾フ。

　（文部科学省ＨＰ：http://www.mext.go.jp/b_menu/hakusho/html/others/detail/1317930.htm；一部修正）

　※「朕・惟フ・ニ」「我ガ皇祖皇宗」、「肇ムル・コト」（マ行下二段連体形〔→古文 2-3〕・体言；

始める）、「樹ツル」（タ行下二段連体形；立てる）、「宏遠ニ」「忠ニ」「孝ニ」（形容動詞連用形→古文 3-3）、「深厚ナリ」（形容動詞終止形）、「克ク」（よく；連用修飾語→古文 2-2）、「億兆」（＝全国民）、「一・ニ・シ・テ」（数詞・格助詞・サ変「す」連用形・接続助詞；一つにして）、「世々」（副詞；代々・歴代）、「済セ・ル・ハ」（サ行四段「なす」已然形・存続「り」連体形〔準体言→古文 2-2〕・係助詞）、「此レ」（＝是）、「（国体ノ精華）ニ・シテ」（断定「なり」連用形・接続助詞；～であって）、「淵源」、「亦」（→漢文 1-8）、「実に」（副詞）、「爾（なんぢ）」（臣民への呼びかけ）、「孝ニ」「友ニ」（形容動詞連用形）、「相信ジ」、「衆ニ及ボシ」、「進デ」（「進而」）、「国憲」「国法」（前年公布の大日本帝国憲法をさす）、「重ジ」、「一旦緩急アレバ」『史記』爰盎列伝「一旦有ニ緩急一、寧足レ恃乎（一旦緩急有らば、寧ぞ恃むに足らんや）」による、「義勇公ニ奉ジ」（＝義勇奉公）、「以テ…扶翼ス・ベシ」（可以〔扶翼〕→漢文 1-5⑧）、「天壌無窮ノ皇運」『日本書紀』神代下「葦原千五百秋之瑞穂國、是吾子孫可レ王之地也。宜ニ爾皇孫就而治一焉。行矣。寶祚之隆、當下與ニ天壌一無レ窮者上矣（葦原の千五百秋の瑞穂の国は、是れ吾が子孫の王たるべき地なり。宜しく爾皇孫、就きて治むべし。行け、宝祚の隆んなること当に天壌と与に窮まり無き者なるべし）」による（いわゆる天壌無窮の神勅）、「是ノ如キハ」（如是→漢文 1-10；このようなことは）、「独リ…ノミナラズ」（→漢文 2-8②a）、「又」（→漢文 1-8）、「以テ…足ラン」（＝足以→漢文 1-5⑦；足ラ・ン〔ラ行四段「足る」未然形・推量「む」終止形〕）。「遺訓・ニ・シテ」（前出；であって）、「子孫」（皇子皇孫）、「倶ニ」（→漢文 1-8）、「遵守ス・ベキ・所」（所→漢文 1-5⑫）、「之ヲ古今ニ通ジテ謬ラズ」（＝通之古今而不謬）、「之ヲ中外ニ施シテ悖ラズ」（＝施之中外而不悖）、「咸」（→漢文 1-8）、「一・ニ・セ・ン・コト」（数詞・格助詞・サ変「す」未然形・婉曲「む」連体形・体言；一つにする（という）こと）。

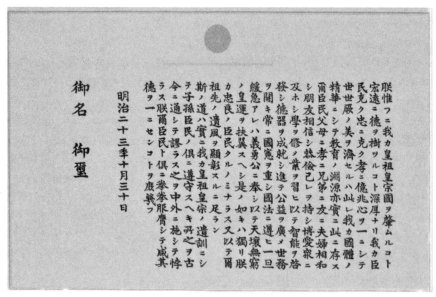

付図 1　教育ニ関スル勅語

解説　「教育勅語」体制の成立：「億兆一心」から「家族国家」へ

　教育勅語関連の重要史料は山住正己『教育の体系』（岩波書店「日本近代思想大系」6、1990年）に集められている。これによると、1890 年（明治二十三）2 月の地方長官会議で普通教

育の「徳育涵養」の建議がなされ、これを受けて中村正直がその草案を書いたが、井上毅が山県有朋首相に向けて中村草案を厳しく批判したため、山県は井上に草案執筆を担当させた。井上は明治天皇の信任厚い元田永孚と連絡をとりながら草案を書き上げ、10 月末に教育勅語は発布された。その公布の過程で、勅語に拝礼しなかった内村鑑三の不敬事件が起きている。

　1891 年に文部省検定教科書として刊行された井上哲次郎『勅語衍義』には、教育勅語の一言一句が詳しく解説されているが、その序で井上は、欧米列強に対して独立を保つには「民心結合」が重要であり、教育勅語は「民心ヲ結合スルニ於テ最モ適切ナリ」と述べている。「蓋シ勅語ノ主意ハ、孝悌忠信ノ徳行ヲ修メテ国家ノ基礎ヲ固クシ、共同愛国ノ義心ヲ培養シテ不虞ノ変ニ備フルニアリ。…凡ソ国ノ強弱ハ主トシテ民心ノ結合如何ニヨル。…然レバ勅語ノ主意ニヨリテ民心ヲ結合スルノ切ナル、未ダ今日ノ如キハアラザルナリ」といい、文明開化により「民心四分五裂」した「悲シムベキ情状」において勅語を子弟の教育に用いれば、「日本国民ハ数十年ヲ出デズシテ、大ニ面目を改ムルモノアラン」とし、維新以来の「形体上の改良」のうえに勅語がもたらす「精神上の改良」を加えることで、「後来自カラ一国ノ結合ヲナサンコト、疑ヲ容ルベカラズ」と主張する。

　このように教育勅語の本質は、その文中にいう「億兆一心」の国体を形成し、その結合を「忠孝」の徳育により固めることにあった。この意味で教育勅語は前年 2 月公布の明治憲法（大日本帝国憲法）とセットの関係にあり、憲法が機軸とする「一君万民」の政体を、いわば下から根づかせる働きをした。「億兆一心」について、井上は「恰モ四支ノ忽チ精神ノ向フ所ニ従ヒテ動キ、毫モ渋滞スル所ナキガ如ク」と、伊藤の『憲法義解』と全くおなじ譬喩を用い、また 1776 年のアメリカ独立や 1861 年のイタリア王国および 1871 年のドイツ帝国の成立を例に「同一ノ心性及び言語・風俗・歴史等ヲ有スルモノヲ結合」する国民国家 Nation-State の建設を説く。興味深いのは、勅語に「世々厥（＝億兆一心）ノ美ヲ済セル」とあるのに、井上は日本国民が「古来渾然一体」「忠孝ノ心ニ至リテハ全ク同一」というだけで、日本の歴史を例示できていない点である。これは勅語に謳う「億兆一心」の伝統なるものの実体が日本史上存在しないこと、すなわち教育勅語の虚偽を裏づける。

　一方、忠孝の徳育による国体の強化という考えはやがて「家族国家」という理念に結実する。文部省が 1937 年（昭和十二）に発行した『国体の本義』に、

　　我が國は一大家族國家であつて、皇室は臣民の宗家にましまし、國家生活の中心であらせられる。
　　我が國に於ては、孝は極めて大切な道である。…孝は、直接には親に對するものであるが、更に天皇に對し奉る關係に於て、忠のなかに成り立つ。
　　我が國に於ては忠を離れて孝は存せず、孝は忠をその根本としてゐる。國體に基づく忠孝一本の道理がこゝに美しく輝いてゐる。
　　まことに忠孝一本は、我が國體の精華であつて、國民道德の要諦である。

というように、父子の孝と君臣の忠を一本化するかたちで国体の強化をはかった。本書はまた「孝は東洋道徳の特色であるが、それが更に忠と一つとなるところに、我が國の道徳の特色があり、世界にその類例を見ないものとなつてゐる」というが、この「家族国家」論が『孝経』の「君子之事レ親孝、故忠可レ移二於君一」や『大学』の八条目（修身・斉家・治国・平天

下）などに基づくことはいうまでもない。

　こうして国家の独立を守るために導入された「億兆一心」の国体思想は、やがて民族の同一性を無視した「八紘一宇」の妄想へと膨張した末に国家の存立を危うくして破裂した。ところが家族国家論は平成の安倍政権のもとで復活の兆しをみせている。2006 年 12 月には教育基本法を改定して家庭教育の指導を可能にし、2017 年 3 月には教育勅語を学校教材に用いることを容認する閣議決定がなされた。教育勅語を支持する保守勢力はその「爾臣民」以下の呼びかけに 12 の徳目（①孝・②友・③和・④信・⑤恭倹・⑥博愛・⑦修学習業・⑧智能啓発・⑨徳器成就・⑩公益世務・⑪憲法遵守・⑫義勇奉公）があり、これはみな基本的によいことだと主張する。しかしこれらは家族国家論同様、『孝経』や『大学』『中庸』などの儒家経典にみえる徳目であって、これをよいというなら、教育勅語ではなく、漢文教育を復活させるべきであろう。現在の日本国内における中国脅威論は中国の急速な経済発展と軍備拡張によるが、そうした「富国強兵」策とは別次元で、日本人の「嫌中」意識が高まる根底には、漢文教育の衰退による中国への無理解が横たわっていると思われる。

3）終戦の詔書（1945 年〔昭和二十〕8 月 14 日）

　朕深ク世界ノ大勢ト帝國ノ現状トニ鑑ミ非常ノ措置ヲ以テ時局ヲ収拾セムト欲シ茲ニ忠良ナル爾臣民ニ告ク

　朕ハ帝國政府ヲシテ米英支蘇四國ニ對シ其ノ共同宣言ヲ受諾スル旨通告セシメタリ

　（1）抑々帝國臣民ノ康寧ヲ圖リ萬邦共榮ノ樂ヲ偕ニスルハ皇祖皇宗ノ遺範ニシテ朕ノ拳々措カサル所曩ニ米英二國ニ宣戰セル所以モ亦實ニ帝國ノ自存ト東亞ノ安定トヲ庶幾スルニ出テ他國ノ主權ヲ排シ領土ヲ侵スカ如キハ固ヨリ朕カ志ニアラス然ルニ交戰已ニ四歳ヲ閲シ朕カ陸海將兵ノ勇戰朕カ百僚有司ノ勵精朕カ一億衆庶ノ奉公各々最善ヲ盡セルニ拘ラス戰局必スシモ好轉セス世界ノ大勢亦我ニ利アラス加之敵ハ新ニ殘虐ナル爆彈ヲ使用シテ頻ニ無辜ヲ殺傷シ慘害ノ及フ所眞ニ測ルヘカラサルニ至ル而モ尚交戰ヲ繼續セムカ終ニ我カ民族ノ滅亡ヲ招來スルノミナラス延テ人類ノ文明ヲモ破却スヘシ斯ノ如クムハ朕何ヲ以テカ億兆ノ赤子ヲ保シ皇祖皇宗ノ神靈ニ謝セムヤ是レ朕カ帝國政府ヲシテ共同宣言ニ應セシムルニ至レル所以ナリ

　（2）朕ハ帝國ト共ニ終始東亞ノ解放ニ協力セル諸盟邦ニ對シ遺憾ノ意ヲ表セサルヲ得ス帝國臣民ニシテ戰陣ニ死シ職域ニ殉シ非命ニ斃レタル者及其ノ遺族ニ想ヲ致セハ五内爲ニ裂ク且戰傷ヲ負ヒ災禍ヲ蒙リ家業ヲ失ヒタル者ノ厚生ニ至リテハ朕ノ深ク軫念スル所ナリ惟フニ今後帝國ノ受クヘキ苦難ハ固ヨリ尋常ニアラス爾臣民ノ衷情モ朕善ク之ヲ知ル然レトモ朕ハ時運ノ趨ク所堪ヘ難キヲ堪ヘ忍ヒ難キヲ忍ヒ以テ萬世ノ爲ニ太平ヲ開カムト欲ス

　（3）朕ハ茲ニ國體ヲ護持シ得テ忠良ナル爾臣民ノ赤誠ニ信倚シ常ニ爾臣民ト共ニ在リ若シ夫レ情ノ激スル所濫ニ事端ヲ滋クシ或ハ同胞排擠互ニ時局ヲ亂リ爲ニ大道ヲ誤リ信義ヲ世界ニ失フカ如キハ朕最モ之ヲ戒ム宜シク舉國一家子孫相傳ヘ確ク神州ノ不滅ヲ信シ任重クシテ道遠キヲ念ヒ總力ヲ將來ノ建設ニ傾ケ道義ヲ篤クシ志操ヲ鞏クシ誓テ國體ノ精華ヲ發揚シ世界ノ進運ニ後レサラムコトヲ期スヘシ爾臣民其レ克ク朕カ意ヲ體セヨ

裕仁（自署）「天皇御璽」

　　（国立公文書館デジタルアーカイブ：https://www.digital.archives.go.jp/「憲法等」図版による）

　※「世界ノ大勢ト帝国ノ現状トニ鑑ミ」（与→漢文 1-5⑰）、「非常ノ措置ヲ以テ」（以→漢文 1-5

⑭）、「時局ヲ収拾セムト欲シ」（欲→漢文 1-5⑨）、「茲ニ」、「忠良ナル」（形容動詞連体形）、「告グ」（ガ行下二段終止形）。「帝国政府・ヲシテ…通告セ・シメ・タリ」（令→漢文 2-3・完了「たり」終止形）、「米英支蘇四国」（アメリカ・イギリス・中華民国・ソ連）、「其ノ共同宣言」（1945 年 7 月 26 日発表のポツダム宣言〔原文：https://www.ndl.go.jp/constitution/e/etc/c06.html〕を指す。当初は米英中 3 か国であったが、8 月 8 日に日ソ中立条約を破棄して対日宣戦布告したソ連もこれに加わった）、「受諾スル・旨」（サ変連体形・体言；「旨」は活用語の連体形を受けて「～ということ」の意を表す書面語）。「抑々」（→漢文 1-10）、「偕ニスル・ハ」（サ変「偕にす」〔→漢文 1-8〕連体形・係助詞→古文 2-2 準体言；ともにすることは）、「遺範・ニ・シテ」（体言・断定「なり」連用形・接続助詞；遺範であって）、「拳々措カザル所」（＝所拳々不措、所→漢文 1-5⑫）、「曩ニ」（→漢文 1-8）、「宣戦セ・ル・所以」（サ変未然形・完了「リ」連体形・所以〔→漢文 1-5⑬〕；宣戦した理由・事情→1941 年 12 月 8 日「開戦の詔書」を指す）、「亦」（→漢文 1-8）、「庶幾スル・ニ・出デ」（サ変連体形〔準体言〕・格助詞・ダ行下二段連用形；願う思いより出て）、「他国ノ主権ヲ排シ」「（領土ヲ）侵スガ如キハ」（如→漢文 2-5①a）、「固ヨリ」（→漢文 1-8）、「朕・ガ・志・ニ・アラズ」（非→漢文 2-1①b）、「然ルニ」（→漢文 1-9）、「交戦」、「已ニ」（→漢文 1-8）、「一億衆庶ノ奉公」（→近代文書 2「教育勅語」「義勇奉公」）、「各々」（→漢文 1-8）、「（最善ヲ）尽セ・ル」（サ行四段已然形・完了「リ」連体形）、「必ズシモ…ズ」（→漢文 2-1⑤b）、「利アラズ」（＝不利）、「加之」（→漢文 1-10③）、「敵」（米軍を指す）、「新ニ」（→漢文 1-8）、「残虐なる・爆弾」（1945 年 8 月 6 日に広島、同 9 日長崎に投下された原子爆弾）、「頻ニ」（→漢文 1-8）、「惨害ノ及ブ所」、「真ニ」（→漢文 1-8；但し「玉音放送」では「しんに」と読む）、「測ルベカラザルニ至ル」（＝至於不可測）、「尚」（→漢文 1-8）、「継続セムカ」（→漢文 2-6④；継続しようとしたら）、「終ニ」（→漢文 1-8）、「招来スル・ノミナラズ」（→漢文 2-8；但し限定の副詞を略す）、「破却ス・ベシ」（サ変終止形・推量「べし」終止形）、「斯ノ如クムバ」（如斯→漢文 1-10①；～くんば→漢文 2-1⑦c）、「何ヲ以テカ…ムヤ」（→漢文 2-2③）、「億兆ノ赤子ヲ保シ」（天皇は「民之父母」〔→近代文書・はじめに「討幕の密勅」〕ゆえ「億兆」国民を「赤子」という）、「神霊ニ謝セ（ム）」、「応ゼ・シムル」（ザ変未然形・使役「しむ」連体形）、「至レ・ル・所以・ナリ」（ラ行四段已然形・完了「リ」連体形・所以〔前出〕・断定「なり」終止形；至った理由である）。「共ニ」（→漢文 1-8）、「終始」（副詞）、「解放ニ協力セル諸盟邦」（「セ・ル」サ変已然形・存続「リ」連体形；協力してきた）、「表セザルヲ得ズ」（不得不→漢文 2-1⑧f）、「帝国臣民・ニ・シテ」（体言・格助詞〔資格→古文 7-5〕・接続助詞；帝国臣民として）、「戦陣ニ死シ」（将兵をいう）、「職域ニ殉ジ」（有司をいう）、「非命ニ斃レタル者」（衆庶をいう）、「（想ヲ）致セ・バ」（サ行四段已然形・接続助詞「ば」→古文 7-11③）、「五内」（五臓）、「為ニ」（「為之」の省略形→漢文 1-5⑩；これ〔死者とその遺族の無念〕によって）、「裂ク」（カ行下二段終止形；裂ける）、「且」（→漢文 1-8）、「受ク・ベキ・苦難」（カ行下二段終止形・推量「べし」連体形・体言）、「然レドモ」（→漢文 1-9）、「忍ビ難キ」、「万世ノ為ニ」（為→漢文 1-5⑩）、「太平ヲ開カムト欲ス」（欲〔前出〕）。「常ニ」（→漢文 1-8）、「若シ」（→漢文 2-6①）、「夫レ」（→漢文 1-10①）、「情ノ激スル所」（＝情之所激）、「濫（みだり）ニ」（→「要覧」副詞 C）、「事端ヲ滋クシ」（＝滋事；事端を開く）、「或ハ」（→漢文 1-8）、「同胞」、「排擠」（動詞〔内輪もめを起こす〕、「シテ」脱か）、「互ニ」（→漢文 1-8）、「最モ」（→漢文 1-8）、「宜シク…ベシ」（→漢文 1-6④）、「確ク…信ジ」、「神州」（神の国＝日本）、「国体ノ精華」（→近代文書 2「教育勅語」）、「後レザラムコト」（後れないこと；婉曲「む」→古文 4-5）、「其レ」（→漢文 1-10①）、「朕ガ意ヲ体セヨ」（詔書の意味を心に銘記せよという意味の決まり文句）。

解説　道義国家論：近代の終焉と現代の負債

　「終戦の詔書」は発布翌日の8月15日正午、昭和（裕仁）天皇みずから読み上げた録音盤がラジオで放送された。これを「玉音放送」といい、この日を「終戦記念日」とする。ジョン・ダワーJohn W. Dowerはこの日、静岡でこの放送を聴いた農婦の描写から『敗北を抱きしめて Embracing Defeat』の本論を書き出している。彼女は教育勅語を口ずさみながら村に帰り、村に一台だけあったラジオから流れる玉音を拝聴しても意味がわからず、東京から疎開してきた男に「日本が負けた」と聞いて、うつぶせに倒れ込んだ。それから彼女はひたすら夫が自決しないよう祈ったが、夫は放送の5日前にソ連軍との戦闘で死亡していたという（原版1999年；岩波書店増補版2003年19-21頁）。

　※玉音放送の原盤：https://www.nikkei.com/article/DGXKZO90030180R00C15A8M13900/

　この詔書はまず「世界ノ大勢ト帝国ノ現状トニ鑑ミ、非常ノ措置ヲ以テ時局ヲ収拾セム」として、「米英支蘇」連名のポツダム宣言受諾を通告する。そのあとの本文は3つの段落に分かれていて、第1段落はまず「朕ノ拳々措カザル所」の「皇祖皇宗ノ遺範」なるものを掲げて、1941年12月8日発布の「開戦の詔書」をふり返り、対米英宣戦は「帝国ノ自存ト東亜ノ安定」の願いから出たもので、「他国ノ主権ヲ排シ領土ヲ侵ス」つもりはなかったという。この「皇祖皇宗ノ遺範」とは「開戦の詔書」に「東亜ノ安定ヲ確保シ以テ世界ノ平和ニ寄与スル」という明治・大正天皇の「遠猷」を指し、それで「列国トノ交誼ヲ篤クシ万邦共栄ノ楽ヲ偕ニスル」ことを「国交ノ要義」としてきたが、対米英開戦のやむなきに至った。その理由は、よく知られているように、抗日戦争（日中戦争）にあった。

　引きつづき「開戦の詔書」によると、「中華民国政府、曩ニ帝国ノ真意ヲ解セズ、濫ニ事ヲ構ヘテ東亜ノ平和ヲ攪乱シ、遂ニ帝国ヲシテ干戈ヲ執ルニ至ラシメ」たと1937年7月の盧溝橋事変（支那事変）を回顧し、「幸ニ国民政府更新スルアリ。帝国ハ之ト善隣ノ誼ヲ結ビ、相提携スルニ至レル」と1940年の汪兆銘政権成立をもって日中戦争は終結したように述べる。ところが「重慶ニ残存スル政権（蒋介石の国民政府）ハ米英ノ庇蔭ヲ恃ミテ、兄弟尚未ダ牆ニ相閲グヲ悛メズ」（『詩経・小雅鹿鳴之什・常棣』「兄弟閲於牆、外禦其務（侮）」；兄弟げんかをやめない）といい、「米英両国ハ残存政権ヲ支援シテ東亜ノ禍乱ヲ助長シ、平和ノ美名ニ匿レテ東洋制覇ノ非望ヲ逞ウセムトス」として、いわゆるABCD包囲網とアメリカの経済制裁が「帝国ノ生存ニ重大ナル脅威ヲ加」えていた。そこで日本政府は「事態ヲ平和ノ裡ニ回復セシメムトシ」長く我慢を重ねたが、米英は全く譲歩せず、時間を引き延ばして「益々経済上軍事上ノ脅威ヲ増大シ、以テ我ヲ屈従セシメムト」する。このままでは「東亜安定ニ関スル帝国積年ノ努力ハ悉ク水泡ニ帰シ、帝国ノ存立亦正ニ危殆ニ瀕」してしまう。「事既ニ此ニ至ル帝国ハ今ヤ自存自衛ノ為、蹶然起ツテ一切ノ障礙ヲ破砕スルノ外ナキ」に至り宣戦布告した。「朕ハ汝有衆ノ忠誠勇武ニ信倚シ、祖宗ノ遺業ヲ恢弘シ、速ニ禍根ヲ芟除シテ、東亜永遠ノ平和ヲ確立シ、以テ帝国ノ光栄ヲ保全セムコトヲ期ス」という。この詔書の発布直後に政府は「支那事変」をふくめて「大東亜戦争」とよぶことにしたが、この戦争はあくまで「自存自衛ノ為」の防衛戦争として開始された。これを「終戦の詔書」では「帝国ノ自存ト東亜ノ安定」の願いから出たといっているわけで、一応辻褄は合っているが、アメリカの政治包囲網と経済制裁に国家の存立を脅かされ、自衛のために戦うという理屈は現在の地域紛争においてもくり返されており、この当時は東アジアで日本がそのように追い詰められていたということであろう。

　その結果どうなったか。再び「終戦の詔書」の第1段落に戻ると、開戦より4年をへて将兵・有司・衆庶が「各々最善ヲ尽セルニ拘ラズ、戦局必ズシモ好転セズ、世界ノ大勢亦我ニ利アラズ」、そればかりか「敵ハ新ニ残虐ナル爆弾ヲ使用シテ、頻ニ無辜ヲ殺傷シ、惨害ノ及ブ所、真ニ測ルベカラザルニ至ル」。

　この原子爆弾投下に至る天皇周辺の動向を追跡した小森陽一『天皇の玉音放送』（五月書房 2003年）によると、アメリカは1945年7月16日に原爆実験に成功し、26日にポツダム宣言が発表されたが、日本ではその前日、伊勢神宮の空襲を受けて昭和天皇と木戸幸一が「三種の神器の護持」を議論していた。この「皇統二千六百余年の象徴」を失えば「皇室も国体も護持」できないといい、31日には人心に与える影響を考えて「信州の方」松代の大本営に神器を移して、「万一の場合自分が御守りして運命を共にする外ない」と天皇は語ったという。一方、ポツダム宣言について政府内では受諾やむなしとの意見も出されたが、ソ連の仲介による無条件降伏の回避を期待して「黙殺」することになった。その間、本土空襲（空爆）は激しさを増し、神戸・横浜・川崎はすでに壊滅、名古屋も壊滅状態にあり、東京・大阪なども壊滅寸前であった。そこへ8月6日、広島に原爆が落とされた。それが8日には新型の原子爆弾であったことが確認され、鈴木貫太郎首相が閣議を開いて終戦の決意を表明しようとした翌朝、ソ連参戦の報が伝えられ、その昼には長崎への原爆投下が報じられた。宮中防空壕内で天皇の「聖断」が下されたのはその夜のことであり、天皇がポツダム宣言受諾を決断したのは「このまゝでは日本民族が亡びて終ふ」と同時に、「敵が伊勢湾附近に上陸すれば、伊勢熱田両神宮は直ちに敵の制圧下に入り、神器の移動の余裕はなく、その確保の見込が立たない、これでは国体護持は難しい、故にこの際、私の一身は犠牲にしても講和をせねばならぬと思った」からであった。これを詔書では「尚交戦ヲ継続セムカ、終ニ我ガ民族ノ滅亡ヲ招来スルノミナラズ、延テ人類ノ文明ヲモ破却スベシ。斯ノ如クムバ、朕何ヲ以テカ億兆ノ赤子ヲ保シ、皇祖皇宗ノ神霊ニ謝セムヤ」と書いて、神器のことには全くふれていない。

　※ポツダム宣言原文：https://www.ndl.go.jp/constitution/e/etc/c06.html

　なお、三種の神器とは『古事記』『日本書紀』の天孫降臨神話にみえる勾玉・鏡・剣をいい、一般に鏡が伊勢神宮、剣が熱田神宮、勾玉が宮中に保管されているというが、古代の即位式で実際に神器を扱った忌部氏の『古語拾遺』や神祇令践祚条には鏡と剣の二種のみ見え、三種の神器は記紀神話の産物にすぎない公算が高い。平家滅亡の際に剣は海に沈み、他の二種は回収できたとか、北畠親房が南朝の神器は神話が語るとおりの実物だといった話はもとより検証のしようがなく、そもそも明治政府が王政復古の根拠とした「神武創業」じたい史実でないし、天照大神が天孫降臨を命じたのも神話のなかの出来事である。ただモノに即していえば玉・鏡・剣は古墳の副葬品とされる威信財 regalia であり、古来これらを王位継承の儀礼や祭祀の神降ろしなどに用いていたのは事実であろう。

　実は「終戦の詔書」第3段落の冒頭は、原案では「朕ハ忠良ナル爾臣民ノ赤誠ニ信倚シ、常ニ神器ヲ奉ジテ爾臣民ト共ニ在リ」とあった。この下線部を削除したのは、この詔書を見たアメリカ人が神器に注目して無用の詮索をされては困るという理由であったらしく、ここがなくなって「常になんじと共にある」とまるで口説き文句のようになってしまった。その代わりに、この文の「朕ハ」と「忠良ナル」の間に「茲ニ国体ヲ護持シ得テ」という文言が加えられた。ここはこの詔書を読んで最も不自然に感じる箇所であり、第2段落に戦死者と

遺族に「五内為ニ裂ク」と同情し、戦争被害者の厚生を「深ク軫念スル」といい、今後帝国が甘受すべき苦難は尋常でなく、「爾臣民ノ衷情」はよく理解しているとして、有名な「堪へ難キヲ堪へ、忍ビ難キヲ忍ビ」という一節がつづき、「以テ万世為ニ太平ヲ開カム」と呼びかける。これにつづいて第3段落にいきなり「茲ニ国体ヲ護持シ得テ」つまり国体の護持が実現したというのは、一体いつそんなことになったのかと読者が迷うところなのであるが、これは「玉音放送」直前の閣議で織り込まれたものらしい。

　当時、陸軍は一貫して「本土決戦」「一億玉砕」を主張してきたが、宣言受諾の「聖断」のあとも「国体護持」の保証にこだわった阿南惟幾陸相は、政府の一方的な宣言のかたちでも「国体護持」の確信を表明すべきだとして、この文句をねじ込んだ。阿南はまた原案に「戦勢日ニ非ニシテ」とあった文言を「戦局必ズシモ好転セズ」と書き直させた。原案の「戦況は日を追って不利となり」では、これまで戦局を有利に報道してきた大本営発表が虚偽であったことになるからである（現在でも「大本営発表」は国民を欺く虚偽報道の代名詞である）。翌朝、阿南は「玉音放送」を聴かずして割腹自殺する。

　時を同じくして、皇居は日本の降伏と玉音放送を阻止しようとする将兵たちにより占拠されたが、放送直前に鎮圧された（宮城事件）。終戦の詔書に「若シ夫レ情ノ激スル所、濫ニ事端ヲ滋クシ、或ハ同胞排擠、互ニ時局ヲ乱リ、為ニ大道ヲ誤リ信義ヲ世界ニ失フガ如キハ、朕最モ之ヲ戒ム」という懸念はこのような事態を指す。そして「宜シク挙国一家、子孫相伝へ、確ク神州ノ不滅ヲ信ジ、任重クシテ道遠キヲ念ヒ、総力ヲ将来ノ建設ニ傾ケ、道義ヲ篤クシ、志操ヲ鞏クシ、誓テ国体ノ精華ヲ発揚シ、世界ノ進運ニ後レザラムコトヲ期スベシ」と結ばれる。ここに「神州ノ不滅」を確信してというのと前文に「茲ニ国体ヲ護持シ得テ」とあるのは矛盾するわけだが、それはすでに解決済みとして、「総力ヲ将来ノ建設ニ傾ケ」「世界ノ進運ニ後レザラムコトヲ期ス」というのは、戦後日本の復興そのものであったといえる。違和感があるのは「道義ヲ篤クシ、志操ヲ鞏クシ」のくだりで、志操は「志操堅固」主義主張を守り抜くことをいうが、道義は当時つぎのように使われていた（文部省『臣民の道』1941年）。

　満洲事變（1931）は、久しく抑壓せられていた我が國家的生命の激發である。この事變を契機として、我が國は列強監視の中に、道義的世界の創造、新秩序建設の第一歩を踏み出した。蓋しこれ悠遠にして崇高なる我が肇國の精神の顯現であり、世界史的使命に基づく國家的生命の已むに已まれぬ發動であつた。

　昭和十五年（1940）十一月、南京の國民政府との間に日華基本條約並びに附屬議定書の正式調印を見た。これによれば兩國政府は、「兩國相互ニ其ノ本然ノ特質ヲ尊重シ東亞ニ於テ道義ニ基ク新秩序ヲ建設スルノ共同ノ理想ノ下ニ善隣トシテ緊密ニ相提攜シ以テ東亞ニ於ケル恆久的平和ヲ確立シ之ヲ核心トシテ世界全般ノ平和ニ貢獻セントコトヲ希望」するものであり、（下略）

　支那事變は、これを世界史的に見れば、我が國による道義的世界建設の途上に於ける一段階である。世界永遠の平和を確保すべき新秩序の建設は、支那事變の處理を一階梯として達成せられる。從つて、支那事變は、蒋介石政權の打倒を以つて終はるべきものではない。我が國としては、支那を誤らしめた東亞に於ける欧米勢力の禍根を芟除し、大東亞共榮圏の一環としての新しき支那の建設に協力し、東亞並びに世界が道義的に一つに結ばれ

るまでは、堅忍不抜の努力を必要とする。

　新秩序を確立し新文化を創造するには、非常の困難が伴ふことは必然である。この困難を克服してこそ眞に萬邦協和し、萬民各々その所を得るに至るべき道義的世界の確立に寄與し得る。まことに國史を一貫して具現せられ來つた肇國の精神は、さきに滿洲事變、更にまた支那事變を契機として世界史轉換の上に大なる展開を示すに至つたのである。

　英米等の民主主義國家も高度國防國家體制の整備を急いでゐる。我が國は大東亞共榮圏の指導者として、また根本的には世界を道義的に再建すべき使命に鑑み、速やかに總力戰體制を完備し、以つて我が國是の遂行に邁進しなければならぬ。

　ここにいう「道義」は要するに「大東亜共栄圏」という新秩序の建設および「世界再建」の「根本」として位置づけられており、これとおなじ年に出された「開戦の詔書」およびここに見てきた「終戦の詔書」に書かれている主張「志操」と基本的におなじものであることは明らかである。この道義国家論は 1937 年の『国体の本義』に全く見えないことから、それ以後急速に台頭したもののようだが、このような道義を堅持し「国体ノ精華ヲ発揚」して戦後復興を遂げることが詔書にいう「朕ガ意」であった。坂口安吾が『続堕落論』に、

　たえがたきを忍び、忍びがたきを忍んで、朕の命令に服してくれという。すると国民は泣いて、外ならぬ陛下の命令だから、忍びがたいけれども忍んで負けよう、と言う。嘘をつけ！嘘をつけ！嘘をつけ！

と叫び、「日本国民諸君、私は諸君に、日本人及び日本自体の堕落を叫ぶ。日本及び日本人は堕落しなければならぬと叫ぶ」と書いたのは、このような価値観の破壊を言ったのであろう。「人は正しく堕ちる道を堕ちきることが必要なのだ。そして人の如くに日本も亦堕ちることが必要であろう。堕ちる道を堕ちきることによって、自分自身を発見し、救わなければならない。」（『堕落論』1946 年 4 月）

　「終戦の詔書」をもって日本の近代は終わった。しかし、戦前の「道義」を根本とする価値観は戦後保守の思想をへて現代に流れ込んでいる。最近では明治天皇を祭る明治神宮のホームページで「教育勅語」の口語訳が公開されたが、その冒頭「朕惟フニ、我カ皇祖皇宗、国ヲ肇ムルコト宏遠ニ、徳ヲ樹ツルコト深厚ナリ」をつぎのように訳している。

　私は、私達の祖先が、遠大な理想のもとに、道義国家の実現をめざして、日本の国をおはじめになったものと信じます。

　また 2017 年 3 月、森友学園で教育勅語の朗唱が毎朝行われていることを問われて、稲田朋美元防衛大臣は「教育勅語の精神である親孝行など、核の部分は取り戻すべきだと考えており、道義国家を目指すべきだという考えに変わりはない。」と答弁して物議を醸した。

　「終戦の詔書」は「敗戦」の詔書ではない。さきの戦争は「世界ノ大勢ト帝国ノ現状トニ鑑ミ」天皇が「御聖断」を下すことで「終戦」したと考え（ようとし）ている日本人は少なくない。してみると、この戦争をきちんと終わらせなかったことが、現代日本の多くの問題の根源となっているのである。

品詞類別　古語要覧

はじめに：

　この「要覧」は「古語小辞典」としての機能をもつが、同時にことばの成り立ちや原義を
つかみ、より奥深い解釈力を身につけるための材料を提供するものである。この「要覧」を
活用して、ことばに対する鋭敏な感覚・洞察力を養ってほしい。ことばは日々つかうもので
あり、古文は日本語の本源である。古語の習熟はことばを豊かにし、豊かなことばは暮らし
を意味あるものにするはずである。

凡例：

・この「古語要覧」は、文法の学習と並行して参照できるよう、品詞別に単語を配列した。
・単語は固有名詞・漢語・仏教語および上代語を除き、読解に必要とおもわれる古文特有語
　と古今異義語のほぼすべてを採択し、見出し語と主な意味を列挙した。
・したがって、ここにあるもの以外は古今同義語（現在も使っている語）か、一般に「注」
　がつく可能性の高い語といえる。
・体言と用言の単語については、意味の近いものをまとめて一覧できるよう大まかに類別し
　てならべた。
・記号「※」：原義・語の構成や注意事項・関連語などを記し、ことばのニュアンスをつか
　めるよう配慮した。
・記号「＊」：派生語を列挙し、一つのもとになる単語から関連する単語を覚えられるよう
　にした。同時に、派生語の用法から、もとの単語の中心的な意味や主な用法が理解できる
　ようになっている。
・用言の解説にある「（連用）」は連用修飾語の用法。「→」は参照。その他、類推せよ。
・動詞一語で自動詞と他動詞を兼ねる場合は、「自／他」の順にかかげる。
・ことばの説明において、「同根」はもとが同じ語の意、「…の約」はつづまった形（例：
　もちあぐ moti-agu ＞もたぐ motagu の類）、「…の転」は発音が転訛した形の意（例：はら
　はら＞ほろほろの類）。
・収録単語数：見出し語約 1580 語。うち重要単語（**ゴシック**）376 語、最重要単語（網掛け）
　218 語。よく使う訳語には<u>下線</u>を付した。

1. 名詞

・天・歳時

たかまのはら【高天原】　神々の国。天上の
　世界。※「たかまがはら」とも。

そら【空・虚】　空。（あてのない）境遇・
　心地。＊「空の煙」（火葬の煙）、「道の空」
　（旅の途中）、〔形動〕「空なり」（うつろだ・
　何もない）※接頭語として「なんとなく」「う
　その」「むだな」の意味をあらわす。〔名〕「そ
　らごと」（うそ）、「空寝」（寝たふり）、「空
　だき」（どこからともなく薫るお香）、「空頼
　め」（あてにならない約束）、「そら音（ね）」
　（鳴きまね・そら耳）、「空目」（見間違い）

くもゐ【雲居】　空。空のかなた。宮中。

ひ【日】　日光。昼。※「火」は古く「ほ」といっ
　たので、「日」とは無関係。＊「日にけに（異
　に）」「日に添えて」（日ましに・日に日に）

ひかり【光】　光。光彩・つや。＊〔動〕「ひ
　かりあふ」（反映する・反射する）※自然界で
　「光」を放つものは、基本的に「日」と「月」
　しかない。だから、「仏」に「後光」がさすの
　は超人であることをあらわすわけで、物語の主
　人公も多く「光」とともに登場する。

かげ【影・陰】　光。姿。影。物陰。おかげ。
　※「光」が原義。そこから、光によってみえる
　「姿」、光によって生じる「陰」をあらわした。
　＊「月影」「ほかげ（火影）」（月や火の光・
　月や灯火に照らされた姿や形）、「夕影」（夕
　日・夕日にうつる姿）

かげろふ【陽炎・蜻蛉】　ちらちら光るもの。
　陽炎。蜻蛉（トンボの一種）。※〔動〕「か
　げろふ」（光がかげる・ちらつく）の名詞形。
　羽がちらちら光るので、トンボの意となった。
　「かぎろふ」（揺れて光る）の転で、「かがよ
　ふ」（きらきら光って揺れる）と同根の語。ち
　なみに、「かぐや姫」の「かぐ」も同根という
　（「や」は状態を表す接尾語）。

やみ【闇】　暗闇。闇夜。心の迷い・混乱。
　※多く現世の迷いについていう。

あめ【雨】　雨。涙のたとえ。※「あめ・あま
　（天）」と同根。＊「ながめ（長雨）」（長く

降る雨・梅雨）、「さみだれ（五月雨）」「卯
　の花くたし」（梅雨）、「むらさめ（村雨）」
　（にわか雨）、「しぐれ（時雨）」（秋から冬
　にかけて降る雨）

なるかみ【鳴る神】　かみなり。

こち【東風】　春風（東から吹くため）。

うぐひす【鶯】　春を告げる鳥。※「虫食ひ」
　ともいう。

はな【花】　（平安以降）桜の花。美しさ。
　移ろい。＊「花すすき」（穂の出たすすき）、
　「花心」（移り気）、「花の顔（かほ・かんば
　せ）」（美しい顔）、「花の衣」（はなやかな
　衣服）、「花がたみ」（花かご）、〔副〕「花々
　と」（あでやかに）、〔形動〕「はなやか」（美
　しい・盛んだ）、〔動〕「はなやぐ」（にぎや
　かにする・栄える）

ほととぎす【時鳥】　鳥の名。※初夏におとづ
　れ、秋に飛び去る。「山ほととぎす」は秋の
　それ。

うのはな【卯の花】　初夏の花。

さみだれ【五月雨】　梅雨。※陰暦では五月。

のわき【野分】　（秋の）台風。※「のわけ」

ちょうやう【重陽】　九月九日の節句。※奇数
　が陽、偶数が陰で、最大の奇数＝九が重なる意。

しぐれ【時雨】　秋から冬にかけて降る雨。
　＊〔動〕「しぐる」（時雨が降る・涙に濡れる）、
　「しぐら・ふ」（薄暗くかすむ・密集する）、
　「しぐれめく」（時雨がふりそうになる）

しも【霜】　霜。※多く白髪にたとえていう。

しゅんじう【春秋】　一年。年月。年齢。

こぞ【去年】　去年。＊「こぞことし」（ここ
　一二年）

いにしへ【古へ】　昔。過去。※「去に（ナ変）・
　し（過去）・へ（辺）」（過ぎ去った頃）の意。

そのかみ　その当時。昔。※「このかみ」（兄・
　姉）との違いに注意。

あかつき【暁】　未明。※夜中→「暁」→「し
　ののめ」→「あけぼの」→「あした」の順

しののめ【東雲】　明け方。※「あかつき」

あけぼの【曙】　夜明け。※「明け・ほの（＝
　ほのか）」の意。

あさぼらけ【朝ぼらけ】　夜明け。※「朝まだき」は早朝。

ありあけ【有明】　旧暦十六日以降の夜明け。※月が残ったまま（有り）、夜が明けるため。

つとめて　早朝。翌朝。※副詞「夙に」と同根。多く「男女が逢った翌朝」に用いる。※「あさ」は昼のはじめ、「あした」は夜のおわり、「つとめて」は早朝・翌朝の意。

きぬぎぬ【後朝】　共寝の翌朝。※男が帰宅した後、女のもとに手紙を送るならわしだった。

あした【朝】　朝。翌朝。＊「あしたゆふべ」（朝晩）

あさがほ【朝顔】　花の名前。起き抜けの顔。

つゆ【露】　しずく。涙・はかなさ・わずかなもののたとえ。恵み。※朝夕草木に置く「露」は身近なものゆえ、悲しさ・つらさを詠む歌に多く歌われる。→〈副詞〉＊「露の間」（ほんの少しの間）、「露の命・身・世」（はかない命・身・世の中）、「つゆちり」「露ばかり」「つゆも」（ほんの少しも〔…ない〕）、〔形〕「露けし」（しめっぽい）

ゆふ【夕】　夕方。夕暮れ。※日中は「あさ」→「ひる」→「ゆふ」（cf「あした」）＊「夕さり（つかた）」（夕方）、「夕されば」（夕方になると）、「夕映え」（夕日がてらす姿）、「夕べ」（夕方）、「夕まぐれ」（夕暮れ）、「夕闇」（夕方の暗いとき）

たそかれ【黄昏】　夕暮れ。※「誰そ・彼」で、「誰だ、あれは」の意。薄暮の時刻は一番、見えにくくなることから。「かはたれ（彼は誰）」

いりあひ【入相】　日暮れ。夕暮れ。

よ【夜】　夜。※「昼」の対義語。夏は「短か夜」、「長き夜」は秋（「日長」は春）。＊「夜さり」（夜分）、「夜深し」（夜更けだ）、「夜を籠めて」（夜が明けないうちに）、「よべ」（ゆうべ＝昨晩）、「ひとよ」（一晩・先夜）、「よごろ」（毎晩）、「夜な夜な」（毎晩）、「夜がれ」（夫が妻の家に通わなくなること）、「よゐ（夜居）」（宿直）

いさよひ　ためらうこと。【十六夜】十六日の夜。※中世以降「いざよひ」。

とき【時】　時間。時節。時代。時勢。好機。＊「時知らぬ」「時をわかず」（季節をわきまえない）、「時交はさず」（時を移さず）、「時にあふ」（時流に乗る）、「時に従ふ」（時勢に従う・季節にあわせる）、「時を失ふ」（落ちぶれる）、「時を分かず」（季節に関係ない・いつでも）、「**時めく**」（時流に乗って栄える・寵愛される）、「時めかす」（寵愛する・かわいがる）、〔名〕「時の人」（今をときめく人・当時の人）、「時のふだ」（宮中の時計）、「時の間」（少しの間）

ころ【頃】　時分。時節。折り。※おおよその時をしめす。＊「ころほひ」（頃あい・時期）、「さいつころ（先つ頃）」（さきごろ・先日）※「年・月・日」について複数形にする。→「**としごろ（年頃）**」（数年／〔副〕数年来・長年）、「月頃」（数ヶ月／数月来・最近）、「日頃」（ここ数日／数日来・いつも）、「夜頃」（毎晩）

をり【折】　その時。季節。時節。※時間の折り目・変わり目の意。貴族社会では、その人の「心」をみる上で、その行為や趣向などが「折に合ふ」かを大変重視した。＊「**をりから（折柄）**」（まさにその時・〔副〕折にふさわしく・折りも折であるから）、「折に合ふ」（季節・場面にふさわしい）、「折につく」（時節に応じる）、「折々」（その時々）、「**をりふし（折節）**」（その時々・時節・季節）、「折りしもあれ」（折りも折・よりによって）

いちねん【一念】　一瞬。執念。

・地

さんごく【三国】　日本（本朝）・中国（唐）・インド（天竺）。※当時一般的な世界観。

から【韓・唐】　中国・朝鮮。外国。〔接頭語〕（舶来品の意をあらわす）＊「から歌」（漢詩）、「から紙」（上質紙）、「唐衣」（女性の正装の上着）、「唐紅」（深い紅色）、「から物」（舶来品）、「から人」（外国人）、〔動〕「からめく」（中国ふうだ・異国ふうだ）※元来「から」は朝鮮半島南部、「もろこし」は中国南方の越、「くれ」は同じく呉の地方をさした。これらは遣唐使のルート＝北路・南路に合致する。なお「たう」は唐王朝のこと。

ひのもと【日本】　日本。※日が昇る所の意。もと「大和」にかかる枕詞。

らくやう【洛陽】　京都の別名。「洛中」

あづま【東・吾妻】　東国。（中世）鎌倉。

※古代の東国はほぼ中部・関東・東北全域をふくむ。＊「あづま遊び」（東国の歌舞が宮廷に入ったもの）、「あづまや」（〔東国風の〕粗末な家）

さかひ【境】　境界。地域。境遇。境地。※国境はたいてい山を越えるので「さか（坂）」といい、そこで二つの国が向き合うので「さか・あひ」といった。

たむけ【手向け・峠】　供え物。餞別。とうげ。※山の道祖神に供え物を手向けたことによる。

やまぎは【山際】　山の稜線。※「山際」は空の方、「山のは（端）」は山の方をさす。

そま【杣】　植林。＊「杣びと」（きこり）

たき【滝】　激流。滝。※「たぎつ」「たぎる」（水が激しく流れる・心がわきたつ）と同根。もとは激流をいい、滝は古く「たるみ（垂水）」といったが、平安以降「たき」というようになった。この経緯から「たぎつ瀬」（激流）を「滝つ瀬」と書くなど混乱した。

せ【瀬】　浅瀬。／機会・機縁。＊「滝つ瀬」（急流の浅瀬）※対義語は「ふち（淵）」（水深が深いところ）。「淵瀬」で分別・無常の意をもあらわす。

うたかた【泡沫】　水の泡。※世の無常を述べた『方丈記』の書き出しは有名。

しほじり【塩尻】　塩田（海岸の砂を盛り上げて海水をかけ、乾かして塩をとる）。

さと【里】　人里。田舎。実家。＊「里び」（田舎風）、「里居」（実家に帰ること）

みち【道・路・途】　道のり。途中。方面。道理。秩序。方法。＊「道かひ」（往来・すれ違い）、「道すがら」（道中ずっと）、「道のほど」（道のり・道中）、「道々」（さまざまな道・分野・方法）、〔形〕「道々し」（道理にかなう・理屈っぽい）、〔動〕「みち・びく」（手引きする）、「道を行ふ」（仏道修行をする）※「み（御）・ち（通路・方向）」の意。「ち」は「ちまた」（分かれ道）、「やまぢ」（山道）の「ち」。「み」は神のものをあらわす接頭語で、「み坂」「み崎（岬）」のように使う。これは人が往来する通路は本来、神の領有するものとの信仰をあらわす。そこから正しいすじみちとか、世間の慣習・ありようなどの意を派生した。あり方・あるべき姿の意に用いる点は、英語の way に近い。例えば、国学

にいう「いにしへの道（古道）」は、古代本来の純粋なあり方の意である。

しをり【枝折り】　道しるべ（通り道の枝を折って目印とした）。※本の「栞」の語源

みをつくし【澪つくし】　船の往来の目印となるくい。※「みを（水脈）・つ（の）・くし（串）」の意。「身を尽くし」（すべてを捧げる）と掛ける。

でう【条】　京の東西に走る道路。一条～九条。（連体修飾語をうけて）…こと。

ちゃう【町・丁】　長さの単位。1町は約100メートル。

ぢゃう【丈】　長さの単位。1丈（10尺）は約3メートル。※「丈六仏」1丈6尺（4m80cm）の仏像。

しゃく【尺】　長さの単位。1尺（10寸）は約30cm。

・位置

ところ【所】　場所。地位。＊「所がら」（場所がら）、「所々」（あちこち・〔貴人の〕方々）、「所あらはし」（披露宴）、「所得顔」（得意顔）、〔動〕「所得」（地位を得る・得意になる）、「所置く」（遠慮する・認める）、「所に付く」（場所がらにふさわしい）

あはひ【間】　あいだ。仲。取り合わせ。形勢。※「合ひ・合ひ」の約。向かい合うものの間の空間・関係の意。類義語「あひだ」は物と物との間の何もない部分をいう。

ひま【隙・暇】　隙間。絶え間。あいま。不仲。※空間的な「すきま」が原義。＊「ひまなし」（すきまがない・絶え間がない・すきがない）、「ひまひま」（あちこちの隙間）

なから【中ら・半ら】　なかば。中ほど。まん中。※「ら」は接尾語。「半ら」は漠然と半分、「半ば」はちょうど半分をさすのが原義。

かたへ【片方】　片方。半分。かたわら。仲間・兄弟。＊「片方は」（一つには…例示）

そば【側・稜】　斜面。（斜め）わき。（とがった）はし。※古くは「そは」と清音。＊「そばざま」（横向き）、「そばつき」（見た目）、「そば目」（わき見・横顔）〔動〕「そば・だつ」（〔かどばって高く〕立つ／〔斜め・横にして〕立てる）、「そば・む」（横を向く・

すねる・かたよる／横に向ける・目をそむける）、「引きそばむ」（横を向く・引き寄せる）、〔形〕「そばそばし」（とがっている・よそよそしい）

よこ【横】　よこ。左右。※「よく」（避ける）と同根。左右に外れる意から不正を意味した。＊「横さま」（横向き・異常・不正）、「横しま」（非道・邪悪）、「横目」（わき見・浮気）、〔動〕「横たはる」（横になる・横にのびる）、「横たふ」（横たえる）

つら【列】　（縦の）列。仲間。＊〔動〕「つら・ぬ」「つら・なる」「つら・ぬく」

のち【後】　あと。子孫。来世（「後の世」）。＊「後の事・わざ」（葬式）、「後の頼み」（来世の頼り）、「後の親」（養父母）

あと【跡】　形跡。先例。あとつぎ。※「あ（足）・と（所）」が語源という。＊「跡絶ゆ」（往来がなくなる）、「跡とふ」（行方を尋ねる）、「跡（はか）なし」（跡かたない）

なごり【名残】　余韻。心残り。あと。送別。忘れ形見。＊「名残無し」（あとかたもない）※「波・残り」（余波）の約という。過ぎ去ったあとに残るものや気分をあらわす。

しも【下】　下のほう。下の句。身分の低い者。控えの間。※「**かみ**（上）」の対義語で、ひとつづきのものの終末・下方をいう。「した」は「うへ」（表面）に対する見えない部分。「すゑ」は「もと（本）」（根本）に対する末端をさす。＊「下つ方」（下のほう・低いほう）、「しも人」（身分の低い人）

した【下】　下のほう。もと。内側。心の中。すぐあと。＊「下風」（枝を吹き抜ける風）、「下草」（雑草・目立たないもの）、「下露」（したたり落ちる露）、「下の心」（内心・本心）

うら【裏・心】　裏面。内部。心の中。※接頭語的に用い、「心の中で」の意をあらわす。＊「うら悲し」（なんとなく悲しい）、「うらさびし」（心寂しい）、「うら無し」（心に隔てがない・安心している）

すゑ【末】　末端。結果。将来。晩年。子孫。（和歌）下の句。※上の句は「もと」＊「末の世」（末法の〔仏法が衰えた〕世・末世）、「末つ方」（終わり頃・末席）

かぎり【限り】　限度。最後。＊「限りある道」（死出の道）、「限りある世」（この世）＊〔形ク〕「限りなし」（際限がない。この上ない。）

きは【際】　端。境目。際限。あたり。ほど。＊〔名〕「きはぎは」（身の程・分際）、〔形〕「きは無し」（際限ない・この上ない）、「きはぎはし」、〔形動〕「際やか」（際立っている）、〔動〕「**きはむ**（極む）」（きわまる／きわめる・おわらせる）→〔名〕「きはみ」（果て・極限）、「きはま・る」（尽きる・行きづまる）、「きはまり無し」（限りない・この上ない）、〔副〕「きはめて」「きはまりて」（この上なく・きわめて）

はし【端】　末端・発端・縁側・半端。＊「端つ方」（端のほう）、「端ぶね」（小舟・はしけ）、「端近」（外から見える場所）、〔形動〕「端近なり」（まる見えだ・はしたない）※「は（端）」（はた・へり）の派生語。「はた（端）」も同じ。ちなみに、「はじめ（初め・始め）」「はじむ」は「端・占む」で「物事の端緒を占める」が原義。

くま【隈】　すみっこ。かげ。片田舎。秘密。＊「くまぐま」（すみずみ）、「心の隈」（心の奥）、〔形〕「くまぐまし」（暗くてよくみえない・秘密が多い）、「**くまなし**」（陰・秘密がない・行き届いている）、「思ひ隈なし」（思いやりがない）

ほとり【辺】　近辺。近親。果て。※周縁の意。「あたり」「わたり」は一帯の意。＊「ほとりばむ」（奥深くない・あさはかだ）

わたり【辺り】　あたり。ほとり。人々。※〈場所＋わたり〉の形で用いる。

かた【方】　方向。方面。方法。側。＊「いはむ方なし」「せむ方なし」→〔連語〕＊「方ふたがり」（行く方角に支障がある）、「方違へ・方忌み」（支障のある方角を避けること）

ほど【程】　程度。様子。（時）頃。間。（空）距離。広さ。あたり。（人）身分。年頃。※訳しにくい語だが、時間・空間・人事などの程度やおよその範囲をさす語。＊「ほど無し」（狭い・低い・間もない）、「程につく」（身分相応にする）、「程々」（身分相応）

・宮廷

みや【宮】　宮殿。神社。皇族の敬称。※「み（御）・や（屋）」の意＊「宮ばら」（宮様がた）、「みや・こ（処）」（都）、「宮・仕へ」

（宮中・貴人に仕える）、「（大）宮人」（宮仕えする人）

みやび【雅】　優雅。風流。※動詞「宮・ぶ」の名詞形。宮廷ふう・都会ふうの意。＊〔形動〕「みやび（や）か」（上品だ・優雅だ）

みかど【御門・帝】　皇居。天皇。※「門」の尊敬表現。謁見する時にくぐる門が象徴となる。

おほやけ【公】　朝廷・宮中・天皇。世間。※「大・やけ」で「ミヤケ（屯倉）」と同義語。＊「おほやけごと」（公務・しきたり）、「おほやけ人」（役人）、「おほやけ腹」（義憤）、〔形〕「おほやけ（おほやけ）し」（公然だ・格式張っている）

だいり【内裏】　天皇の御所（→古文 図1-1）。天皇・帝。※訓読み→「**うち**」。

さんだい【参内】　宮中（内裏）に参上すること。

じゅだい【入内】　宮中に参ること。※とくに、天皇の夫人（中宮・女御）になること。

うち【内裏】　天皇。宮中・内裏。※「ここのへ（九重）」「禁中」「禁裏」ともいう。＊「うちわたり」（宮中・天皇）、「うち住み」（宮中に住むこと…「里住み」の対義語）

うへ【上】　天皇（主上）。御前。奥方（夫人）。

たかみくら【高御座】　天皇が座る天蓋つきの玉座。※即位式など盛大な儀式に用いる。記紀神話で、天照大神の孫が「天下り」（天孫降臨）した高千穂の峯をかたどったものといわれる。

しゅつぎょ【出御】　天皇のお出まし。※反対（お帰り）は「にふぎょ（入御）」。

みゆき【御幸】　天皇（皇族）のお出まし。※「御・行き」の意。「行幸（ぎゃうがう）」とも。皇后・皇太子は「行啓」。院政期以降、上皇・女院のそれは「御幸」といった。

ちょく【勅】　天皇の命令（勅定）。※「勅撰」は「天皇の命令で編集（撰）した」の意。

せんじ【宣旨】　天皇などの命令。その文書。（天皇の命令を伝える）女官の名。※「宣旨」は仰せ（宣）の内容（旨）の意。類義語に「勅」「みことのり（詔勅）」「綸旨」などがある。また手紙の代筆を「宣旨書き」という。

ゐん【院】　邸宅（の様式）。上皇・法皇・女院、その御所。※「上皇」は譲位した天皇、「法皇」は出家した上皇、「女院」は院号を許

された皇太后などをいう。＊「院参」（院に参上すること）、「院宣」（院の命令）

とうぐう【東宮】　皇太子。その御所。※「春宮」「儲けの君」とも。その役所が「東宮坊」。長官は「東宮大夫」。皇太子になると東宮坊が設置されることから、立太子を「立坊」という。

ちゅうぐう【中宮】　皇后。皇后の御所。※中宮の役所が「中宮職シキ」、長官は「中宮大夫」。

きさき【后・妃】　天皇の夫人。皇后・中宮、女御、更衣などがいる。

みやす（ん）どころ【御息所】　皇太子・親王の妃。※寝所に仕える女性の意。

ないし【内侍】　女官の名称。※天皇の奏宣・祭祀を担当。非常に格の高い官職。

さいぐう【斎宮】　伊勢神宮に仕える未婚の皇女・女王（二世〜五世の皇族の女性）。※「さいくう」「いつきのみや」「いつきのみこ」とも。「いつく」は心身を浄めて神に仕える意、転じて「かしづく」（大切に育てる）意味もあらわした。＊「いつき娘」（秘蔵の娘）

さいゐん【斎院】　京の賀茂神社に仕える未婚の皇女・女王。

いちのひと【一の人】　摂政・関白。※「一の所」とも。ちなみに、「一のかみ（上）」は太政官の筆頭公卿。儀式をとりしきる公卿のこと。

おほいどの・おとど【大臣】　大臣の敬称。※漢語は「丞相」「相国」。

かんだちめ【上達部】　公卿（くぎょう）。※「殿上人」とともに「月卿・雲客」と総称する。

さいしゃう【宰相】　「参議」の唐名。

ぢんのさだめ【陣定】　公卿会議。※紫宸殿わきの「左近衛の陣の座」で会議した。

そち（そつ）【帥】　大宰府の長官。※次官は「だいに【大弐】」。ともに読みに注意。

とう【頭】　首領。とくに蔵人頭（蔵人所の長官）をいう。※近衛中将の兼任者を「頭中将」、大弁の兼任者を「頭弁」といい、ともに公卿に至る出世コース。

ちうじゃう【中将】　左・右近衛府の次官。※名門の子弟の出世コースの役職だった。

てんじゃうびと【殿上人】　昇殿を許された人。※「上人（うへひと）」「雲上びと」とも。四・五位の貴族、五・六位の蔵人が多い。内裏のほか院や東宮、摂関・大臣家にもいる。

てんじゃうわらは【殿上童】　昇殿を許された貴族の子ども。※宮中のしきたり見習い。

しょうでん【昇殿】　天皇御所に上がること。※昇殿を許された者の控え室が「殿上の間」。

ぢげ【地下】　「昇殿」を許されていない官人。多く六位以下の下級官人。

きんだち【公達】　貴公子（貴族の子弟）たち。〔代名〕あなた方。

ごたち【御達】　上級の女官や女房たち。

にょうばう【女房】　侍女。※仕える先により「うち・うへ（天皇）の女房」などという。また、女房の名前は一般に親兄弟の官職を名のった。これを「召し名」という。

おもと【御許】　おそば。御前。「女房」の敬称（…さん）。

おまへ【御前】　御前。おそば。貴人の敬称。（代名）あなたさま。

しゅっし【出仕】　仕えること。仕官。出勤。出席。

しこう【伺候・祗候】　お仕えすること。貴人のそばに控えること。ご機嫌伺い。

とのゐ【宿直】　宿直。伺候。＊「宿直申し」（宿直者の点呼。「名対面」とも）。

げんざん【見参】　お目にかかること。名簿＊「見参に入る」（お目にかかる）

ろく【禄】　俸禄・給料。ほうび（動「かづく」）

たいふ【大夫】　五位の官人。※中宮大夫など職の長官をさすときは「だいぶ」と読む。

あそん【朝臣】　姓（カバネ）の一つ。貴族の敬称。※「あそみ」の転。

つかさ【司】　官職。官人。役所。※「官位」は「かうぶり」。古代は「官一位相当制」。※「つかさ」は「塚」と同根。「高い所」が原義。

ぢもく【除目】　官人任用会議。※官人の「申文」（任官希望）をうけて、「御前定」（御前会議）で決定する。国司の除目は「県（あがた）召し」、京官は「司（つかさ）召し」という。

ずいじん【随身】　従者・お供。※正確には、官位に応じて朝廷から賜る衛府の舎人（トネリ）。

さき【先駆】　先払い。※貴人の前に立って道をあけさせること。「先追ひ」とも。

べいじゅう【陪従】　お供。楽人。

ざふしき【雑色】　院宮などで雑務にしたがう役人。※服色の規定がないところから。

もののふ【物部・武士】　武官。武者。※「もの」（武器）をもった「べ（部）」が原義。

らうどう【郎等】　従者。家来。家臣。※血縁も所領もない家臣。血縁関係の家臣は「家の子」。

いくさ【戦・軍】　兵士。軍勢。合戦。※「いく（活く）・さ（矢）」で強い矢が原義。

ぐそく【具足】　道具。弓矢。家来。※「十分に備わる・事足りる」が原義。

・学芸

あそび【遊び】　詩歌・管弦の遊び。宴会。遊女。※「日常から離れる」が原義。＊**あそぶ**（詩歌・管弦を楽しむ・気ままに歩きまわる）

しちく【糸竹】　楽器。音楽。※「糸」は弦楽器、「竹」は管楽器をさす。

こと【琴】　琴。※「箏の琴」13弦、「琴の琴」7弦、「和琴」6弦、「琵琶の琴」4弦がある。

さいばら【催馬楽】　雅楽の一種。※もと民謡。宮廷の宴席などで演奏された。

さるがく【散楽・猿楽】　雑芸。（中世）能楽。＊「さるがうごと」（散楽言＝冗談）

しうく【秀句】　すぐれた詩歌。しゃれ。

さくもん【作文】　漢詩文をつくること。

うたあはせ【歌合】　歌人が左右に分かれて歌の優劣を競い合う遊び。※歌の優劣を定める「判者」、左右に分かれて応援する「方人」。

ものあはせ【物合はせ】　左右に分かれて物の優劣をきそう遊び。※絵合せ・貝合せなど。

きょう【興】　興味。座興。趣。＊「興あり」（趣がある）、「興無し」（つまらない）、「興がる」「興ず」「もて興ず」（面白がる）

たうざ【当座】　その場。即座。（和歌）即興

ざえ【才】　漢学。漢学の教養。／芸術。芸術の才能。※「たましひ」の対義語。＊「才がる」（学者ぶる）、「才をし」（学がある）、「からざえ」（漢学の教養⇔「大和魂」）

かど【才】　才能。才気。＊「かどかどし」「かどめく」（才気・才能がある）※類義語の「ざえ」は漢学の知識・教養をいう。なお、気性がはげしい意の「角角し」もある。

しゃうとく【生得】　生まれつき。天性。

こつ【骨】　学芸の奥義。天性の才能。※「こち」とも。現代語の「コツ」の語源。＊「骨法」（奥義・しきたり）、「こちなし」（不作法だ・

無骨だ）、「骨を得」（奥義をつかむ）

いうそく【有職】　学識者。名手。すぐれていること。

のうしょ【能書】　書の達人。※古文頻出の能書は小野道風・藤原佐理・藤原行成の「三跡」。

せんだち【先達】　先人。先輩。案内人。

・人

ひと【人】　他人。大人。人材。人品。身分。（指示・代名）あの人。あなた。＊「人」を冠する語は多いが、たいてい「一人前」「人目」「他人」の意である。〔名〕「人心」（正気）、「人数」、「人のやう」（人並み）、「人映え」（人前で目立つ）、「人ま」（人がいないすき）、「人聞き」（外聞）、「人頼め」（空約束）、「人かた」（身代わり・人形）、「人かたらひ」（相談）、「人たがへ」（人違い）、「人やり」（強制）、「人屋」（牢屋）、「人の国」（外国）、〔形〕「人わろし」（体裁が悪い・みっともない）、「人うとし」（社交的でない）、「人げなし」（一人前でない）、「人々し」（人並みだ・かなりの身分だ）、「人遠し」（人里離れた）、「人目無し」（人の出入りがない）〔動〕「人めく」（一人前にふるまう）→「人めかし」（立派にみえる・俗っぽい）、「人と成る」（成人する）※「成人」前は礼の対象とならない。子どもが死んでも葬式を出せなかった。

しな【品】　等級。身分。品格。（上から下までの）品目・種類。※階級が原義。＊「品定め」（品評）、「品々」（いろいろ・様々）、〔形〕「品々し」（上品だ）、「品高し」（高貴だ）

きざみ【刻み】　階級・身分。時・折り・場面。※「きざ（刻）・はし（橋）」（階段）と同根。「品」よりさらに細かい等級をあらわす語。

ずいぶん【随分】　身分相応（「分に随う」）。※副詞にも用い、のち現代語の用法が生じた。※古代は貴族社会であったから、身分不相応（過分）や分にすぎた贅沢（過差）は悪であった。

きみ【君】　君主。主人。お方。敬称。遊女。（人称）あなた。

わかんどほり【皇統】　皇室の血筋。＊「皇統ばら（腹）」（皇統の女性を母にもつ人）

かうけ【高家・豪家】　名門。勢家。よりどころ。

じゃうず【上衆】　身分の高い人。貴人。＊「上衆めく」（貴人らしくふるまう）、「上衆めかし」（上品ぶっている）

げす【下衆】　身分の低い者。下仕え。

じゃうらふ【上臈】　地位の高い人。上司・先輩・年長者。※「臈」は年功のこと。

げらふ【下臈】　下級の者。身分の賤しい者。

しづ【賤】　いやしい。※「しづ（倭文＝織物の名）」と掛ける。＊「しづのをだまき」

やまがつ【山賤】　山に住む人々。きこり。猟師。

おや【親・祖】　親。先祖。元祖。※「老ゆ」と同根。直系尊属をさすのが原義。＊〔動〕「親・がる」（親のようにふるまう）、「おやめく」

を【男・夫】　男。夫。オス。※対義語は「め（女・妻）」。＊「ををし」（勇ましい）

をとこ【男】　成人男性。夫。＊「男手・男文字」（漢字）※「をとめ」「をみな」の対義語。物語では、恋愛の対象になる男性をいう。類義語「をのこ」は「あるじ」の対義語で、部下・召使の意。ただし両者は早くから混同された。

をのこ【男子】　男。召使・下男。＊「をのこ・ご」（男子）※「を（男）・の・子」で、子どもが原義、平安以降「あるじ」の対義語に。

ますらを【丈夫】　勇ましい男。立派な男。※「ます・ら・を（男）」で、「ます」は増す・勝ると同根。「ら」は状態をあらわす接尾語で、すぐれた状態の男の意。『万葉集』の歌風は「ますらをぶり」、『古今集』は「たをやめぶり」。

め【女・妻】　おんな。妻。＊「を」「こ」（男）の対義語。＊「めこ」（妻子）、〔形〕「めめし（女々し）」（弱々しい）

をみな・をんな【女】　女性。妻。恋人。※「をとこ」の対義語。恋愛対象となるような若い女性をいう。「おみな」（老女）は別語。＊「女君」（姫君）、「女手・女文字」（かな）、「女車」（→女房車）、〔形〕「女し」（女らしい）

つま【夫・妻】　配偶者（妻からみた夫、または夫からみた妻）。※「つがいのもう一方」の意味。「端」（はし・軒先）、「褄」（裾先）、「爪（ツマ）」と同根。

いもせ【妹背】　夫婦。兄妹。※「いもうと」

は姉妹、「せうと」は兄弟をいう。

あひおひ【相生】　いっしょに育ったもの。同じ根から生えた幹。※「相老い」と転訛して、夫婦の末永い幸福をあらわした。

はらから【同胞】　兄弟姉妹。※同じ「腹」から生まれた「からだ」の意。

このかみ【兄】　兄・姉。年上。※「そのかみ」（その当時）との違いに注意。

ちご【稚児・児】　幼児。子ども。見習いの子坊主。※「わらは」参照。

わらは【童】　子ども。小間使いの子ども。ちご（稚児）。※十歳前後の子どもをいう。＊「童ごこち」（子供心）、「童殿上」（宮中の礼儀見習いの子ども）、「わらはべ」（召使のこども）、「わらは病み」（高熱病）、〔動〕「わらは・ぐ」（子どもっぽくする）

めのわらは【女（の）童】　女の子。小間使いの少女。

めのと【乳母】　乳母。＊「めのと子」（乳母の子…養い君と兄弟のように育つ）※高貴な女性は授乳しないので、乳母をやとう。成長後も保母の役割を果たした。

・身体

み【身】　身の上。身分。自分。なかみ。※「憂き身」などと否定的につかうことが多く、無常観にひたされた王朝びとの口ぐせに近い。＊「身の徳」（財産）、「身の後」（死後）、「身の程」（境遇・身分相応）、「身持ち」（品行・妊娠）、「身に負ふ」（身分にふさわしい）、「身に代ふ」（命にかえる）、「身まかる」（死ぬ）、「身身」（それぞれ）、「身身となる」（出産する）、「身をあはす」（一心同体となる）、「身をしづむ」（落ちぶれる）、「身を立つ」（出世する）、「身をつむ」（わが身にひきくらべる）※「つむ」はつねる。自分をつねって人の痛みを知ること。

うつせみ【現せみ・空蝉】　この世の人。この（はかない）世の中。蝉のぬけがら。※「うつし（現）・おみ（臣・人）」の約。平安以降、蝉の抜け殻と混同してはかない意となる。

さうじみ【正身】　本人。※漢語「さうしん」の転訛。

わたくし【私】　個人的なこと。利己心。＊

「私ざま」（内々のこと）、「私もの」（秘蔵）

な【名】　名前。評判。名目。文字。※「仮名」「真名」は文字の意味。＊「名有り」「名に（し）負ふ」（有名だ）、「名を立つ」「名をとる」「名を流す」（評判になる）、〔名〕「無き名」（あらぬうわさ）※ことばとことがらとを一体とみなす「ことだま」（→「こと」）の信仰から、人の名前もタブーとされた。自分の名は自分の身体そのもの（ナ＝ミ）であり、名前にまじないなどをされると、自分に危害が及ぶと信じられた。だから人に名前を知られることは恐怖であり、また名前を知らせることは結婚の同意や服従を意味した。女性の名前が多くわからない原因もここにある。

かしら【頭】　あたま。髪の毛。先端。頭領。＊「かしらつき」（頭の感じ・髪型）※「かしら」は身体の先端部の意。「かうべ」は首から上全体、「あたま」は頭頂部をさしていう。ちなみに、坊主頭を「かぶろ・かむろ（禿）」といい、子どものおかっぱ頭をもさした。

みぐし【御髪】　髪の尊称。※「御・櫛」の意。

かみあげ【髪上げ】　髪を結い上げること。女性が（大人の髪型をして）成人すること。

かざし【挿頭】　かんざし（花や枝を髪や冠にさしたもの）。＊〔動〕「かざす」

ひたひ【額】　おでこ。先端。※多く女性の前髪についていう。上代では「ぬか」。＊「ひたひ髪」（前髪）、「ひたひつき」（前髪のかたち）、cf.「ぬか付く」（額をすりつけて拝む）

おもて【面】　顔。面目。＊「…おこす」（面目が立つ）、「…伏せ」（面目をなくす）※元来「かほ」は顔、「つら」は頬、「おもて」は顔面、「かたち」「かんばせ」は顔つきの意。＊〔形〕「おも（面）・立たし」（晴れがましい・名誉だ）、「おも無し」（面目ない・恥ずかしい）、「おも憎し」（顔を見るのも憎たらしい）、〔動〕「おも馴る」（顔なじみになる・何ともなくなる）

おもかげ【面影】　顔つき。目に浮かぶ顔や姿。＊「…に立つ」（顔や姿が目に浮かぶ）

かほづくり【顔作り】　化粧。

したりがほ【したり顔】　得意顔。※「し・たり（完了）」で「やった」の意。「得たり」

つら【面】　ほお。顔。かたわら。＊「つら付き」（顎の線・顔つき）、「つらづゑ」（頬杖）

おとがひ【頤】　あご。＊「…落つ」（寒さで
震える）、「…を放つ」（大笑いする）

まゆ【眉】　眉毛。※古代の女性は眉毛を抜き、
「眉墨（黛）」で眉を描いてお歯黒をした。＊
「まゆぐろ」（眉毛を抜かず黒々としている…
非常識）、「眉をひらく」（ほっとする）

め【目】　目。視界。境遇。※古形は「ま」。
目と「芽」は同根。＊「目くはす」（目くばせ
する）、「目くる」「目くるめく」（目がくら
む）、「目なる」（見慣れる）、「目ならぶ」
（よく見る・見比べる）、〔名〕「いや目」（涙
ぐんだ目）、「ひと目」（目にいっぱい）、「人
目」（人の出入り・はため）、〔形〕「目ざま
し」、「目やすし」（→形容詞）、「目ぢかし」
（見慣れている）、〔連〕「目もあや」（見て
いられない〔ほど立派だ・ひどい〕）、「目も
及ばず」（立派だ）、「目をそばむ」（横目で
見る）、「目を（に）立つ」（注目する）、「目
もあはず」（眠れない）、「目を見る」（体験
する・文字がわかる）、「目にかく」（まのあ
たりにする）

まみ　目もと。目つき。まなざし。※「目・見」
の意。「まみ・口もと」でセット。

なみだ【涙】　涙。※平安貴族は、男も女も、
とにかくよく泣く。ゆえに悲しい場面で水や袖
に関する語がでてきたら、まず涙を暗示するも
のと疑ってよい。cf.「ひつ」「そぼつ」（濡れ
る）、「しぼる」、「かはく」など。＊「涙が
は（川）」（あふれ出る涙）、「涙の色」（血
の涙）、「袖のつゆ・しづく（露・雫）」（涙）、
「涙ぐむ」、「さしぐむ」（涙ぐむ）、「涙に
くる」（涙で目がくらむ）、「涙にしづむ」（涙
にくれる）

みみ【耳】　耳。※広く聴覚にかんする語をつ
くる。＊「耳近し」（音が近い・わかりやすい）、
「耳とし」（耳ざとい）、「耳やすし」（聞い
て安心する）、「耳立つ」（耳にとまる）、「耳
とどむ」（注意して聞く）、「耳慣る」「耳古
る」（聞き古す）

くち【口】　口。物言い。うわさ。＊〔名〕
「口つき」（口もと・物言い）、〔動〕「口開
く」（意見する）、「口入る」（口添えする）、
「口固む」（口止めする）、〔形〕「口重し」
（口が重い）、「口清し」（物言いが立派だ）、
「口疾し」（応答が早い）

いき【息】　呼吸。気力。※「生く」と同根。
＊「息ざし」（息づかい・口ぶり）、「息の下」
（苦しげな息）、「息づく」（あえぐ）、「い
きどほる（憤る）」（息がつまる・怒る）、「息
まく」（権勢をふるう・いばる）、「いきほふ」
（活気づく・羽振りをきかす）→「いきほひ（勢
ひ）」（威勢。勢力。権力。）

こゑ【声】　声。音。音色。＊「声あり」（声
がいい）、「声立つ」（声を出す）

ね【音】　音。声。泣き声。※「ね」は「なく」
の「な」の転。＊「かりがね」（雁の鳴き声・
雁）、「音（を）泣く」「音に泣く」（声を出
して泣く）※古語では人間とそれ以外のことば
はとくに区別しない。人が泣いても、鳥が鳴い
ても、等しく「なく」という。これが、古代の
自然に対する共感覚・感情移入をスムースした
一因であろう。

こと【言・事】　ことば。事がら。問題。事
情。仕事。※同訓異義語「琴」「異・殊」。＊
「こと」を冠する語は多いので注意を要する。
〔名〕「言あげ」（表現・主張）、「ことぐさ」
（話題・言いぐさ）、「事なしび」（素知らぬ
ふり）、〔動〕「こと問ふ」（たずねる）、「こ
とにつく」（言葉に従う）、「言よす」（かこ
つける）、「ことづく」（口実にする・ことづ
ける）、「ことそぐ」（簡略にする・いう）、
「ことふる」（言い古される）、「ことほく」
（祝福する）、「事にす」（それで満足する）、
〔形〕「事新し」（今さらだ）、「事なし」（無
事だ・簡単だ）、「事苦し」（気まずい）、「こ
としげし」（慌ただしい・うるさい）※「事」
とその名前である「言」とは古代において一体
とみなされていた。ゆえに、口から出たことば
は事がらにつよい影響力を行使すると信じられ
た。これを「ことだま」という。また「物」に
も霊が宿ると考えられた。「もののけ」は「も
の（鬼・霊）の気」で、「もの」は霊的な存在
をあらわす語であった。このように「言」「事」
「物」に霊的な存在を見出す考え方は、古代の
人びとが森羅万象の「事物」が「あること」（存
在）に不思議を感じ、それらを動かしている「何
か」と「言葉」とが何らかの霊的交渉をもつと
信じたことによるのであろう。

みこと【命・尊・御言】　おことば。命令。
神や人の尊称。（代名）あなた。※おこと

ばの意から、その主体の尊称に転じた。「みこと・のり（宣り）」は天皇のお言葉・命令、「みこと・もち（持ち）」（宰・国司）は天皇の命をうけて政治を執行する人の意。

たま・たましひ【魂】　霊魂。／思慮分別。素質。＊「やまと魂」（実務処理の能力）※古代では、「魂」は身体と遊離する（「あくがる」）ものと考えられた。だから、「たまふり」のまじないで霊魂に活力を与え、「たまむすび」で霊魂を身体に結びつけ、「たまよばひ」で身体に霊魂をよびもどし、死者を甦らせようとした。

さが【性】　運命。性格。ならい。※生まれつきのものの意。多く悪い意味で使う。

こころ【心】　なかみ。意味。事情。意向。思慮。性格。心構え。情趣。※大別して、「中心」の意味をあらわすばあいと、「心のはたらき」全般をあらわすばあいがある。→心あり（心なし）　情趣を解する（解しない）、思いやり・分別・教養がある（ない）※「心あり」を「うしん（有心）」、「心なし」を「無心」ともいう。＊「心」を冠する語は多いので、注意を要する。以下、品詞ごとに列挙する。〔名・副〕「心掟」（心構え・決心）、「心げさう（化粧）」（心配り）、「心しらひ」（心配り）、「心あて」（あてずっぽう）、「心よせ」（好意・期待）、「心劣り」（期待はずれ）、「心誤り」（誤解・乱心）、「心の闇」（気の迷い）、「心変はり」（狂乱・変心）、「心から」（自分から）、「心ながら」（われながら）、〔動〕「心得」（わかる）、「心す」（注意する）、「心ばむ」（気取る）、「心解く」（気を許す）、「心置く」（気にかける・気がねする）、「心おくる」（気後れする）、「心とまる」（心ひかれる）、〔形〕「心深し」（思慮・思いやり・風情がある）、「心若し」（うぶだ）、「心清し」（潔白だ）、「心ぎたなし」（不純だ）、「心ごはし」（気丈だ・強情だ）、「心長し」（気が長い・誠実だ）、「心短し」（短気・浮気だ）、「心軽し」（軽率だ）、「心やまし」（不満だ）、〔連〕「心に従ふ」（思い通りにする）、「心ゆく」（満足する）、「心をやる」（気晴らしする）、「心を砕く」（思い悩む）、心を立つ（決心する・意地を張る）、「心をおこす」（仏教に帰依する）、「心を澄ます」（集中する）、※その他、「心づく」（→動詞）、

「心苦し」「心づき」「心憎し」「心許なし」「心安し」（→形容詞）などがある。なお、和歌などでは、「心」の動きを「水」の流れにたとえることが多い（現代の「へこむ」のように、心を缶カラの類に見立てたりしない）ので解釈に要注意。

こころばへ【心ばへ】　心遣い。風情。意向。※「心・延へ」で心の自然なあらわれをいう。

こころばせ【心ばせ】　気だて。機転。教養。風流心。※「心・馳せ」で活動的な心の様子。

こころづくし【心尽くし】　気をもむこと。思い悩むこと。心労。

なにごころ【何心】　どんなつもり。＊「何心なし」（無邪気だ）、「何心地」（どんな気持ち）

しれ【痴れ】　愚か。ばか。※動詞「痴る」（呆ける）の名詞化。＊「痴れごと」「痴れ者」、〔形〕「痴れ痴れし」（愚かしい）

ここち【心地】　気分。ようす。分別。病気。※「こころ」は主に心の能動的なはたらきをいい、「ここち」は受動的な気分や感じをあらわす。＊「心地たがふ」（気分が悪くなる）、「心地つく」（物心つく）、「心地なし」（分別に欠ける）、「心地まどふ」（心が乱れる・わけがわからなくなる）、「心地ゆく」（気分が晴れる）

なさけ【情け】　思いやり。愛情。風流。情趣・風情。※「為さ・気」が原義。「心」と類義だが、「情け」の方は表面的で見た目だけの印象をいう。＊「情け情けし」（いかにも愛情深い）、「情け深し」（趣深い・風流を解する・思いやりが深い）、「なさけなし」（思いやりがない、風流を解しない・嘆かわしい）、「なさけおくる」（思いやりに乏しい・風流を解しない）、「情けを交はす」（愛情を通わせる）

むね【胸】　胸。※「棟」（屋根）、「宗」（主要）、「旨」（主旨）はみな同根。＊「胸あく」（気が晴れる）、「胸に当たる」（思い当る）、「胸（うち）つぶる」（胸が苦しくなる）、「胸つぶつぶと鳴る」「胸走る」（胸がどきどきする）、「胸ふたがる」（胸がつまる）※胸つぶる・胸走る・胸ふたがるはみな「胸がどきどきする」意だが、「胸走る」は胸騒ぎ、「胸つぶる」は不安などに押しつぶされる、「胸塞る」は悲しみなどが胸にあふれる感じをいう。

はら【腹】　おなか。母親。心の中。＊「腹
　　ふくる」（すっきりしない）、「腹が居る」（怒
　　りがおさまる）、「腹を切る」（大笑いする）、
　　〔形〕「腹悪し」（短気だ）、「腹汚し」（意
　　地が悪い）、〔動〕「はら・む」（みごもる・
　　ふくらむ）

のけざま【仰け様】　あおむけ。※「のく（仰
　　く）」＋「様」。＊〔副〕「のけに」（あおむ
　　けに）

こしをれ【腰折れ】　腰が曲がること。下手
　　な和歌。

しり【後・尻】　うしろ。末。束帯の下襲の
　　裾。＊「しりへ」（後方）、「尻目」（横目）、
　　「しりう（しりへ）ごと」（陰口）、「尻こた
　　へ」（手応え）、「筆のしり取る」（添削指導
　　する）

て【手】　筆跡。わざ。技術。方向。手傷。
＊「手習ひ」（習字）、「手すさび」（手慰み）、
　　「手垂れ」（腕利き）、「手づつ」（不器用）、
　　「手振り」（風習・供人）、「手負ひ」（負傷）、
　　「大事の手」（重傷）、〔動〕「手書く」（字
　　を書く）、「手掻く」（手で合図する）、「手
　　に掛く」（思い通りにする）、「手慣らす」（使
　　い慣らす・手なずける）、「手を作る」（合掌
　　する）、「手を別る」（手を切る）、「手を折
　　る」（指折り数える）、〔形〕「手痛し」（手
　　きびしい）※筆跡をあらわす語に、「みづくき
　　（水茎）の跡」（筆・手紙）がある。なお、左
　　手は弓をもつので「ゆんで（弓手）」、右手は
　　馬の手綱を取るので「めて（馬手）」という。

たなごころ【掌】　てのひら。※「手・な（の）・
　　心（中心）」の意味。＊「掌を指す（がごとし）」
　　（明白だ・簡単だ・正確だ）

かち【徒歩】　徒歩。＊「かちより」（徒歩で・
　　歩いて）

・衣食住

かうぶり【冠】　かんむり。元服。位階（冠
　　位）。叙爵（五位になること）。※人前で
　　頭髪をあらわす（「もとどり（髻）を放つ」）
　　ことは、紳士の恥であった。＊「うひかうぶり
　　【初冠】」（元服。成人）、〔動〕「かうぶる
　　（むる）」（頂く・うけたまわる）

ころも【衣】　着物一般。法衣（僧尼の服）。

※平安以降、「きぬ」にとって代わられ、歌語
　　（うたことば）として使われた。＊「ころもで
　　（衣手）」（そで）、「さごろも（狭衣）」（着
　　物…「さ」は語調を整える接頭語）

きぬ【衣】　着物。＊「出だし衣」（男性が表
　　着から下着の裾を出す着こなし・女性が車や室
　　内の簾の下から衣の袖口や裾を出してみせるこ
　　と。「出だし車」→名詞「車」）※着物一般を
　　いう語。「ころも」は歌語、あるいは僧尼の着
　　物の意に用いた。

おんぞ【御衣】　（着物の敬称）お召し物。
　　※「みそ」「みけし」とも。

さうぞく【装束】　服装。正装。支度。＊「装
　　束・す（サ変）」として動詞化する。＊〔動〕
　　「さうぞく（装束く）」（装う）、「さうぞき
　　立つ」（着飾る）

そくたい【束帯】　官人の正装。※「昼（ひ）
　　の装束」とも。略装の「宿直（とのゐ）装束」
　　に対していう。

なほし【直衣】　貴族の普段着。

かりぎぬ【狩衣】　鷹狩り用の装束。※平安
　　中期以降、貴族の略装となった。

さしぬき【指貫】　貴族の袴。※もとは狩猟用。
　　裾にくくり紐がついている。

すいかん【水干】　狩衣に似た普段着。

ほい【布衣】　麻の狩衣。※六位以下の官人が
　　着た。「ほうい」とも。

ふぢごろも【藤衣】　粗末な服。喪服。

からぎぬ【唐衣】　女性の正装。※腰に裳をつ
　　けたので、「裳唐衣」ともいう。

うちき【袿】　女性の室内着。※女性の服装は、
　　下に「ひとへ（単衣）」と「袴」をつけ、その
　　上に「袿」を着た。これが室内着「袿姿」で、
　　正装するときには、袿の上に砧で打ってつやを
　　出した「打衣」、織物の「うはぎ（表着）」を
　　重ね、さらに「唐衣」と「裳」をつけた。

もぎ【裳着】　女性の成人式。※「裳」をつけ
　　て大人の装いになること。「初冠」の対義語。

きら【綺羅】　美しい装い。華やかさ。※「綺」
　　は綾絹、「羅」は薄絹のこと。＊〔動〕「きら
　　めく」（輝く）、〔形動〕「きららか」「きら
　　びやか」（輝くさま）

すずし【生絹】　夏に用いる絹。※柔らかい「練
　　り絹」に対し、無加工のごわついた絹。

しろたへ【白妙】　白い布。〔枕詞〕衣・雪

などにかかる。

すみぞめ【墨染め】　黒く染めた衣。僧衣。喪服。※どんぐりの煮汁で染めた。つるばみ（橡）。

しゃく【笏】　男性が礼装で手にもつ板。※「笏」の音はコツだが、「骨」を連想するため、シャクと訓んだ。「紳士」の語は元来「搢紳」、すなわち笏を帯にさしはさみ（搢）、紳帯を垂らした士大夫（貴族）をさしていったもの。

たたうがみ【畳紙】　懐に入れておく紙。懐紙（くゎいし）。

たま【玉】　玉。宝石。／水滴。＊「たまのを（玉の緒）」（玉を貫く紐・短い命）※「玉（の）…」で、美しいの意をあらわす。

かね【金・鉄漿】　金属。鉄。通貨。お歯黒（かねぐろ）。※成人女性はみなお歯黒をした。※「こがね」は金（黄金）、「しろがね」は銀、「あかがね」は銅のこと。

きゃうおう【饗応】　酒食の接待・もてなし。ご機嫌とり。

あるじ【主・饗】　主人。饗応（接待）。ごちそう。＊「あるじまうけ」（饗応・ごちそう）、「あるじす」（饗応する・もてなす）

まらうと【客】　客。貴人。＊「まらうとざね」（主賓）※「まれびと」とも。まれに来る人の意で、神話では神をさす。対義語「あるじ（主）」

はうちゃう【庖丁】　料理人。料理・割烹。

ばいぜん【陪膳】　食事の給仕。※「はいぜん」「べいぜん」とも。

みだい【御台】　御膳。お食事。（大臣・将軍の）奥さま。※正妻の意「御台盤所（だいばんどころ）＞御台所＞御台」と省略されたもの。

たかつき【高坏】　台つきの食膳。または高坏を逆さにして油皿をおいた燭台。

へいじ【瓶子】　酒壷。とっくり。

かれいひ【乾飯】　水にひたして食べる携行食。※「ほしいひ」（糒）も同様。

もちひ【餅】　もち。※「もち・いひ（飯）」の約。「望月」の「もち」と同じで丸いの意。

いへ【家】　家。＊「家居」（住まい）、「家を出づ」（出家する）※「いほ・いほり（廬・庵）」と同根か。家族の住む所の意。「や（屋）」は建物をさす語。

うてな【台】　楼閣。台座。＊「玉のうてな」（美しいお屋敷）

との【殿】　おやしき。男性の敬称。※摂関以下、夫・父など広く用いる。＊「殿ばら」（皆様がた）、「とのもり」（殿舎の維持・管理をする下役）

しんでんづくり【寝殿造り】　平安時代の貴族邸宅。また、その様式。

まんどころ【政所】　家政をつかさどる所。事務所。＊「（北の）政所」（正妻）

しつらひ【室礼】　室内の飾りつけ・設備。＊〔動〕「しつらふ」（用意する・整える）

しゃうごん【荘厳】　飾りつけること。※仏教語。

ついぢ【築地】　土塀。※「版築」という技法で土をつき固めて作る。その「崩れ」は「かいまみ」のポイントとなる。

すいがい【透垣】　隙間のある竹や板の垣根。

せんざい【前栽】　庭の植え込み。

むぐら【葎】　つる草の総称。※「あさぢ」「よもぎ」とともに、荒廃したさまの象徴。＊「やへ（八重）葎」（生い茂る葎）、「葎の宿」（葎が生い茂る家）＊「あさぢふ（浅茅生）」「よもぎふ（蓬生）」（ちがや・蓬の生い茂るさま）

つぶて【礫】　小石。＊「なしの礫」（音沙汰がないこと）※「粒」と同根。同系の語に「つぶさ」「つぶ（つぶ）と」「つぶら」がある。

みぎり【砌】　建物の周囲。場所。時節。※「水・切り」で、雨だれをうける石畳の意。

わたどの【渡殿】　渡り廊下。※寝殿造りで寝殿と対の屋を連絡する廊下。

かうらん【高欄】　欄干。ひじかけ。

つまど【妻戸】　外に通じる板戸。※内側に錠があり、人が出入りする。

かうし【格子】　雨戸。＊「御格子参る」（格子を上げ下げする意の謙譲語）※黒い角材を升目状に組んだ板戸。裏に板を張った「しとみ」。

しとみ【蔀】　板張りの格子。※「半蔀」とも。蔀を塀に利用した「立て蔀」もある。

ざうし【曹司】　部屋。＊「御曹司」（部屋住みの子弟）、「職の御曹司」（仮の中宮御所）

つぼね【局】　女官・女房の部屋。女官・女房の敬称。※女房たちのいる場所はたいてい「御前」（主人の前）、「局」、「里」（実家）。

ぬりごめ【塗籠】　四方に壁のある部屋。物置などに使った。※古代の邸宅には基本的に壁がない。障子や屏風・几帳などを立て廻して仕切りとした。

なげし【長押】　柱と柱の間にわたす横木。
　※中と外、部屋の区切りとなる。

しゃうじ【障子】　ふすま。※現代の障子は「明
　かり障子」といった。

しとね【茵】　座布団。敷き布団。※掛け布団
　は「ふすま」。「円座（わらうだ）」も座布団。

ふすま【衾】　掛け布団。※布団といっても、
　綿入れの衣を掛けた。かいまき。

おほとなぶら【大殿油】　灯火。※「おほとの・
　あぶら」の約。→上記「たかつき」

しそく【紙燭・脂燭】　小型のたいまつ。※
　松の木の枝に紙を巻いて手に持った明かり。

すびつ【炭櫃】　火鉢。※暖房などに用いた。

たきもの【薫き物】　お香。※お香は香炉でた
　く。＊「薫き染む」（香炉で衣服に香りをつける）

こし【輿】　みこし。※天皇や高僧などの乗物。
　手を下げて轅をもつ「たごし【手輿】」は肩で
　かつぐ輿より格下。牛ではなく人が引く「てぐ
　るま（輦車）」は天皇の許可を要した。＊「輦
　車の宣旨」（皇太子や大臣などに輦車の乗用を
　天皇が許可すること）

くるま【車】　牛車。＊「出だし車」（女性が
　袖口や裾などを簾の下に出して走る牛車）、「女
　車」「女房車」（女性の乗る牛車）、「あじろ
　（網代）車」（網代張りの牛車）※貴族の一般
　的な移動手段。車を引く棒を「ながえ（轅）」、
　轅を置く台を「しぢ（榻）」という。

・物

もの【物】　もの。何か。物の怪。※複合語
　が多いので要注意。＊「もの…」の複合語には、
　「大事」の意、「何かを」の意、接頭語の三様
　がある。〔大事〕「ものげなし」（大したも
　のではない）、「ものめかす」（大切にする）、
　「ものならず」（問題でない）、「物に似ず」
　（たとえようがない）、「物の具」（道具）、
　「ものものし」（重々しい・おおげさだ）※多
　くよい意味で使う。→「ことごと」〔何かを〕
　「もの扱ひ」（世話）、「もの言ひ」（うわさ）、
　「もの恨み」（嫉妬）、「もの見」（見物）、
　「もの遠し」（疎遠だ）、「ものし」（→形容
　詞）、「ものす」（→動詞）、「もの隔つ」〔接
　頭〕（なんとなく…だ）「もの恐ろし」、「も
　の思はし」（思い悩んでいる）、「もの汚し」、

「もの清げ」（こぎれいだ）、「もの嘆かし」
　（もの悲しい）、「もの深し」（思慮深い・趣
　深い）

ことごと【事事】　あれこれ。〔副〕すっか
　り。※同訓異義語「異事」（別のこと）に注意。
　＊〔形〕「ことごとし」（大げさだ・ものもの
　しい）→〔副〕「ことごとく」（すっかり・全
　部）※「事事し」は多くよくない意味に用い、
　「物物し」（→「もの」）は多くよい意味に用
　いる。

くさくさ【種々】　いろいろ。さまざま。※
　「くさ」はたね・種類の意。「草」とは別語。

さう【左右】　左右。あれこれ。状況。指図。
　とやかく言うこと（非難）。＊「左右す」（手
　配する）、「左右なし」（あれこれ考えない・
　簡単だ）

・数

かず【数】　数。ものの数（価値あるもの）。
　仲間。＊〔動〕「数まふ」（人並みに扱う）、
　「数ふ」（数に入れる・拍子を取りながら歌う）、
　〔連語〕「数ならず・数にもあらず」（とるに
　足らない）

ひとつ【一つ】　一。一方・一面。いっしょ。
　第一。唯一。※「ひと（一）・つ（数詞）」。
　「ひと」は接頭語となって、一つの・第一の・
　少しの・同じ・全体・或る、などの意を添える。
　＊「ひと刻み」（一段・第一級）、「ひと際」
　（一段・一時・〔副〕一段と）、「ひと方」（片
　一方・〔形動〕ふつうだ）、「ひと返り」（一
　度）、「ひとわたり」（一通り・一応）、「ひ
　とよろひ」（一揃い）、「一くだり」（一行・
　装束一揃い）、「ひとふし」（目立つ点・一件）、
　「ひと筋」（一本・一門・〔形動〕一様だ・一
　途だ）、「ひとへ」（一枚）、「ひとり」（一
　人・独身）、「一人一人」（だれか一人）、「独
　り住み」（一人暮らし）、「ひと時」（少しの
　間）、「ひと物」（〔副〕いっぱい）、「一つ
　物」（他にない物・同じ物）、「ひと所」（同
　じ所・〔敬称〕おひとかた）、「ひと京」（京
　中）、「ひと目」（一瞥・目にいっぱい）、「ひ
　と夜」（一晩・ある夜・先夜）、「夜一夜」（一
　晩中）、「ひとひ」（一日・ある日・先日）、
　「日一日」（一日中）、「ひとひまぜ」（一日

おき）、〔形〕「ひと・し（等し・均し）」（等
しい・同等だ）

じよ【自余】　そのほか。

・人生

いちご【一期】　一生。＊「一期の」（一生一度
の）

よはひ【齢】　年齢。寿命。※「世・はひ（延
ひ）」の意という。

らうせうふぢゃう【老少不定】　若者が先に
死に、老人が生き残ること。※命のはかなさ
をいう仏教語。とくに軍記物語で多用。

よろこび【喜び・慶び】　慶事（昇進など）。
お祝い。お礼。＊「慶び申し」（昇進のお礼）、
〔動〕「よろこぶ」（うれしく思う・快く感じ
る・受け入れる）

はなむけ【餞】　餞別。送別。※別れる時、馬
の鼻を去ってゆく人に向けたことから。

いたつき【労き】　苦労。病気。※「いた・は
る（労る）」と同根。＊〔動〕「いたつく」（苦
労する・病気になる・いたわる）、「いたつか
はし」（わざわざ苦労するさま）

もがさ【疱瘡】　伝染病。とくに天然痘。

ゆくすゑ【行く末】　行き先。将来。余命。

つひ【終・遂】　終わり。最後。※「潰ゆ」（弱
る）、「費やす」（弱らせる）と同根か。＊「終
の住みか」（死ぬまで住む家）、「終の別れ」
（死別）、〔副〕「つひに」→〈副詞C〉

ばんか【挽歌】　死者を悼む歌。※葬送の車を
挽く時の歌の意。

けぶり【煙】　火葬の煙。かまどの煙。＊「野
辺のけぶり」（火葬の煙）、〔動〕「けぶる」
（立ち上る・ほんのりと美しい）、〔形〕「け
ぶたし」（けむたい・気づまりだ）

ぶく【服】　喪服。服喪すること。※服喪期
間は最長1年。喪が明けて「除服」となる。

・仕事

けいめい【経営】　造営。催し。精を出すこ
と。世話。準備。※「けいえい」とも。

けっこう【結構】　組み立て。計画。準備。
〔形動〕立派だ。

いっしょけんめい【一所懸命】　（中世）武

士が安堵された領地を命がけで守ること。

いとなみ【営み】　仕事。用意。勤行・おつ
とめ。※動詞「営む」（精を出す・準備する・
作る）の名詞形。「いとな・む」形容詞「いと
無し」（絶え間ない・ひまがない）の語幹「い
とな」に活用語尾「む」がついた語。休み無く
働く意。

いとま【暇】　ひま。休暇。離別。※「いと
（休み）・間」の意。「いとなみ」と同根。

けたい【懈怠】　なまけること。※「けだい」

かんだう【勘当】　叱責。処罰。／離縁。※
天皇のおとがめを「勅勘」という。

しもと【笞】　細い枝。ムチ（鞭。細い枝や
杖でつくった）。

たくみ【工・匠】　職人。大工。＊【巧み】〔形
動〕上手だ。〔動〕「たくむ」（たくらむ）

あきなひ【商ひ】　交易。商売。※「あき（秋）・
なひ（行為）」で、収穫物の交易が原義。

あし【銭】　お金。※世間を歩きまわることから。

まひなひ【賄】　捧げ物。わいろ。※「まひ
（幣）」とも。「なひ」は行為・動作の意の接
尾語。

・恋愛

いろごのみ【色好み】　恋の情緒を解する人。
風雅を解する人。粋人。好き者・好色。

すき【好き】　色好み。風流。＊「好きごと」
（色恋ざた）、「好き者」（風流人・好色）〔形〕
「好きがまし」（浮気だ）、「好き好きし」（好
色めいている・風流好みだ・物好きだ）※「好
き」は恋愛や風流事などに全てを投げ出す心持。
これが中世の「数寄」の美学につながる。ちな
みに「愛す」はかわいがる・愛玩する、「恋ふ」
は異性にひきつけられる意が原義。また「慕ふ」
は「下・追ふ」の約で、心の中で追いかける意
味か。

あいぎゃう【愛敬】　かわいらしさ。魅力。
※漢語の音読みから出た語。＊「愛敬づく」（愛
らしい・魅力がある）

かいまみ【垣間見】　のぞき見。※男が女を見
そめること。「物語」は多くここから始まる。

けさう【懸想】　思いをかけること。恋をす
ること。＊〔動〕「懸想ぶ」（恋しているよう
にふるまう）、「懸想立つ」（恋心が表に出る）

こころざし【志】　好意。（男女の間の）愛情。贈り物。

あふせ【逢ふ瀬】　男女が逢う機会。

ちぎり【契り】　約束。誓い。宿縁。男女の仲。※〔動〕「契る」の名詞化。＊「ちぎる」（約束する・夫婦になる）、「契り置く」（将来を誓う）、〔連〕「昔の契り」（宿縁）

つまどひ【妻問ひ】　男が女の家に通うこと。※夫婦の生活は女の家で営まれた。

・世間

よ【世・代】　世の中。（男女の）仲。時節・機会。社会、時代。※「よ（節）」（竹の節目・一区切り）が原義。転じて、人の一生、帝一代、その国家、世の中・世間の意をあらわした。類義語「世界」の「世」は時間、「界」は空間をいう。「時空」と同義。＊「世世」（代々・年月・男女の離別）、「世の中」（世間・世俗・身の上・生活・男女の仲・世情）、「世のおぼえ・世のきこえ」（世間の評判）、「世の重し・世の固め」（国家の重鎮）、「世のためし」（先例・ならわし）、「世ごころ」（異性を求める心）、〔動〕「世に有り」（生きている）、「世に（を）経」（生き長らえる）、「世ごもる」（将来がある）、「世づく」（世なれる・男女の機微に通じる・世間並みだ・世俗にまみれる）、「世を知る」（世間の事情・男女の機微に通じる）、「世にあふ」（はぶりがよい）、「世を憚る」（世間に気兼ねする）、「世をいとふ」（俗世から逃れる）、「世離る」（人里離れて住む）、「世を捨つ」（脱俗・出家する）、〔連〕「世に似ず」（この上ない）

せぞく【世俗】　世間。ならわし。※多く「仏道」「聖」に対していう。

ちり【塵】　ほこり。ごみ。わずか。少しの汚点。俗世間。※「散る」と同根。＊「ちりひぢ」（塵と泥）、「塵塚」（ごみ捨て場）、「塵の世」（けがれた俗世間）

うきよ【憂き世】　つらい世の中（仏教の世界観にもとづく）。俗世。※近世以降「浮き世」。

うきな【憂き名】　わるい評判。

きず【疵・瑕】　欠点。難点。不名誉。※類義語に「くせ」「瑕瑾（かきん）」などがある。＊「きずを求む」（あらさがしをする）

あた【仇】　敵。恨み。＊「あたむ」（敵視する）※「当る」「あたふ（能ふ）」などと同根で、向き合う意。近世以降「あだ」と濁る。

らうぜき【狼藉】　乱暴。暴動。物騒。不穏。〔形動〕乱雑だ。

いちみ【一味】　平等であること。仲間。味方。※「どこでも同じ味」が原義。

うしろみ【後見】　後見。世話をすること。

ゆかり【縁】　つながり。縁者。かかわり。縁。

よすが【縁・便】　よりどころ。縁者。手だて。※「寄す・か（処）」の意。

たより【頼り・便り】　つて。よりどころ。機会・ついで。便宜・都合。消息。配置。※「た（手）・寄り」の意で、寄りつく（頼る）あてが原義。その対象が、人ならば「つて」、時ならば「ついで」、事ならば「便宜」となる。また、人づての情報や、つながり具合をもいう。＊「事の便り」（何かのついで・便宜）

はうべん【方便】　便宜。手段。策略。※本来、人々を悟りに導く比喩・手段をいう仏教語。

たづき　手だて。方法。※「た（手）・付き」で、手がかりの意。＊〔形〕「たづきなし」（どうしようもない）

ついで【序】　順序。機会。※「継ぎ・手」の意。次は何、次は何とつづくことをいう。

つて【伝て】　ことづて。人づて。ついで。（動）タ下二伝える。※「つた（蔦）」と同根。

しさい【子細】　くわしい事情・わけ。＊「子細なし」（問題ない）、「子細におよばず」（とやかく言えない・やむをえない）

あない【案内】　情報。事情。取り次ぎ。案内。

せうそこ【消息】　手紙。便り。取り次ぎの依頼。※平安貴族の男女交際は「消息」に始まる。逢った翌朝の消息を「きぬぎぬ（後朝）」という。平安時代、男からきた手紙（消息）はまず侍女が代筆して返事をした。ゆえに女の自筆の返事は交際の進展を意味した。

ふみ【文・書】　手紙。文書。書物。学問。漢文。※漢語「文」が語源。＊「ふみ言葉」（書き言葉）、「文挟み」（手紙を渡す細い棒）、「文作り」（漢詩を作ること）

かへりごと【返り事】　返事。返礼。復命。

ものがたり【物語】　世間話。作り物語。※語ってきかせる話の意から「物語」となった。

さうし【草子・草紙・冊子】　紙を二つ折りにして綴じた本。※巻物は「…巻」、草子は「…帖」と数える（「源氏物語五十四帖」）。

にき【日記】　日誌。日記。※女流「日記」ほか、公家の日記や行事の記録などがあった。

ためし【例】　前例。手本。語りぐさ。

れい【例】　先例。手本。ならわし。ふつう。いつも。※貴族社会では何事も先例が尊重された。これが転換するのは応仁の乱頃とされる。

・認識

かた【形・像】　ものの形。絵（「かたに描く」）。形跡。形式。

かたち【形・容貌】　容貌。容姿。ようす。＊「形あり」（美しい）※一般に、「かたち」は容貌、「ありさま」は容姿、「すがた」は身なりの意味に用いる。

すがた【姿】　身なり。容姿。（よい）格好。様式。※「かたち」参照。

すきかげ【透き影】　光で透けて見える姿や形。もれてくる光。

いろ【色】　服の色。表情。顔立ち。情愛。風情。＊「色ふし（節）」（光栄・色彩）、「心の色」（思い・やさしさ）、「色かはる」（喪に服す）、「色に出づ」（顔に出る）、「色を失ふ」（青ざめる）、「色めく」（色好みに見える）、「色めかし」（色好みらしい）、〔動〕「色ふ」（色鮮やかになる・彩る）

あを【青】青系統の色。青・緑・藍色をさす。

みさを【操】変わらぬ美しさ・心。〔形動〕（連用）いつも変わらず。平然と。※「み・さを（青）」で常緑樹の青さ・不変をいう。＊「みさをを作る」（平静をよそおう）

にほひ【匂ひ】　美しさ。香り。※「に（丹）・ほ（秀）・ふ」で、あざやかな朱色（丹）が（ほんのりと）際立つ（秀）が原義。よく映える、つややかではなやかな美しさをいい、転じてほんのり香り立つの意となった。＊〔動〕「にほふ」（美しく映える・薫る・染まる／染める）、「匂ひあふ」（たがいに映える）、〔形動〕「匂ひやか」（はなやかだ）

けいき【景気】　景色・風景。（歌論）叙景。

け【気】　ようす。けはい。気持ち。気分。※漢語「気（き）」に対する和語（固有語）。形容動詞の接尾語「やか」「らか」の「か」と同根で、「け」が転じて接尾語「げ」となった。＊〔動〕「気あがる」（のぼせる）、「けおさる」（圧倒される）、「けおとる」（何となく見劣りする）、〔形〕「けも無し」（みすぼらしい）、「け恐ろし」（気味が悪い）、「けけし（気・異し？）」（無愛想だ）、「け憎し」（小憎らしい・そっけない・けむたい）、「け遠し」（よそよそしい・世間離れしている）、「け近し」（身近だ・親しみやすい）、「気高し」（高貴だ・気品がある）、「け清し」（さっぱりしている）、〔形動〕「け・ざやか」（くっきりしている）

けしき【気色】　ようす。表情。意向。愛情。※目で見たようす・印象をあらわす。＊「気色あり」（趣がある）、「気色おぼゆ」（趣深く感じる・怪しく感じる）、「気色だつ」（きざし・気持ちが外にあらわれる）、「気色づく」（それらしくみえる）、「気色ばむ」（きざしが感じられる・意味ありげにふるまう・気取る）、「気色どる」（機嫌をとる・ようすや意向を探る）、〔形〕「気色あし」（機嫌が悪い）

けはい【気配】　雰囲気・ようす。態度。人柄。※全体的な雰囲気をあらわす。「けわい」。

ありさま【有様】　ようす。姿。境遇。身分。

さま【様】　ようす。身なり・姿。方法。※「漠然とした方向」が原義。＊「さまかたち」（姿と顔立ち）、〔動〕「さま変ふ」（趣向を変える・姿を変える）、〔形〕「さまあし」（みっともない）、〔形動〕「さまこと（異）」（ふつうと違うようすだ）

やう【様】　ありさま。様式。わけ・事情。手段。…の通り。…のようなもの。こと。※「似たかたち・類するさま」が原義で、多く連体修飾語をうける。なお、会話文の前の「言ふやう」「思ふやう」は「…ことには」と訳す。「やうなり」（ようだ）は比況の助動詞。＊「やうだい（様態・容態）」（容姿・ありさま・事情）、「やうやう」（さまざま）

ゆゑ【故】　由来。由緒。風情。教養。※類義語「由」は「故」より一つ格下の由緒。＊〔形〕「故々し」（いかにも由緒ありげだ）、「故無し」（風情・教養・たしなみ・理由がない）、〔動〕「故づく」（由緒ありげだ／思わせぶる・趣をそえる）、「故立つ」（気どる）

よし【由】　由来。わけ。手だて。事情。風情。縁。※「寄す」と同根で、物事の本質・根本に近づけ、関係づけるものの意から、わけ・口実・伝聞した事情・体裁などを意味した。類義語「故」は直接的な原因・理由・由来の意。なお、漢文訓読体の文で、「…べきの由」とある場合、「…しろということ」と訳すとよい。＊「由あり」「由づく」「由めく」「由由し」（由緒ありげだ・奥ゆかしい・風情・たしなみがある）、「由ばむ」（気どる・上品ぶる）、「由無し」→〈形容詞〉

すぢ【筋】　（人の）家柄。気性。（物の）道理。（事柄の）方面。＊〔動〕「筋かふ」（交差する・相反する・斜めに向かい合う）

あやめ　菖蒲。【文目】模様。すじめ・道理。＊和歌の掛詞に用いる。けぢめ、はっきりした区別・違い。変化。隔て。

ふし【節】　節目。機会。事柄。わけ。＊「ふしぶし」（折々、所々）※「つなぎ目」が原義。そこから目立つ部分の意で、ふしめ・なかみ・根拠などをあらわした。

・思考

じねん【自然】　自然。本来。※おのずとそうなるの意。よみに注意。

ことわり【理】　道理。判断。説明。〔形動〕道理だ・もっともだ。※「事・割り」で分別する意から判断、その根拠となる道理、その表明である説明の意となる。＊「ことわる」（判断する・説明する）　※「拒絶」の意は後世の用法。

のり【法】　道理。法律。仏法（「みのり（御法）」）。＊「のりの師」（法師・僧）※動詞「宣る」（告げる）の名詞化。神仏や天皇が口にした言葉が「法」となる。

ぜひ【是非】　善悪。判断。※「是」は正しいこと、「非」は誤っていること。＊〔形〕「是非なし」（強引だ・やむをえない）、「是非に及ばず」（しかたがない）

じち【実】　本物。真実。誠実。※「じつ（実）」

ひがこと【僻事】　まちがい。悪事。※「ひが（僻）」は「まちがった」の意味の接頭語。＊「僻おぼえ」（記憶違い）、「僻聞き」「僻耳」（聞き違い）、「僻心」（ひねた心・誤解）、「僻目」（見間違い）、「僻ざま」（事実と違うさま）、「ひが者」（変わり者）、〔動〕「ひが・む」（ひねくれる・曲げる）、〔形〕「ひがひがし」（ひねくれている・見苦しい）

とく【徳／得】　道徳。人徳。天性。功徳。おかげ。／富。利益。

とくしつ【得失】　損得。成否（成功と失敗）。

せいばい【成敗】　政務。はからい。さばき。処罰。※物事の成否をとりはからう意。

さた【沙汰】　論議・評定。命令。措置。手配。＊「沙汰無し」（問題にしない）※論議・評定が原義で、命令・措置などはその結果をさしていった派生義。

だいじ【大事】　大事。出家。＊「大事の手」（重傷）

せん【詮】　結局。効果。要点。手段。＊〔形〕「詮なし」（しかたない・意味がない）

しんしゃく【斟酌】　くみとること。考慮・配慮。遠慮。

いしゅ【意趣】　考え。意地。恨み。

ぎょい【御意】　お考え。ご意向。※「思ひ」の尊敬語。天皇のそれは「叡慮」という。

ほい【本意】　以前からの意向。宿願。＊〔形〕「ほいなし」（残念だ・もの足りない・不本意だ）

あらまし　心づもり。予期。計画。あらすじ。＊「あらましごと」（将来の計画）※「あら（ラ変）・まし（反実仮想）」で、こうであったらよいのにという希望から転じた語。

ようい【用意】　心づもり。準備。

いそぎ【急ぎ】　準備・用意。急ぐこと。急用。＊〔動〕「急ぐ」（急ぐ・支度する）、「急ぎあふ」（みんなで支度する）、「急ぎ立つ」（事を急ぐ・準備を始める）

・信仰

うつつ【現】　現実。正気。※形容詞「うつ・し（顕し）」（はっきり目に見える）の語幹を重ねた「うつうつ」の約。動詞「うつる（映る）」「うつす（写す）」も同根。

ゆめ【夢】　夢。煩悩。※「い（寝）・目（見る）」の転で、「うつつ」（現実）の対義語。＊「夢合はせ」「夢解き」（夢うらない）、「夢語り」（夢を人に話すこと）、「夢路」（夢の中）

さうにん【相人】　人相見。※「相者」とも。

むじゃう【無常】　この世に一定不変のものはないという考え。（転じて）死。

たしゃう【多生】何度も生まれ変わること。輪廻転生。【他生】前世、または来世。

さきのよ【前の世】　前世。※この世（現世）に生まれる前の世。死後の世は「来世」。

ごしゃう【後生】　来世。※「ごせ（後世）」「来む世」とも。前世・現世・来世＝「三世」。

ごふ【業】　身口意（身体と言葉と心）によるすべてのおこない（三業）。※善い行いを「善業」、悪い行いを「悪業」といい、前世のそうした業が、現世にそのまま反映される（報いる）という考えを「因果応報」という。これによると、前世で善業を積んだ人は現世で良い果報をえ、悪業をなした人は現世で業苦に苛まれる。

わざ【業】　おこない。仕事。ことの次第。手段。仏事。

しょぎゃう【所行】　しわざ。ふるまい。所作。※「所…」という語は通常、「…する所」の意（所願・所従・所詮・所存・所領・所為など）だが、「…される」の意（所課）のばあいもある。

すくせ【宿世】　前世。宿命・運命。※「宿縁」参照。

しゅくえん【宿縁】　前世からの深い因縁。※「宿」は「前からの」の意味。「すく」とも。＊「宿願」「宿望」（かねてからの願い）、「宿業」（前世の行い）、「宿報」（宿業による報い）

えん・えに・えにし【縁】　縁。縁故。ゆかり。※直接的な原因・結果の関係を「因・果」といい、間接的な原因となるものを「縁」という。また、二つの原因をあわせて「因縁」という。すべての事物は「因縁」によって生じるという仏教の考え方を「縁起」といい、これは物事の起こり・由来の意味に用いる一方、何か悪いことを引き起こすきざしの意味にも使われた。

けちえん【結縁】　仏道に入る機縁を得ること。※聴聞・写経・供養などで得られる。

だうしん【道心】　仏教に帰依する心。

しゅっけ【出家】　（俗世を捨てて）僧になること。※「すけ」とも。

ほだし【絆】　束縛。障害。※動詞「ほだす」（つなぎとめる）の名詞形。多く「出家」のさまたげ（肉親など）の意味に用いる。類義語「き

づな」は、家畜をしばる綱から出た語。

しがらみ【柵】　川の流れをせき止める柵。（比喩）束縛するもの。

じゅかい【受戒】　仏門に入ること（出家）。正式な僧になること。※戒律を受ける意。正式な受戒は三戒壇（東大寺・観世音寺・薬師寺）と延暦寺で行った。

てら【寺】　寺院。※塔・金堂・講堂・鐘楼・経蔵・僧坊・食堂を「七堂伽藍」という。

そうがう【僧綱】　（仏教）法務を行う僧官。僧正・僧都・律師の三者をいう。

ざす【座主】　僧職で寺務の最高責任者。また天台座主（延暦寺の座主）をいう。

あじゃり【阿闍梨】　高僧。僧の称号。※「あざり」とも。

しゃうにん【上人・聖人】　徳の高い僧。僧の敬称。

ひじり【聖】　徳の高い人（聖人・名人・高僧）。修行僧（「ひじり法師」）。

かうじ【講師】　講会で仏典を講説する僧。詩歌の会で作品を披露する人。

ちしき【知識】　徳の高い僧。寺への寄進。＊「善知識」（高僧・仏道に入る機縁）

にふだう【入道】　仏道に入った人。※僧尼だけでなく、在家信者にも用いる。

しんぽち【新発意】　出家したばかりの人。※「発意」は「発心」（仏教に帰依する）と同じ。

だんな【旦那・檀那】　布施をする人。檀家。※転じて客や夫の敬称となる。

おこなひ【行ひ】　（仏教）勤行（読経や写経など）・修行。※→動詞「おこたる」

しゃうじん【精進】　修行に励むこと。身を清めること。※「けっさい（潔斎）」とも。

どきゃう【読経】　経文を読むこと。※お経の黙読を「看経」、めくるだけを「転読」という。

しゃうみゃう【声明】　仏教儀礼で経文などに節をつけて歌うこと。

しゅほふ【修法】　仏教儀礼。また「加持祈祷」と同じ。※「すほふ」とも

かぢ・きたう【加持・祈祷】　（密教の）祈願の儀式。※祈祷によって物の怪がよりましの女性にのり移り、祟る理由など語ることを「口寄せ」という。

しるし【験】　ききめ。効験。ご利益。【標・徴】目じるし。きざし。【証】あかし。※「れ

いげん（霊験）」とも。「あらわれ」が原義。形容詞「しるし」と同根。

みゃうが【冥加】神仏の加護。※「冥」は目に見えない意。「冥利」（ご利益）、「冥罰」（仏罰）

もののけ【物の怪】　人にとりついて苦しめる魔物。※病気や不幸の原因と考えられた。

ものいみ【物忌】　謹慎して身を清めること。※神事の前やけがれにふれた（触穢）時に行う。「いみ」→形容詞「いみじ」。

みそぎ【禊ぎ】身体を洗い浄めること。※「身・濯ぎ」の意。神事の前などに行う。参拝の前に手を洗うのは「みたらし（御手洗）」。

2. 動詞

・頭

かづく【被く】カ四／下二　かぶる。褒美をもらう。／かぶせる。褒美を与える。※ほうび（禄）が着物であったことから。なお、「潜く」（もぐる）という同音異義語に注意。＊「うちかづく」（かぶる）、「引きかづく」（ひっかぶる）、〔名〕「かづけもの」（ほうび・禄）

・顔

ゑむ【笑む】マ四　ほほえむ。花がほころぶ。※笑顔になる意。類義語「笑ふ」は声を出して笑う意で、嘲笑の意味も含まれる。なお、中国では笑うことを「咲」と書き、花は「開」と書く。開花を「咲」と書くのは（粋な）当て字。＊「ゑ笑ふ」（声をたてて笑う）、「ゑみこだる」（笑いこける）、「ゑみさかゆ」（にこにこする）、「うちゑむ」（にっこりほほえむ）、「ほほゑむ」（クスッと笑う・つぼみがほころぶ）、〔形動〕「ゑがち」（にこにこしている）、〔形〕「ゑまし」（ほほえましい）

おもむく【趣く・赴く】カ四　向かう。同意する。／カ下二向わせる。同意させる。示唆する。※「面・向く」の意。＊「言ひ趣く」（説得する）、〔名〕「趣け」（意向）

むかふ【向かふ】ハ四／下二　向き合う。出向く。匹敵する。／向かわせる。※「向き・合ふ」の約。下二段「むかふ」と「迎ふ」（迎える）は同語。＊「向かひ火」（こちらから火をつけて、あちらの火の勢いを弱める）、「迎へ火」（お盆〔七月十三日〕に門前や川辺で死者の霊を迎える火）

むくゆ【報ゆ】ヤ上二　報いる。応酬する。※名詞「報い」の動詞化。「向く・い（もの・こと）」で、自分に向かってくるもの、相手に向けてすることの意。ヤ行上二段は「老ゆ」「悔ゆ」「報ゆ」のみ。鎌倉以降「報ふ」〔ハ四〕ができた。

・目

みる【見る】マ上一　見る。会う。結婚する。世話をする。※「ま（目）」と同根。複合語などが多く、生活がいかに視覚に依存しているかがわかる。＊〔動〕「うち見る」（ちらっと見る）、「見つぐ」（注視する・助ける）、「見開く」（目をみはる）、「見のぶ」（見やる）、「見やる」「うち見やる」（遠くを眺める・目を向ける）、「見集む」（いろいろ見る）、「見知る」（わかる・気づく・面識・経験がある）、「見あらはす」（正体をつかむ）、「見許す」（見逃す）、「あひ見る」（対面する・契りを結ぶ）、「見そむ」（はじめて会う・契りをかわす）、「見果つ」（最後まで見届ける）、「見置く」（見定める・見捨てる）、「見取る」「みとむ（認む←見・留む）」（見定める）、「見なす」（見きわめる・育てあげる）、「見伏す」（見きわめる）、「見ならふ」（見なれる）、「見ゆづる」（頼む）、〔名〕「見ざめ」（見飽きること）、「見なし」（気のせい・欲目）、「見まさり」（見た目以上）、「見物」（みもの・見物）、〔形〕「見立てなし」（見ばえがしない）

みゆ【見ゆ】ヤ下二　見える。見られる。見せる。現れる。会う。結婚する。※「見・ゆ（助

動詞）」で、自然と目に入る意。見る・見ゆの関係は英語のwatch・seeに近い。「見える」（自発）、「見られる」（受身）の意から、見えるようになる（する）の意で、「現れる」（「見せる」）、お目見えする意で「会う」、男女が会うと「結婚」となる。＊「うち見ゆ」（ちらりと見える）、「見え分く」（見分けがつく）、「見えありく」（見せてまわる）、「見えしらがふ」（わざと目立つようにする）、「見えにくし」（会うのがいやだ）

みす【見す】サ下二　見せる。結婚させる（→あはす）。※「見・す（使役）」。一語に扱う。

ながむ【眺む】マ下二　ぼんやり外を見る・物思いにふける。【詠む】口ずさむ。※「長・目」（長く見る）が原義。和歌では「長雨」にかける。「ながむ（詠む）」は同訓異義語。＊「うち眺む」（ぼんやり物思いにふける）、「眺めわぶ」（つらい気持ちで物思いにふける）、「眺め明かす」（物思いをして夜を明かす）、「眺め暮らす」（一日中物思いにふける）

まもる【守る】ラ四　じっと見る。守る。「まぼる」とも。※「ま（目）・守る」の意。「子どもから目を離さないことが、子どもを守ること」とおぼえる。＊「うちまもる」（じっと見つめる）、〔名〕「まもり」（護衛・神仏の加護）

まがふ【紛ふ】ハ四・下二　入り乱れる。見間違える。紛れる。※「ま（目）・かふ（交ふ）」で見間違えるの意。「まがひ物」は本物と見間違えるにせ物。＊「言ひまがふ」（言いまちがえる）、「思ひまがふ」（錯覚する）、「吹きまがふ」（吹き乱れる）、「見えまがふ」「見まがふ」（見間違える）

まぎる【紛る】ラ下二　紛れる。こっそり…する。ほかに気をとられる。※「ま（目）・きる（切る）」で、眼中になくなる意か。＊「まぎれありく」（こっそり出歩く）、「まぎれ出づ」（こっそり出る）、「うちまぎる」（気が紛れる）、「かきまぎる」（目立たない）、〔名〕「まぎれ」（どさくさ・複雑な事情・気晴らし）、〔形〕「まぎらはし」（忙しい）→〔動〕「まぎらはす」（ごまかす・気晴らしする）

やつす【窶す】サ四　姿を変える。目立たぬようにする。出家する。※「やつる」（衰える）の他動詞形。「忍び歩き」などの時に、わざと

みすぼらしい格好をする。

おどろく【驚く】カ四　目がさめる。気づく。※「おどろ」は擬音語で、大きな物音の意。＊「うち驚く」（目がさめる・はっと驚く）、「おどろかす」（起こす・気をひく）、〔形〕「おどろおどろし」（気味がわるい・おおげさだ・ひどい）

あきる【呆る】ラ下二　呆然とする。びっくりする。

・耳

きく【聞く】カ四　聞く。従う。たずねる。＊「聞き知る」（聞いて理解する）→〔名〕「聞き知り顔」（わかっているような顔）、「聞き得」（ききかじる・理解する）、「聞きなす」（聞いてそれとわかる）、「聞き分く」（聞き分ける）、「聞き入る」（耳に入れる・聞き入れる）、「聞きおく」（聞いた事を心にとめる）、「聞きつく」（耳を傾ける）、「聞きゐる」（じっと聞く）、「聞きおふ」（自分のこととして聞く）、「聞きとがむ」（聞きとがめる）、「聞きあはす」（あちこちから聞く・問い合わせる）、〔形〕「聞きにくし」（聞き苦しい）

きこゆ【聞こゆ】ヤ下二　聞こえる。うわさになる。わけのわかる。〔敬〕申し上げる。※「聞か・ゆ（自発）」の転。自然と耳に入る意。聞く・聞こゆは英語のlisten・hearに類似。＊「きこえ出づ」（うわさになる）、〔名〕「きこえ」「もののきこえ」（世間の評判・うわさ）

きしむ【軋む】マ四　きしきしと音を立てる。きしむ。※「きし（擬音語）・む」の意。＊「きしる」（きしむ）、「きしめく」（きしきし言う）、「きしろ・ふ（反復・継続）」（競い合う）

・鼻

はなじろむ【鼻白む】マ四　きまり悪そうにする。ためらう。

・口

いふ【言ふ】ハ四　言う。よむ。噂する。求婚する。＊「うちいふ」（何気なくいう）、「いひかはす」（語り合う・やりとりする・誓い合

う）、「いひしろふ」（言い合う・口論する）、
「いひ伝ふ」（取り次ぐ・ことづける・言いふ
らす）、「いひよる」（求愛する・頼み込む）
よばふ【呼ばふ】ハ四　求婚する。言い寄る。
※「呼ば・ふ（継続・反復）」の意。
かたらふ【語らふ】ハ四　（親しい人と）話す。
相談する。（男女が）つきあう。※「語ら・
ふ（継続・反復）」。「語る」（話して聞かせ
る）は不特定、「語らふ」は特定の親しい人を
対象とする。＊「うち語らふ」（交際する・男
女が親しくつきあう）
いらふ【答ふ】ハ下二　返事をする。相手をす
る。※中世以降、「こたふ」にとって代わられ
る。「こたふ」は「言・合ふ」の約で、言葉で
応じる意。＊「さしいらふ」（応答する）、〔名
詞〕「いらへ」（返事）
ささめく　カ四　ささやく。※「ささ（擬音語）・
めく」。＊〔名〕「ささめごと」（ひそひそ話）、
「うちささめく」（ひそひそ話す）、〔副〕「さ
ざと」（ざわざわと）
ふく【吹く】カ四　風が吹く。／笛を吹く。※
口をすぼめて息を吐くが原義。＊「吹き立つ」
（吹き始める）、「吹き越す」（越えて吹く）、
「吹き添ふ」（吹きまさる）、「吹き返す」（風
向きが変わる／吹き戻す・着物が風に翻る）、
「吹きまどふ」（吹き荒れる）、「吹き乱る」
（吹き荒らす）、「吹きまがふ」「吹きまよふ」
（吹き乱れる）、「吹き結ぶ」（風で露が置く）、
「吹き合はす」（合わせて吹く・合奏する）、
〔名〕「吹き語り」（自慢話・吹聴）
うそぶく【嘯く】カ四　口ずさむ。口笛を吹く。
とぼける。※「うそ・吹く」。「うそ」は口を
すぼめて出す息・口笛が原義で、のち「嘘」の
意味に転じた。
ずす【誦す】サ変　吟ずる。唱える。口ずさむ。
＊「うち誦ず」（そらんじる）※「ずんず」「じゅ
す」「読誦」とも。類義語「読む」は読み上げ
る、「誦す」は諳んじるの意。
こわづくる【声作る】ラ四　声色をつかう。咳
払いをする。
しはぶく【咳く】カ四　咳をする。咳ばらいを
する。※「しは」は舌・唇の古語。「しは・吹
く」の意。ほかに「しは・枯る」（しゃがれる）
がある。＊「うち咳く」（咳をする）、〔名〕
「しはぶき」（咳・咳払い）、「しはぶき病み」

なく【泣く・鳴く】カ四　泣く。鳴く。※「な
く」の「な」は「ね（音）」の古形。音を出す
意。＊「泣き入る」（ひどく泣く）、「なき暮
らす」（一日中なく）、「泣き恋ふ」（泣いて
恋しがる）、「泣きののしる」（なき騒ぐ）、
「泣き惑ふ」（取り乱して泣く）、「泣き満つ」
（みな泣く）、「泣きみ笑ひみ」（泣いたり笑っ
たり）、「鳴き渡る」（鳴いて飛んでいく）
なげく【嘆く】カ四　ため息をつく。嘆く。嘆
願する。※「なが（長）・いき（息）」（ため
息）の約。和歌では「嘆き」に「（投げ）木」
をかける。＊「嘆きわぶ」（悲嘆にくれる）、
「嘆きわたる」（嘆きつづける）
うれふ【憂ふ・愁ふ】ハ下二　嘆き訴える。悩
む。患う。＊〔名詞〕「憂へ」（嘆き・悲しみ）
くどく【口説く】カ四　くり返し言う。訴える。
＊「かき口説く」（くり返し説得する）
かこつ【託つ】タ四　かこつける（口実にする）。
ぐちをいう。※名詞「かごと」の動詞化。＊「か
ごと（託言）」（いいわけ。ぐち）、〔形〕「か
ごとがまし」（言い訳めく。恨みがましい）
ひとりごつ【独りごつ】タ四　ひとりごとを言
う。※名詞「一人ごと」の動詞化。
つつむ　マ四　【包む】隠す。【慎む】遠慮す
る。＊「思ひつつむ」（包み隠す・遠慮する）
※「つつしむ」（用心する・物忌みする）も同
根。また〔形〕「つつがなし」（無事だ）も、
同根語「つつむ（恙む）」（謹慎する）ことがな
いの意。
くくむ【含む・銜む】マ四／下二　くるむ。ふく
む。／口にふくませる。※「ふくむ」と同義。
鳥が子どもを羽でくるんでまもることを「は・
ぐくむ（育む）」という。
はむ【食む】マ四　食べる。※「歯」の動詞化。
「禄を食む」で俸禄を受ける・仕官する意。

・心

おもふ【思ふ】ハ四　思う。愛する。心配する。
望む。＊〔名〕「思ひ」（希望・思慕・心配）
※和歌では「もふ」と省略されることがある。
（例）「物思ふ→ものもふ」※「思ひ…」の複
合動詞は多いが、たいてい「心が・心を・心の
中で…する」の意である。＊「うち思ふ」（ふ
と思う）、「思ひしづむ」（気分が落ち込む／

気持ちを鎮める）、「思ひとどむ」（あきらめる／執着する）、「思ひ直る」（機嫌が直る・考えが変わる）、「思ひ離る」（心がはなれる・あきらめる）、「思ひへだつ」（わけ隔てする）、「思ひ分く」（判断・分別する・分け隔てする）、「思ひ取る」（わきまえる・思い定める）、「**思ひ寄る**」（思いつく・考え及ぶ・心ひかれる）、「思ひ寄す」（考え合わせる）、〔形〕「思はし」（好ましい）、「おもはく」（思うこと）※「思惑」は当て字。

おぼゆ【覚ゆ】ヤ下二　おもわれる。思い出される。似る。思い出す。記憶する。※「思ふ」の自発形。「思ほゆ」の約。「ゆ」は上代の自発の助動詞。「きこ・ゆ」「み・ゆ」も同。＊「うちおぼゆ」（心に浮かぶ・なんとなく似ている）、「昔おぼゆ」（昔を思い出させる）、「おぼえ語る」（思い出して語る）、「おぼえず」（思いがけない）、〔名〕「**おぼえ**」（評判・人望・覚え）・「御おぼえ」（寵愛）

しのぶ【偲ぶ】バ四・上二　思い慕う。ほめる。※→「忍ぶ」と「偲ぶ」の活用は平安時代に混同。

こころづく【心付く】カ四／下二　思いつく。物心がつく。／気づかせる。心をよせる。※形容詞「心づきなし」は「心につくものがない」意だが、「心づく」は「心（気）がつく」意。

たどる【辿る】ラ四　あれこれ考える。思い悩む。／さがし求める。たずね歩く。＊「身をたどる」（自分の身の上をあれこれ思い悩む）、〔名〕「たどり」（思慮・探究）、〔形〕「たどり無し」（迷いがない・あてどない）

たばかる　ラ四　思案する。工夫する。あざむく。※「た（接頭語）・はかる（計る）」の意。

いらる【焦る・苛らる】ラ下二　いらいらする。じれる。あせる。※「心苛らる」とも。

まどふ【惑ふ】ハ四　迷う。途方に暮れる。あわてる。※どうしてよいか迷うが原義。類義語「まよふ」は、心が乱れる方に重点がある。＊「思ひ惑ふ」（途方にくれる）、「泣き惑ふ」（取り乱して泣く）、「消え惑ふ」（死ぬほど戸惑う）、「惑ひありく」（あてもなく歩く）、「惑ひ入る・出づ」（あわてて中に入る・外に出る）

まよふ【迷ふ】ハ四　入り乱れる。思い乱れる。見誤る。さまよう。※「糸がほつれる」が原義。転じて心が乱れることをいう。＊「迷ひ」

（ほつれ・まぎれ・騒ぎ）

みだる【乱る】ラ下二／四　乱れる。思い悩む。うちとける。／乱す。騒がせる。＊「うち乱る」（だらしなくなる・くつろぐ）、「かき乱る」（心が乱れる）、「思ひ乱る」（思い悩む）、〔名〕「みだり（れ）」（無秩序・勝手）、「みだり（れ）心地」（心の動揺・病気）、「みだれ（り）ごと」（冗談）、〔形〕「みだり（れ）がはし」（乱雑だ・乱暴だ・好色だ）

しのぶ【忍ぶ】バ上二・四　がまんする。人目を避ける。こっそり…する。＊「うち忍ぶ」（人目を避ける・こらえる）、「忍び込む」（秘密にする）、「引き忍ぶ」（人目を避ける）、〔形動〕「忍びやか」（ひそやか）、〔名〕「忍びありき」（人目をさけて外出する）、「忍び所」（ひそかに通う所・愛人の家）、「忍びごと」（かくしごと・内緒話）、「忍びね（音）」（こっそり泣く）

たふ【耐ふ】ハ下二　がまんする。こらえる。【堪ふ】堪能だ。すぐれている。※「た（手）・合ふ」の約。圧力（手）に対抗する（合ふ）意。

ねんず【念ず】サ変　がまんする。祈る。※漢語「念」＋「す」＊「念じすぐす」（がまんして過ごす）、「念じ余る」、「念じわぶ」（がまんしきれなくなる）、「念じ返す」（思い返してがまんする）、「思ひ念ず」（がまんする・祈る）、〔形〕「念無し」（無念だ）、〔名〕「念」（心・思い・一瞬）、「念念」（一瞬一瞬・さまざまな思い）

わぶ【侘ぶ】バ上二　つらい思いをする。心細く感じる。落ちぶれる。嘆く。※失意・落胆・不安・困惑など、広く「身が細る思い」をあらわす。ニュアンスをつかむこと。＊「うちわぶ」（あれこと思い悩む・つらいと思う・気が滅入る）、〔名〕「わび」（枯淡な趣）、「わびごと」（恨み言）、「わび人」（失意の人・おちぶれた人）、「わびし」「わびしげ」（→形「わびし」）

うらむ【恨む・怨む】マ上二　うらむ。憎く思う。恨み言をいう。怨みを晴らす。※「不満を心にかかえる」が原義。それが表現されて恨み言となり、悲しい虫の音にも用いた。＊「恨みかく」（恨み言をいう）、「うらみわぶ」（恨み悲しむ）、〔形〕「うらめし」（くやしい）→「うらめしげ」

ゑんず【怨ず】サ変　不満をあらわす。恨み言をいう。すねる。※類義語「うらむ」は不満を心にかかえる意。多く軽い恨みをあらわす。

なぐさむ【慰む】マ四／下二　気がまぎれる。心が晴れる。／気をまぎらわす。なだめる。※「なぐ・さ・む」。「なぐ（凪ぐ）」は穏やか、「さ」は接尾語、「む」は活用語尾。＊「言ひ慰む」「思ひ慰む」（心が晴れる／慰める）

こしらふ【拵ふ】ハ下二　機嫌をとる。なだめる。用意する。つくる（こしらえる）。

あく【飽く】カ四　満足する。※連用形「飽き」は「秋」と掛詞になる。

ほく【呆く・惚く】カ下二　ぼんやりする。ぼける。＊〔形〕「ほけほけし」（ぼけている）※「ほる（惚る）」も同義。＊「思ひほる」（放心する）、〔形〕「惚れ惚れし」（ぼけている）

ゑふ【酔ふ】ハ四　酔う。心を奪われる。※他動詞形は「ゑはす」（酔わせる）。＊「ゑひ飽く」「ゑひ痴る」（酔っ払う）、〔名〕「ゑひ」（酔い）

・肩・背中

かく【舁く】カ四　かつぐ。＊「かき据う」（担いできて据える）

おふ【負ふ】ハ四　似合う。背負う。引き受ける。借金する。※韓国語öpと同源。＊「名に（し）おふ」（名をもつ・有名だ）

そむく【背く】カ四　背を向ける。別れる。離反する。出家する。＊「うち背く」

たがふ【違ふ】ハ四／下二　くいちがう。そむく。変わる。／たがえる。方違えをする。＊「引きたがふ」（予想に反する・うって変わる）

・腰

ゐる【居る】ワ上一　座る。とまる。静まる。（草木などが）生じる。※「立つ」の対義語。類義語「をり」（いる・ある・座っている）は「ゐ・あり」の転で「居る」（すわる）に持続の要素を加えた語。＊「ゐ明かす」（徹夜する）、「ゐ入る」（座り込む）、「ゐかかる」（よりかかる）、「ゐ立つ」（立ったり座ったりする）、「ゐつく」（座り込む・住みつく）、「ゐ並む」（居並ぶ）、「ゐ直る」（座り直す・態度を変

える）、「ゐ寄る」（にじり寄る）、「ついゐる」（片膝をついて座る…かしこまった座り方）、「寄りゐる」（もたれて座る）〔名〕「ゐ住まひ」（座ったようす）

・手

とる【取る】ラ四　取る。とらえる。※「た（手）」の転訛「と」の動詞化。＊「取り合ふ」（よく調和する）、「取り敢ふ」（間に合わせる・こらえる）、「取り集む」（寄せ集める）、「取りならぶ」（とり揃える）、「取り入る」（受け取る・中に入れる）、「取り申す」（取り次いで申し上げる）、「取り分く」（特に目立つ／特別に扱う）、「取り立つ」（取り扱う・用意する）、「取り置く」（保存する・片づける）、「取り捨つ」（片づける・さし引く）、「取り遣る」（片づける）、「取りなす」（見なす・処置する）、「取り違ふ」（間違える）、「取りはづす」（うっかりする・取り損なう）、「取り率る」（連行する）、「取りもてく」（さらってくる）、〔副〕「取りあへず」（すぐに）、〔名〕「取りざた」（処理・世話）、「取り所」（とりえ）、〔形〕「取る方無し」（何のとりえもない）〔動〕「とらふ」（つかむ・とらえる・とりあげる）※「取り・合ふ」の約。〔形動〕「とりどりなり」（さまざまだ）

うつ【打つ】タ四　打つ。たたく。耕す。造る。＊複合動詞が多い。「打ち…」の語は、接頭語とそうでないものとに分けられるが、区別は微妙。〔接頭語〕「うちす（サ変）」（ちょっと…する）、「うち赤む」（赤くなる／赤らめる）、「うちひそむ」（泣きべそをかく）、「うちかたぶく」（首をかしげる）、「うち身じろく」（身動きする）、「うちわななく」（身をふるわせる）、「うち上ぐ」（上げる）、「うち敷く」（敷く）、「うち渡す」（ずらりと並べる）、「うち置く」（そのままにする）、「うちまかせて」（ありのまま・ふつう）、「うちはらふ」（取り払う・追い払う）、「うち返す」（ひっくり返す・くり返し…する）、「うちしきる」（たび重なる）、「うち過ぐ」（通り過ぎる・度を超す）、「うち注ぐ」（ぱらぱら降る）、「うち散る」（舞い散る・乱れ散る）、「うち更く」（夜が更ける）、「うちかすむ（掠む）」

（ほのめかす）、「うちなびく」（従う・同意
する）、「うち群る」（群がる）、「うち早む」
（せき立てる）、「うちゆがむ」（崩れる）、
「うち湿る」（気がめいる・しんみりする）、
「うち休む」（休む・寝る）、〔名〕「打ち聞
き」（なんとなく耳にすること・備忘録）、「う
ちあぐ」（宴会を催す…「うちあげ」→「うた
げ（宴）」）

すつ【捨つ・棄つ】タ下二　捨てる。世を捨て
る（出家する）。※「うつ」とも。完了の助
動詞「つ」は「うつ」の「う」が脱落して助動
詞となったものである。＊「言ひすつ」（無造
作に言う）、「思ひすつ」（見捨てる）、「う
ち捨つ」（ほったらかしにする）

はふる【放る】ラ四／下二　捨てる。放る。／さ
まよう。おちぶれる。※罪や汚れを払う神職
を「はふり（祝）」という。同根の「はぶる」
は「葬る」の意。

おす【押す】サ四　押す。進める。張りつける。
圧倒する。※複合動詞を多くつくる。「力を加
えて」「無理に…する」の意を添える。＊「押
し起こす」（ゆり起こす）、「押しかかる」（寄
りかかる）、「押しくくむ」（くるむ）、「押
し巻く」（かたく巻き付ける）、「押し込む」
（おしこむ・こみあう／押し込める）、「押し
やる」（押しのける）、「押しのごふ」（拭く）、
「押し張る」（意地を張る）、「押しこる」（寄
り集まる）、「押しひしぐ」「押しへす」（お
しつぶす・押さえ込む）、「押し返す」（折り
返す／〔連用〕反対に・くり返し）

ひく【引く】カ四　ひく。引き抜く。引きつけ
る。引き合いに出す。与える。＊「引き入る」
（引っ込む・遠慮する・死ぬ／引き込む・かぶ
る）、「引き替ふ」（うって変わる）、「引き
具す」（伴う・身につける）、「引きさぐ・ひ
さぐ」（手に提げて持つ・ひっさげる）、「引
きはこゆ（ふ）」（裾をたくし上げる）、「引
き折る」（裾をはしょる）、「引き越す」（差
し置く）、「引きよく」（避ける）、「引きこ
む」（閉じこめる）、「引き隔つ」（隔てる）、
「引き放つ」（引き離す）、「引き別る」（離
ればなれになる）、「引き揺がす」（ゆさぶる）、
「ひこじろふ」（強く引っ張る）、〔形動〕「引
き切り」（せっかちだ・余裕がない）、「引き
引き」（好きずき・思い思いに）、※「引き切

り」は現代語の「ひっきりなし」と同根、「ひ
いき（贔屓）」は「引き」の転。〔名〕「引き
出で物」（贈り物…馬を引き出して贈り物とし
たことによる）

まかす【引く】サ下二　水を引く。※「任す」と
同語。他の力や意志のままにさせる意。

もちゐる【用ゐる】ワ上一　用いる。※「持ち・
率る」の約。※活用注意。平安時代に「用ふ」、
中世に「用ゆ」（ともに上二段）が派生した。

かく【掻く】カ四　ひっかく。つま弾く。手で
払う。※「懸く」と同根。動詞「かく」はカ行
四段動詞から出発し、「掻く」「舁く」（カ四）
と、「掛く・懸く」（カ下二）、「かかる」（ラ
四）とに分岐した。＊「かき合はす」（合奏す
る）、「かき立つ」（かき鳴らす）、「かき垂
る」（激しく降る）、「かきはらふ」「かき遣
る」（払いのける）、「かきのく」（どける）、
「かき下ろす」（牛車の轅を牛から下ろす）、
「かきいだく」（抱き上げる）、「かき撫づ」
（撫でる）→〔名〕「かき撫で」（とおりいっ
ぺん）

しらぶ【調ぶ】バ下二　演奏する。調律する。
＊「調べ合はす」（合奏する）、〔名〕「調べ」
（旋律）

かく【掛く・懸く】カ下二　かける。兼ねる。
※物の端をある一点につり下げるが原義。＊「い
ひかく」（話しかける）、「うちかく」（ひっ
かける）、「しかく」「引きかく」（かける）、
「掛けこもる」（掛け金をかけて閉じこもる）、
「掛けとどむ」（命をひきとめる）、「掛け離
る」（疎遠になる）、「かけて」（兼ねて・…
にわたって）、〔形〕「懸け懸けし」（いつも
色恋にかかわっている）

さす【差す・射す・指す】サ四　日が射す。芽
が出る。満ちる。／指示・指定・設定・指
名する。※「鎖す」「刺す」などはみな同根。
一直線または一点に力がはたらくことをいう。
＊「さしはふ」（ことさらにする）、「さしあ
ゆむ」（静かに歩く）、「さし隠す」（顔を隠
す）、「さしちがふ」（互い違いにする）、「さ
しのく」（離れる／どかす）、〔接頭語…強調〕
「さしあふぐ」（ふり仰ぐ）、「さし込む」（立
て込む）、「さし付く」（つける）、「さしつ
どふ」（集まる）、「さし過ぐ」「さし過ぐす」
（でしゃばる・とおり過ぎる）、「さしむかふ」

（向かい合う）、「さしはなつ」（ほっておく）

やる【破る】ラ下二／四　やぶれる。／やぶる。※引きちぎる意。「やぶる」は「壊す」が原義。＊「引き破る」（引き裂く）

こぼつ【毀つ】タ四　こわす。破壊する。※「こぼる」（こわれる）の他動詞形。※「こほ（擬音語）・打つ」で、ぼこぼこにする意か。「こぼる」（こぼれる）と同根。

くだく【砕く】カ下二／四　思い乱れる。ばらばらになる。／心を痛める。身を粉にする。※粉々にこわれる（こわす）が原義。「くづ（屑）」「くづる（崩る）」と同根か。＊〔形〕「くだ・くだ・し」（こまかい・くどい・わずらわしい）

ふる【振る】ラ四　振る。※「揺りうごかして生命力を呼び起こす」が原義。運動会で「振れ振れ」（フレーフレー）というのは、まさにその意味。→「たま」＊「振りさく」（ふり仰ぐ）、「振り捨つ」（置き去りにする）、「振り立つ」（声を張り上げる）、「振りはふ」（わざわざ…する）、「振る舞ふ」（行動する・趣向をこらす・ごちそうする）

まねく【招く】カ四　手で合図する。手まねきする。招く。

しゃうず【請ず】　まねく。※漢語＋「す」。＊「請じ入る」（招き入れる）

すう【据う】ワ下二　据える。設ける。座らせる。住まわせる。＊「し据う」（据える）、「引き据う」（座らせる）※「おく（置く・措く）」が、取りあえずその場に放置する意で用いるのに対し、「据う」は動かないようにしっかり設置する意をあらわす。「住まわせる」とは、男が女を自分の家に迎えることで、通常の「通い婚」と違い、据えられた女の経済的基盤がなく地位が不安定であった。

まつる【奉る・祭る】ラ四　差し上げる。祭る。※「祭る」は、神に食事や物をお供えする（奉る）が原義。祭りを反復・継続すると、「まつら・ふ」（服従する）ことになる。平安時代以降、祭りといえば京都の賀茂祭であった。＊〔名〕「祭り」（賀茂祭）、「祭のかへさ」（賀茂祭の斎院の行列）、「祭の使」（賀茂祭の勅使）、「まつりごと」（政治）→「まつりごつ」（統治する）、〔動〕「まつろふ」（服従する）

ゆふ【結ふ】ハ四　むすぶ。髪を整える。組み立てる。※「ゆ」は「ゆゆし」の「ゆ」で、神

聖の意。聖域に「しめ（標）」の縄を張り、立入を禁じるのが原義。

むすぶ【結ぶ】バ四　結ぶ。形づくる。生ずる。約束する。＊「結ぼほる（結ぼる）」（〔結び目が〕解けない・気がふさぐ）

むすぶ【掬ぶ】バ四　水をすくう。※両手を結んで（組み合わせて）水を掬うことから。

とく【解く】カ下二／四　とける。／ほどく。解く。とかす。＊「うち解く」（くつろぐ・気を許す）、「思ひとく」（解明する／大目にみる）

ひもとく【紐解く】カ四　紐をほどく。つぼみが開く（ほころぶ）。※古代、「下紐を解く」といえば男女の共寝を暗示し、別れ際に互いに下紐を結んで、次の逢瀬の誓いとした。花がほころぶという場合、春の花だと「ひ（氷）も溶く」がかかることがある。

ほころぶ【綻ぶ】バ上二　ほつれる。はだける。口を開ける。さえずる。咲く。露見する。＊〔名〕「ほころび」（縫い目のほつれ・縫い合わせていないすき間）

ぬく【貫く】カ四　つらぬく。※「抜く」と同根。穴を残す・穴を通すが原義。

・足

たつ【立つ】タ四／下二　立つ。経過する。出発する。／立てる。置く。閉める。＊複合動詞が多い。A「立ち＋動詞」の場合と、B「動詞＋立つ」の両様がある。A「立ち…」は、立って…するの意と、接頭語（強調）の場合がある。（立って…する）、「立ち出づ」（立ち去る）、「立ち入る」（立ち寄る）、「立ち隠る」（物陰にひそむ）、「立ち返る」（戻る・改まる）、「立ち込む」（こみあう）、「立ちさふ」（行く手をふさぐ）、「立ち走る」（こまめに動く）、「立ちやすらふ」（たたずむ・ためらう）、「立ち寄る」、「立ちわたる」（立ちこめる・立ち並ぶ）、「立ちわづらふ」（立ちあぐねる・立ち去りがたい）、（接頭語）「立ちおくる」（遅れをとる）、「立ち下る」（劣る）、「立ちさわぐ」（大騒ぎする）、「立ち慣る」（なじむ）、「立ち離る」（遠ざかる）、「立ちまさる」、「立ち交じる」、「立ち別る」。B「いだし立つ」（送り出す・出仕させる）、「いで立つ」（出かける・出仕する）、「いひ立つ」（噂がたつ／

とりたてていう）、「思ひ立つ」（決心する）、「押し立つ」（立ちはだかる／閉める・強制する）、「引き立つ」（起こす・閉める・せかす）※「…立つ」は多く強調。「とくに…する」「しきりに…する」の意を添える。なお「…立つ」が接尾語化した「だつ」がある（→〈動詞・接尾語〉）。

たたずむ【佇む】マ四　じっと立っている。うろつく。※「立た・住む（静止する）」の意か。＊「佇みありく」（うろつきまわる）、「たたずまふ」（立ち続ける）、〔名〕「たたずまひ」

ふむ【踏む・践む】マ四　踏む。歩く。地位につく。足踏みする。＊「ふみくくむ」（足を袴の中に入れる）、「踏みしだく」「踏み散らす」（踏み荒らす）、「踏み轟かす」（踏み鳴らす）、「踏みまどふ・まよふ」（道に迷う）、「踏み分く」（踏み分ける）

ありく【歩く】カ四　動き回る。出歩く。※あちこち動き回ること。「行く」は今ある場所を出発点または通過点として進む意。「来」は現在地を終着点として移動する意。＊「持てありく」（持ち歩く）

よろぼふハ四　よろよろ歩く。よろめく。崩れかかる。※「よろ（擬態語）・這ふ」の転。

ゐざるラ四　膝をついて進む。膝行する。※「居・去る」の意。おもに貴人の前に進み出るときの作法。

はふ【這ふ】ハ四　はって進む。（蔓が）のびる。＊〔副〕「這ふ這ふ」（はうようにして）※「這ひ…」の複合動詞は、「こっそり…する」の意味となる。＊「這ひ出づ」、「這ひ入る」、「這ひ隠る」、「這ひ紛る」、「這ひ渡る」（こっそり行く）

はしる【走る・奔る】ラ四　駆ける。逃げる。飛び散る。胸が高鳴る。

はす【馳す】サ下二　駆け回る。／走らせる。※「はしる」と同根。「勢いよく動く」が原義。＊「馳せ後る」（取り残される）、「馳せちがふ」（馬や車が行き交う）

さをさす【棹さす】サ四　棹で漕いで船を進める。※船をとめることではない。

・往来

ゆく【行く】カ四　過ぎ去る。行く。気が晴れる。※「いく」と同語だが、平安時代では「ゆ

く」が優勢。＊「行き通ふ」（男が女の家に通っていく）、「行きかふ」「行きちがふ」（行き来する）、「行きはなる」（去っていく）、「行き別る」（別れ別れになる）、〔名〕「行く方」「行き先」「行く末」「行くへ」（行き先・行方・将来・行く末）、〔形〕「ゆくへ無し」（あてどない・途方に暮れる）、「ゆく方無し」（気を紛わす手だてがない）

やる【遣る】ラ四　送る。行かせる。うさ晴らしする。＊「うちやる」（放っておく）、「思ひやる」（思いをはせる・心を砕く）、「さしやる」（差し出す）、「言ひやる」（言ってやる）、「言ひやらず」（言い切れない）、「引きやる」（引きのける）

おこす【遣す】サ下二　よこす。送ってくる。※「遣る」は「行く」、「遣す」は「来」に相当。＊「いひおこす」（言ってよこす）、「思ひおこす」（思いを寄せる）、「見おこす」（こちらを見る）

すぐ【過ぐ】ガ上二　通過する。過ぎる。暮らす。※どんどん進んでいく・度を超すが原義。

すぐす【過ぐす】サ四　時を過ごす。そのままにする。済ませる。度を越す。※「過ぐ」の他動詞形。やりすごす、やり過ぎるの意。

よきる【過きる】ラ四　通り過ぎる。立ち寄る。※室町以降「よぎる」と濁った。

わたる【渡る】ラ四　渡る。移動する。通って行く。時を過ごす。物事に通じる。※向こう側に行くが原義。継続・反復の意が加わると「わたら・ふ」、「渡らひ」はその名詞形。＊「わたり」（でかけること・渡し場）、「ひとわたり」（ひととおり）、「渡り川」（三途の川）、「わたらひ」（生活・渡世・暮らし向き）

わたす【渡す】サ四　移す。渡らせる。譲渡する。※「渡る」の他動詞形。＊「取りわたす」（持っていく）、〔名〕「渡し」（渡し場）、「渡し守」（渡し船の船頭）

ゐる【率る】ワ上一　連れていく。持参する。※現代語「率いる」は「引き・率る」の熟合。

ぐす【具す】サ変　つき従う。／ともなう。連れる。＊「相ぐす」（夫婦になる・伴う）、「うち具す」（備わる／携える）、「取り具す」（とり揃える）

おとなふ【訪ふ】ハ四　音を立てる。訪れる。

手紙を送る。※「音・なふ（する）」の意。「訪れる」は「音・連れ」の意。＊〔名〕「おとなひ」（物音・気配・ようす・訪問）

とぶらふ【訪ふ】ハ四　たずねる。しらべる。訪問する。見舞う。弔問する。

たづぬ【尋ぬ】ナ下二　たずねる。さがす。訪問する。＊「尋ね出づ」（さがし出す）、「尋ね入る」（分け入ってさがす）、「尋ね取る」（習得する）※「たづな」（綱）の動詞化か。つなをたぐって行くように追求するが原義。類義語「もとむ」は「もと（本）」を得ようとする意。

まつ【待つ】タ四　待つ。※相手が来ることを予期してじっとしていること。通い婚においては、女が待つ立場であった。和歌では「松」（たいまつ）と掛かる。＊「待ち出づ」（出るのを待つ）、「待ち得」「待ちかく」「待ちつく」（待ち受ける・待ち構える）、「待ちかぬ」「待ちなげく」（待ちわびる）、「待ちわぶ」（待ちくたびれる）、「待ちわたる」（ずっと待つ）、「待ちとる」（待って迎える・待ち伏せする）

かよふ【通ふ】ハ四　行き来する。女のもとに通う。通じる。似通う。※平安時代の婚姻形態は「通い婚」（婿取り婚）で、男が女の家に通い、女の家が男を養った。＊「通ひぢ（路）」（通路・行き来する道）

ちがふ【違ふ】ハ四／下二　交差する。すれちがう。異なる。／交差させる。はずす。※多く複合動詞で「交差する」の意に用いる。現代語の「違う」は「たがふ」が担当した。

かへる【帰る・返る】ラ四　もどる。立ちかえる。年が改まる。ひっくりかえる。褪せる。※「返す」の自動詞形。ものの上下・表裏・方向などが反対になる意。類義語「戻る」は「もど・き」「もぢ・れ」と同根で、くいちがって逆行する意。＊〔副〕「かへりて」（反対に）、〔名〕「返りごと」（返事・返歌・返礼）、〔動〕「帰り出づ」（帰途につく・復帰する）、「帰り入る」（立ち帰る）、「かへりみる（顧みる）」（後ろを見る・反省する・気にかける・世話をする）、〔名〕「かへりみ」（心残り・引き立て・恩顧）

かへさふ【返さふ】ハ四　くり返し…する。思い直す。（謙譲語を伴って）辞退する。※

動詞「返す」（戻す・返事をする）に反復の接尾語「ふ」がついた語。逡巡する意。

まはす【廻す】サ四　めぐらせる。巧みに…する。※「まはる」（「舞ふ」と同根）の他動詞形

わだかまる【蟠る】ラ四　まがりくねる。蛇行する。※蛇がとぐろを巻くことをさす語。

めぐる【廻る・巡る】ラ四　巡回する。もとに戻る。転生する。＊〔名〕「めぐり」（周囲）※「ひと回りする」が原義。「まはる」は「舞ふ」と同根で旋回する意。「めぐらす」（回す）は他動詞形。「めぐら・ふ」は反復・継続を添加して「俗世に生きる」意を生じた。

ためらふ【躊躇ふ】ハ四　ためらう。／気を静める。静養する。※「ため」は「矯む」（たわめる）で、押さえる意。「ぐずぐずする」意の類義語「たゆたふ」はゆらゆら動く意、「やすらふ」は進行をやめて考える意で、少しずつ内容がことなる。

やすらふ【休らふ】ハ四　たたずむ。ためらう。休む。＊「立ちやすらふ」（たたずむ・ためらう）※形容詞「やすし」と同根。「ふ」は継続の接尾語。

なづむ【泥む】マ四　停滞する。苦しむ。こだわる。※足をとられて難渋するが原義。

とまる【止まる・泊まる】ラ四　とまる。中止になる。後に残る。停泊する。宿泊する。※「たまる（溜まる）」の母音交替形。動くものが停止して、そこに残る意。他動詞は「とむ」。

とどむ【留む・止む・停む】マ下二　とめる。やめる。残す。注意する。※「とどまる」（とまる・残る）の他動詞形。「滞る」と同根で、進むのをやめる・とめる意。

しぞく【退く】カ四　しりぞく。後退する。※「しりぞく」の転訛。→「のく」

のく【退く】カ四／下二　どく。身をひく。／どかす。※「のく」は相手に譲る意、「しりぞく」は「尻・背・く」で後退する意。＊「さしのく」（離れる／立ち退かせる）、「引き退く」（退く・引き離す）

おくる【後る】ラ下二　とり残される。（…の方面は）劣る。＊「おくれさきだつ」（一方が死に、他方が生き残る…「無常」のたとえ）

・離着

あふ【逢ふ】ハ四　出会う。対面する。結婚する。契りを交わす。※「合ふ」と同語。＊「行き逢ふ」（出くわす）、「出であふ」（面会する）、「引きあふ」（出会う・助け合う）

あはす【合はす】サ下二　結婚させる。夢合わせ（夢解き）をする。＊「言ひあはす」（話し合う・約束する）、「思ひあはす」（考えあわせる）、「見あはす」（目くばせする・見くらべる）　※「あは・す（使役）」の意。

あふ【合ふ】ハ四　ぴったり合う。つり合う。調和する。＊「うちあふ」（ぴったり合う）、「さし合ふ」（行き会う）、「取りあふ」（ありあわせる）

にる【似る】ナ上一　似る。似合う。ふさわしい。※同じように見えるが原義。類義語「あゆ（肖ゆ）」（似る・あやかる）は、そっくり同じの意。＊「似げ無し」（似合わない・つりあわない）、「似つかはし」（ふさわしい）

かなふ【適ふ・叶ふ】ハ四／下二　適合する。思いどおりになる。／望みをかなえる。※「兼ね・合ふ」の約。両方の条件がうまく合うが原義。

よる【寄る】ラ四　近寄る。立ち寄る。もたれかかる。とりつく。従う。頼る。もとづく。＊「寄りつく」（近寄る・身を寄せる）、「寄りゐる・寄り臥す」（もたれて座る・寝る）、〔名〕「寄りうど」（職員）、**「寄るべ」**（よりどころ。頼みとする人）

よす【寄す】サ下二　寄せる。近づける。ゆだねる。かこつける。※「よし（由）」と同根。＊「よそふ」（なぞらえる・かこつける）、「思ひよそふ」（連想する）、〔名〕「よせ」（人望・後ろだて・縁故・いわれ）

つく【付く・着く】カ四／下二　つく。合う。加わる。／つける。添える。託す。＊「いひつく」（言い寄る・頼る／いいふらす・頼む）、「寄りつく」（近寄る）、「思ひつく」（心ひかれる・好感をもつ）、「かき付く」（抱きつく）、「見つく〔四〕」（見なれる）、「もてつく」（身につける）、「ことづく」（口実にする）→〔名〕「ことづけ」（口実）

そふ【添ふ・副ふ】ハ四／下二　加わる。寄り添う。従う。／添える。つける。たとえる。＊「引き添ふ」（添える・引き合いに出す）、「し添ふ」（付け加える）、「立ち添ふ」（付き添う）、「うち添ふ」（同行する・加わる／付け加える）、「そひゐる」（そばにいる）、「添ひ臥す」（添い寝する・よりかかる）、〔名〕「添ひ臥し」（添い寝・元服時の添い寝の相手）

ひかふ【控ふ】ハ下二　止まる。そばにいる。／引き止める。ひかえる。※「引き・敢ふ」の約で、引いて押さえるが原義。自動詞に転じて、待機する意となった。

すむ【住む】マ四　暮らす。（男が女の家に）通う。※「澄む」と同根で、定着する意。＊「住み着く」（夫婦に納まる）、「住み果つ」（添いとげる）、「住み離る」（隠居する・別居する）、「住みわたる」（男が通いつづける）、「住みわぶ」「住みうし」（居づらくなる）、「住ま・ふ」（生活していく）※「ふ」は継続の接尾語

かる【離る】ラ下二　離れる。※空間的、時間的、心理的な乖離をあらわす。＊「離れ離れ」（途絶えがち・疎遠…男が女の家に通ってこなくなる時にいう）、「目かる」（目を離す・疎遠になる）

あかる【離る】ラ下二　離れる。別れる。＊「行きあかる」（立ち去る）※「あかる」は多数のものが散り散りになるの意、「別る」は一つのものが別々になる意。

あくがる【憧る】ラ下二　（あるべき場所から離れて）さまよう。心ひかれる。※「あく（所・事）・かる（離れる）」が語源。魂や身体があるべき場所から離れる意。＊「あくがれまどふ」（そわそわする）

ただよふ【漂ふ】ハ四　ただよう。さまよう。ぶらぶらする。※「ただ」は「とどむ」「とどこほる」の「とど」の母音交替形、「よふ」は「かがよふ」（揺れながら光る）と同義で揺れる意で、止まって揺れるが原義。転じて心身の停滞とぜん動を表現。

いぬ【去ぬ・往ぬ】ナ変　去る。※完了の助動詞「ぬ」は、「いぬ」の「い」が脱落して助動詞になったものである。また、ナ変は活用形がすべて異なる語で、活用形の基準とされた。

いむ【忌む】マ四　忌避する。※「い」は「ゆ」（タブー）の母音交替形（→〔形〕「いまいまし」）。

いとふ【厭ふ】ハ四　避ける。嫌う。隠遁・出家する。＊〔形〕「いとはし」（いやだ）※いやなものに対し、消極的に回避するのが「いとふ」、積極的に排除するのが「きらふ」。

さる【避る】ラ四　避ける。断る。※「去る」（離れる）の他動詞形。＊「さらぬ別れ」死別

じす【辞す】サ変　辞去・退出する。辞退する。※漢語＋「す」

・出入

いづ【出づ】ダ下二　あらわれる。出る。出発する。のがれる。／あらわす。出す。※「内側にある見えないものが、外から見えるようになる」が原義。類義語「あらはる」は、何もないところにパッとあらわれる意。＊「うち出づ」（出る・でしゃばる／打つ・うち明ける・吟詠する）、「押し出づ」（押し出す・「出だし衣」をする→名詞「きぬ」）、「引き出づ」（引き起こす）、「出でがてに」（立ち去りがたくて）、「出であふ」（対面する・出会う）、「出で来」（出現する・起こる）、「出で立つ」（出かける・身支度する・宮仕えに出る）、「出でまどふ」（やたら出歩く）、〔名〕「出で入り」（出入り・身のこなし）、「出で立ち」（出発・出世）、「出でばえ（映え）」（見栄え）、「出でゐ」（客間・臨時の座）

いだす【出だす】サ四　出す。出発させる。歌い出す。あらわす。※「いづ」の他動詞形。＊「うち出だす」（少し出す・吟詠する）、「出だし立つ」（送り出す・出仕させる）、「出だししやる」（さっぱりと送り出す）

いる【入る】ラ四/下二　入る。要る。／入れる。※現代語「はいる」は「這ひ・いる」約＊「入り立つ」（立ち入る・親しくつきあう・精通する・立ち始める）、「押し入る」（入り込む・押し込む）、「引き入る」（引っ込む・引きこもる／かぶる）

こもる【籠る】ラ四　引きこもる。隠れる。包まれる。（祈願のため寺に）参籠する。※中に入って外界との接触を断つ意。類義語「かくる」は物陰にひそんで見えないようにする意。

こむ【籠む・込む】マ四/下二　混雑する。立ちこめる。／閉じこめる。中にしまう。

さす【鎖す】サ四　閉じる。掛け金（鍵）をかける。＊「さし固む」（しっかり戸締まりする）

・上下

のぼる【昇る・上る】ラ四　上がる。上京する。参上する。さかのぼる。※「のぼる」上に移動する意、「あがる」下から上へ一気に離れる意。

たく【長く】カ下二　高くなる。上達する。時がたつ。※〔形〕「高・し」（高い）の動詞化。＊〔名〕「たけ」（長さ・高さ）、「竹」、〔形〕「たけ高し」（格調高い）、「猛し」（→形「たけし」）、〔形動〕「たけなは」（まっさかり・最高潮だ）

おろす【下ろす】サ四　下ろす。下がらせる。けなす。（「頭・髪を〜」で）出家する。※「おる（下る・降る）」（降りる・さがる・辞職する）の他動詞形。「くだる」下へ一直線に移動する、「下ろす」注意深く下に移動させる意。

くだる【下る】ラ四　降りる。下向する。下される。劣る。さがる。※「くだす」（おろす・下す・下向させる・下げる）の自動詞形。

ふる【降る】ラ四　降る。（比喩）涙が落ちる。＊「降り暮らす・明かす」（一日中・一晩中降りつづく）、「降りまさる」（降りつのる）、「降りしく」（降り敷く・降りしきる）、「降りそぼつ」（雨に濡れる）、「降りこむ」（雨や雪で閉じこめられる）、「降りみ降らずみ」（降ったり降らなかったり）

・動作

す【為】サ変　する。※さまざまな動詞の代用とされ、また名詞について動詞化する。＊「し集む」（数多く…する）、「し騒ぐ」（にぎやかに…する）、「しなす」（こしらえる）、「しつく」（手慣れる・作りつける）、「しそす」（うまくやる）、「し出づ」（しあげる・ととのえる・仕組む）、「しいだす」「し果つ」（やり遂げる）、「し立つ」（できあがる／仕立てる・仕込む）、「し垂る」（垂れ下がる）

ものす【物す】サ変　「あり・をり・行く・来」などの代動詞。※「何かする」の意で、動作

をはっきり示さず、ぼかしていう婉曲表現。女流文学で多用される。文脈に即して解釈する必要があるが、多く「ものしたまふ」（いらっしゃる）の形で用いる。

よくす【能くす】 サ変　巧みにする。上手にできる。※漢文訓読語。＊「ようせずは」（悪くすると・ひょっとすると）

しふ【強ふ】 ハ上二　強いる。強制する。＊〔形動〕「なまじひ」（無理に・半端に・しぶしぶ・なまじっか）

いたす【致す】 サ四　尽くす。もたらす。（中世以降）させていただく（謙）。します（丁）。※「いた」は「至る」「頂く」と同根で、極限・頂点の意。

ひさく【販く】 カ四　ものを売る。あきなう。※近世以降「ひさぐ」。

・支度

かまふ【構ふ】 ハ下二　組み立てる。準備・支度する。たくらむ。＊「構へ出す」（考案する）※「噛み・合ふ」の約で、かみあわせるが原義。

もよほす【催す】 サ四　催促する。さそう。とりおこなう。＊「催し」（勧誘・もと・はからい）、「催し顔」（さそい顔）

まうく【設く】 カ下二　用意する。得る。＊「思ひ設く」（心づもりをする）、〔名〕「設け」（準備・食事）、「心設け」（準備・心づもり）

まかなふ【賄ふ】 ハ四　支度する。食事の世話をする。※「まか（任）・なふ」で、他の意のままにする（してやる）意味。＊「取りまかなふ」（世話をする）、〔名〕「まかなひ」（支度・世話）

したたむ【認む】 マ下二　片づける。支度する。とり行う。食べる。書く。※「したたか」（手がたい）と同根。＊〔名〕「したため」（始末・支度）、「引き認む」（とりまとめる）、「取りしたたむ」（片づける）

みがく【磨く】 カ四　よそおう。飾り立てる。＊「作り磨く」（立派に作る・飾り立てる）

つくろふ【繕ふ】 ハ四　修理する。整える。とりつくろう。＊「とり繕ふ」（手入れする・着飾る）、「引き繕ふ」（身なりを整える・注意する）

ととのふ【調ふ・整ふ】 ハ四/下二　備わる。調和する。／そろえる。用意する。＊「ととのへ知る」（うまく調和させる）、「ととのほる」（きちんと揃う・落ち着く）

・応対

あつかふ【扱ふ】 ハ四　世話をする。噂する。もてあます。＊「言ひあつかふ」（噂する・世話をする）、「思ひあつかふ」（心をくだく）、「見あつかふ」（世話をする）、「もてあつかふ」（世話をする・もてあます）、〔形〕「あつかはし」（目がはなせない・うるさく感じる）、〔名〕「あつかひぐさ」「もてあつかひぐさ」（噂のたね）

もてなす【持て成す】 サ四　処理する。世話をする。歓待する。ふりをする。※「もて」は接頭語。相手に対して働きかける意。「もて…」の複合動詞は以下のように多い。＊「もて・あそぶ」（楽しむ）、「もて出づ」（表に出す）、「もて隠す」（そっと隠す）、「もてしづむ」（落ち着かせる）、「もてそこなふ」（過ちを犯す）、「もてなやむ」（もてあます）、「もて離る」（よそよそしくする）、

かしづく【傅く】 カ四　大切に育てる。世話をする。※「かし（頭）・つく（付く）」で、「頭を地に付け（てお世話す）る」が原義。＊「かしづき立つ」「かしづき据う」（育て上げる・たいせつに世話をする）、「もてかしづく」（大切に育てる）、〔名〕「かしづき」（世話・介添え）

あへしらふ ハ四　応対する。取り合わせる。※「あしらふ」の古形。

・関係

まじらふ【交じらふ】 ハ四　交際する。宮仕えする。入り交じる。※「交じら・ふ（継続・反復）」。「交じる」は別のものと一緒になる意。下二段活用の「交ず」はその他動詞形で同根語に「交じはる」「交じふ」（下二段）があり、みな同義語である。＊〔名〕「交じらひ」（人づきあい・宮仕え）、「うちまじる」（まじる・交際する）

つかふ【仕ふ】 ハ下二　仕える。つとめる。仕

官する。※謙譲語は「つか（う）まつる」。

かかる【懸かる・掛かる】 ラ四　もたれる。頼る。関係する。とりかかる。※「かく（掛く・懸く）」の自動詞形。＊〔名〕「かかりどころ」（頼りになるところ）

かかづらふ【拘ふ】 ハ四　かかわる。こだわる。まとわりつく。※「懸か・釣り・合ふ」の約。

たのむ【頼む】 マ四／下二　あてにする／あてにさせる。約束する。※相手に依存する意。「た（接頭語）・のむ（祈む）」（ひたすら祈る）が原義かという。＊「うち頼む」（信頼する）、「思ひ頼む」（あてにする）、〔名〕「頼み」（あて）、「頼め」（約束）、〔形〕「たのもし」（頼りになりそうで心強い（頼もしい）・先が楽しみだ・裕福だ）、〔形動〕「たのもしげなり」（心強い・希望がある）→「たのもしげなし」（頼りない）

きす【期す】 サ変　約束する。とりきめる。※同訓異義語「帰す」（帰着する）、「着す」

・論決

さだむ【定む】 マ四　決める。会議・判定する。平定する。＊「定めあふ」（批評しあう）、「いひ定む」（話し合って決める）、「思ひ定む」（決心する）、〔名〕「定め」（決定・きまり）、〔副〕「定めて」（きっと）

おきつ【掟つ】 タ下二　決める。命ずる。※「おきて（掟）」の動詞化。＊「思ひ掟つ」（心に決める）、〔名〕「**おきて**」（意向・処置・配置・心構え・きまり）

あげつらふ【論ふ】 ハ四　論ずる。議論する。

あらがふ【諍ふ】 ハ四　言い争う。反論する。※相手を拒否する意。「**あらそふ**」は張り合う意。

・競争

すまふ【争ふ】 ハ四　抵抗する。断る。＊〔名〕「すまひ」（相撲）

きほふ【競ふ】 ハ四　競う。張り合う。＊〔名〕「きほひ」（勢い）※「きほふ」は自分が先に行こうとすること、「きそふ」は相手を抜こうとすることをいう。

いどむ【挑む】 マ四　張り合う。しかける。誘

いかける。＊〔名〕「いどみ」（競争・誘惑）、〔形〕「いどまし」（張り合おうと思う）

せめぐ ガ四　反目して争う。責め立てる。※現代では「せめぎ合い」の形で用いる。

さいなむ【苛む】 マ四　責める。とがめる。苦しめる。

とがむ【咎む】 マ下二　非難する。不審に思う。※「とが（咎・科）」（誤り・欠点）の動詞化。＊「見とがむ」（見てあやしむ）

・騒動

すだく【集く】 カ四　群がる（虫などが）鳴く。

にぎはふ【賑はふ】 ハ四　富み栄える。にぎわう。※「にぎ（和）・はふ（延ふ）」。「にぎ」は「にこ（やか）」と同根で、「あら（粗・荒）」の対義語。「はふ」は広く及ぶ意。なごやかさが広がるが原義で、殺気立った密集には使わない。＊「にぎ（み）たま」（穏和な神霊）、〔形〕「にぎははし」（にぎやかだ）

さわぐ【騒ぐ】 ガ四　動揺する。さわぐ。ばたばたする。やかましく言う。評判がたつ。＊「思ひさわぐ」（落ち着きを失う）、「もてさわぐ」（大騒ぎする）、〔形〕「さわがし」（うるさい・落ち着きがない）

とよむ【響む】 マ四　ひびく。さわぐ。※「とよ」は擬音語（どよどよ）。「豊」と同根。＊「泣きとよむ」（泣き騒ぐ）

ののしる【罵る】 ラ四　さわぐ。評判になる。羽振りをきかす。※「のの（大声）・領る」で、大声を立てるが原義。元来悪い意味はなく、「罵倒する」意は中世以降に生じ、それまで「のる」がこれを担当した。→「のる」＊「ののめく」（同義）、「いひののしる」（うるさく騒ぎ立てる）、「泣きののしる」（泣き騒ぐ）

そしる【謗る】 ラ四　非難する。悪口をいう。＊〔名〕「そしり」（非難）

のる【宣る・罵る】 ラ四　告げる。悪口をいう。ののしる。※「神のお告げ」が原義。そこから「のり（法）」（→名詞）や「のりと（祝詞）」となる一方、たやすく口にしてはならないことを言う意味となって、「名のり」「のろ・ふ（呪ふ）」などが派生し、人の悪口をいう意味になった（名前・ことばのタブー→名詞「たま」参照）。

・賞美

かんず【感ず】サ変　感動する。感心する。（神仏が心を動かした結果）報いが現れる。

そむ【染む】マ四/下二　染まる。心にしみる。／染める。心を寄せる。※「初む」と掛詞

しむ【染む】マ四/下二　染まる。身にしみる。／染める。思いこむ。執着する。※「そむ（染む）」の母音交替形。＊「しみ返る」（深くしみ入る）、「思ひしむ」（いちずに思う）

うつる【映る・移る】ラ四　うつる。しみこむ。時がたつ。色あせる。散る。変化する。＊「移す」の自動詞形、「うつつ」（現実）と同根。物の形や性質がそのまま別の所に現れる意。「移ろふ」は、「うつる」に反復・継続の接尾語「ふ」がついた形。

うつす【写す・移す】サ四　まねる。うつす。時を過ごす。しみこませる。

うつろふ【移ろふ】ハ四　移行する。色づく。色あせる。心変わりする。衰える。

ちる【散る】ラ四　散る。散らばる。流出する。※「咲く」「移ろふ」（色あせる）＊「散る」の内、花の歌は多く「散る」ことを詠む。＊「散らふ」（しきりに散る）、「散り敷く」（一面に散る）、「散りかひくもる」（乱れ散る）、「散りまがふ」（散り乱れる）、「散り過ぐ」（すっかり散る）、「散りぼふ」（散らばる落ちぶれる）、「散らす」（ふりまく・なくす）

こく【扱く】カ四　しごき落とす。※後世、言葉をしごき落とす意で、「嘘こく」などという。＊「こき散らす」（まき散らす）、「こき混ず」（かき混ぜる）※和歌で色とりどりの美をいう表現

はゆ【映ゆ・栄ゆ】ヤ下二　映える。引き立つ。さかえる。※「生ゆ」（生える）と同根。物が勢いを得ることから、「光をうけてかがやく」が原義。＊〔形〕「はゆし」（まぶしい・きまりが悪い）、「映え無し」（ぱっとしない）、「映えばえし」（華やかだ）、〔名〕「映え」（光彩・光栄）

はやす【囃す】サ四　引き立たせる。ほめそやす。盛り上げる。＊「言ひはやす」（ほめそやす）、「見はやす」（もてはやす）、「取りはやす」（座を取り持つ）、「もてはやす」（引き立たせる・歓待する）※「はゆ」の他動詞形。

「はや」は物が勢いを得るさま。「はやし（早し・速し）」はその形容詞化。「はやす」「はやる」（勢いづく・流行する）、「はやむ」（急がせる）＊「はゆ」（次項）はその動詞化。ほかに〔形動〕「はやらか」（すみやかだ）、「はやりか」（気が早い）がある。

ひづ【秀づ】ダ下二　穂が出る。／すぐれる。※「穂・いづ」の約。現代語「秀でる」の語源。＊「穂に出づ」（穂が出る・目立つようになる）

ほむ【誉む・褒む】マ下二　ほめる。※「穂（秀）・む」で、秀逸だと思う意という。＊「ほめ・なす」（ことさらにほめる）、「ほめののしる」（ほめそやす）＊〔形動〕「ほこり・か」、〔形〕「ほこらし」（得意げ）

めづ【愛づ】ダ下二　かわいがる。ほめる。心ひかれる。※「目・出づ」の約か。天皇などの「おほめ」を「御（ぎょ）感」「叡（えい）感」という。＊「めでまどふ」（ひどく感心する）、「めでくつがへる」（ほめちぎる）、「めづらし」「めでたし」（→形容詞）、「めづらか」（→形容動詞）…みな「すばらしい」意

あいす【愛す】サ変　かわいがる。相手をする。愛好する。

たしなむ【嗜む】マ四　好む。励む。つつしむ。※形容詞「たしなし」（苦しい）の動詞化で、苦境のなか、強い気持ちで励むが原義。「たし」は緊迫・緊密、「なし」は甚しいの意。ちなみに「たし・か（確か）」も同根で、緊密・確実の意。

おとす【落とす】サ四　おとす。あなどる。※自動詞形は「おと・る」（劣る）＊「言ひ落とす」（けなす）、「思ひおとす」「見おとす」（見下す・軽蔑する）

あなづる【侮る】ラ四　軽蔑する。あなどる。※劣った者として見下す意。＊「思ひ侮る」（あなどる）、〔形ク〕「あなづらはし」（軽々しい・気楽だ）。

くたす【朽たす】サ四　腐らせる。けなす。＊「いひくたす」「思ひくたす」（けなす）※「朽つ」（腐る・すたれる・死ぬ）の他動詞形。

ひなぶ【鄙ぶ】バ上二　田舎風だ。※「ひな（田舎）・ぶ」。類義語に「里ぶ」「田舎ぶ」がある。

・認知

わく【分く】ヵ四/下二　分ける。理解する。／分配する。分け入る。※「分か・る」（わかれる）は自動詞。「別れ」はその名詞化。

わきまふ【弁ふ】ハ下二　見分ける。心得る。弁済する。＊「わきまへ」（判断・返済）

しる【領る・知る】ラ四　領有する。統治する。理解する。わきまえる。かかわる。※自分のものにする、が原義。目的語が土地や国家だと「領る」、知識・経験・面識だと「知る」

りゃうず【領ず】サ変　支配する。（霊が）とりつく。※「らうず」とも。

をさむ【治む・収む・納む】マ下二　統治する。落ち着かせる。しまう。埋葬する。※「をさ（長）」の動詞化。首長としての仕事をする意。自動詞は「をさまる」。

なずらふ【擬ふ】ハ四/下二　準ずる。／見立てる。見なす。※別々の物を同じにみなすこと。また、照らし合わせること。「なぞらふ」とも。

たぐふ【比ふ】ハ四/下二　連れ添う。ともなう。似合う。／伴わせる。なぞらえる。※同質のものが二つ揃っている（または揃える）こと。＊〔名〕「たぐひ」（連れ・同類）〔形〕「たぐひなし」（並ぶものがない）

なむ【並む】マ四/下二　並ぶ。つらなる。／並べる。※横一線に並ぶこと。縦に並ぶのは「連る」（連れる）、「つらぬ」（連ねる）。名詞「つら」＊「なみ居る」（居並ぶ）、〔名〕「並み」（同列・平凡）、〔形動〕「並々」（平凡だ）

くらぶ【比ぶ】バ下二　くらべる。優劣を競う。親密にする。※「繰り・合ふ」（たがいに繰り合わせる）の約。＊「くらべ馬」（競馬）

える【選る】ラ四　選ぶ。※取捨する意。「えらぶ」はピックアップして取り上げる意。

・学習

まねぶ【学ぶ】バ四　まねをする。学ぶ。そっくり伝える。※同義語**「まなぶ」**は漢文訓読体（男）、「まねぶ」は和文（女）に用いる。まねをして習得する意で、類義語「ならふ」はくり返し練習して身につけることをいう。＊「まねび出だす」「まねび立つ」「まねびなす」（詳

しく話す・まことしやかに話す）

ならふ【習ふ・倣ふ】ハ四　慣れる。なれ親しむ。模倣する。※「慣ら・ふ（継続・反復）」。＊「思ひ習ふ」（習いおぼえる／いつもそう思う）、〔名〕「習ひ」（習慣・きまり・由緒）、「心習ひ」（習性・くせ）、〔動〕「習はす」（習わせる・慣れさせる）→〔名〕「ならはし」（しきたり・習慣・しつけ）

・支障

さはる【障る】ラ四　さしつかえる。＊〔名〕「障り」（さしつかえ・支障）※何かに接触してさえぎられる意から、「触る」の意がでた。「ふる（触る）」はタッチすること。

せく【塞く・堰く】ヵ四　せきとめる。じゃまをする。※「狭し」と同根。せばめるが原義。＊「せきあへず」「せきかぬ」（とめられない）

ふたがる【塞がる】ラ四　ふさがる。（胸が）いっぱいになる。方角が悪くなる。※「胸ふたがる」は悲・喜両用。「方ふたがり」になると、方角を変える（「方違へ」）。

・労苦

こうず【困ず】サ変　つかれる。こまる。※漢語＋「す」

くんず【屈ず】サ変　ふさぎこむ。気が滅入る。※「くす」「くっす」とも。＊「いひくんず」（がっかりしていう）、「うちくんず」「思いくんず」（ふさぎこむ）

しをる【萎る】ラ下二　しおれる。気落ちする。濡れる。※「し・折る」（たわむ）の意。

なゆ【萎ゆ】ヤ下二　萎える。ぐったりする。（着物が着慣れて）やわらかくなる。＊「萎えばむ」（よれよれになる）、〔形動〕「なよよか」「なよびか」（しとやかだ・色っぽい）、〔動〕「なよぶ」（しなやかだ）、〔副〕「なよなよと」（弱々しく）〔名〕「なよ竹」（若竹）

なやむ【悩む】マ四　病む。苦しむ。非難する。＊「うちなやむ」（病む）、〔形〕**「なやまし」**（苦しい・具合が悪い）、〔形動〕「なやましげ」（気分が悪そうだ）※「萎ゆ」（萎える）と同根。「な」をとって考えるとよい。

わづらふ【煩ふ】ハ四　苦しむ。悩む。病む。

※「難儀する」意から困窮・病悩の意が派生した。＊「立ちわづらふ」（立ち去りがたい）、「見わづらふ」（立ちつくす・扱いに困る）、「もてわづらふ」（もてあます）、〔名〕「煩ひ」（面倒・迷惑）、〔形〕「わづらはし」（→形容詞）

いたはる【労る】ラ四　苦労する。病気になる。大切にする。＊「いたはり」（庇護・手間・心遣い）、〔形〕「いたはし」（苦しい・大切に思う・気の毒だ）

てうず【調ず】サ変　整える。調伏（物の怪退散）する。こらしめる。＊「打ちてうず」（打ってこらしめる）

・余裕

ゆるす【許す】サ四　ゆるめる。解く。認める。※「ゆるし」（ゆるい・手ぬるい）と同根。＊「ゆるぶ」（ゆるむ／気をゆるめる）、「ゆる」（ラ上二・許される・認められる）〔副〕「ゆるゆる」（ゆっくり）、〔形動〕「ゆるらか・ゆるるか」（ゆったり）

たゆむ【弛む】マ四／下二　ゆるむ。おこたる。弱まる／油断させる。※「たゆし」の動詞化　＊〔形〕「たゆ・し」（にぶい）、〔形動〕「たゆげなり」（だるそうだ）、「うちたゆむ」（油断する）、「たゆみ」（気のゆるみ）

おこたる【怠る】ラ四　なまける。無沙汰する。病気がよくなる。＊〔名〕「おこたり」（無沙汰・あやまち・謝罪）※「おこ・垂る」。「おこ」は「息」と同根で、活動の意。それが低下する（垂る）。なお「行ふ」は「おこ（活動）・なふ」で、「なふ」は「動作をする」意の接尾語。

あざる【戯る】ラ下二　うちとける。ふざける。情事にふける。※「肉が腐る」が原義。＊「あざればむ」（好色めいたふるまいをする）、〔形〕「あざれがまし」（ふまじめだ）

ざる【戯る】ラ四　ふざける。気が利く。

たはぶる【戯る】ラ下二　ふざける。冗談をいう。※「たはけ」「たはる」（淫行・する）と同根。＊〔名〕「たはぶれ」（冗談・遊び）、「たはぶれごと」（冗談）

・睡眠

いぬ【寝ぬ】ナ下二　寝る。＊「ぬ」【寝】ナ下二、「いも寝（ず）」ナ下二とも。

ぬ【寝】ナ下二　寝る。「いを寝」とも。※一文字動詞（「得」「経」）は多く下二段活用。＊「かり（仮）寝」（うたたね）

ふす【伏す・臥す】サ四／下二　横になる。倒れる。／寝かせる。伏せる。＊「臥し沈む」（物思いに沈む）、「臥しまろぶ」（転げ回る）、「伏しをがむ」（ひれ伏して拝む）、〔名〕「起きふし」（寝起き・毎日）、「ふしど」（寝る所）

・生成

あり【在り・有り】ラ変　いる。生きている。ある。居合わせる。※形式動詞（補助動詞）として、さまざまな単語を構成する。助動詞では断定の「なり」（に・あり）、「たり」（と・あり）、推定の「なり」（音・ありの約）、「めり」（見・ありの約）、完了の「たり」（て・あり）、「り」（「あ」の脱落）、過去の「けり」（き（来）・ありの約）、否定の「ず」の補助活用（ず・あり→ざり）、形容詞の「カリ」活用（連用形「く」・ありの約）など、いわゆる「ラ変型活用語」はすべて「あり」が構成要素となっている。英語の be 動詞に近い。＊「うち有り」（ちょっと置いてある・ざらにある）、「あり合ふ」（いあわせる）、「あり来」（ずっと…しつづける）、「あり果つ」（生き長らえる）、「ありわぶ」（生きているのがつらくなる）、〔形〕「ありにくし」（暮らしにくい）、〔名〕「ある限り」（全部・生きている間）、「ありか」（居所）

ありつく【在り付く】カ四／下二　住みつく。なじむ。板につく。／落ち着かせる。＊「ありもつかず」（落ち着かない）、〔形〕「ありつかはし」（似つかわしい）

なる【成る・生る】ラ四　生じる。（ある状態に）なる。完成する。（中世以降）…なさる。＊「成り出づ」（生まれる・成長・出世する）、「成り立つ」（成長・出世する）、「成り（もて）ゆく」（なってゆく）、「成りまさる」（ますます…になる）、〔形動〕「片なり」

（未熟だ・幼稚だ）

つはる　ラ四　芽が出る。きざしがあらわれる

おふ【生ふ】ハ上二　生える。育つ。※「おほ（大）」の動詞化。＊「生ひ出づ」「生ひ立つ」「生ひ成る」（成長する）、「生ひまさる」（美しく成長する）、〔名〕「生ひ先」（将来）

いく【生く】カ四・上二／下二　生きる。生き延びる。／生かす。命を助ける。※「息」と同根。自動詞の上二段活用は中世以降の用法。＊「生き出づ」（生き返る）、「生きとまる」（生き長らえる）、「生かまほし」（生きていたい）、「命生く」（一命をとりとめる）、「生きすだま」（生き霊）、「生けながら」（生かしたまで）

およすく　カ下二　成長する。大人びる。地味だ。※「およす」は「老ゆ」の他動詞形。

ねぶ　バ上二　老いる。大人びる。＊「ねび整ふ」「ねびまさる」（成長して立派になる）、「ねび行く」（おとなびる）、「ねびる」（ふける）

ながらふ【長らふ】ハ下二　長くとどまる。生きながらえる。※「長・ら（状態）・ふ（経）」で、長く継続する意が原義とおもわれる。無常観をあらわす語。

・消滅

たゆ【絶ゆ】ヤ下二　途切れる。絶える。死ぬ。※「たつ（絶つ・断つ）」の自動詞形。細く長いものがぷっつりと途切れる意。類義語「やむ」は活動が衰えて終わる意、「尽く」は力を消耗しきるが原義。＊「うち絶ゆ」（絶える）、「かき絶ゆ」（ぷっつり途絶える）、「絶えす」（サ変・途絶える）、「絶え入る」（気を失う・死ぬ）、「思ひたゆ」（あきらめる）、〔名〕「絶え間」（無沙汰・隙間）

やむ【止む】マ四／下二　終わる。中止になる。なおる。死ぬ。／やめる。なおす。

はつ【果つ】タ下二　終わる。死ぬ。※極限に達するが原義。類義語「終る」は完結する意。＊「言ひはつ」（言い尽くす）、「思ひはつ」（心底思う・あきらめる）、「絶えはつ」（なくなる）、（他）「果たす」（なし遂げる・お礼参りをする）、〔名〕「はて」（おわり／喪が明けること）

うす【失す】サ下二　なくなる。／死ぬ。※「薄し」と同根。存在が薄れて見えなくなる意。

きゆ【消ゆ】ヤ下二　消える。意識がなくなる。死ぬ。＊「消え入る」（気を失う・息が絶える・恥ずかしがる）、「消え失す」（消えてなくなる・死ぬ）、「消えかへる」（すっかり消える・思いつめる）、「消えあへず」（すっかり消えないで）

けつ【消つ】タ四　消す。しのぐ。けなす。＊「かき消つ」（姿を消す）、**「言ひ消つ」**（否定する・非難する）、「もて消つ」（けなす・しのぐ）、「押しけつ」（圧倒する）、「思ひ消つ」（忘れる・無視する）

ほろぶ【滅ぶ・亡ぶ】バ上二　なくなる。死ぬ。落ちぶれる。※物が「ほろほろ」と崩れる意。

つひゆ【潰ゆ・費ゆ】ヤ下二　衰える。敗れる。費やす。※「つひ（遂）」と同根か。

ある【荒る】ラ下二　荒れる。すさむ。腹を立てる。興が冷める。

そそく　カ四・下二　せわしくする。けばだつ。※「そそ（擬態語）・く（動詞を作る接尾語）」で、そわそわ・ザラザラする意。「そそめく」も同義。ちなみに「注ぐ」（古くは「注く」）も、「そそ（擬音語）・く」で、ジョボジョボする意。

ふくだむ　マ四・下二　けばだつ。ふくらむ。／けばだたせる。※「ふくる」（脹れる）、「ふくらむ」、「ふくら」、「ふくよか」と同根。ふくらんだようにする意。

・時

ふ【経】ハ下二　時がたつ。通過する。経験する。＊「経上がる」（昇進・変化する）※同根の語に「綜」（機を織る）があり、和歌で「衣」などの縁語になるので要注意。

ふる【古る】ラ上二　古くなる。老いる。なじみがある。※和歌で多く「降る」と掛詞になる。＊「ふりがたし」（変わらない・忘れがたい）、「ふりまさる」（ますます老いる）、「古ぶ」（古くさい）、「古す」（古びる・飽きて捨てる）、「古めく」（古風だ・年寄りじみる）、〔形〕「古し」（古い・年功を積んだ）、「古めかし」（古風だ・老人くさい）、〔名〕「ふる年」（去年）、「古ひと」

（故人・老人・古参）、「**ふるさと**」（旧都・
故郷）

かむ（ん）さぶ【神さぶ】バ上二　神々しくみ
える。古びる。※→形容詞「さびし」

・光

あく【明く】カ下二　夜が明ける。年が改まる。
※形容詞「あかし」と同根。＊「明け暮れ」（朝
夕・毎日）、「明け暮らす」（毎日を過ごす）、
「明け立つ」（夜が明ける）、「明け離る」（すっ
かり夜が明ける）、「明け（もて）いく」（夜
が（どんどん）明けていく）

あかす【明かす】サ四　夜を明かす。明るくす
る。明らかにする。打ち明ける。＊「立ち
明かす」（寝ないで夜を明かす）、〔名〕「立
ち明かし」（たいまつ）

かかやく【輝く】カ四　輝く。照れる。／恥ず
かしい思いをさせる。

きらめく【煌めく】カ四　きらきら輝く。飾
り立てる。派手にもてなす。※「きら（擬
態語）・めく」の意。漢語「綺羅」は美しい
衣裳のことで、別語。＊「きらきらし」（立
派だ・格別だ）、〔形動〕「きららか」（き
らびやかだ）、「きらびやか」（派手だ・きっ
ぱりしている）

てらふ【衒ふ】ハ四　ひけらかす。自慢する。
※「照ら・ふ」（輝くようにする）の意。

ほこる【誇る】ラ四　得意になる。自慢する。
※すぐれた者として人目に立つようにする
意。類義語「おごる」は「上がる」の母音交
替形で、下との隔絶を確信し、それを外にあ
らわす意。

くる【暮る・眩る】ラ下二　暗くなる。目がく
らむ。途方にくれる。※「くらす」（暗くす
る・日をすごす）の自動詞形。形「暗・し」と
同根。＊「かき暗す」（悲しみにくれる）

・水

そぼつ【濡つ】タ四　濡れる。降り注ぐ。※た
いていは「涙」「露」「雨」にかかる。

しほたる【潮垂る】ラ下二　びっしょり濡れる。
涙で袖が濡れる（嘆き悲しむ）。※「潮」

（海水）と涙の塩辛さ、加えて「しほしほ」（しょ
んぼり）の語感が泣くさまをよく表す。

ひつ【漬つ・沾つ】タ四・上二／下二　濡れる。／
濡らす。※多く涙に関連して使う。活用に注意。

すます【澄ます】サ四　浄める。しずめる。※
「**澄む**」の他動詞形。「澄む」は「住む」（静
止する）と同根。静止して透き通ると「澄む」、
汚れると「濁る」という。「濁る」の類義語「淀
む」は沈滞する・とどこおる意。＊「思ひすま
す」（冷静に考える・修行に専念する）、「吹
き澄ます」（笛の音が冴える）

たたふ【湛ふ】ハ四／下二　あふれる。満ちる／
満たす。＊〔形〕「たたはし」（完全・立派だ）

うかぶ【浮かぶ】バ四／下二　浮く。うわつく。
出世する。／浮かべる。暗誦する。※「**浮
く**」（浮かぶ・うわつく）から「浮かる」（浮
かれる）・「浮かぶ」が派生した。

・火

くゆる【燻る】ラ四　立ち上る。くすぶる。思
い悩む。※「悔ゆる」と掛詞に用いる。

こがす【焦がす】サ四　香をたきしめる。恋い
こがれる。※和歌で「思・ひ（火）」と縁語。

・天

はる【晴る】ラ下二　晴れる。晴れ晴れする。
広くなる。※障害がなくなり、広々とするが原
義。「原」と同根かという。「はるか」「はる
けし」は派生語。＊「晴るかす」「晴るく」（晴
らす・掃除する）、〔名〕「はるけどころ」（は
け口）、「晴れ晴れし」（さわやかだ・晴れが
ましい）、〔形動〕「はるばる（遙々）」（は
るか遠い）、「はるか」（広々としている・遠
い・気が進まない）、〔形〕「はるけし」（遠
い・久しい）

くもる【曇る】ラ四　くもる。ぼやける。涙で
見えなくなる。＊「かき曇る」（急に曇る・
涙で目がかすむ）

きる【霧る】ラ四　霧がかかる。涙で目が曇る。
※「霧」の動詞化。＊「霧りわたる」（一面に
霧が立ちこめる）、「霧りふたがる」（霧で何
も見えなくなる）

・複合動詞 (補助動詞)

～あく【飽く】カ四　すっかり…する。

～あふ【敢ふ】ハ下二　（下に否定を伴って）…しきれない。できない。＊し・あへず（できない）、忍び・あへず（耐えきれない）、せき・あへず（とめられない）

～ありく【歩く】カ四　…してまわる。…しつづける。＊言ひ・ありく（言いつづける）、思ひ・ありく（思いつづける）、し・ありく（してまわる）

～いる【入る】ラ四　中にむかって…する。＊言ひ・入る（外から声をかける）、思ひ・入る（考えこむ）、見・入る（中を見る）、

～いづ・いだす【出づ・出だす】　外に向かって…する。＊言ひ・出づ（外に向かっていう）、見・出だす（外を見る）

～かく【懸く・掛く】カ下二　…しむける。…しかける。

～かぬ【兼ぬ】ナ下二　…しかねる。…できない（むずかしい）。＊思ひ・かぬ（思うに堪えない）

～かはす【交はす】サ四　たがいに…しあう。＊恥ぢ・かはす（互いに恥ずかしがる）

～かへる【返る】ラ四　すっかり…する。＊しみ・返る（しみこむ）

～こむ【込む】マ四　ぞくぞくと…する。＊「人々参り込みて」

～すます【澄ます】サ四　一心に…する。完全に…する。＊行ひ・すます（修行に専念する）

～そむ【初む】マ下二　…しはじめる。＊言ひそむ（口に出す・告白する）、思ひそむ

～たつ【立つ】タ四／下二　とくに…する。しきりに…する。＊いひ・たつ（言い立てる）

～ちらす【散らす】　やたら…する。＊こぼち・散らす（滅茶苦茶にこわす）

～なす【為す】サ四　ことさらに…する。そのように…する。＊言ひ・なす（巧みにいう）、思ひ・なす（思いこむ・推測する）、ほめ・なす（ほめたてる）

～なる【成る】ラ四　…するようになる。＊思ひ・なる（思うようになる）

～なやむ【悩む】マ四　うまくいかない意を添える。＊行き・なやむ（なかなか進まない）

～はつ【果つ】タ下二　…しおえる。すっかり…する。＊明け・果つ（すっかり夜が明ける）

～まどふ【惑ふ】ハ四　ひどく…する。「吹き惑ふ」（激しく吹く）、「めで惑ふ」（ほめそやす）

～やる【遣る】ラ四　すっかり…する。＊いひやる、行きやる（さっさと行く）

～ゆく【行く】カ四　…していく（存続・増加）

～わたる【渡る】ラ四　一面に…する。ずっと…する。＊言ひ・わたる（言いつづける）

～わづらふ【煩ふ】ハ四　…しかねる。…するのに苦しむ。＊言ひ・煩ふ（言いかねる）、思ひ・煩ふ（思い悩む）

～わぶ【侘ぶ】バ上二　…しかねる。（容易に）…できない。＊思ひ・わぶ（思い悩む）、し・わぶ（途方に暮れる）

・接尾語

～がる　ガ四　…らしくする。…と感じる。＊所狭がる（いやがる）

～ごつ　タ四　…を言う。＊きこえごつ（聞こえよがしに申し上げる）※「まつりごと」「ひとりごと」「はかりごと」など名詞を活用させたもの。

～しろふ　ハ四　たがいに…しあう。＊言ひしろふ（口々に言う）、引きしろふ（引っ張り合う）

～だつ　タ四　…らしく見える。＊気色だつ（態度にあらわれる）、賢しらだつ（利口ぶる）

～づく　カ四　…らしくなる。＊愛敬づく（愛らしい）、色づく

～なふ　ハ四　…する。＊あきなふ（商う）、うらなふ（占う）、おこなふ（行う）、荷なふ（担う）、罪なふ（罰する）、うべなふ（承諾する）、まかなふ

〜ばむ　マ四　…らしくする。＊気色ばむ（気どる）、かればむ（しゃがれる）

〜ふ　ハ四　ずっと…する（継続）。くり返し…する（反復）。※上代の継続・反復の助動詞（未然形接続）。＊語らふ、住まふ、習ふ、移ろふ

〜ぶ　バ上二　…らしくなる。＊ひなぶ、大人ぶ、はかなぶ

〜む　マ四・下二　…のようになる（する）。＊いとほしむ、よどむ

〜めく　カ四　…らしくなる（する）。※「〜めかす」は他動詞形→形容詞「〜めかし」＊色めく（はなやぐ・色好みだ）、から（唐）めく、きしめく（きしむ）、きらめく、子めく、こほめく（ゴトゴトいう）、時雨めく、上手めく、そそめく（ざわめく）、そよめく、つやめく、時めく（栄える）、なまめく（優美だ）、はためく、はらめく（ぱらぱら・ぽろぽろ）、ひし（犇）めく（密集する）、人めく（一人前らしい）、ひらめく（ひらひらする・閃く）、ふためく（バタバタする）、ぶめく（蝿・蚊がブンブンいう）、古めく（古風だ→古めかし）、ほとめく（戸を叩く）、ほのめく、よしめく（上品だ）、目くるめく（目がくるくる回る）、うめく・わめく・をめく

〜やぐ　ガ四　…らしくなる（する）。＊華やぐ、若やぐ、たをやぐ

〜ゆ　ヤ下二　…される。※上代の自発の助動詞。＊見ゆ、聞こゆ

・敬語動詞

〈あり・をり・行く・来〉

おはす・おはします…（あり・をり、行く・来）の尊敬語、「いらっしゃる」
　おはさうず…「おはす」の複数形、「（複数の人が）いらっしゃる」

います【坐す】…（あり・をり、行く・来）の尊敬語、「いらっしゃる」「おいでになる」
　いまさうず…「います」の複数形、「（複数の人が）いらっしゃる」

いまそがり・みまそがり…（あり）の尊敬語、「いらっしゃる」

ます【坐す】・まします…（あり・をり、行く・来）の尊敬語、「いらっしゃる」

はべり【侍り】…（をり）の謙譲語、「お仕えする」「控える」「伺候する」

さぶらふ・さうらふ【候ふ】…（をり）の謙譲語、「お仕えする」「伺候する」
　※「候ふ」の連用名詞形「さぶらひ（仕える人）」から「さむらひ（侍=武士）」に転じた。

まゐる【参る】…（行く・来・至る）の謙譲語、「参上する」「伺う」

まうづ【詣づ】…（行く・来・至る）の謙譲語、「参る」「うかがう」

まかづ【罷づ】…（退く・出づ・行く・来）の謙譲語、「退出する」「出かける」「参る」

まかる【罷る】…（退く・出づ・行く・来）の謙譲語、「退出する」「出かける」「参る」

はべり【侍り】…（あり・をり）の丁寧語、「あります」「おります」「ございます」

さぶらふ・さうらふ【候ふ】（あり・をり）の丁寧語、「あります」「おります」

〈やる・よぶ〉

つかはす【遣はす】…（遣る）の尊敬語、「派遣なさる」「お贈りになる」

めす【召す】…（よぶ）の尊敬語、「お召しになる」「召し上がる」

〈いふ〉

おほす【仰す】…（いふ）の尊敬語、「おっしゃる」

のたまふ【宣る】・のたまはす…（いふ）の尊敬語、「おっしゃる」

まうす【申す】…（いふ）の謙譲語、「申し上げる」
　まうさす【申さす】…（いふ）の謙譲語、「申し上げる」　※「す」が使役の場合もある

きこゆ【聞こゆ】…（いふ）の謙譲語、「申し上げる」

きこえさす【聞こえさす】…（いふ）の謙譲語、「申し上げる」　※「さす」が使役の場合も

そうす【奏す】…（いふ）の謙譲語、「（天皇・上皇）に申し上げる」　※「奏聞」も同じ

けいす【啓す】…（いふ）の謙譲語、「（皇后・皇太子に）申し上げる」

〈みる・きく〉

ごらんず【御覧ず】…（見る）の尊敬語、「ご覧になる」　※「見そなふ」「見そなはす」も同じ

きこしめす【聞こし召す】…（聞く）の尊敬語、「お聞きになる」「召し上がる」

うけたまはる【承る】…（聞く）の謙譲語、「お聞きする」

〈おもふ・知る〉

おぼす・おぼしめす【思す・思し召す】…（おもふ）の尊敬語、「お思いになる」

おもほす・おもほしめす…（おもふ）の尊敬語、「お思いになる」

しろしめす…（知る・をさむ）の尊敬語、「ご存じだ」「お治めになる」

ぞんず【存ず】…（思ふ・知る）の謙譲語、「存じます」　※「存在する」「もつ」の意もある

〈あたふ・うく〉

たまふ【給ふ・賜ふ】・た（う）ぶ・たまはす…（与ふ）の尊敬語、「下さる」「お与えになる」

たてまつる【奉る】…（与ふ）の謙譲語、「さし上げる」

　たてまつらす【奉らす】…（与ふ）の謙譲語、「さし上げる」　※「す」が使役の場合もある

まゐる【参る】…（与ふ）の謙譲語、「さしあげる」

　まゐらす【参らす】…（与ふ）の謙譲語、「さしあげる」　※「す」が使役の場合もある

たまはる【賜る】…（受く）の謙譲語、「いただく」

うけたまはる【承る】…（受く・請く）の謙譲語、「いただく」

〈飲・食・着・乗〉

めす【召す】…（着る・食ふ・飲む・乗る）の尊敬語、「お召しになる」「召し上がる」

まゐる【参る】…（着る・食ふ・飲む・乗る）の尊敬語、「召し上がる」

きこしめす…（食ふ・飲む）の尊敬語、「召し上がる」

たてまつる【奉る】…（着る・食ふ・飲む・乗る）の尊敬語、「お召しになる」「召し上がる」

〈いぬ〉

おほとのごもる【大殿籠る】…（寝ぬ）の尊敬語、「おやすみになる」

〈す〉

あそばす【遊ばす】…（あそぶ・す）の尊敬語、「演奏なさる」「…しなさる」

つかうまつる【仕る】…（仕ふ・す）の謙譲語、「お仕えする」「致す」※「つかまつる」とも。

・補助動詞（敬語）
・尊敬の補助動詞＝訳「…なさる」「お…になる」「…ていらっしゃる」
　・（用言＋）おはす・おはします・います・ます・まします（「おはす」系）
　・（用言＋）たまふ・たぶ・たうぶ（「たまふ」系）
・謙譲の補助動詞＝訳「…し申し上げる」「お…する」「…いたす」
　・（用言＋）きこゆ・きこえさす・まうす（「申し上げる」系）
　・（用言＋）たてまつる・たまふ（下二段）・まゐらす（「差し上げる」系）
・丁寧の補助動詞＝訳「…です」「…ます」「…でございます」
　・（用言＋）はべり・さぶらふ（さうらふ）

3. 形容詞

・不快

にくし【憎し】ク活　<u>気に入らない</u>。腹立たしい。見苦しい。無愛想だ。変だ。※不快感をあらわす語で、現代の「憎い」ほど憎悪の念は強くない。「心憎し」をみよ。＊「なま憎し」（なんとなく憎らしい）、「憎からず」（感じがよい）、〔形動〕「憎（さ）げ」（無愛想だ）、〔動〕「憎・む」（嫌う）

ねたし【妬し】ク活　憎らしい。くやしい。うらやましいほど（立派）だ。※「憎し」と類義だが、「妬し」には自分はかなわない・できないという心持ちが根底にある。＊〔動〕「妬・む」「妬・がる」（いまいましく思う）、〔形動〕「ねたげ」（いまいましい様子）

にがし【苦し】ク活　苦い。気まずい。不快だ。＊「苦々し」（とても不愉快だ）、〔動〕「苦・む」「苦・る」（顔をしかめる）

こころづきなし【心付き無し】ク活　気にくわない。不愉快だ。※心にぴったりこないの意。

ものし【物し】シク活　めざわりだ。気にくわない。※何かよくわからないものが目の前にあることを不快に感じる意。今の「なんかさあ」に近い。＊〔形動〕「ものしげ」（不機嫌そうだ・不愉快そうだ）

むつかし　シク活　機嫌がわるい。うっとおしい。面倒だ。気味が悪い。＊「なまむつかし」（少しやっかいだ）、「ものむつかし」（なんとなくいやだ・気味が悪い）、〔形動〕「むつかしげ」（不快だ・めんどうだ・さくるしい）、〔動〕「むつか・る」（不快に思う・だだをこねる）

むくつけし　ク活　気味が悪い。恐ろしい。無骨だ。※「むく」は虫の動きをいう語。＊「むくめく」（虫のように動く）、「むくむくし」（気味が悪い）

けうとし【気疎し】ク活　気にくわない。気味がわるい。＊〔形動〕「けうとげ」（気味が悪い・そっけない）

うとし【疎し】ク活　疎遠だ。よそよそしい。＊「ものうとし」（気味悪い）、〔動〕「うと・む」（嫌う）、〔形〕「**うとまし**」・〔形動〕「うとましげ」（いやだ・気味が悪い）

なめし　ク活　無礼だ。失礼だ。＊〔形動〕「なめげ」（同義）

・不都合

びんなし【便無し】ク活　不都合だ。具合が悪い。感心しない。※形動「不便なり」と同語。ともに漢語。平安貴族が広く不快感をあらわす語として多用した。

あいなし　ク活　具合がわるい。よくない。どうしようもない。むだだ。つまらない。（連用）わけもなく。ただもう。むりやり。※関係ない・不当だ・不本意だ・ばつがわるい・いやな感じだなど、多義語で訳しにくい語だが、要するに、<u>多様で複雑・微妙な違和感をあらわす語</u>といえる。＊「あいなだのみ」（あてにならない期待）

たいだいし【怠怠し】シク活　不都合だ。みっともない。

ものぐるほし【物狂ほし】シク活　どうかしている。見苦しい。※「正気でない」の意。

・不条理

あやなし　ク活　わけがわからない。つまらない。※「文（筋目・装飾）・無し」の意。

よしなし【由無し】ク活　訳がわからない。手だてがない。下品だ。むだだ。つまらない。※→名詞「由」。＊「よしなしごと」（つまらないこと・たわいのないこと）

わりなし　ク活　わけがわからない。どうしようもない。甚しい。（連用）むやみに。※「割り・無し」で、わりきれない・どうにもならない気持ちを表す。そのはなはだしさから、むやみやたらだ・立派だの意が派生した。

ずちなし【術無し】ク活　どうしようもない。※「ずち」は方法・すべの意。困り果てること。

・煩雑

わづらはし【煩はし】 シク活　面倒だ。厄介だ。煩雑だ。気づまりだ。重態だ。※→「煩ふ」

いぶせし ク活　うっとうしい。気になる。気味がわるい。※「いぶかし」と同根。＊〔形動〕「いぶせ・げ」（むさくるしい）、〔名〕「いぶせ・さ」（気がかり・不潔・不気味さ）

しげし【繁し】 ク活　生い茂っている。多い。絶え間ない。煩わしい。＊〔動〕「繁る」（生い茂る）、「しげりあふ」（一面に生い茂る）

こちたし ク活　非常に多い。大げさだ。わずらわしい。※「こと（言・事）・いたし（甚し）」で、ごちゃごちゃしていてわずらわしい気分をあらわす。**ことごとし**（大げさだ・ものものしい）→〈名詞〉「ことごと」

うるさし【煩し】 ク活　わずらわしい。うっとおしい。わざとらしい。親切だ。立派だ。※やかましさ・しつこさに閉口するが原義。転じて、相手の緻密さに一目おく心持ちをあらわす。

・喧騒

かしかまし シク活　うるさい。やかましい。※「かしまし」と同根。形容詞「かまし」から「かしかまし」「やかまし」（いや（弥）・かまし）が派生する一方、接尾語「がまし」（…らしくみえる）として形容詞の構成要素となった。＊（〜がまし）「かごとがまし」「晴れがまし」「をこがまし」など

かまびすし【喧し・囂し】 ク活　やかましい。

・異様

あやし シク活　【怪し】不思議だ。不審だ。／【賤し】身分が低い。みっともない。※「異様だ」の意。「賤し」の意味は、貴族が庶民のようすを異様とみたことから生じた。＊〔形動〕「あやしげなり」、〔動〕「あやしがる」「あやしむ」（不審に思う）

うたてし ク活　いやだ。気味がわるい。情けない。困った。気の毒だ。※異様なものに対する否定的な反応をあらわす語。「あなうたて」（まあいやだ）などと使う。＊〔形動〕「うた

て（げ）なり」（気味が悪い・いやだ）、〔動〕「うたてあり」（ひどい・いやだ）

けし【異し・怪し】 シク活　異様だ。よくない。（連用「けしう」）とても・たいそう。＊〔形動〕「異なり」（格別だ）、〔副〕「けに」（格段に・いっそう）

けやけし ク活　目立つ。異様だ。きっぱりしている。なまいきだ。※形容詞「けし」の語幹に「やか」がついた形容動詞「けやか」の形容詞化。「明かし」→「明らか」→「明らけし」という類例もある。**おどろおどろし**（おおげさだ・ひどい・気味がわるい）→〈動詞〉「おどろく」

くすし【奇し】 シク活　不思議だ。霊妙だ。変わっている。奇異だ。

・好奇

いぶかし【訝し】 シク活　気がかりだ。もっと知りたい。不審だ。＊〔動〕「いぶかる」（不審に思う）

ゆかし シク活　心ひかれる。見たい・聞きたい・知りたい。恋しい。※動詞「行く」の形容詞化。対象にむかって「行きたい」が原義。「床し」は当て字。＊「ものゆかし」（なんとなく心ひかれる）、「ゆかし・がる」（見たがる・知りたがる）

おくゆかし【奥床し】 シク活　見たい、聞きたい、知りたい。心ひかれる。※「奥・行かし」で、奥に行きたいの意。

こころにくし【心憎し】 ク活　奥ゆかしい。心ひかれる。／注意すべきだ。

・失望

あぢきなし ク活　ひどい。どうしようもない。むなしい。苦々しい。※「無道」（ひどい）が原義。そこから「思うにまかせぬ反感・失望感」をあらわした。現代語「味気ない」は、味も素っ気もない意とみて「つまらない」の意に用いる。

あへなし【敢へ無し】 ク活　がっかりだ。あっけない。※「敢へ無し」はやり切ること（敢へ）ができないが原義。

・不意

まさなし【正無し】ク活　思いもかけない。期待はずれだ。よくない。※「ま（目）・さ（方向）」は見込み・予想の意。それが外れる（無し）が原義。ちなみに「まさ・か（場所）」は目のあたりの意で、現代では事態が差し迫っても信じられない心持ちをいう。＊〔形〕「まさ・し」（まちがいない・確かだ）

ゆくりなし　ク活　おもいがけない。不意だ。突然だ。※「ゆくり（無遠慮）・なし（甚しい）」の意で、だしぬけに何かするさまをいう。＊〔形動〕「ゆくりか」（勝手気ままだ）

・焦燥

こころもとなし【心許なし】ク活　じれったい。気がかり・不安だ。わずかだ。※「心・もとな・し」。「もとな」は「むやみに」の意の副詞。先走る気持ちをあらわす。

・漠然

そこはかとなし　ク活　はっきりしない。どうということもない。（連用）何となく。※「其処は彼となし」（そこはどこ、ということもない）の意。

たどたどし　シク活　おぼつかない。はっきりしない。※→〈動詞〉「たどる」と同根か。

・不安

おぼつかなし【覚束なし】ク活　はっきりしない。気がかりだ。心細い。待ち遠しい。※「おぼろ」（ぼんやり）の「おぼ」、状態を示す「つか」、接尾語「なし」からなる。＊〔動〕「おぼめく」（まごつく・不審に思う・とぼける）、「うちおぼめく」（ぼかす・とぼける）、〔形〕「おぼめかし」（はっきりしない・気がかりだ・とぼけている）、「おぼおぼし」（ぼんやりとしている・しっかりしない・よそよそしい）

うしろめたし　ク活　気がかりだ。心もとない。やましい。※「後ろ目・いたし」で、背後が気になるの意。＊「うしろめたなし」も同じ。

はかなし【果敢無し】ク活　たよりない。あっけない。大したことはない。何でもない。※多義語で訳しにくい。「はか」は「計る」「はかどる」の「はか」で、目安とか仕事の進み具合の意。「はか・無し」は目当てがない、進展がないが原義で、そこから「あてにならない」「何ということもない」の意となった。原義をふまえつつ、文脈に即して訳語を求める必要がある。＊「ものはかなし」（同義）、〔形動〕「はかなげ」（頼りなげだ）、〔動〕「はかな・ぶ（む）」（頼りなく思う）、〔名〕「はかなしごと」（つまらぬこと）

・苦痛

うし【憂し】ク活　つらい。情けない。いやだ。つれない。※「倦む」（いやになる）と同根。※和歌のなかで「無し」の次に多用された形容詞。ほかに「恋し」「悲し」なども多用された。＊「心憂し」（つらい・情けない・いやだ）、〔動〕「心憂・がる」（いやになる）、「物憂し」（おっくうだ・つらい）、「物憂げ」（気が進まぬ感じ）、「物憂がる」（おっくうがる）、「うむ（倦む）」（いやになる・うんざりする）※「憂・む（活用語尾）」の意。

わびし【侘びし】シク活　つらい。やるせない。困った。がっかりだ。貧しい。※失意・落胆・貧窮など「身が細る思い」をあらわす。＊「ものわびし」（なんとなくつらい）、〔形動〕「わびげ」（つらそうだ・みすぼらしい）

つらし【辛し】ク活　つめたい。薄情だ。つらい。たえがたい。※「相手の態度がつめたい」が原義、それをうけた自分の苦痛をも表した。

からし【辛し】ク活　ひどい。つらい。いやだ。※塩辛さから、身にしみる感覚をいう。＊「からくして」（→副詞「からうじて」）、〔名〕「辛き目」（ひどい目・つらい目）

くるし【苦し】シク活　苦しい。つらい。見苦しい。（疑問・反語）差し障りがある。＊「見苦し」（みていてつらい・みっともない）、〔形動〕「苦しげ」（つらそうだ）、〔動〕「苦し・がる」（苦しむ・困る・同情する）

こころぐるし【心苦し】シク活　つらい。気がかりだ。気の毒だ。＊〔形動〕「心苦しげなり」（痛々しい）、〔動〕「心苦し・がる」（気

づかう）

いらなし ク活　心が痛む。みじめだ。とげとげしい。鋭い。※「いら」はトゲ、「なし」は甚しい。心がチクチク痛むの意。

あつし【篤し】シク活　病気が重い。危篤だ。＊〔名〕「篤しさ」（病弱）

・不満

やらむかたなし【遣らむ方無し】ク活　心を慰めようがない。※「む」は婉曲。「方」はすべ。「遣る」は気晴らしする意で、現代の「やるせない」にあたる。

さうざうし シク活　もの足りない（心が満たされない）。さびしい。※「さくさく（策々・寂々）し」（策々＝カサカサの意の擬音語）で、心がすさむ・乾くが原義。

さびし【寂し】シク活　もの足りない。心細い。寒々しい。※動詞「さぶ」と同根。＊「ものさびし」（なんとなく寂しい）、〔動〕「さぶ」（荒れる・すさむ・古びる・衰える）、〔名〕「さび」（静寂・枯淡の美）cf.「わび・さび」

・荒涼

すさまじ シク活　興ざめだ。つまらない。寒々しい。激しい。※「す（素）・さま（寒）・し」で、ただもう寒々としているが原義。現代語の「さむい」に近い。＊「けすさまじ」（興ざめだ）、「ものすさまじ」（なんとなく殺風景だ）、〔形動〕「すさまじげ」（殺風景だ・つまらない）、〔動〕「すさぶ」「すさむ」（激しくなる・気ままに…する）、〔名〕「すさび」（気まぐれ・なぐさみ）、「口ずさみ」（心に浮かぶまま吟詠すること・噂の種）

すごし【凄し】ク活　恐ろしい。寒々としている。さびしい。※「ぞっとする」が原義。なお、現代語「すごい」は「程度がはなはだしい」の意で、よい意味にも悪い意味にも使う。＊「心すごし」（ものさびしい）、〔形動〕「すごげなり」（気味が悪い・寂しげだ）

むなし【空し・虚し】シク活　何もない。はかない。むだだ。事実無根だ。

しらじらし【白々し】シク活　まっ白だ。興ざめだ。※現代語「しらじらしい」

・驚嘆

あさまし シク活　驚きあきれる。興ざめだ。※動詞「あさむ」の形容詞化。＊〔形動〕「あさましげなり」（驚きあきれる・見苦しい）、〔動〕「あさましがる」（驚く）

めざまし【目覚まし】シク活　すばらしい。気にくわない。目障りだ。※「目がさめるようだ」の意から、よい意味にも悪い意味にも使う。

・賞賛

めでたし ク活　すばらしい。立派だ。喜ばしい。※「めで（愛づ）・いたし（甚し）」の約で、はなはだ賞賛すべきだの意。

をかし シク活　面白い。おかしい。趣があるすばらしい。変だ。※知的な感興をあらわす。いわば「をかし」は頭で感じ、「あはれ」は心で感じる。＊「心をかし」（かわいい）、〔名〕「をかしさ」（面白み・すばらしさ）、〔形動〕「をかし・げ」（かわいらしい・趣がある）、「をかし・やか」（いかにも趣がある）、〔動〕「をかし・がる」（面白がる）

おもしろし【面白し】ク活　すばらしい。趣がある。変わっている。※「面・白し」で、目の前がパッと明るくなる意。

うまし【旨・甘・美し】ク・シク活　おいしい。すばらしい。※シク活用は早く廃れた。なお、「おいしい」は形容詞「いし」（よい・感心だ）の丁寧語。

・愛惜

うつくし シク活　かわいい。いとしい。見事だ。※中世以降、美一般を表す語に転じた。＊「心・うつくし」（好感がもてる）、〔形動〕「うつくしげ」（かわいらしい・美しい）、〔動〕「うつくしがる」「うつくしむ」（かわいがる・大切にする）

らうたし【労たし】ク活　かわいい。いとしい。かわいそうだ。※「労・いたし（甚しい）」の約で、「いたわってやりたい」が原義。→「らうらうじ」＊〔形動〕「らうたげ」（かわいらしい）、〔動〕「らうた・がる」（かわいがる）

かなし【愛し・悲し】シク活 いとおしい。心ひかれる。あわれだ。くやしい。※心に迫る切なさ、切実な思いをあらわす。愛情にも悲哀にも用いたが、現代では後者に限定。＊「ものがなし」（うら悲しい）、〔動〕「かなしう・す」「かなし・がる」（かわいがる）、「かなし・ぶ（む）」（いとおしむ・悲しむ）、〔名〕「かなしさ」（いとしさ・悲しさ）

なつかし【懐かし】シク活 心ひかれる。親しみ深い。いとおしい。※動詞「なつく」の形容詞化。まとわりつきたいという気持ちが原義。現代語の「昔が偲ばれる」意は中世以降の用法。

ともし【羨し・乏し】シク活 心ひかれる。羨ましい。とぼしい。貧しい。※動詞「とむ」（求める）の形容詞化。求めずにいられない気持ちから羨望・欠乏をあらわした。類義語「ひもじ」は「ひだるし」（空腹だ）を「ひ文字」と略した語（「文字詞」という）。

むつまし【睦まし】シク活 仲がよい。親しい。※原則として身内に対する親しさをいい、類義語「親し」は身内でないものを対象とする。室町以降「むつまじ」と濁る。＊〔動〕「むつぶ」（仲睦まじくする）、「むつる」（むつまじくする・なつく）、〔名〕「むつび」（心の通ったつき合い）、「むつごと」（男女の語らい）

をし【愛し・惜し】シク活 いとおしい。惜しい。※手にしているものが大事で、手放せない意。類義語「あたらし」はもったいない意。＊「をし・げ」（名残惜しい）、〔動〕「をし・む」（大事にする・心残りに思う）

くちをし【口惜し】シク活 残念だ。がっかりだ。もの足りない。※期待が外れて感じる不満をあらわす。「くやし」は自分のしたことを後悔する意。

あたらし【惜し】シク活 惜しい。もったいない。残念だ。＊〔連体・副〕「あたら」（惜しい〔ことに〕）、〔動〕「あたらし・がる」（残念がる）※「当る」の形容詞化。相応の状態にないことを惜しむ意。のち「あらたし【新たし】」と混同。

いとほしシク活 気の毒だ。かわいい。いとおしい。※「いとふ」と同根。「みていてつらい」が原義。近世以降「いとし」（いとしい）となる。＊〔形動〕「いとほしげなり」（かわいそうだ）、〔動〕「いとほしがる」（気の毒がる）

・美

なまめかし【艶めかし】シク活 若々しい。優美だ。＊〔動〕「なまめく」（同義）※「生・めかし」で、みずみずしい美をあらわす（「生」は未成熟・若いの意）。

やさし【優し】シク活 こまやかだ。優雅・優美だ。感心だ。＊「やさしがる」（はにかむ）※動詞「痩す」の形容詞化。やせる思いだの原義から、相手のこまやかさをほめる意に転じた。

らうらうじ【労労じ】シク活 洗練されている。すぐれている。上品だ。※平安文学で多用。「労」は苦労・功労・熟練をいう名詞。

めやすし【目安し】ク活 見た目がよい。見苦しくない。※「見苦し」の対義語。

きたなげなし【汚げ無し】ク活 こぎれいだ。※多く、見苦しくなくて意外だとの含意がある。＊「きたなし」（汚い・卑怯だ・下品だ）、〔形動〕「きたな・げ」（汚れている・見苦しい）

すがすがし【清々し】シク活 さわやかだ。あっさりしている。※「過ぐ」（通過する）と同根。＊〔形動〕「すがやか」（さっぱりしている）、〔副〕「すがすが」（すらすらと・とどこおりなく）

いまめかしシク活 現代ふう・当世風だ。はなやかだ。派手だ。わざとらしい。※「今・めかし（らしく見える）」の意。「…めかし」という形容語は多い（→接尾語「めく」）。cf. なまめかし・おぼめかし・子めかし・古めかし

・調和

ふさはし【相応し】シク活 似つかわしい。※動詞「ふさふ」（つりあう・適合する）の形容詞化。

つきづきし【付き付きし】シク活 似つかわしい。ふさわしい。もっともらしい。※動詞「付く」の形容詞化。「心にぴったり来る」印象をあらわすのが原義。＊「つきなし」（不似合いだ・手だてがない）

うべうべし【宜宜し】シク活 もっともらしい。格式張っている。※副詞「うべ」（なるほどもっともだ）を重ねた語。同義語に形容詞「うべ・し」（シク活用）があり、この語頭の「う」

が落ちて、助動詞「べし」になったと考えられ
ている。なお、「うべ」が動詞化した「うべ・
なふ」（承諾する）がある。

はしたなし ク活　中途半端だ。きまりが悪い。
（相手が）そっけない。（連用）はげしく。
※「はした」はどっちつかず・不似合いの意。
「なし」は甚しい。こちらがきまりの悪い思
いをするほど、相手が心ない・そっけないの
意をもあらわす。＊「なまはしたなし」（なん
となく体裁が悪い・中途半端だ）、〔形動〕
「はした」（半端だ）、「はしたなげ」（き
まりが悪い）、〔動〕「はしたな・む」（辱
める・叱る）、〔名〕「はしため」「はした
もの」（下女）

・平静

つれなし ク活　冷淡だ。平然としている。思
うようにならない。※「連れ・なし」で、「つ
られない」「（状況に）流されない」が原義。
＊「つれなし顔」（素知らぬ顔）、「つれなし
づくる」（そしらぬふりをする）

あいだちなし【愛立ち無し】 ク活　無愛想だ。
味も素っ気もない。※「立ち」は現れるの意。

・安楽

やすし ク活　【安し】のどかだ。穏やかだ。
【易し】たやすい。安直だ。※「休む」と同
根。＊〔形動〕「やすげ」（気楽だ・簡単だ）
→「やすげ無し」（不安だ）、「安らか」（穏
やかだ・落ち着きがある）→「やすらけし」（安
らかだ）

うしろやすし ク活　（先々）安心だ。

こころやすし【心安し】 ク活　安心だ。心穏や
かだ。気軽だ。

たのもし【頼もし】 シク活　（先が）楽しみだ。
裕福だ。頼もしい。※「頼む」の形容詞化＊
〔形動〕「たのもしげ」（心強い・希望がある）、
〔名〕「たのもし人」（頼りに思う人）

たのし【楽し】 シク活　楽しい。豊かだ。＊〔動〕
「楽し・む（ぶ）」、〔名〕「楽し・み（び）」
※「手・伸し」の意で、宴会での舞の動作によ
る語という。女流文学には用例がない。

しどけなし ク活　無造作だ。うちとけた感じ

だ。だらしない。乱雑だ。※「うるはし」（き
ちんとしている）の対義語。「しどろ（もどろ）」
（乱雑だ・型にとらわれない）と同根。

らうがはし【乱がはし】 シク活　乱雑だ。やか
ましい。みだらだ・乱暴だ。※「らう」は「ら
ん」の転。「みだりがはし」は訓読形。

・善悪

なほし【直し】 ク活　まっすぐだ。正しい。平
凡だ。※「直」は「もとのまま変わらない」の
意で、そこから「普通」「平凡」の意が出た。
ちなみに、副詞「なほ」は「やはり（本来は）」
の意、動詞「直・る（直・す）」は「もとに戻
る（戻す）」意で、これら「なほ」から出た語
はみな「本来はこうあるべきだ」という先入観
が根底にある。＊「直直し」（平凡だ・卑しい）、
「直びと」（一般人）、「直衣（なほし）」（貴
族の普段着）

よし【善し・良し】 ク活　すばらしい。身分が
高い。教養がある（「よき人」）※絶対的な
「善」をいう。相対的な善は「よろし」（悪く
ない）。

よろし【宜し】 シク活　まあまあだ。悪くない。
ふつうだ。適当だ。※「寄る」の形容詞形
「より・し」の転。近づきたい気分が原義。
→「よし」

あし【悪し】 シク活　悪い。まずい。不快だ。
乱暴だ。卑しい。※広く絶対的本質的な悪さ、
嫌悪感をあらわす。「わろし」は相対的に「よ
くない」の意。＊「悪しき道」（地獄）、〔動〕
「あしみす」（悪くなる）

わろし【悪し】 ク活　よくない。感心しない。
不都合だ。※→「あし」＊「わろぶ」（見た目
がよくない）、「わろ者」（未熟な人・無知な人）

・賢愚

さかし【賢し】 シク活　かしこい。しっかりし
ている。利口ぶった（こざかしい）。＊「心
さかし」（気が強い）、〔形動〕「賢しら・賢
しげ」（利口ぶった）〔動〕「賢し（ら）がる・
賢しだつ」（利口ぶる）

さとし【聡し】 ク活　かしこい。しっかりして
いる。頭がいい。※多くよい意味で使う。動

詞化した語が「さとる」、詞化「悟り」。

はかばかし シク活　きちんとしている。はっきりしている。（連用）しっかりと。※「はか」は「計る」「はかどる」の「はか」で、目安・（仕事の）進み具合の意。「はかばかし」はこの「はか」を重ねた語で進展がある、頼りになる意

・性格

くせぐせし【癖癖し】シク活　ひねくれている。意地が悪い。※「くせ」は欠点の意。＊〔名〕「くせ」（くせ・欠点）、「くせ者」（変わり者・怪しい者）

さがなし ク活　たちが悪い。意地悪だ。口が悪い。＊「口さがなし」（言いたい放題だ）、〔名〕「さがな口」（悪口）、「さがな者」（性悪）

しふねし【執念し】ク活　執念深い。しつこい。※漢語「執念」の形容詞化。

をぢなし【怯し】ク活　臆病だ。意気地がない。

いぎたなし【寝汚し】ク活　眠りをむさぼる。寝坊だ。※「い」は「寝」＊「いざとし（寝聡し）」（目がさめやすい）、**好き好きし**（好色めいている・風流好みだ・物好きだ）〈名詞〉「すき」

・長幼

いはけなし ク活　幼い。あどけない。※「いとけなし」もおなじ。＊「いはく（稚く）」（子供じみている）の形容詞化。

をさなし【幼し】ク活　幼い。子どもっぽい。未熟だ。※「長・無し」の意。→「をさをさし」＊「心をさなし」（幼稚だ）、「をさな・げ」（いかにも幼稚だ）、「をさな心地」（子供心）

をさをさし【長長し】シク活　大人びている。しっかりしている。※「長」（首長）の風格があるの意。「をさむ」（治める）と同根。

わかし【若し】ク活　幼い。若い。未熟だ。※古代では多く、幼児か二十歳未満の男女に使う。＊「若々し」（いかにも若い・子どもっぽい）、「若やか」（初々しい）、「若やぐ」（若々しくする）

おとなし【大人し】シク活　大人びている。分別がある。おだやかだ。※「大人・し」。「お

とな」は一人前の成人をいい、転じて古参の女房などをさした。対義語に「子子・し」（子どもっぽい・おっとりしている）がある。＊「おとなおとなし」（年輩だ・思慮分別がありそうだ）、〔形動〕「大人しやか」（大人びている）、「大人ぶ」（大人びる・年をとる）、「大人だつ」（年輩者らしい・分別ありげだ）

・貴賤

やむごとなし ク活　やむをえない。貴重だ。高貴だ。有名だ。格別だ。※「止むこと無し」で、やむをえない・捨てておけないの意。「やごとなし」とも。

いやし【賤し・卑し】シク活　身分が低い。下品だ。貧しい。つまらない。＊〔形動〕「いやしげなり」（下品な感じだ）

かろがろし【軽々し】シク活　軽い。軽率だ。身分が低い。※「枯れ」「から（空）」と同根。＊「かろし」（値打ちがない・軽率だ・身分が低い）、「軽ぶ」（軽快・軽率だ・身分が低い）、「軽む」「軽んず」（軽くする・軽く見る）、**あなづらはし**（軽々しい・気楽だ）→〈動詞〉「あなづる」

・価値

かひなし【甲斐無し】ク活　効果がない。価値がない。しかたがない。※「かひ」は動詞「交ふ」（交換・交易する）の名詞形で、値打ち・張り合いの意。「甲斐」は中世以降の当て字。＊「かひがひし」（張り合いがある・頼もしい）。

いふかひなし【言ふ甲斐無し】ク活　言ってもしかたない。とるに足らない。ふがいない。※「かひ無し」＊「言ふかひなくなる」（死ぬ）

やくなし【益無し】ク活　むだだ。困ったことだ。まずい。

めづらし【珍し】シク活　すばらしい。めったにない。目新しい。※「めづ（愛づ）・ら（状態）・し（活用語尾）」で、「ほめるべき状態だ」の意。＊〔形動〕「めづらしげ」（同義）、〔動〕「めづらし・がる」

ありがたし ク活　めったにない。奇特だ。

あらまほし シク活　望ましい。理想的だ。※「あら＋まほし」（ありたい）の意。一語とみる。

かたし【難し】ク活　むずかしい。まれだ。

になし【二無し】ク活　ふたつとない。またとない。すばらしい。＊「二つ無し」（同義）

またなし【又無し】ク活　またとない。たぐいない。※「また（副詞）・無し」。

なし【無し・亡し】ク活　ない。いない。めったにない。※「あり」の対義語。＊「無きになす」（ないものとする）、「なくなす」（亡くす・失脚させる）、「無みす」（軽んずる）、〔形動〕「無げ」（なさそうだ）、「無げの」（なげやりな・うわべだけの）

ろんなし【論無し】ク活　もちろんだ。いうまでもない。※連用形が「ろなう」とされる。

・荘厳

いかめし【厳めし】シク活　おごそかだ。立派だ。荒々しい。※〔形〕「いか（厳）し」と同根。＊「いかし」（盛んだ・強い）、〔動〕「いかる」（怒る・あばれる・角張る）

いつくし【厳し】シク活　威厳がある。立派だ。厳重だ。美しい。※「いつ（霊威）・くし（奇し）」で神威の不可思議、おごそかさをいう。室町以降、「うつくし」が美一般をあらわすようになったのに伴い、「うつくしむ」から慈愛の意が廃れて、「いつく」（大切に育てる→名詞「斎宮」）と混同し、結果、「いつくしむ」の語が派生した。

たふとし【尊し・貴し】ク活　立派だ。ありがたい。＊〔動〕「尊ぶ（む）」（尊重する・崇める）※「た（接頭語）・太し」で、壮大さをあらわすのが原義。

うるはし【麗し】シク活　壮麗だ。端正だ。律儀だ。正しい。むつまじい。※「しどけなし」（だらしない）の対義語。端正な美をあらわす。人を形容する場合は時に堅苦しさをも含意する。＊〔動〕「うるはしだつ」（とりすます）、「うるはしみす」（かわいがる）

・畏怖

いまいまし シク活　おそれおおい。不吉だ。しゃくだ。※「忌ま・忌ま・し」で「忌む」を重ねた語。「忌む」から出た語に「いみじ」があり、「忌む」の語源「ゆ」を重ねた語が「ゆ

ゆし」で、これらは禁忌（タブー）に関する同根の語。

まがまがし【禍禍し】シク活　不吉だ。縁起が悪い。とんでもない。※名詞「まが」（屈曲・よくないこと）を重ねた語。＊「まがごと（禍事・禍言）」（よくないこと。災難。不吉なこと・ことば）

おそろし【恐ろし】シク活　恐ろしい。驚くべきだ。※動詞「恐る」の形容詞形。＊「そら恐ろし」（なんとなく恐ろしい）

かしこし【畏し】ク活　畏れ多い。尊い。すぐれている。（連用）はなはだしく。ちょうど。※広く畏怖の念をあらわす語。そこから畏敬すべき人や事物を形容した。＊〔動〕「かしこ・む」（恐れ敬う）、「かしこま・る」（恐縮する・遠慮する・かしこまる）

かたじけなし【忝し】ク活　畏れ多い。ありがたい。※「容貌が醜い」が原義。そこから「恐縮する」の意を生じた。

おほけなし ク活　身の程しらずだ。畏れ多い。※不釣り合いな場面に用いる。

・萎縮

はづかし【恥づかし】シク活　きまりが悪い。気がひける。（相手が）立派だ。※動詞「恥づ」の形容詞化。相手に対して「気おくれする」が原義。自分がそうなるほど、相手が「すばらしい」の意味にもなる。「心はづかし」「ものはづかし」も同じ。＊〔形動〕「はづかしげ」（恥ずかしそうだ・立派だ）、「はづかしげ無し」（遠慮がない）、〔動〕「はづかし・む」（はずかしめる）、「はづ」（気がねする・恥じる・ひけをとる）、「はぢらふ」（恥ずかしがる・はにかむ）、〔形〕「はぢ無し」（ひけをとらない・あつかましい）

つつまし【慎まし】シク活　気がひける。遠慮される。恥ずかしい。※→動詞「つつむ」（気兼ねする・用心する）の形容詞化。＊〔形動〕「つつましげなり」（遠慮がちだ・きまりが悪そうだ）

まばゆし【眩し】ク活　まぶしい。恥ずかしい。立派だ。みていられない。※「ま（目）・はゆ（映ゆ）・し」で、目に光が入ってきて直視できないの意。

おもはゆし【面映し】ク活　きまりがわるい。てれくさい。※目の前がまぶしいの意。＊「顔はゆし」も同じ（中世に「かはゆし」に転じ、「かはいい」「かわいい」となる）。

ところせし【所狭し】ク活　窮屈だ。気づまりだ。大げさだ。やっかいだ。※「場所が狭く感じられる」が原義。圧迫・圧倒される気分をあらわす。＊「所狭・がる」（やっかいだと思う）

せばし【狭し】ク活　狭い。※「せし」「せはし」（余裕がない・忙しい）と同根。

かたはらいたし【傍らいたし】ク活　（自分が）いたたまれない。きまりが悪い。（相手が）みていられない。気の毒だ。※「傍ら・甚し」で、そばにいてはなはだしい（たまらない）思いをする意。

・程度

いたし【甚し】ク活　はなはだしい。すばらしい。ひどい。痛い。（連用）ひどく。※「程度が甚しい」意の形容詞は良い意味にも悪い意味にも使われる（→いみじ・ゆゆし他）。やがて「苦痛だ」の意に転じ、現代語「痛い」に至る。＊「いた・がる」（ひどく感心する）、「いた・む」（痛む）→〔形〕「いたまし」（つらい・苦しい）

いみじ　シク活　はなはだしい。すばらしい。ひどい。（連用）ひどく。とても。※「忌む」の形容詞化。「い」は「ゆ（斎）」（神聖なもの）の転で、「む」は活用語尾。「触れてはならないものを避ける」が原義。神聖なものを畏敬する心から、程度が甚しいの意となった。＊〔形動〕「いみじげ」（とてもひどい・たいへんすばらしい）

ゆゆし　シク活　はばかられる。不吉だ。はなはだしい（すばらしい・ひどい）※「ゆ」（斎）は神聖の意。神のタブーを畏れる意から思わず身を引くさまを表した。善悪両用＊〔形動〕「ゆゆしげ」（不吉だ・立派だ・ひどい）

いとどし　シク活　いよいよはなはだしい。いっそう…だ。※「〔副〕いとど＋し」

こよなし　ク活　格段の違いだ。格別だ。※「はなはだしい」の意で善悪両用（→「いたし」）。

・強烈

こはし【強し】ク活　強い。頑固・強情だ。※現代語「こわい（怖い）」の語源。＊「こはごはし」（ゴワゴワする・ぎこちない）、「心ごはし」（強情だ）、「口ごはし」（強弁だ）

たけし【猛し】ク活　勇敢だ。激しい。勝っている。※〔動〕「たく」参照。

いちはやし　ク活　激しい。すばやい。恐ろしい。※「いち（霊威）・はやし（疾し）」で神威の迅速さが原義。「いち」「いつ」は神の霊威・威力をあらわす語で、「いち・しるし（著し）」「いつく（斎く）」「いつくし」などの語を構成。

とし【疾し】ク活　はやい。激しい。＊「疾う疾う」（早く）、「心疾し」（気が利く）※「研ぐ」と同根で、鋭利・鋭敏だ（「とし（利し・敏し）」）の原義から「疾し」の意が出た。

きびし【厳し】シク活　厳重だ。手厳しい。けわしい。

さがし【険し】シク活　けわしい。あぶない。

・優劣

またし【全し】ク活　完全だ。無事だ。まじめだ。※「まったし」ともいう。連用形が副詞「全く」となる一方、名詞「まっとう」に転じた。

まだし（いまだし）【未だし】シク活　まだ早い。未熟だ。※「まだ（副詞）・し」

つたなし【拙し】ク活　劣っている。未熟だ。みっともない。不運だ。

・明暗

あかし【明し・赤し】ク活　明るい。赤い。※「あか（赤・明）・し」の意。

しるし【著し】ク活　はっきりしている。顕著だ。（「…もしるく」で）思った通り。

・深浅

ふかし【深し】ク活　深い。（様々な名詞について、その）程度が大きい。※「高し」の対義語。「ふく」（更く・深く・老く）と同根。＊〔動〕「ふく」（夜が更ける・老ける）、「更

かす」（夜更かしする）、「耽る」（深く心を奪われる）

あさし【浅し】ク活　浅い。軽薄だ。劣る。低い。※「褪せ」と同根。深さが少ない意。＊〔動〕「あさむ」（ばかにする・あきれる）

こし【濃し】ク活　色が濃い。（服装）深い紫・紅色。

あはし【淡し】ク活　薄い。淡泊だ。＊「淡淡し」（軽薄だ・軽々しい）、「あはつけし」（軽率）

4. 形容動詞

・不都合

ふびん【不便・不憫】　不都合だ。具合が悪い。気の毒だ。※形「びんなし」をみよ。＊〔動〕「不便がる」「不便にす」（かわいがる）

なかなか【中中】　中途半端だ。かえって…だ。しないほうがよかった。

あやにく【生憎】　予想外だ。意地悪だ。折りが悪い。※「あや（感動詞）・憎」で、予想外の進展を憎く思うのが原義。現代語「あいにく」の古形。＊〔動詞〕「あやにくがる」（意地を張る・だだをこねる）、「あやにく立つ」（気ままにふるまう）

さすが【流石】　そうもいかない。思いどおりにならない。※副詞「さすがに」（それでもやはり）から出た語。予想に反する・矛盾する意をあらわす。

おもふやう【思ふ様】　思いどおりだ。理想的だ。

・粗略

おろか　おろそかだ。いいかげんだ。未熟だ。愚かだ。＊「いふも〜」→連語
※「粗略だ」が原義。中世以降、粗略の意味は「おろそか」に移り、「愚か」の意となる。

おろそか　まばらだ。粗略だ。※「おろ」は「あら（粗）」の転。

かりそめ【仮初】　なおざりだ。一時的だ。間に合わせだ。（連用）ちょっと。

なのめ【斜め】　いかげんだ。平凡だ。＊「なのめならず」（格別だ）※古代では垂直・水平を正しいものとし、横や斜めを正しくないものととらえた。

なほざり【等閑】　何でもない。いいかげんだ。おろそかだ。あっさりしている。＊「なほざりごと」（いいかげんなこと・その場限り）

ないがしろ【蔑ろ】　軽んじている。無造作だ。※「無き・が・代」（無いも同然だ）の意。

むたい【無体】　ないがしろにする。強引だ。

・漠然

すずろ【漫ろ】　漠然としている。関係がない。思いがけない。（連用）なんとなく。むやみやたらに。※「そぞろ」「すぞろ」とも。「とらえ所のないさま」をいう。＊〔形〕「すずろはし」（〔喜び・不安で〕落ち着かない）、「そぞろさむし」（ぞくぞくする）、〔動〕「すずろく」「そぞろく」（そわそわする）、〔名〕「すずろごと」（つまらないこと）、「すずろごころ」（浮ついた心）

つれづれ【徒然】　手もちぶさただ。物寂しい。※「連れ連れ」（長くつづく）の意。

いたづら【徒ら】　むだだ。むなしい。何もない。ひまだ。＊「徒ら人」（おちぶれた人）

・不意

うちつけ【打ち付け】　突然だ。ぶしつけだ。軽率だ。＊「うちつけごと」（思いつき）

たまさか　思いがけない。たまたまだ。（連用・仮定文に用いて）万が一。

とみ【頓】　急だ。にわかだ。＊→〔副〕「とみに」（すぐに）

にはか【俄】　だしぬけだ。突然だ。急だ。

・一途

ただ【直・徒・只】　まっすぐだ。飾りがな

い。何もない。平凡だ。＊「ただならず」（普
通でない）、「ただありなり」（ありのまま）、
〔形〕「ただ・し」（まっすぐだ・正しい）、
〔動〕「ただす」（きちんとする・取り調べる）、
〔名〕「ただごと」（ありふれたこと・言葉）、
「ただびと」（ふつうの人・臣下）

ひたぶる【一向】　一途だ。無茶だ。強引だ。
（連用）すっかり。まったく。※「ひた」は
「ひと（一）」から転じた接頭語で、ひたすら
一点に向かうさまをいう。＊「ひたと」（じか
に・ぱっと）、「ひたすら」（もっぱら・全く）、
「ひたおもて」（面と向かう）、「ひたおもむ
き」（一途だ）、「ひた黒」（真っ黒）、「ひ
た土」（地べた）、「ひた道」（一途）

あながち【強ち】　強引だ。いちずだ。（連
用）むやみに。※「あな（己）・勝ち」自分
勝手が原義。「あな」は「おの（れ）」母音交
替形。

・誠実

すぐ【直】　まっすぐだ。正直だ。※現代語
「すぐに」は、ありのままの意からの転。

せち【切】　切実だ。身にしみる。熱心だ。
重要だ。（連用）ひたすら。しきりに。

ねんごろ【懇ろ】　心をこめている。丁寧だ。
親しい。一途だ。※「根・もころ」で、根が
からみあうさまの意。

まこと【真・実・誠】　本当だ。真実だ。誠
実だ。※「ま（真）・こと（事・言）」の意。
＊〔副〕「まこと（に）」（本当に）、〔形〕
「まこと・し」（本当・本物らしい・まじめそ
うだ）、〔名〕「まことの道」（仏道）

よこさま【横様】　横向きだ。異常だ。邪悪
だ。※「よこしま」とも。古代では垂直・水平
が正しく、横や斜めは正しくないと考えられた。

まめ　まじめだ。誠実だ。実用的だ。実直だ。
丈夫だ。※「あだ」の対義語。＊「（もの）**ま
めやか**」（まじめだ・本格的だ）、〔形〕「ま
めまめし」（まじめだ・実用的だ）、〔動〕「ま
め立つ」（まじめにする）、〔名〕「まめごと・
まめわざ」（仕事・実務）、「まめ人」（まじ
めな人）、「まめをとこ」（誠実男；『伊勢
物語』）

あだ【徒】　いいかげんだ。浮気だ。はかな
い。※「まめ」（誠実）の対義語。＊〔形〕「徒
徒し」（浮気だ）、〔動〕「徒めく」（浮つく）、
〔名〕「徒心」（浮気心）、「徒ごと」（冗談・
慰めごと）、「あだな」（浮き名）、「徒びと」
（浮気者）

・確固

いちぢゃう【一定】　確実だ。決まっている。
〔副〕必ず。たしかに。

ひつぢゃう【必定】　決定的だ。確実だ。

かたくな【頑な】　がんこだ。教養がない。
みっともない。＊〔形〕「頑なし」（見苦し
い）

ふつつか【不束】　ごつい。頑固だ。※「太
くて丈夫」が原義。あか抜けない感じが基調。

すくよか【健よか】　しゃんとした。まじめ
だ。無愛想だ。＊〔副〕「すくと」（しゃん
と）、〔形〕「すくすくし」（実直だ・無愛想
だ・地味だ）、〔動〕「すくむ」（硬直する）

とこしなへ【常しなへ】　いつまでも変わら
ない。永久だ。※「とこしへ」とも。「床石・
な（の）・へ（上）」（しっかりした岩の上）
で、永遠をあらわした。

こだい【古代】　古風だ〔名〕大昔。遠い昔。

・平凡

おほかた【大方】　一般的だ。ふつうだ。

おぼろけ　並一通りだ。ふつうだ。＊「おぼ
ろけならず」（格別だ）※否定表現を伴うこと
が多く、そのため「おぼろけ」だけで「格別」
の意味に用いることがある。

・安静

のどか【長閑】　穏やかだ。落ち着いている。
おっとりしている。ゆっくりしている。＊
「のどやか」（同義）、〔形〕「のどけし」（の
どかだ）、〔動〕「のどむ」（落ち着ける）

なだらか　おだやかだ。体裁がよい。なめら
かだ。※語頭の「なだ」は「のど・か」の母音
交替形。「なづ」（撫でる）、「なだむ」と同
根。見る者に安心感を与えるさまをいう。

おいらか　おだやかだ。おっとりしている。

※「老い・らか」で、老成した平静さをあらわす。穏健さの一方、のんき者の意味にも使う。
そくさい【息災】　無事だ。元気だ。※元来、「災いを息む」（わざわいを防ぐ）の意。

・故意

さら【更】　いまさらの感じだ。いうまでもない。※平安以降は「いふも・いへば」を伴うか、これを省略した用法のみ。
ことさら【殊更】　いまさらだ。格別だ。わざとらしい。＊「殊更めく」「殊更ぶ」（わざとらしくする）

・奇異

こと【異・殊】　ほかと違っている。格別だ。すばらしい。＊「ことやう」（ふつうと違う・異様だ）、「異ざま」（いつもと違う・別のこと）、「異事」（別のこと）、「異心」（浮気心）→「異心なし」（一途だ・専念する）、「異腹」（腹違い）
けう【希有】　めったにない。驚くべきだ。とんでもない。＊「けうにして」（やっとのことで）
めづらか【珍か】　めったにない。※「めづ」の形容動詞化。よい意味にも悪い意味にも使う。
きたい【希代】　世にもまれだ。不思議だ。※「希」はまれの意。
きどく【奇特】　なんとも不思議だ。霊験あらたかだ。すばらしい。
ふしぎ【不思議】　人間の理解を超えている。思いがけない。非常識だ。※不思議は「不可思議」（思議すべからず）の略、理解できない意。

・賞賛

しゅしょう【殊勝】　ことに優れている。感心だ。
しんめう・しんべう【神妙】　神秘的だ。意味深長だ。殊勝だ。

・美

きよげ【清げ】　きれいだ。美しい。※美一般をあらわす。「きよら」は一級の美をあらわす。＊〔形〕「きよし」（清らかだ・美しい・〔連用〕さっぱりと）、「きよらを尽くす」（贅を尽くす）
いう【優】　すぐれている。優雅・優美だ。やさしい。
えん【艶】　優美・優雅だ。あでやかだ。はなやかだ。※漢語で「美しい色」をあらわす。漢文の素養をもつ女流が和文に持ち込んだもので、平安時代では、「はなやか」では表現できない、つややかで魅惑的な美しさをあらわした。＊〔動〕「艶・がる」（風流ぶる・あでやかにする）、「艶・だつ」（優美にふるまう）
つややか【艶やか】　光沢がある。潤いがある。優艶だ。＊「つやめく」（つやつやとする）
みめう【微妙】　この上なく美しい。

・情趣

あはれ　しみじみと…だ（風情がある・悲しい）。いとおしい。気の毒だ。※感動詞「あはれ」（ああ）からの転化。しみじみとした感動・詠嘆を表す。反対に「をかし」は明るい感動をあらわす。後世「あはれ」は「かなし」と同様に悲哀の意味に限定されるが、感動詞の方は「あっぱれ」と手放しの賞賛を表すようになる。＊〔形動〕「あはれげなり」、〔動詞〕「あはれがる」「あはれむ」（感心する・可愛がる・同情する）、〔名〕「あはれ」（情趣・愛情）、「もののあはれ」（情趣・感興）
しめやか　しみじみ。しんみり。※動詞「湿る」と同根。湿気のある静けさをいう。

・貴賎

あて【貴】　高貴だ。上品だ。優雅だ。＊「あてやか（はか）なり」（同義）※「いやし」の対義語。「やむごとなし」よりも一級下がる、一般的な高貴さをあらわす。

むげ【無碍・無下】　疑いない。はなはだしい。全くひどい。卑しい。※「（融通）無碍」（滞りない）が原義。そこから正真正銘の意となる一方、「無下」の当て字により「全くひどい」の意に転じた。「無下の」「無下に」（→副詞）

・優劣

りこう【利口】　口が達者だ。とんちがきいている。

まほ【真面】　本格的だ。十分だ。まともだ。※「かたほ」の対義語。※「ま」は接頭語で本当にの意、「ほ」（穂・秀）は突き出たさま、すぐれている、目立つの意。

かたほ【片ほ】　不完全だ。未熟だ。※「まほ」の対義語。類義語に「かたは（片端）」（欠陥がある・醜い）がある。

かたは【片端】　見苦しい。みにくい。身体に障害がある。＊「片端づく」（身体が不自由になる）※〔名〕「片はし」（一部分）もある。

ふかく【不覚】　意識がなくなる。不注意。おろかだ。

ふかん【不堪】　未熟だ。下手だ。※漢語。読み下すと「堪へず」（できない）。

をこ【痴・烏滸】　おろかだ。ばかげている。※「ばか」の意。笑いの対象となるもの。＊「をこがまし」（ばからしい・愚かしい・見苦しい）、「をこ・がる」（ばかにする）

・幸福

さいはひ【幸ひ】　幸福だ。幸運だ。＊「幸ひ人」（幸運な人・高貴な男に愛される女性）※「さき・はひ（延ひ）」の意。「さき」は「咲く」「栄え」「盛り」と同根。「延ひ」は広がる意。内面の盛んな活力が外にあらわれ（さき）、まわりに及ぶ（はひ）が原義。それが「幸せ」の意味となった。なお、幸せ」は「し合はせ」（うまくいく・めぐりあわせる）の意。luchyに近い。「さち（幸）」は矢や釣針、それらを使った獲物が原義で、そこから幸福の意に

転じた。

ゆたか【豊か】　豊かだ。余裕だ。※「ゆた（ゆったり）・か（状態）」の意。＊〔形動〕「ゆたけし」（豊かだ）、〔動〕「ゆた・ふ」（たるむ）

むとく【無徳】　貧しい。みすぼらしい。役に立たない。※「徳」は財産・利益の意。

・柔弱

あえか　かよわい。きゃしゃだ。※「あゆ」（落ちる）から転じた語。

たをやか【嫋やか】　しなやかだ。やわらかい。※「たわ・む」と同根（母音交替型）。＊「たをやぐ」（しなやかになる）、「たをやめ」（かよわい女）、〔副〕「たをたを」（しなやかに）、「たわむ（撓む）」（しなる）、〔形動〕「たわわ」（たわむさま）

やはらか【柔らか】　ふんわりしている。おだやかだ・柔和だ。※「やは」はふわふわの意の擬態語、「ら」は状態、「か」はそう見えるとの意を添える接尾語。＊〔動〕「やはらぐ（ぶ）」（なごやかになる／する・親しくなる／する）、「やはす」（平定する）

こまやか【細やか】　繊細だ。親密だ。色が濃い。※「こまか」と同義。＊「こまやかに笑ふ」（にこやかに笑う）

・微細

かすか【微か・幽か】　かすかだ。ものさびしい。貧弱だ。※今にも消え入るさまを表す。

ほのか【仄か】　ほんのり。わずか。※一部しか見えないが、背後に豊かなものが感じられるさま。類義語「かすか」は今にも消え入りそうなさま、「はつか」はちらりと見えるさまをいう。＊「ほの聞く・聞こゆ／ほの見る・見ゆ」（それとなく聞く・聞こえる／見る・見える）、「ほのめく」（それとなく現れる・ちょっと…する）、「ほのめかす」（それとなく示す）

みそか【密か】　こっそり。ひそか。※「みそか」は和文、「ひそか」は漢文訓読体で用いる。

わづか【僅か】　ほんの少しだ。（連用）たった。やっと。※「量が少ない」が原義。

はつか　ちらりと見える。ほんの少しの間。※「初」と同根。瞬間的なさまをいう。類義語「わづか」は数が少ないさま。

あからさま　ほんのしばらくの間。急に。※「あから目」（わき見）と同根。

いささか【些か】　わずかだ。ほんの少しだ。

ちぢ【千千】　たくさん。あれこれ。※連用形「ちぢに」（さまざまに）が多用。

・露呈

あらは【露・顕】　まる見えだ。明白だ。ぶしつけだ。＊〔動〕「あらは・る」（現れる・露顕する）、「あらは・す」（示す・打ち明ける・仏像を造る）、「言ひあらはす」（白状する）　※「る」は自発、「す」は作為をあらわす活用語尾（四段活用）。

けそう【顕証】　まるみえだ。はっきりしている。※漢語の音読みから。

・明暗

あきらか　明るい。明白だ。晴れ晴れする。見識がある。※「明し」はただ明るい意、「明らか」ははっきりと見える意。＊〔動〕「あきらむ」（明らかにする・心を晴らす）、〔形〕「あきらけし」（はっきりしている・清らかだ・賢明だ）

あざやか【鮮やか】　際立つ。はっきりしている。新しい。＊〔動〕「鮮やぐ」（際立つ）　※「あざ・やか」で、「あざ」は「痣」「嘲る」のアザと同根。どぎつく現れるが原義。

さやか　はっきりしている。澄み切っている。※動詞「冴ゆ」（冴える）の転。＊「けざやか」（同義。「け」は接頭語）、〔形〕「さやけし」（同義）、〔名〕「さやけさ」

さはやか【爽やか】　気分がさっぱりする。はっきりしている。あざやかだ。※類義語「さはらか」こざっぱりした印象をあらわす。

5. 連語・慣用句

飽かず　もの足りない。名残惜しい。

あたはず【能はず】　できない。ふさわしくない。納得できない。※「あたふ」（ハ四）

あなかしこ　ああ、恐ろしい・畏れ多い。（訊ねる時に）恐れ入ります。

あなかま　ああ、うるさい。静かに。※形容詞「かま・し」の語幹用法。

敢へず　たえられない。

あらず　ちがう。〔感動詞〕いいえ。

ありありて　結局。とうとう。

ありしより（も）けに　以前よりも一層（→副詞「けに」）

ありやなしや　元気かどうか

あるかなきか　あるかないか。生死もわからない。はかない。

あるべき　当然の。ふさわしい。＊「あるべうもあらず」（とんでもない）、「あるべき限り」（この上ない・できる限り）

あれ（か）にもあらず　われを忘れる。茫然とする。

いかが（は）せむ　どうしよう。（反語）どうしようもない。

いかならむ　どんなだろう。どうなるだろうか。

いかにもあれ　どのようであっても。

いかにや　どうしたのか。どんな具合か

いくばくもなし　まもない。

いざたまへ　さあ、行きましょう。さあ、いらっしゃい。※「いざさせたまへ」は「いざたまへ」の丁寧な言い方

いたづらになる（なす）　むだになる（する）。だめになる（する）。死ぬ。

至らぬ所（くま）なし　すみずみまで行き届く。

いづくはあれど　ほかはともかく。

いづこともなし　どこへともなく。

いづこをおもてに　なんの面目あって。

いづこをはか（はかり）と　どこを目当てに。

いはむや…をや　まして…いうまでもない。

いふ（いはむ）かたなし　いいようがない。

※「いふ・方・無し」（いう方法がない）
　の意。

いふばかりなし　いいあらわしようがない。
　言い尽くせない。

いふべきに（も）あらず　いいようがない（程
　すばらしい）。

いふも（いへば）おろかなり　いい尽くせな
　い。いうまでもない。

（いふも・いへば）さらなり　今さらいうま
　でもない。

いふよしなし【言ふ由無し】　いいようがな
　い（程すばらしい）。※以上、表現できな
　い意の漢語に「言語道断」がある。古くは
　よい意味にも悪い意味にも使った。

いへばえに　言うことができないで。※「言
　へ・ば・得・に（否定）」の意。

いまは【今は】　〔名〕臨終。こうなった以
　上は。

いまはむかし【今は昔】　今となっては昔の
　ことだが。

いをぬ【寝を寝】　眠る。

うきたる【浮きたる】　（連体）いい加減な。
　浮ついた。

えならず　なんともいえない（ほどすばらし
　い）。

おとにきく【音に聞く】　うわさにきく。有
　名な。

おなじくは【同じくは】　〔副〕同じことな
　ら。いっそ。

おもはざるほか【思はざる外】　思いのほか。

おもはず【思はず】　思いがけない。＊〔形
　動〕「思はずげ」（意外な様子だ）

おもひきや【思ひきや】　思いも寄らなかった。

おもほえず【思ほえず】　思いもかけず。意
　外にも。

かうてさぶらふ【斯うて候ふ】　ごめんくだ
　さい。

けしうはあらず　たいして悪くない。別にさ
　しつかえない。

けしからず【怪しからず】　異様だ。よくな
　い。はなはだしい。※〔形〕「けし」（異
　様だ・よくない）の否定形だが、否定の意
　味にはならないので要注意。

こしかたゆくすゑ【来し方行く末】　来た方向
　と行く先。過去と未来。※「きしかた」

ことといへば【事と言へば】　問題は（とい
　うと）。何かというと。

ことにもあらず　たいしたことではない。問
　題ではない。

こはいかに【此は如何に】　これはどうした
　ことだ。

さくりもよよと　しゃくりあげておいおいと
　（泣く）。※「さくり」しゃっくり。

さて（も）ありぬべし　そのままでよさそう
　だ。まあ十分だ。

さなきだに　そうでなくても。

さも（あらば）あれ　それならそれでかまわ
　ない。それはそれとして。

さもありぬべし　それが当然だろう。それで
　もいい。

さもいはれたり　それはもっともだ。

さもさうず【然も候ず】　いや、とんでもない。

さらず【避らず】　避けられない。やむをえ
　ない。※「避りがたし」も同じ。＊「さら
　ぬ別れ」（死別）

さらにもいはず　あらためていうまでもない。

さりぬべし　そうあるべきだ。相当だ。立派だ。

さるべきにや　そうなる運命なのであろう
　か。そうすべきであろうか。

さればこそ・さればよ　思ったとおりだ。

しかず【如かず】　およばない。かなわない。

しかるべし【然るべし】　ふさわしい。当然
　だ。立派だ。そうなる運命である。

せむかたなし　手だてがない。どうしようも
　ない。

…（の）ため・に　…に対して・に向けて、
　…にとって、…によって※名詞句を受ける
　ときは「…のために」、動詞句は婉曲「む」
　を挟み「…む（ん）がために」

つきせず【尽きせず】　尽きない。※「尽き
　せ・ず」（サ変・否定）

とあり（あれば）かかり　ああだ、こうだ

とかくのこと　あれこれ（葬儀）のこと

ときしもあれ【時しもあれ】　よりによって。
　折りも折り。

とざまかうざま　あれやこれやと。

としかへる（たつ・たちかへる）【年返る（立つ・立ち返る）】　年があらたまる。

としたく（よる）【年長く（寄る）】　年をとる。

…と等しく　…と同時に

…と（に）や　…というのだろうか。※下に「あらむ」などが省略（結びの省略）

とまれかうまれ　いずれにせよ。とにかく。※「ともあれかくもあれ」の約

なかについて　とりわけ。とくに。※漢語「就中」（なかんづく）による

…なくに　…ないのに（逆接）。ないことだ（詠嘆）。

なぞ・何ぞ　なんだ。（「何ぞの…」で）どんな…か。…が何だというのか。

なぞや【何ぞや】　どういうわけだ。

なでふことなし　たいしたことはない。※「なでふことかあらむ」とも

なにと（には）なし　なんてことはない。なにもかも。

なにならず【何ならず】　ものの数でない。なんでもない。

なに（に）かはせむ　どうしようか（いや、どうにもならない）。※「何かは」とも

なにや（かや）　あれやこれやと。

なべてならず　格別だ。並一通りでない。

…ならなくに　ではないのに（逆接）。ではないことよ（詠嘆）。

…なれや　…なのだろうか。…なのだなあ。

…にざりける　…なのであったよ。※「に（断定）・ぞ・あり・ける」の約

…にやあらむ・にかあらむ　…であろうか。

…け【故】（にやあらむ）　（連体修飾語をうけて）…のため。せい（であろうか）。

火あやふし　火の用心。

ひと方ならず　並一通りでない。格別だ。

…べく（べう）もあらず　…しそうにない。できそうにない。※「べくやはある」

…ほどこそあらめ　…の間（程度）はよいだろうが。

まな　いけません。だめ。

…まま（に）【儘・随】　…のまま・とおり。…につれて。…しながら。…するやいなや。

※「まにま（に）」（…に従って）の約。連体修飾語をうけて動作の持続・継起・並行などを表す。

みしひと【見し人】　会ったことがある人。

みな【皆】になる（なす）　すっかりなくなる（なくす）。

みぬよのひと【見ぬ世の人】　古人。昔の人。

みるからに　見たばっかりに。見る（思う）につけて。見るやいなや。

もちて（もって）【以て】　…を用いて。…によって。…で。※漢文訓読語

…もてゆく　しだいに…になってゆく。

…ものかは　とるに足らない。…するはずがない（反語）。なんと…ことよ（詠嘆）。

ものもおぼえず　無我夢中だ。道理をわきまえない。

よのかため【世の固め】　国家の柱石・重鎮。※「おほやけの固め」も同じ。

よもあらじ　まさかあるまい。

れいならず【例ならず】　いつもとちがって。身体の具合が悪い。

れう【料】　（連体修飾語をうけて）…のためのもの。

わざとならず【態とならず】　さりげない。自然だ。→〔副〕「わざと」＊「わざとがまし」「わざわざし」（わざとらしい）、「めざとめく」（とくに気をつかう）

ゑつぼにいる【笑壺に入る】　笑い興じる。

をはんぬ【了んぬ・畢んぬ】　た。てしまった。※「終わり・ぬ」の約。完了の助字。

…を＋形容詞語幹＋み　…が〜なので。

・「出家」をあらわす慣用句：かしら（髪）を下ろす・形を変ふ・大事を思ひ立つ・得度・身を捨つ・世を離る・遁世

・「死」をあらわす慣用句：あさましくなる・いかにもなる・いたづらになる・命堪へず・いふかひなくなる・失す・かひなくなる・朽つ・ともかくもなる・はかなくなる・むなしくなる・身まかる／崩ず（天皇・上皇・皇后）・薨ず（皇太子以下〜三位以上）・卒す（四・五位）

6. 指示語・代名詞

(こ・そ・あ・ど言葉)

あなた【彼方】 向こう側。以前。(人称)
あの方 *「あなたざま」(あちらのほう)、「あ
なた方」(あちら側・あなた方)、「あなたこ
なた」(あちらこちら)

あれ【我・吾】 わたし。*「あれか人か」(茫
然自失のさま)、「あれにもあらず」(→連語)

いづかた【何方】 どちら。どこ。どれ。(人
称)どなた。

いづこ【何処】 どこ。どちら。※「いづく」
は「いづこ」の古形。

いづち【何方】 どちら。どこ。

いづら【何ら】 どこ。とのあたり。〔感〕
さあさあ。どうした。

いづれ【何れ】 どれ。どちら。※「いづく」
「いづこ」は場所、「いづち」は方角、「いづ
れ」は事物に関する不定代名詞。

か【彼】 あれ。あの(「かの」)。あちら。
*「かやつ(彼奴)」(あいつ)

かく(かう)【斯く】このように。これこれ
と。(あいづち)そうだ。*「かくて」(こ
のようにして)、「かくても」(こんな状態で
も)、「かくながら」(このままで)、「かく
ばかり」(こんなにも)、「かくや」(こんな
ふうであったか)、〔「かく・あり」の複合か
ら〕「かかり」(こうだ)、「かかる」(こん
な)、「かかる(ほど)に」(こうしているう
ちに)、「かかれど」(こうではあるが)、「か
かれば」(こういうわけだから)*〔名・形動〕
「かくやう・かうやう・かやう【斯様】」(こ
のよう・このようだ)

かの【彼の】 あの。その。例の。※「か(代
名詞)・の(格助詞)」連体詞ではない。

かれ【彼】 あれ。(人称)あの人。*「か
れこれ」(あれこれ)

きむぢ(きんぢ) おまえ。

こ【此】 これ。ここ。*「こや・これや」(こ
れこそが)※「や」は間投助詞

ここ【此処】 ここ。こちら(場所や人をさ
す)。*「ここもと」(こちら)、「ここなる」

(ここにある)

こち【此方】 こちら。※多く「近くに来い」
という呼びかけに用いる。

こなた【此方】 こちら。わたし。あなた。
※「かなた」の対。人称代名詞の用法に注意。
*〈連体形＋こなた〉で、…して以来。…する
うち。「こなたかなた」(こちらとあちら・あ
ちこち)、「こなたざま」(こちらのほう)

この【此の】 この。※「こ＋の(格助詞)」
*「この間に」(この間・そこで)、「この方」
(それ以来)、「この頃」(最近・近いうち)、
「この程」(近ごろ・このあたり→〔名〕「程」)、
「このもかのも」(あちらこちら)

これ【此・是】 これ。ここ。こちら。(人
称)私。この人。*「これかれ」(あれこれ)、
「これこれ」(しかじか)、「これやこの」(こ
れがあの)

さ【然】 そのように。このように。※多く
「さ」は女性、「しか」は男性が用いる。*「さ
かし」「さなり」(その通りだ・そうだ)、「さ
こそ」「さぞ」(そのように・そうだ・さぞ)、
「さのみ」(そのようにばかり)、「さも」(そ
うも・いかにも)、「さもこそ」(いかにもそ
のように)、「さまで」(それほどまで)、「さ
こそ言へ」(そうはいっても)、「さは言へど」
(そうはいっても)、「さしも」(そんなにも・
それほど…ない)、「さても」(それでも・そ
うして)、「さて」「さてこそ」「さてしも」
(そうして・そのままで・そういうわけで)
〔「さ・あり」の複合から〕「さらず」(そう
でない)、「さらで」(そうでなくて)、「さ
らずは」(そうでなければ)、「さらば」(そ
れならば)、「されば」(それゆえ→接続詞)、
「されど(も)」(けれども)、「さりとて」
(そうかといって)、「さりとも」(そうはいっ
ても)、「さるあいだ」(そうしているうち)、
「さるほどに」(そうしているうちに・さて)、
「さるに」(それなのに)、「さるを」(それ
なのに)、「さるは」(それというのは→接続
詞)、「さるものにて」「さる方に」(それは

それとして）、「さるもの」（その通り・大した人物）、「さるべき」（しかるべき→連体詞）、「さるやう」（そうする理由）

しか【然】　そのように。そう。※「さ」参照。＊「しかなり」（そうだ）、「しかはあれど」（そうではあるが）、「しかすがに」（とはいえ）、「しかばかり」（あれほど）〔「しか・あり」の複合から〕「しからずは」（さもなくば）、「しからば」（そうならば）、「しかり」（そうだ）、「しかる間」（そのうちに・それゆえ）、「しかるに」（それなのに・さて）、「しかるを」（それなのに→接）、「しかれども」（けれども）、「しかれば」（だから→接）

そ【其】　それ。その人。＊「そやつ」（そいつ）、「そよ」（それだ・そうだ）

そこ【其処】　そこ。そのこと。（人称）あなた。＊「そことも・いはず（知らず・わかず）」（どこともわからず）

そこほど【其処程】　そのあたり。

そこもと【其処許】　そこらへん。（中世以降）あなた・おまえ。

そち【其方】　そちら。おまえ。

そなた【其方】　そちら。あなた。おまえ。＊「そなたざま」（そちらのほう）「そ文字」（あなた）※宮中の女房詞「そなた」の文字詞

その【其の】　その。そのこと。特定の。＊「その事（物）となし」（何ということはない）

それ【其れ】　それ。そこ。その時。あなた。その人。※〔接〕「そもそも」の意もある。＊「それそれ」（だれそれ・これこれ）、「それながら」（そのまま）

それがし【某】　だれそれ。わたし。

た【誰】　だれ。※多く「たそ」（誰だ）、「たが」（誰の）の形で用いる。

たれ【誰】　だれ。どの人。＊「誰がし」（だれそれ）

と　あのように。そのように。※必ず「かく」と対にして用いる。

な【汝】　おまえ。※対等・目下の相手に用いる。

なにがし【某】　だれそれ（人称）わたくし。

ぬし【主】　お方。…さん。主人。あなた。※「…の・うし（大人）」の約

ひと【人】　あの方。あの人。あなた。

まろ　わたし。※自称代名詞。室町以降「まる（丸）」に転じた。

みづから　自分（代名）わたし（副）自分で。

よ【余】　自分。わたし。※漢文訓読語

よそ【余所】　ほかの場所。他人。〔形動〕よそよそしい。冷淡だ。

わ【吾・我】　自分。わたし。※平安以降、多く「わ・が」の形でのみ用いた。

わが　わたしの・自身の（連体格）。わたしが（主格）。

わらは【妾】　わたくし（女性の自称代名詞）。→「わらはべ」（愚妻）

われ【吾・我】　わたし。自分自身。あなた。※一人称と二人称を同じ語であらわすのは、自一他境界線のあいまいさのあらわれ。＊「われ・か」（自分か）→「われかの気色・さま」「われにもあらず」（茫然自失）、「われから」（自分のせい）、「われと」（自分から）、「われどち」（似たものどうし）、「われとはなしに」「われならなくに」（自分〔と同じ〕ではないのに）、「われは顔」（うぬぼれ顔）、「われぼめ」（自慢）

をち【遠・彼方】　遠方。昔。＊「をち・こち」（あちこち）、「をちかた人」（遠くにいる人）

7. 接頭語

あひ…【相】　「ともに」「たがいに」の意を添える。強調。＊「相知る」（親しくつきあう）、「相添ふ」（連れ添う）、「相馴る」（なれ親しむ）、「相見る」（対面する・契りを結ぶ）、「相居る」（集まる）、「相槌」（鍛冶で槌を打ち合うこと）

あを…【青】　「未熟な」「若い」の意をそえる。＊「青侍」「青女房」

いや…　「いよいよ」の意をそえる。＊「いやまさる」（いよいよ募る）

うち…　「すっかり」「ちょっと」の意味をそえる。＊「打ち聞き」。／語調を整える。

うら…　「心の中で」の意味を添える。＊「うら悲し」「うら寂し」「うら若し」。

おし…　「しいて」の意味を添える。＊「押し入る」。／強調。語調を整える。

おほん…【御】　神仏や天皇に関する名詞につけて最高の敬意をあらわす。＊「**おほん時**」「おほん世」（天皇の御代・治世）※「おほ（大）・み（御）」の約。

かき…【掻き】　強調。イ音便化して「かい…」とも。＊「かき抱く」（抱き上げる）

かた…【片】　「一方の・一方的な」「不完全な」の意をそえる。＊「片生ひ」（未熟）、「片趣」（一方的）、「片かど」（未熟な才芸）「片恋」（片思い）、「片敷き」（一人寝）、「片つかた」（片一方）、「片時」（少しの時間）、「片方」（半分・身近）

け…【気】　なんとなく…だ。＊「気圧さる」「気劣る」「気近し」「気遠し」

さ…　強調。語調を整える。※実は語義不詳。＊「さ衣」「さみだれ」「さ走る」

さし…【差し】　強調。語調を整える。＊「さしつぎ」（すぐ次）

す…【素】　「ただそれだけの」「まったくの」の意。＊「素肌」「素直」

そら…【空・虚】　むだな。うその。なんとなく。→名詞「そら」

た…　強調。語調を整える。＊「たばかる」（思案する・だます）、「たやすし」

たち…【立ち】　強調。はっきり…する。すぐに、ちょっと。＊「立ちおくる」（遅れをとる）、「立ち返る」（引き返す）、「立ち慣る」（なじむ）

なま…【生】　若い。未熟な。中途半端な。なんとなく。＊「なま覚え」（うろ覚え）、「生学生・侍」（若い学生・侍）、「なまなま」（しぶしぶ・半端な）

ひき…【引き】　強調。＊「引き下ぐ」（ひっさげる）、「引き別る」（離ればなれになる）

ひた…【直】　ひたすら・まっすぐの意を添える。＊「ひた走る」、「ひた道」（一途）

ほの…【仄】　ちょっと・それとなくの意を添える。＊「ほの聞く」「ほの暗し」

ま…【真】　本当に・本物の・純粋な・立派なの意を添える。＊「真木」（立派な木）、「ま・な（魚）」（おかずの魚）、

ま…【目】　目が・目のあたりにの意を添える。＊「ま・どろむ（＝ゆるむ）」「ま・みゆ（見ゆ）」（会う）

み…【御】　尊敬の意を添える。＊「御おや（祖先・母）」「みこ（皇子）」「御簾」「御格子」

むら…【群・叢】　一群の。＊「むら雲」、「むらさめ」（通り雨）、「むら鳥」

もて…【持て】　強調。語調を整える。

もも…【百】　百。たくさんの。＊「ももしき（百敷）」（宮中）

もろ…【両】　ふたつの。＊「もろ手」「もろ刃」
【諸】　多くの。一緒に。＊「もろ人」（みんな）、「もろ声」（声をあわせて）

や…【八】　八。多くの。＊「やそ（八十）」「八雲」「八重」

を…【小】　小さい・少しの意を添える。語調を整える。＊「小川」「小野」

接尾語

（一部「接続助詞」を含む）

…か【処】　場所。＊「ありか」「すみか」

…がてに　…できないで・しかねて。＊「出でがてに」（立ち去りがたくて）、「過ぎがてに」

…**からに**　…なので。…するとすぐに。（〈～む＋からに〉で）たとえ…としても。

…**がり**　…の所に。…のもとへ。

…くさ　…の材料。種類。＊「物思ひぐさ」（物思いの種）、「ことぐさ」（話題）

…こそ　…さん（よ）。※相手を呼びかける語。〈人名＋こそ〉の形で用いる。

…ごと　（名詞・動詞について）…ごとに。どの…も。

…じもの　…のようなもの。＊「宍じもの」（猪・鹿の類）

…すがら　…の間ずっと。…の途中で。※「過ぐ」（通過する）と同根＊「夜もすがら」（一晩中）、「道すがら」（途中で）

…そ【十】　30〜90 の十の位。＊「三十（ミソ）」「四十（ヨソ）」「五十（イソ）」「九十（ココノソ）」

…ち　（代名詞について）方角・場所をあらわす。＊「をち」「こち」「いづち」（数詞について）…つ。＊「はた（二十）ち」

…ぢ（ち）【路】　…へ行く道。方向・場所

をあらわす。＊「家路」、「をち」「こち」

…づから　…から。…で。＊「心づから」（心
　のままに）、「手づから」（自分の手で）、「身
　づから」

…どち　…するどうし。＊「思ふどち」（思い
　合うどうし）。

…ばら　…たち。複数をあらわす。＊「殿ば

ら」「法師ばら」

…へ【辺】　…のあたり。頃。＊「山べ」「春べ」

…へ【重】　…重。＊「八重」、「九重」（宮中）

…み　…ので（原因・理由）。…のもの（名
　詞化）。…したり（反復）。※反復は必ずく
　り返して使う。＊「泣きみ笑ひみ」「降りみ降ら
　ずみ」

8. 副詞

A）副詞の呼応

〈全然・全く・決して…ない〉
かつて…否定（ず・で・なし；以下同）
かまへて…否定
さながら…否定
さらに…否定
すべて…否定
むげに…否定
もっとも…否定
よに…否定

〈少しも・全く・決して…ない〉
あへて…否定
いささか…否定
おほかた…否定
およそ…否定
かけて（も）…否定
たえて…否定
つやつや…否定
つゆ…否定
もっとも…否定
もはら・もっぱら…否定
ゆめ（ゆめ）…否定

〈ほとんど…ない〉
をさをさ…否定

〈それほど・大して…ない〉
あまり…否定
いくらも…否定
いたく（も）…否定
いと（し・も）…否定
さして…否定
さも（さのみ）…否定

〈必ずしも…ない〉
あながちに…否定
必ず（しも）…否定

〈なんとも…ない〉
ともかくも…否定

〈どうにも…ない〉
まづ…否定

〈どんな時も…ない〉
時として…否定

〈…できない〉
え…否定

〈禁止：…するな／…してくれるな〉
な…そ
かまへて…な
ゆめ（あなかしこ）…な

〈たとえ…であっても〉
よし（たとひ）…とも

〈なんと…だった〉
はやく（う）…けり

〈きっと…だろう〉
さだめて…むずらむ

〈さぞや…だろう〉
さこそ…推量

〈まさか…ないだろう〉
よも…じ

〈さあ…しよう〉
いざ…む

B）疑問・反語／願望

〈どうして…だろうか（いや、ない）〉
いかが…推量（む・らむ・けむ・べし他）
いかで…推量（同上）
なでふ…推量（同上）
など（て・か）…推量（同上）
なに（か・は）…推量（同上）
なにしに・なにせむに…推量（同上）
　　※「なぞ」「なじかは」「なにしに」もある

〈どのように…だろうか〉
いかが…推量（同上）

いかに…推量（同上）

〈なんのために…だろうか〉
なにしに・なにせむに…推量（同上）

〈なんとかして…たい・てほしい〉
いかで…意志・願望（む・まほし・たし・なむ・ばや）

〈はやく…たい・てほしい〉
いつしか…意志・願望（同上）

C）その他の副詞

あげて〈残らず〉
あさなあさな〈毎朝〉
あふなあふな〈分相応に〉
あまた〈たくさん〉
あまっさへ〈その上に・そればかりか〉
あまり〈非常に〉
あやに〈むやみに・無性に〉
ありありて〈時がたって／結局〉
いかう（一向）に〈もっぱら〉
いかばかり〈どれほど・どんなに〉
いくばく〈どれほど・どんなに〉
いくそばく〈どれほどたくさん〉
いくら（も）〈どれほど／たくさん〉
いささか〈少し・わずかに〉
いささめに〈かりそめに・ちょっと〉
いと〈とても／ほんとうに〉
いとど〈いよいよ・ますます〉
いはむや〈ましてや〉
いま〈すぐに／そのうち／もう／新たに〉
いまだ〈まだ／今もなお〉
うたて〈ますます／異様に〉
うち絶え〈すっかり／ひたすら〉
うちはへ〈引き続いて／とくに〉
うちわたし〈ずっと／おしなべて〉
おして〈むりやり・強引に〉
おしなべて〈すべて／ふつうの〉
おのがじし〈めいめい・たがいに〉
おのづから〈自然と／たまたま／万一〉

おほかた〈一般に／だいたい・総じて〉
おほなおほな〈ひたすら・熱心に〉
おろおろ〈いいかげんに／少しばかり〉
かく〈こう・このように〉→指示語
かくて〈このような状態で・こうして〉
かたみに〈おたがいに〉
かつ（は）〈一方では／すぐに〉
かつがつ〈ともかくも／とりあえず〉
かならず〈確かに・きっと〉
かねて〈前もって、以前から〉
　　＊日数＋かねて〈〜日前から〉
かばかり〈これほど／これだけ〉
かへすがへす〈何度も／ほんとうに〉
からうじて〈やっとのことで・ようやく〉
かまへて〈心して／必ず〉
かれこれ〈いろいろ／だいたい〉
きっと〈さっと／必ず／きりりと〉
きと〈さっと／ちょっと／きゅっと〉
くるくる〈すらすら／ぐるぐる〉
けしきばかり〈形ばかり／ほんの少し〉
けに〈いつもと違って／いっそう〉
げに〈なるほど／ほんとうに〉
ここら（だ）〈こんなに多く／たいそう〉
心と〈自分の心から／自発的に〉
ことごと（く）〈すっかり／すべて〉
事と〈とりわけて／どんどん〉
ごほごほ〈ゴトゴトと・ごろごろと〉
こりずまに〈性懲りもなく・こりずに〉

さ〈そう・そのように〉→指示語
さして〈はっきりと／とくに〉
さしぐみに〈いきなり・早速〉
さすがに〈そうはいってもやはり〉
さて〈そのような状態で／そのままで〉
さと〈さっと／わっと／ぱっと〉
さながら〈そのまま／すっかり〉
さばかり〈それほど／たいそう〉
さも〈そのように／いかにも〉
さらに〈あらためて〉
しか〈そう・そのように〉
しかしながら〈そのまま／すべて〉
しかと〈はっきりと／たしかに〉
しとど〈びっしょりと（濡れる）〉
しばし〈しばらく・少しの間〉
しばしば〈度々〉
しひて〈無理に／無性に〉
しほしほ（と）〈しょんぼりと〉
しめじめ〈しんみりと／ひたすら〉
すぐれて〈とりわけ・きわだって〉
すこぶる〈ちょっと／ひどく〉
すでに〈もはや／もう／確かに〉
すなはち〈すぐに・即座に〉
すべて〈総じて〉
せめて〈むりに／どうしても／非常に〉
そこはかと〈はっきりと〉
そこばく〈そんなに多く／いくつか〉
そこら〈そんなに多く／たいそう〉
そよろ〈かさかさ・ことり（擬音語）〉
たえて〈すっかり／全く→A〉
ただ〈ちょうど／ほんの／とにかく〉
ただちに〈じかに／すぐに〉
たちかへり〈すぐに／くり返し〉
たてて〈とくに・とりたてて〉
たとひ〈もし／かりに〉
たまゆらの〈ほんのわずかな間〉
ちと〈ちょっと・少し〉
つくづくと〈ぼんやりと／じっと〉
つと〈じっと／ぐっと／すっと〉
つとに〈朝早く〉
つひに〈最後に／どうとう〉
つぶつぶと〈まるまると／こまごまと〉
つぶと〈びっしりと／すっかり〉
つらつら〈つくづく／よくよく〉
てづから〈自分の手で／みずから〉

天下に〈この上なく／万が一〉
とかく〈あれやこれやと〉
とばかり〈少しの間／しばらく〉
とみに〈すぐに・にわかに〉
ともすれば〈どうかすると〉
とりかへし〈改めて・ふたたび〉
なかなか〈かえって／なまじっか〉
なべて〈総じて・一般に／ふつう〉
なほ〈やはり／依然として／さらに〉
はた〈あるいは／やはり／なんとまあ〉
はふはふ〈やっとのことで／あわてて〉
はや〈早く／もう／実は〉
ひきかへ（し）〈うってかわって／繰返し〉
ひし（ひし）と〈みしみし／ぴったりと〉
ひたと〈じかに・ぴったりと〉
ひときは〈一方的に／一段と〉
ひとしほ〈一段と・よりいっそう〉
ひねもす〈一日中〉
ひとへに〈もっぱら／全く〉
ふさに〈いろいろたくさん〉
ふと〈さっと／不意に〉
ふりはへ（て）〈わざわざ〉
ほとほと〈あやうく／ほとんど〉
ほのぼの〈ほんのりと／それとなく〉
ほろほろ〈はらはら／ばらばら〉
まいて〈なおいっそう／いうまでもなく〉
まげて〈ぜひとも・なんとか〉
また〈もう一度／やはり／他に／特に〉
まだき（に）〈早々と・もう〉
まづ〈はじめに／ちょっと〉
みすみす〈見ている内に／みるみる〉
みだりに〈むやみやたらに〉
みづから〈自分自身で／自分から〉
みな〈全部／すっかり・まったく〉
みな（な）がら〈そっくりすべて〉
　　※同訓異義語「身ながら」（われながら）
むげに〈むやみに／すっかり〉
宗と〈主として・専ら〉
　＊「宗宗し」（中心的だ・堂々としている）
むべ・うべ〈なるほど・いかにも〉
　＊「うべうべし」（いかにももっともらしい）
もっとも〈なるほど・本当に／とくに〉
もはら・もっぱら〈全く・ひたすら〉
もろともに〈いっしよに〉
やうやう〈だんだんと／かろうじて〉

やがて〈そのまま／すぐに／他でもない〉
役と〈もっぱら…する・…ばかりする〉
やや〈いよいよ／だんだん／しばらく〉
やをら（やはら）〈そっと・静かに〉
よし（や）〈えいままよ／まあ〉
よそながら〈間接的に・それとなく〉
よに（も）〈いかにも／ほんとうに〉
よもすがら〈一晩中〉
よよ〈おいおい（泣く）〉

よろづ〈何かにつけて／いろいろ〉
例の〈いつものように〉
わきて〈とりわけ／とくに〉
わくらばに〈たまたま・偶然にも〉
わざと〈ことさらに／取り立てて〉
　＊「わざと・の」（本格的な）
ゐながら〈座ったまま／即座に〉
をさをさ〈しっかり・きちんと〉
をりから〈折よく／折も折だから〉

9. 連体詞

あらゆる〈あるかぎりの・すべての〉
あらぬ〈違う／異様な／不適当な〉
ありし〈以前の／さっきの〉
ありつる〈さっきの・例の〉
ある〈或る・とある〉
いにし（いんじ）〈去る・先頃の〉
いはゆる〈世にいう〉
いぬる・いんぬる〈去る・先頃の〉
かかる〈こんな・こういう〉
きこゆる〈世間で評判の・有名な〉

きはめたる〈この上ない〉
さしたる〈特別の・重要な〉
さしたる…否定〈たいした…でない〉
させる…否定〈たいした…でない〉
さらぬ〈その他の／それほどでもない〉
さる〈そのような／相当な／たいした〉
さるべき〈適当な／そうなる運命の〉
なでふ〈どんな／どれほどの〉
はじめたる〈初めての〉

10. 接続詞

ある（い）は　または。ある人は。
おほかた【大方】（話題をかえて）だいたい。そもそも。＊〔副〕一般に。総じて。
かくて　こうして。
かるがゆゑに　それゆえ。したがって。
さて　そこで。ところで。
さては　それでは。それからまた。
さても　ところで。〔感〕ほんとにまあ。
さは　それならば。
さらば　それならば。（否定表現と呼応して）それなのに…ない。
さりとも　そうはいっても。そうであったとしても。〔副〕まさか。
さるに　それなのに。ところが。
さるは　それというのは（も）。その上。そうではあるが。

さるを　それなのに。さて。
されば　そういうわけで。それゆえ。そもそも。さて。
しか（う）して　そうして。それから。
しかも　そのうえ。〔副〕そんなにも。
しかるに　それなのに。ところで。
しかるを　それなのに。そういうわけで。
しかれども　そうではあるが。けれども。
しかれば　そういうわけで。だから。さて（手紙文に用いる）。
すなわち【即ち・則ち】　そこで。そういうわけで。つまり。〔名〕そのとき。その当時。
そもそも・そも　そもそも。それにしても。さて。
それに　それなのに。それゆえ。そのうえまた。
それにとりて　ただし。もっとも。

はた　それとも。はたまた。
また　また（並立）。さらに（累加）。ある
いは（選択）。それから（転題）。
もしは　あるいは。または。

11. 感動詞

あな　ああ。あれまあ。※中世以降、「あら」
　にとってかわられる
いかいか（いがいが）　おぎゃあおぎゃあ（赤
　ん坊の泣き声）
いかに　やあ（呼びかけ）。なんと（驚き）。
いさ（いさとよ）　さあ（さあねえ）。（否
　定的に）でも。※「いさかふ」（言い争う）、
　「いさむ」（抑制する）と同根。拒否・抑制の
　気持ちを提示する語。
いさや　さあねえ。さあ、どうであろうか。
いざ　さあ。どれ。
いで（いでや）　さあ。さて。いやはや。い
　やもう。（転題）さて。
いな【否】（いなや）　いいえ。いや。＊〔動〕

「いな・ぶ」「いな・む」（断る）
えい　はい（応答）。えい・やあ（かけ声）。
おい　おや（気づき）。（肯定的に）おお。
さはれ　どうとでもなれ。えいままよ。〔接〕
　それはともかく。
そそや　そらそら。さあさあ。
それそれ　さあさあ。そうそう。
そよ（や）　そうそう。そのとおり。
や　おい（呼びかけ）。あれっ（驚き）。
やや　もしもし。ちょっと。（呼びかけ）。
　あれあれ（驚き）。
よや　おおい（呼びかけ）。
をし（おし）　先払いの声（そのままでよい）

跋

吉川真司

　『現代日語一本通』と『古代日語一本通』は姉妹編をなす書物である。学生や教員のみなさんが中級以上の日本語を独学できるように、またその学習を通じて日本文化や日本史を深く理解できるように、さまざまな配慮と工夫を凝らして二冊の『日語一本通』は編集された。その特色と有効性については、劉雨珍教授の序文に詳しく述べられているので、私は両『日語一本通』が生まれた経緯を摘記し、跋文の責を果たしたい。

　そもそも『現代日語一本通』『古代日語一本通』を不可分一体の教科書として構想し、独創的な本文・解説をすべて執筆するにとどまらず、「コロケーション類語小辞典」「古語要覧」などの有益な単語集を組み込んだのは、編著者の井上亘教授であった。

　井上教授は日本古代史・文化史の研究者として名高い。『日本古代朝政の研究』『日本古代の天皇と祭儀』『偽りの日本古代史』『古代官僚制と遣唐使の時代』という四冊の研究書は、幅広い学識、厳密な史料解釈、そして鋭い問題提起に定評があり、研究者にとって必読の書物となっている。彼は東京の学習院大学で博士学位を取得し、2009 年から 2016 年まで北京大学歴史学系の教授として、精力的に日本史の研究・教育を行なった。その後は日本に戻り、常葉大学教授として学問的活動を続けている。

　井上教授にはもう一つの専門領域がある。それは日本語学である。東京都立広尾高校で立平幾三郎氏に古文を教わり、それが学問の道に入るきっかけとなった。『古代日語一本通』は立平氏の『要約整理　国文法』（小山義昭氏と共著、研数書院）に拠るところが多いという。さらに学習院大学では、戦後を代表する日本語学者大野晋氏に師事し、いよいよ日本語に関する研鑽を深めた。それは文化史研究の基盤となっただけでなく、2006～2008 年に南開大学外国語学院で日本語を教えることにもつながった。その間、中国人がどう日本語を学べばよいのかを集中的に考え、彼は独自の見識と方法論を育てた。北京大学に移って日本史を講ずる際にも、日本語学と日本語教育法は大きな力となった。

　　井上教授が北京大学歴史学系で活躍していたころ、日本の京都大学文学研究科では大きな教育事業が始まりつつあった。日本政府の「大学の世界展開力強化事業」のひとつとして「『開かれた ASEAN+6』による日本再発見」が採択されたのである。京都大学は国費援助を得て、アジア諸国の大学と交流して人材育成を行なうこととなり、その代表者である落合恵美子教授（社会学）は 2012 年秋、協力を要請するため北京大学を訪問された。歴史学系主任の高毅教授は大いに歓迎され、北京大学歴史学系と京都大学文学研究科はその後、留学生交換・シンポジウム開催などの交流事業を推進することになる。

　　この会談を仲介したのが、井上教授と私であった。私はちょうど日本古代史の集中講義のため北京大学に滞在し、井上教授と国際交流・若手教育について話し合っていたところだったから、両大学の連携は嬉しかった。しかもその際、中国で日本語・日本文化教育をいっそう進めるには、新たな構想による教科書が必要であることを、彼が力説したことは大きな意味をもった。落合教授はこれに打たれ、有益かつ独創的な教科書の作成に協力を申し出られたのである。井上教授はさっそく『日語一本通』の出版計画を練り上げたが、それは京都大学側にも高く評価された。かくして『日語一本通』は、「京都大学アジア教育研究ユニット（KUASU）」の教材作成プロジェクトとして、「『開かれた ASEAN+6』による日本再発見」および 2013 年に始まった特別経費プロジェクト「世界最高峰の現代アジア・日本研究の教育研究拠点形成」の支援を受けて編集されることになった。

　　井上教授はさっそく執筆・編集に取りかかった。その際、日本言語文学の権威である劉雨珍教授（南開大学）と日本史学を専門とする吉川真司（京都大学）が、監修の役割を担うことになった。また、劉教授の御尽力により、両『日語一本通』は南開大学出版社から刊行されることも決まった。

　　しかし、それは長い道のりの出発点であった。井上教授の授業用の資料・文章があったため、主要部分は 2013 年のうちに完成していた。しかし、教授は万全を期すべく、北京大学大学院の「専業日語」講義で『日語一本通』の内容を話し、受講生から意見・感想を受けて、現代・古代の文法解説を中心として改善を加えていった。井上教授の基本構想が、この過程でさらに具体化・立体化されていったことは疑いなかろう。

　　大学院講義と連動した、徹底的な修訂作業は 2015 年まで続けられた。やがて御家族の事情などにより、井上教授が急遽日本に戻ることになったため、出版事業の停滞が危惧されたが、決してそうはならなかった。教員養成に重きをおく常葉大学において、井上教授は日本文化の教育にいっそう思いを致すとともに、中日の学術交流に尽力した中国での十年間を総括すべく、両『日語一本通』の編集に情熱を傾けたのである。そのころ監修の劉雨珍教授も、京都の国際日本文化

研究センターに滞在する機会を得たため、編集・校閲作業はスムーズに進み、2017年には南開大学出版社との正式契約にこぎつけた。

　そこからなお5年の時日を要したのは、「日本の各時代の文章を独学で読めるようにしたい」という意図に基づき、井上教授が驚異的・献身的な努力を続けたためである。『古代日語一本通』においては、古典文法を基礎として、漢文訓読や候文読解の方法が詳説された。『現代日語一本通』では、オノマトペ・四字熟語・外来語などの充実が図られている。日本語論文の執筆指導も盛り込まれた。「サブカルチャーで卒業論文を書く」というテーマ設定は、日本文化を古代から現代までの長い時間幅で考え、若者の文化・言語に関心を抱き続けている井上教授ならではのものだと思う。

　そして今、待望の『日語一本通』両冊が刊行されることになった。姉妹編が同時に出るのは欣快の至りである。なぜなら、「現代日本語を理解するには、古代日本語の知識をもつことが不可欠であり、かつ捷径である」という井上亘教授の理念が、そのまま表現されることになるからである。もちろん、『現代日語一本通』は日本語検定試験を受験する人たちにとって強力無比の武器となるし、『古代日語一本通』はその基礎となる役割をになう。しかし、私たちの願いはそれだけではない。日本文化や日本人を知るために、ぜひ日本語を深く学んでほしい。丸暗記するのではなく、なぜそうした語法をとるのかという理由を考えながら、体系的・歴史的に日本語を習得してほしい。そう願っている。

　末筆ながら、独力で『現代日語一本通』『古代日語一本通』を完成させた井上亘教授に対し、衷心より尊敬と感謝の意を表する。適切な御指導と御配慮をたまわった劉雨珍教授にも改めて御礼申し上げる。また、さまざまに御高配下さった京都大学の落合恵美子教授・平田昌司教授（当時）、出版の労をとって下さった南開大学出版社に感謝申し上げる。

　この『現代日語一本通』『古代日語一本通』が、新しい中日文化交流の確固たる基盤となることを確信し、広く活用されることを祈念するものである。

2022 年 3 月 14 日